Derek Harvey

KATAMARANE
UND
TRIMARANE

Typen
Ausrüstung
Segelpraxis

PIETSCH VERLAG
STUTTGART

Einbandgestaltung: Johann Walentek

Copyright © 1990 by Derek Harvey
Die Originalausgabe ist 1990 erschienen bei
Adlard Coles Nautical – A & C Black (Publishers) Limited,
London, unter dem Titel »**Multihulls for Cruising
and Racing**«.

Die Übersetzung ins Deutsche besorgte
Dagmar Roth.

ISBN 3-613-50157-0

1. Auflage 1992
Copyright © by Pietsch Verlag, Postfach 103743, 7000 Stuttgart 10.
Ein Unternehmen der Paul Pietsch-Verlage GmbH & Co.
Sämtliche Rechte der Speicherung, Vervielfältigung
und Verbreitung in deutscher Sprache sind vorbehalten.
Druck: Dr. Cantz'sche Druckerei, 7302 Ostfildern 1.
Bindung: K. Dieringer, 7016 Gerlingen.
Printed in Germany.

INHALT

VORWORT *7*
DANK *8*
EINLEITUNG 9

1 DIE ANFÄNGE *10*
Ursprung und Entwicklung der
Mehrrumpfboote und die durch
Versuche und Irrtümer gelernten
Lektionen

Floßboote 12
Mit einem Stamm unterlegte Flöße
und Auslegerboote 12
Doppelkanus 14
Pazifische Proa 14
Kapitän Cook 15
Sir William Petty 16
Nathanael Herreshoff 18
Kaimiloa 20
Hawaiianische Katamarane 20
Die Gebrüder Prout 21
Die ersten Trimarane 22
James Wharram 23
Arthur Piver 25
Die führenden Konstrukteure 29

2 WARUM EIN
MEHRRUMPFBOOT? *32*
Vorteile und ein paar Nachteile

Geschwindigkeit 32
Schneller als der Wind 34
Gewicht 36
Luftwiderstand 36
Fahrtzeit 38
Geringer Tiefgang 40
Räumlichkeiten 41
Stabilität und Komfort auf See 45
Kenterursachen 50
Kosten 55
Mehrrumpf- und Einrumpfboote
im Vergleich 59

3 KONSTRUKTION UND
LEISTUNG Teil 1 *60*
Handicaps, Rumpfformen und
Computer-Aided Design

Geschwindigkeit 60
Handicap-Methoden 62
  Yardsticks 62
  Ratings 63
  Die Rennformeln für Multihulls 65
Wellenwiderstand 66
Verdrängung, Länge und Breite 67
Reibungswiderstand 71
Rumpfquerschnitte 71
Räumlichkeiten 72
Prismatischer Koeffizient 73
Asymmetrie 74
Kiellinie/Spantenform 75
Stampfen 75
Computer-Aided Design 76

4 KONSTRUKTION UND
LEISTUNG Teil 2 *82*
Stabilität und Kenterdynamik;
Schwimmer, Kiele, Schwerter
und Ruder

Trimaranschwimmer 82
Kenterrisiko 82
Schwimmer mit hohem Auftrieb 83
Auswirkungen der Krängung 85
Querträger und Riggspannung 85
Stabilität 87
Welleneinwirkung 92
Rettungsabteilungen 93
Kiele und Schwerter 93
Ruder 97

5 KONSTRUKTION UND
LEISTUNG Teil 3 *100*
Segel und Segelkräfte, Luftwider-
stand, scheinbare Windgeschwindig-

keit und Windeinfallswinkel,
Riggs, Masten und Takelage

Arbeitsweise der Segel   100
  Abreißen der Strömung   101
  Zusammenspiel der Segel   101
  Segelkräfte   102
Scheinbarer Wind   103
Luftwiderstand des Rumpfes   104
Rigg   106
Windeinfallswinkel   108
Segelflächen   110
Achterlieksrundung   110
Durchgelattete Segel   110
Spinnaker   112
Das 7/8-Rigg   113
Selbstwendefock   113
Stehendes Gut   114
Mastneigung   116
Sturmfock   116
Drehmasten   117
Flügelmasten   118
Reff- und Bergeeinrichtungen   119
Decksausrüstung   122

6   MOTOREN UND
    GENERATOREN   125

Hilfsmotoren   125
  Diesel   126
  Außenbordmotoren   127
  Kavitation   128
Generatoren   130

7   KONSTRUKTION   132
    Bootsbaumaterialien und
    -methoden

Holz   134
  Mechanische Eigenschaften   135
  Feuchtigkeitsgehalt   135
  Verrottung   136
Epoxidharz   136
Setzen der Spanten   137
Sperrholz   138
  Sperrholzausarbeitung   138
Laminierte Rümpfe   139
  Zylinderformen   141
  Constant Camber   142
  Streifenbeplankung   143
Geformte Kunststoffe   143
  Verstärkungsmaterialien   145

Harztypen   145
Blasenbildung   146
Sandwichkonstruktion   146
  Kernmaterialien   148
Baukastensysteme   150

8   TRAILERTRANSPORT   153
    Gesetzliche Bestimmungen,
    charakteristische Eigenschaften,
    Klar machen und Aussetzen des Bootes

Das Gesetz unterwegs   153
*Geschwindigkeits- und
    Größenbeschränkungen   155*
Gewicht und Bremsen   155
Anhängerkupplungen   157
Reifen   157
Beleuchtung   158
Zubehör   158
Trailertypen   160
Aufrichten des Mastes   161
Tips für das Aussetzen   163

9   SEGELPRAXIS   164
    Manöver beim Fahrten- und Renn-
    segeln und Schwerwettertaktiken

Scheinbarer Wind   164
Auswirkung von Böen   165
Schoten lose geben   165
Hart am Wind segeln   166
Wenden   169
Beidrehen   170
Ankern   170
Gebrauch von Windfäden   171
Kontrolle des Segelprofils   172
  *Checkliste der
    Segelkraftkontrolle   174*
Raumer Kurs   175
Vorwindkurs   177
Spinnakerführung   177
Kreuzkurs   179
Zielgeschwindigkeit   180
Reffen   182
Starkwindsegeln   183
  Am Wind laufen   185
  Raumschots bei Schwerwetter   186
Rettungstaktiken   186

Anhang 1: Empfehlenswerte Literatur   190
Anhang 2:
    Multi-Clubs und -Vereinigungen   191
Stichwortverzeichnis   194

VORWORT

von Austin P. Farrar C. Eng., F.R.I.N.A.

Ich habe mich darüber gefreut, das Vorwort zu diesem Buch schreiben zu dürfen. Zwar war ich selbst nie Eigner eines Mehrrumpfbootes, bin aber in meiner Eigenschaft als Konstrukteur, Bootsbauer und Segelmacher auf vielen Yachten, darunter zahlreichen Mehrrümpfern, gesegelt und habe mich auch mit deren Riggs befaßt. Aus diesem Grund fühle ich mich durchaus in der Lage, mir ein objektives Urteil über Mehrrumpfboote im allgemeinen und die schnellen Boote im besonderen erlauben zu können.

Im Unterschied zu Fischerbooten und kleinen Handelsschiffen segeln Mehrrumpfyachten erst seit ungefähr vierzig Jahren auf unseren Gewässern. Die Fahrtensegler betrachteten sie lange Zeit außerordentlich reserviert und brachten nur begrenztes Interesse für diesen Bootstyp auf. Design und Bau der Multis in ihrer heutigen Form entwickelten sich folglich auch erst in den letzten Jahrzehnten.

Die rasante Entwicklung der letzten Jahre führte zu einer raschen Vergrößerung der Mehrrumpfbootflotten in Europa, den Vereinigten Staaten und im australisch-asiatischen Raum. Die Boote rückten zunehmend in den Blickpunkt des öffentlichen Interesses. Nicht zuletzt spektakuläre Veröffentlichungen über Unfälle sorgten aber für tiefes Mißtrauen gegenüber den Mehrrumpfbooten. Leider wurden nur allzu oft die Ursachen dieser Unfälle falsch ausgelegt. Nach wie vor gibt es erstaunlich wenig fundierte Informationen über diese vielseitigen Boote. Die Unwissenheit in der Öffentlichkeit ist groß. Die Veröffentlichungen konzentrieren sich hauptsächlich auf naturgemäß recht kurzlebige Zeitschriftenartikel. Meines Wissens befassen sich die meisten der ohnehin seltenen einschlägigen Bücher mit Strandkatamaranen oder großen Maxi-Racern, die bei aufsehenerregenden Rennen an den Start gehen.

Mit diesem Buch liegt nun eine umfassende und sorgfältig zusammengestellte Veröffentlichung vor, die sich sowohl mit großen und kleinen Mehrrumpfbooten, Fahrten- und Rennmultis, Katamaranen und Trimaranen, mit deren Konstruktionen, Bau und Segeleigenschaften beschäftigt. Derek Harvey konnte dabei auf seine beträchtlichen Erfahrungen mit kleinen Booten mit einem, zwei und drei Rümpfen zurückgreifen. Sein Anliegen war es, Neulingen unter den Mehrrumpfseglern Informationen an die Hand zu geben. Er setzt allerdings Grundkenntnisse im Segeln eines Einrumpfbootes voraus. Doch dieses Buch enthält so viele nützliche Informationen, daß meiner Überzeugung nach auch erfahrene Segler, gleichgültig, ob leidenschaftliche Mono- oder Multianhänger, daraus zahlreiche Tips und wertvolle Erkenntnisse entnehmen können.

DANK

Während der Arbeit an diesem Buch mußte ich häufig Hilfe und Unterstützung von einzelnen Fachleuten oder Firmen der einschlägigen Branche in Anspruch nehmen, darunter auch die etlicher Konstrukteure und Schiffsbauer der auf den folgenden Seiten vorgestellten Boote. Ihre umfassenden Antworten auf meine Fragen und die freundlichen Reaktionen auf meine Bitte um Rat und Informationen haben mich bei der Arbeit stets ermutigt. Ich möchte auf diesem Weg allen danken, von deren Auskünfte ich direkt oder indirekt Gebrauch gemacht habe. Wegen der rasch fortschreitenden Entwicklung der Multi-Technologie ließ es sich nicht vermeiden, daß mich einige der neuesten Informationen erst nach Abschluß dieser Ausgabe erreichten. Ich hoffe natürlich auf die Gelegenheit, in einer zukünftigen Ausgabe die neuen Erkenntnisse einarbeiten zu dürfen.

Großen Dank schulde ich insbesondere Derek Kelsall, John Shuttleworth und Richard Woods für ihre fachmännischen Auskünfte bezüglich der Konstruktionstechniken, Dick Newick und Phil Bolger für ihre innovativen Anregungen zu speziellen Multi-Manövern, und Nico Boon, der mich sicher durch den komplexen Bereich der Handicap-Methoden, ein wahres Minenfeld, lotste.

Ferner möchte ich mich bei den Chefredakteuren Charles Chiodi von der Zeitschrift *Multihulls* und George Taylor von *Practical Boat Owner* bedanken, die mir viel ihrer kostbaren Zeit geopfert haben; ferner bei dem Historiker und Inhaber mehrerer Segelrekorde D.H. »Nobby« Clarke, der mit Adleraugen das erste Kapitel durchgesehen hat; und natürlich bei meinem alten Freund, der Segelkanone »Clarence« Austin Farrar für das Verfassen des Vorwortes.

EINFÜHRUNG

Ich segelte bereits seit zwanzig Jahren, bevor ich auch nur einen Gedanken an Katamarane verschwendet habe. Die meisten dieser Boote, die meine Wege gekreuzt hatten, erinnerten mich an schwimmende Caravans. Für mich sahen sie aus, als würden sie beim ersten heftigen Windstoß umkippen. Andere Konstruktionen machten auf mich den Eindruck höchst seltsamer, von Schnüren zusammengehaltener Apparate. Doch eines Tages bekam mein Segelpartner Probleme mit dem Rücken. Wir wollten unseren gemeinsam ausgeübten Sport nicht aufgeben und beschlossen, es mit etwas aufrechterem Segeln zu versuchen.

Heute bin ich froh darüber. Aber im Laufe der nächsten beiden Jahre stellten wir erst einmal fest, daß ein 9-m-Fahrtenkat sicher, stabil und ausgesprochen komfortabel ist und darüber hinaus auch trügerisch schnell bei raumem Wind. Allerdings fühlten wir uns im Innern des Ruderhauses von den draußen tobenden Elementen abgeschnitten und isoliert. Außerdem störte uns das indifferente Steuersystem mit dem Rad. Uns schien das Boot langsam und träge zu reagieren. Am Wind verhielt es sich ausgesprochen müde. Also ratterten wir häufig mit geräuschvoll laufendem Motor über das Wasser. Um das Maß vollzumachen, sah das Boot unter all den Schwänen in der Marina wie das sprichwörtliche häßliche Entlein aus. Meiner Meinung nach beleidigen nur wenige Dinge das Auge so sehr wie eine schlecht proportionierte Yacht. Ich bin der Ansicht, man muß sich zu einem Boot hingezogen fühlen. Zugegeben, dieses Boot ermöglichte uns das Ausleben eines ganz wesentlichen Elements unseres Daseins nämlich, uns aufs Wasser zu begeben. Aber wir konnten es nicht ausstehen.

Als der Rücken meines Partners die ersten Anzeichen von Besserung zeigte, zögerten wir deshalb keinen Augenblick und tauschten den Kat gegen einen modernen, schnellen Einrümpfer aus. Sofort kehrten Spaß und Freude am Segeln zurück. Wir waren zufrieden – bis wir uns eines Tages auf einer Bootsausstellung ein wenig gönnerhaft zu einer Probefahrt mit einem leichten Cruiser-Racer-Katamaran herabließen, einem sogenannten »Micro-Multihull«.

Der Verkäufer erklärte, es handele sich um eine neue Bootsklasse, 8 m lang, trailerbar, mit einer Art Campingausstattung für drei Personen, ideal geeignet zum Küstensegeln. Hörte sich nicht uninteressant an. Wir sagten ihm, wir hätten nicht die geringste Absicht, dieses Boot zu kaufen. Schließlich wußten wir bestens Bescheid über Kats. Doch wir waren einfach neugierig, wie sich dieses Boot handhaben ließ.

Die nächste halbe Stunde stellte alle unsere zuvor gemachten Erfahrungen und Vorurteile auf den Kopf. Dieses kleine Boot war nicht so unterwegs, wie wir das bisher gewohnt waren. Es schoß fast raketengleich über das Wasser und erreichte Geschwindigkeiten, die bis dahin jenseits unserer Vorstellungskraft gelegen hatten. Es fuhr so hart am Wind, wie es unser schnelles Einrumpfboot nie schaffte. Plötzlich machte uns das Segeln noch mehr Spaß. Beim Kreuzen erinnerte sein Verhalten an eine Jolle und über seichte Stellen, die ein unüberwindliches Hindernis für jedes Kielboot dargestellt hätten, glitt es mühelos hinweg.

Als wir uns wieder einigermaßen gefaßt hatten, bemängelten wir die Unterbringung an Bord, die selbst nach Campingstandard ein Witz war. Trotzdem beschlossen wir, diesen Nachteil aufgrund der überzeugenden Leistung in Kauf zu nehmen. Also wechselten wir wieder die Boote und kehrten zu zwei Rümpfen zurück. Jetzt, nach zehn Jahren, in denen wir zahlreiche Kats und Trimarane der verschiedensten Typen besessen, respektive gesegelt haben, sind wir mit dem Prinzip der »Formstabilität« sozusagen verheiratet. Es ist uns deshalb ein Anliegen, den Seglern, die vielleicht noch gar nicht wissen, was sie versäumen, einiges darüber zu erzählen.

Aus diesem Grund entstand dieses Buch über Mehrrumpfboote, ihre Entwicklung, Konstruktions- und Bauweisen, ihre Segeleigenschaften und die Vor- und Nachteile. Außerdem wird untersucht, welche Gesichtspunkte den Ausschlag geben könnten, einem Multi den Vorzug vor einem konventionellen Boot zu geben. Das soll nun wiederum nicht heißen, daß Mehrrümpfer unbedingt besser sein müssen als Monos. Jedem das seine, wie es so schön heißt. Beide Bootstypen haben ihre Pros und Contras, und ich habe mich bemüht, unvoreingenommen zu berichten. Ich hoffe, dieses Buch reflektiert einen ausgewogenen, objektiven Standpunkt – obwohl ich durchaus meine Begeisterung für die Mehrrümpfer nicht verhehle und versuche, bei Neulingen Appetit auf diese Boote zu wecken. Gleichzeitig wollte ich auch einige bestehende Vorurteile und Mißverständnisse über Multis aus der Welt schaffen.

Der nachweisliche Erfolg moderner Mehrrumpfboote widerlegt ihren ehemals schlechten Ruf. Lange Zeit hielt man sie für besonders unfallträchtig. Manche Berichte über Unglücksfälle waren durchaus zutreffend, die Mehrzahl schwelgte dagegen in wilden Übertreibungen. Heutzutage ist die Wahrscheinlichkeit einer Multi-Kenterung kaum größer als das Sinken eines Einrumpfbootes. Katastrophen ereignen sich hin und wieder im Zusammenhang mit den großen Rennveranstaltungen und ergeben natürlich dementsprechend sensationell aufgemachte Zeitungsmeldungen. Aber zwischen den riesigen, extrem anfälligen Racern, die einen 25 Knoten schnellen Großtanker bei Wind in Sturmstärke hinter sich lassen, und einem vernünftig gesegelten Micro liegen Welten. Ein solcher Westentaschenkreuzer verschafft Ihnen Kontakt mit der See wie sonst kein anderer Bootstyp (Jollen natürlich ausgenommen, aber bei denen ist der Kontakt mit der See manchmal allzu wörtlich zu nehmen). Meiner Ansicht nach bietet ein Mehrrumpfboot mehr Spaß fürs Geld, mehr entspanntes Vergnügen – oder Aufregung, falls Sie zu den Abenteurernaturen gehören -, eben reinste Segelfreude für Leute mit begrenzter Zeit und nicht unerschöpflichem Geldbeutel. Aber wie den meisten guten Dingen des Lebens sind auch diesen Booten Grenzen gesetzt.

Zweifellos ist ein Micro recht spartanisch. Die beschränkten Annehmlichkeiten an Bord sind nicht nach jedermanns Geschmack. Falls Sie lieber mit mehr Komfort auf große Fahrt gehen wollen und bereit sind, dafür tief ins Portemonnaie zu greifen, falls Sie lange Hochseestrecken zurücklegen wollen und wissen, daß Ihre Crew auch mit schwereren Segeln, Winschen und Ankern umgehen kann, falls Sie auf die mit einem größeren Boot verbundene Verantwortung vorbereitet sind, dann werden Sie sich wohl für ein größeres Boot entscheiden. Aber wie groß soll das Boot sein? Die allgemeine Regel lautet: Das kleinste, noch zweckmäßige Fahrtenboot ist eines, auf dem zwei Personen schlafen, vier essen und sechs trinken können. Die meisten Mehrrumpfboote von 10 m an aufwärts verdoppeln diese Zahlen.

Mal ganz abgesehen vom Besitzerstolz, hat ein »großes« Boot zahlreiche Vorteile, so zum Beispiel den Salon auf dem Brückendeck und ausreichend Platzangebot in den Rümpfen – auf einem solchen Boot können Sie herumgehen oder ungestört in Ihrer eigenen Kabine schlafen, während jemand kocht (sofern Sie in der glücklichen Lage sind, jemanden zu haben, der dies für Sie tut) und die Crew lautstark auf dem Deck herumhantiert. Auch diese Boote sind auf Hochleistung ausgerichtet, doch ihnen fehlt die Reaktionsschnelligkeit und die knisternde Beschleunigung eines Micros. Dafür entschädigen sie mit Geräumigkeit, gleichmäßigerer Bewegung und der mit der Größe zunehmenden Sicherheit. Ein großes Boot hat also schon einiges für sich.

Die Größe täuscht oft. Beim Wechsel von einem Micro auf einen komfortablen Cruising-Katamaran, von einem gefälligen kleinen Boot auf einen veritablen Liner unterlag ich immer wieder einer Sinnestäuschung. Immer wieder verblüfften mich die auf dem Papier kaum sonderlich beeindruckenden Unterschiede. Bei jedem Boot bewirkt ein zusätzlicher Meter hier und ein halber Meter da eine unverhältnismäßig spürbare Verbesserung im Verhalten. Aus unerfindlichen Gründen scheinen sich die Unterschiede bei Mehrrümpfern stets noch dramatischer auszuwirken.

Hauptsächlich beschäftigt sich das Buch mit Micros von 8 bis 10 m Länge und dem breiten Angebot von Fahrtenbooten und Cruiser-Racern bis etwa 12 m. Zwar gibt es eine Menge anderer interessanter Multis, doch der durchschnittliche Segler bekommt es meist mit diesen beiden Kategorien zu tun. Phil Bolger, der amerikanische Guru, was die Konstruktion kleiner Boote betrifft,

hat es für mich auf den Punkt gebracht: »Die besten Boote sind entweder klein genug, um sie mit nach Hause zu nehmen, oder groß genug, um darauf zu wohnen.« Wörtlich genommen, schließt das Daysailer wie Strand-Katamarane, ferner Maxi-Cruiser und sogar einige der selteneren, exotischen Rennboote ein. Ganz so hat er es zwar nicht gemeint, trotzdem habe ich auch diese Kategorien berücksichtigt. Meiner Meinung nach treffen die Informationen bezüglich Theorie und Praxis und die meisten Konstruktionsprinzipien ungeachtet der Größe auf die meisten Boote zu. Eine zu strenge Beschränkung hätte die Beurteilung, was nun eigentlich ein Mehrrumpfboot ausmacht, verwässert. Nach wie vor bedauere ich allerdings, daß noch niemandem ein allgemeiner Oberbegriff, eine Typbezeichnung eingefallen ist, die weniger zungenbrecherisch ist.

1 DIE ANFÄNGE

Ursprung und Entwicklung der Mehrrumpfboote und die durch Versuche und Irrtümer gelernten Lektionen

Seit die Menschen dahintergekommen sind, daß ein aus einem Baumstamm gefertigtes Boot nicht kieloben treibt, wenn man mehrere Stämme zu einer Art Floß zusammenfügt, gibt es Mehrrumpfboote. Diese Floßboote besaßen zwar nicht unbedingt sehr viel Stabilität, konnten aber immerhin größere Lasten transportieren. Eine Art Floß, vermutlich aus Papyrusrohr gefertigt, diente mit an Sicherheit grenzender Wahrscheinlichkeit zur Zeit der Pharaonen zur Beförderung der gewaltigen Granitblöcke nilabwärts zu den Baustellen der Pyramiden. Es wird auch vermutet, daß mit Segeln versehene Floßboote aus Balsastämmen von den ersten peruanischen Siedlungen Tausende von Seemeilen über den Pazifik zu den Südseeinseln drifteten. Daß dies tatsächlich möglich war, bewies Thor Heyerdahl mit seinem berühmten Floß *Kon-Tiki*. Allerdings ist seine Hypothese einer Wanderung Richtung Westen heute bei den meisten Experten noch umstritten.

Floßboote

Aus dem ursprünglich rechteckigen Floß, das aufgrund seiner Breite auf dem Wasser mühsam zu manövrieren war, wurden zwei verschiedene Übergangsformen entwickelt, nämlich das Floßboot und das mit einem Baumstamm unterlegte Floß. Beim Floßboot verband man etliche Stämme oder ineinandereingepaßte Schilfbündel miteinander. Das längste Teil kam in die Mitte. Damit erhielt das Floß eine vergleichsweise fließende, glatte Außenseite und war somit leichter zu manövrieren als das ursprüngliche plumpe Floß. Wasserdicht brauchte es nicht zu sein, denn die leichtgewichtigen Baumaterialien verliehen ihm eine natürliche Schwimmfähigkeit und auch in beladenem Zustand genügend Auftrieb. Derartige Boote werden in vielen Teilen der Welt noch heute in der Binnenfischerei und zum Warentransport eingesetzt, etwa auf den Westindischen Inseln und in Südamerika oder entlang der Koromandelküste Indiens. Dort tragen sie die tamilische Bezeichnung *Kattumaram*, in der wörtlichen Übersetzung bedeutet das »verbundenes Holz«. Die Ableitung »Katamaran« wurde erst gegen Ende des 17. Jahrhunderts gebräuchlich, und zu allem Überfluß auf die falschen Boote angewandt. Aus unerfindlichen Gründen belegte man Boote eines ganz anderen Kulturkreises mit diesem Namen, die pazifischen Doppelkanus.

Mit einem Stamm unterlegte Flöße und Auslegerboote

Der primitive Vorläufer des pazifischen Doppelkanus stammt wahrscheinlich ursprünglich von den melanesischen Inseln. Dort befestigten die Fischer einen großen Baumstamm unter einer Floßseite – so reduzierten sie die benetzte Oberfläche und damit den Widerstand im Wasser. Auf einem solchen Boot fiel das Paddeln bedeutend leichter. Aber auf dem schräg abfallenden Floß saß man ausgesprochen unbequem. Folgerichtig führte die nächste Entwicklungsstufe dazu, mit Hilfe von Zweigen eine ebene Oberfläche zu schaffen. Von da an war es nur noch eine Frage der Zeit, bis das ursprüngliche Floß sein Gesicht völlig verändert hatte. Geblieben ist der Stamm, inzwischen ein Einbaum, da dieser Bootstyp leichter auf den Strand gebracht werden konnte und wenigstens über das elementarste Platzangebot verfügte – in Verbindung

Ein Floß war anstrengend zu paddeln...

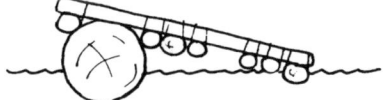

deshalb unterlegten die Melanesier es an
einem Ende mit einem Baumstamm

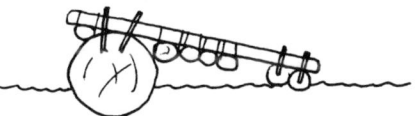

später wurde das Floß am Stammschwimmer
befestigt

die Polynesier bevorzugten zwei Stämme

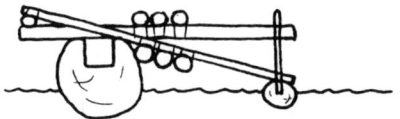

horizontal verlegtes Floß über bestehendem
Kanu

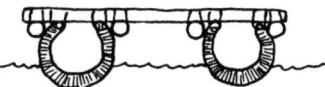

primitiver Doppel-Einbaum

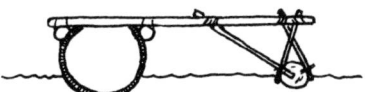

das Floß wurde schließlich durch Querträger
ersetzt

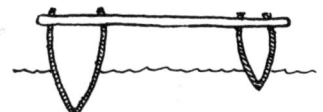

tiefgehende Hauptrümpfe der »Flying Proa«
aus Tonga verringerten Abdrift

hawaiianisches Kanu mit gebogenen Querträgern

indonesisch-javanischer Plankenrumpf
mit Doppelausleger

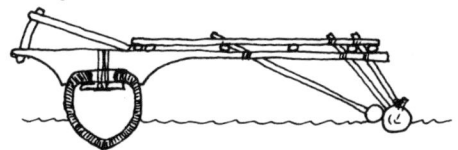

Matema-Inseln
Seetüchtiges Kanu mit Plattform für Steuermann
über dem Hauptrumpf

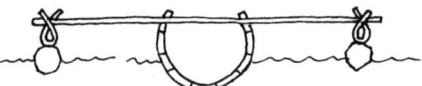

Variante der Sulu-Inseln. Weidenruten
halten Querträger frei vom Wasser

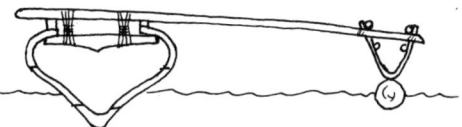

Gesellschafts-Inseln. Segel-Pahi mit
ausgehöhltem Kiel

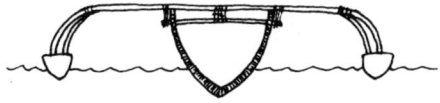

Tuamotu, Fischer-Einbaum mit federnden
Ausleger-Befestigungen

Abb. 1.1 Entwicklung des Doppelkanus und des pazifi-
schen Auslegerbootes. Eine kleine Auswahl der Formen,
Querträgeranordnungen und Auslegerverbindungen, die
im Laufe der Jahrhunderte in verschiedenen Regionen
und Inselgruppen gebräuchlich waren.

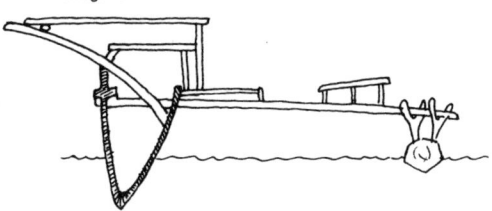

Caroline Islands, Segelkanu.
Asymmetrischer Rumpf verleiht Auftrieb
nach Luv

13

mit Querstreben und einem Ausleger, an dem ein schmaler Schwimmer, der *Ama*, befestigt wurde. Ausleger und Schwimmer dienten gleichzeitig als Auftriebskörper und Ausgleichsgewicht. Später erhielt das Boot dadurch genügend Stabilität zum Segeltragen. Das Auslegerkanu oder die Proa war geboren. Noch heute gehen Fischer und Händler in Afrika und Asien mit diesem Bootstyp ihren Geschäften nach, des weiteren ist er im gesamten Pazifikraum verbreitet. An der Grundform der Boote hat sich im Laufe der Zeit wenig verändert. So primitiv sie auch aussehen mögen, der erste Eindruck täuscht, denn es handelt sich um ausgesprochen leistungsfähige Boote.

Doppelkanus

Die alten Polynesier gingen anders an die Sache heran. Man vermutet, daß diese Völker um 2000 v. Chr. von Burma und Indochina aus Richtung Osten wanderten, über Indonesien zu den weit entfernten Pazifikinseln Fidschi, Samoa und Tahiti gelangten und Jahrhunderte später – zwischen 300 und 1000 n. Chr. – nach Neuseeland und Hawaii. Ungefähr zu der Zeit, als die Melanesier ihren Flößen mittels eines Stamms eine schräge Oberfläche gaben, begannen die Polynesier, ihren Flößen mit einem Paar Stämme eine horizontale Ebene zu verleihen. Später verwendeten sie anstelle der Stämme Einbaumkanus und ersetzten das Floß durch flexibel zusammengefügte Querstreben. Mit dieser Konstruktion hatten sie zwischen den beiden Rümpfen beim Durchfahren der Wellen etwas »Spiel«. Das Doppelkanu oder *Pahi* war stabil wie ein Floß, aber aufgrund der schlanken Rümpfe schneller und einfacher zu manövrieren.

Einige dieser Doppelkanus waren länger als 30 m. Es handelte sich um große Segelschiffe mit überdachten Decks, auf denen mehrere hundert Passagiere Platz fanden. Da sich die Polynesier auf der Suche nach neuen Siedlungsgebieten nach Osten wandten, müssen sie imstande gewesen sein, Tausende von Meilen nach Luv zu segeln. Wahrscheinlich hielten sie den Bug mit Hilfe ver-

tikaler, an unterschiedlichen Stellen am Rumpf angebrachter Leeschwerter am Wind und blieben durch gekonnte Segelmanöver und fundierte Navigationslehre auf dem gewünschten Kurs.

Kurz vor Beginn der christlichen Zeitrechnung und lange, nachdem die Polynesier im Ostpazifik heimisch geworden waren, entwickelte sich wieder eine neue Rumpfform, dieses Mal in Indonesien. Dort hatten sich inzwischen Menschen aus Malaya niedergelassen. Sie hatten eine höhere Kultur als ihre Vorgänger, die Polynesier. Ihre Boote waren Plankenkonstruktionen und verfügten auch ohne außenliegende Stützen über genügend Stabilität. Anscheinend entdeckten sie aber einige Kanus, die ihre Vorgänger zurückgelassen hatten, denn schon bald versuchten sie, die Seetüchtigkeit ihrer Boote mit Auslegerschwimmern oder Amas zu verbessern. Allerdings mußten sie die Erfahrung machen, daß ein einzelner Ausleger in Kanugröße einem 40-Footer (13.20 m) nur zusätzlichen, wenig effektiven Ballast lieferte. Statt dessen machten sich die Malayen seinen Auftrieb zunutze und brachten auf jeder Bootsseite einen Ausleger an. Der daraus resultierende Doppelausleger zählt ebenfalls zu den Wasserfahrzeugen, denen man heute noch in einigen Teilen der Welt begegnet. Dieser Typ ist nicht so schnell wie eine Proa. Die beiden eingetauchten Oberflächen (die dritte verläuft schräg ohne Wasserkontakt auf der Luvseite) erzeugten im Vergleich zum Einzelrumpf und dem »fliegenden Ausleger« einer gut gesegelten Proa mehr Widerstand.

Pazifische Proa

Bei einer Proa kommt es allerdings sehr auf die Behendigkeit der Crew an. Die muß versuchen, den Ausleger ganz knapp über die Wellen gleiten zu lassen. Das bedeutet, sie muß das Gewicht häufig von einer Seite zur anderen verlagern, um jede Bö auszubalancieren. Der Ausleger einer pazifischen Proa befindet sich stets auf der Luvseite. Das bedingt eine andere Aufkreuztechnik. Die Proa wird praktisch »rückwärts« gese-

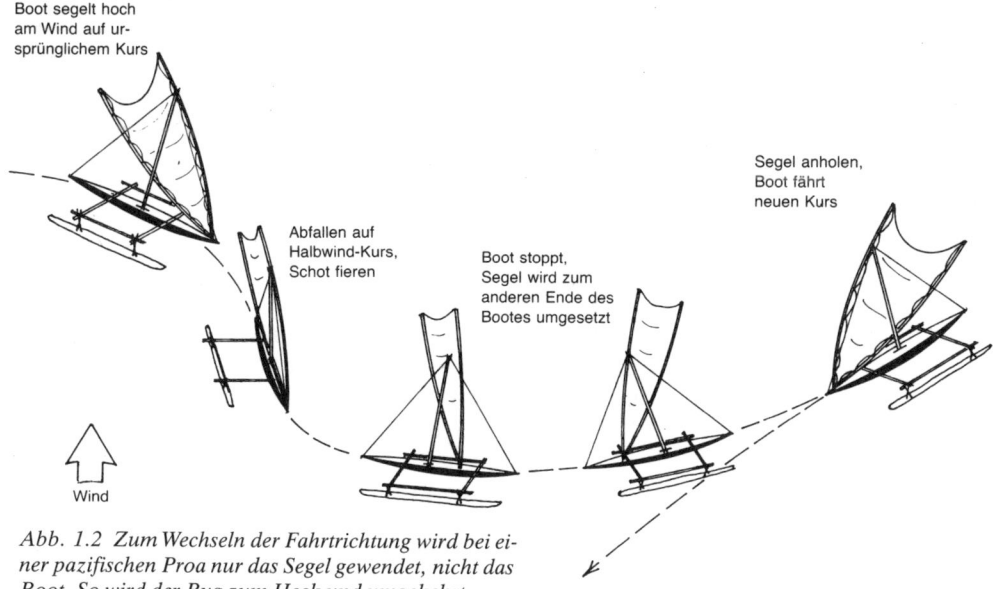

Boot segelt hoch am Wind auf ursprünglichem Kurs

Abfallen auf Halbwind-Kurs, Schot fieren

Boot stoppt, Segel wird zum anderen Ende des Bootes umgesetzt

Segel anholen, Boot fährt neuen Kurs

Wind

Abb. 1.2 Zum Wechseln der Fahrtrichtung wird bei einer pazifischen Proa nur das Segel gewendet, nicht das Boot. So wird der Bug zum Heck und umgekehrt.

gelt. Nach dem Wenden des Segels wird der Bug zum Heck. Kein Wunder, daß Kenterungen bei Ausweichmanövern oder zu hart am Wind an der Tagesordnung waren. Besonders die kleineren Boote kamen dabei in Schwierigkeiten. Doch anscheinend nahm man ein Kentern bei böigem Wind als alltägliches Vorkommnis hin und zeigte sich nicht sehr beeindruckt davon. Allerdings befuhren diese Boote warme Gewässer und hielten sich auch vollgeschlagen über Wasser. (Eine moderne Atlantikproa verlangt keine derartigen Turnübungen mehr, den ihr Ausleger ist fast so groß wie der Hauptrumpf und liegt nach Lee. Trotzdem ist sie nach einer Patenthalse, wenn das Boot in den Wind dreht, prädestiniert für Unfälle, denn dann befindet sich der Schwimmer auf der falschen Seite des Hauptrumpfes.)

Kapitän Cook

Die Weiterentwicklung und damit die Verbesserung der Kanus im pazifischen Raum setzte sich im Laufe der Jahrhunderte fort. Als Kapitän Cook 1770 während einer seiner großen Forschungsreisen die Region besuchte, war er auf derart große, schnelle

Schiffe nicht gefaßt. Er ließ Zeichnungen anfertigen, die beweisen, daß viele dieser Boote überraschend leistungsfähige Konstruktionen waren. Die Mehrzahl der großen hochseetüchtigen Auslegerboote wiesen sogar einen asymmetrischen Rumpf mit einer größeren Wölbung auf der Luvseite auf, so daß ein Steigen aus dem Wasser dem Widerstand des Schwimmkörpers entgegenarbeitete und eine Art automatischer Momentausgleich stattfand (der Ausleger »flog« dabei allerdings nicht in der Art wie bei den kleineren Booten).

Wie die Rümpfe variierten auch die Segelprofile je nach Region. Sie veränderten sich auch über die Jahre hinweg kaum. Ursprünglich wurden die Segel aus Matten, hergestellt aus den Blattfasern des Schraubenbaumes, dem sogenannten Pandanusgewebe, gefertigt, später aus Flachsgewebe. Unseren Augen erscheinen sie heute etwas kurios, ja primitiv, doch das täuscht, denn sie waren überaus leistungsfähig. Den Segeln lag das Prinzip zugrunde, daß der Wind oben in der Takelage stets stärker ist als auf Höhe der Wasseroberfläche, wo er sich durch Reibung verlangsamt. Deshalb hatten die Segel die größte Breite am Topp, das schmale Ende dagegen in Richtung Deck.

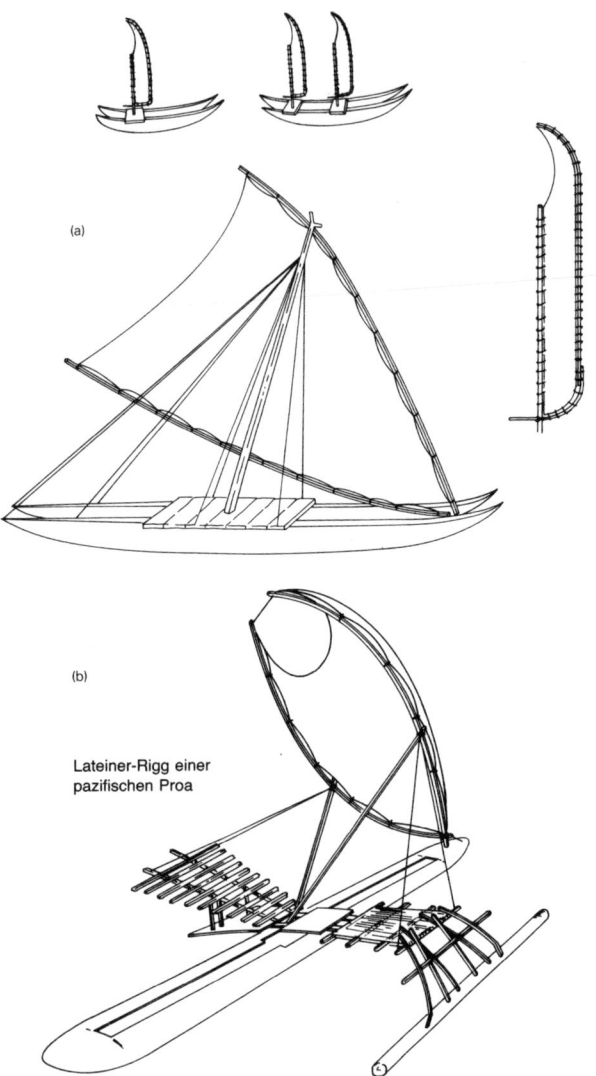

(a)

(b)

Lateiner-Rigg einer
pazifischen Proa

Abb. 1.3 Polynesische Doppelkanus mit (a) Segeln mit ausgeklügeltem Flächenverhältnis und angebaumten Liek, hauptsächlich eingesetzt auf Fischerbooten in Lagunen, und (b) das ozeanische Lateinersegel (Krebsscherensegel), ein Rigg, das man heute noch im östlichen Mittelmeer und im Pazifik sieht.

Als angenehmen Nebeneffekt bot diese Segelform, ein umgekehrtes Dreieck, den Vorteil, das kleinstmögliche Hindernis für Crew und Fracht darzustellen.

Auf den größeren Doppelkanus, die Cook gesehen hat, war das Vorliek eines jeden Segels (einige Kanus hatten ein Schonerrigg) an einem Mast befestigt – manchmal auch an einer Seite eines Zweibeinma-

stes, der sich in Scherenform rittlings über das Deck erhob -, während das Achterliek oben an einem Peitschenmast, der höher als der eigentliche Mast war, geführt wurde. Am meisten verbreitet war schon damals ein Rigg, das sich bis in unsere Tage gehalten hat: Segel in Form einer Krebsschere, das Spreizsegel. Die Oberkante dieses Segels war an eine lange, gebogene Rah gebändselt, die vom Bug aus vorbei am kurzen Mast, an dem sie mit einem Fall befestigt war, diagonal nach oben verlief. Das Fußliek war an einer Unterspiere, die mit der oberen am Bug verbunden war, befestigt. Der Segelwinkel wurde an jedem Ende mit Schoten eingestellt, so daß es fast wie ein Spinnaker gefahren werden konnte. Nicht zuletzt dieses pazifische Rigg mit seinem zusätzlichen Auftrieb trug zur Schnelligkeit einer Proa bei. Neuere Tests im Windkanal, durchgeführt von C.A. Marchaj an der Universität Southampton für Mac-Allister & Partners, ergaben, daß das »Krebsscherensegel« leistungsfähiger ist als so manches moderne Rigg. Allerdings ist die Handhabung nicht eben einfach.

Sir William Petty

Kein Wunder, daß Cook so begeistert über die Leistung der Doppelkanus berichtet hat, denn immerhin segelten sie schneller und höher am Wind als sein Schiff, die *Endeavour*. Später bemerkte er dieselben Vorteile bei den hawaiianischen Auslegerkanus. Der von ihm beauftragte Zeichner stellte sie mit elegant gebogenen Querträgern anstelle gerader Stangen- und Stabverbindungen dar. George Anson brachte von seiner berühmten Weltumsegelung Mitte des 18. Jahrhunderts ein Doppelkanu als Frachtgut mit nach England. Die Konstrukteure der damaligen Zeit entpuppten sich leider als ausgesprochen konservativ und zeigten so gut wie kein Interesse an dem ihrer Meinung nach primitiven Wasserfahrzeug obskurer Eingeborener. Andererseits sollte man annehmen, daß ihnen Boote mit Zwillingsrümpfen nicht fremd gewesen sind, denn ein gewisser Sir William Petty hatte schon hundert Jahre früher in Dublin derartige Boote gebaut. Vielleicht hat dieser bemerkenswert unkonventionelle Gentleman von dem holländischen Entdecker Tasman, der kurz zuvor Neuseeland, Tonga und die Fischi-Inseln entdeckt hatte, von der Existenz der Doppelkanus erfahren. Sollte er auch vom im Pazifik gebräuchlichen Segelprofil Kenntnis erhalten haben, beging er einen großen Fehler: Er hat es nicht kopiert. Anscheinend kam Petty also von sich aus auf das Prinzip des »Spreizauftriebs«. Von König Karl II. erhielt er den Auftrag zum Bau eines Prototyps seines »Doppelboden-Bootes«, wie er selbst seine Schöpfung genannt hat.

Das erste dieser Boote, die *Simon & Jude*, bestand aus einem Zylinderpaar von 60 cm Durchmesser und 6 m Länge, einem hölzernen Brückendeck von 2,75 m Breite und einer Spriettakelung längsschiffs. Der Stapellauf erfolgte 1662. Das Boot gewann etliche Rennen, darunter auch eines gegen eine königliche Schaluppe. Die Royal Society ermittelte eine Geschwindigkeit von nicht weniger als 17 Knoten. Eine größere Version, die *Invention II*, folgte noch im selben Jahr. Es handelte sich um einen in Klinkerbauweise gebauten Rahsegler im Stile der

damaligen Seeschiffe. Dieses Boot legte zweimal die Überfahrt von Dublin nach Holyhead zurück und schlug das reguläre Postschiff um 15 Stunden.

Zwei Jahre später baute Petty den 30-Tonner *The Experiment*, der 33 Mann Besatzung benötigte. Dieses Boot sank in einem Sturm im Golf von Biskaya. Ein noch größeres Doppelboden-Schiff, die *Saint Michael the Archangel*, 1684 vom Stapel gelaufen, erwies sich als äußerst unhandlich und wurde nach den ersten Probeläufen gleich wieder abgewrackt. Obwohl Pettys erstes kleines Boot beträchtliche Erfolge verbuchen konnte, ließ das Interesse an den ersten europäischen Mehrrumpfbooten rasch nach. Niemand kam auf den Gedanken, daß diesen Booten das wichtigste und entscheidende Konstruktionsmerkmal fehlte, nämlich das geringe Gewicht.

Zweihundert Jahre verstrichen, bevor erneut Katamarane auf der Bildfläche erschienen. Darunter befanden sich einige große Passagierdampfer, deren Schaufelräder hintereinander zwischen den Rümpfen angeordnet waren. Doch diese Raddampfer stellten sich als zu schwer und unwirtschaftlich heraus und verhielten sich trotz ihrer enormen Breite bei Seegang ausgesprochen unangenehm. Eines dieser Boote, die 90-m-*Calais-Douvres*, stand elf Jahre lang als Kanalfähre in Diensten. Wegen des enormen Kohlenverbrauchs und der hohen Unterhaltskosten stellte man schließlich den Fährbetrieb mit ihr ein.

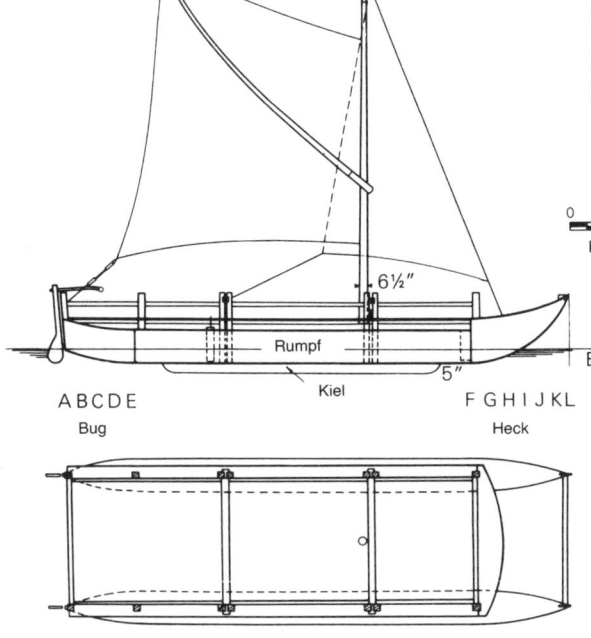

*Abb. 1.4 Erstes Mehrrumpfboot Großbritanniens. Die 6-m-*Simon & Jude *aus dem Jahr 1662 wurde von der Royal Society mit 20 Meilen pro Stunde gemessen – eine außergewöhnliche Leistung für ein Boot, das kleiner und schwerer war als die meisten Micro-Racer unserer Tage.*

Nathanael Herreshoff

Der erste Katamaran mit »modernem« Design wurde 1868 von John Mackenzie in Belfast gebaut. Es handelte sich um eine robuste kleine 6,4-m-Yacht mit einer Breite von 3 m und asymmetrischen kastenförmigen Rümpfen mit flachen Kielflossen. Diese recht schwer gebaute, voll eingedeckte Yacht benötigte ein großzügig bemessenes Gaffelrigg, um überhaupt Fahrt zu machen. Sie verschwand bald wieder in der Versenkung. Zu Mackenzies Ehrenrettung muß man dennoch lautstark sein Verdienst rühmen, als Erster eine Mehrrumpfyacht gebaut zu haben. In die Geschichte ein ging allerdings nicht er, sondern der amerikanische Konstrukteur Nathanael Herreshoff.

Herreshoffs 1876 gebaute 7,6-m-*Amaryllis* mit bleistiftdünnen V-förmigen Rümpfen, jeder mit Schwert, und einer Gesamtbreite von nicht weniger als 5,5 m, muß man als fortschrittliche Konstruktion bewerten.

Drei Querträger, die geradezu genial an Kardangelenken aufgehängt waren, verbanden die Rümpfe. Die Crew saß in einer oval geformten Mittelplicht. Allerdings litt der Auftrieb unter den extrem schmalen Rümpfen. Bei Starkwind neigte die *Amaryllis* dazu, zu tief mit dem Leebug einzutauchen, Über-Kopf-zu-gehen und höchst spektakulär zu kentern. Unter Leichtwindbedingungen wiederum erwies sie sich aufgrund ihres Gewichts als enttäuschend langsam. Trotzdem schlug sie bei einer Regatta die gesamte, 33 größere Boote zählende Flotte des New Yorker Yachtclubs – und wurde prompt von der Teilnahme an weiteren Rennen und Regatten des Clubs ausgeschlossen. Herreshoff ließ sich davon nicht abschrecken, sondern baute unverdrossen etliche weitere Ka-

Abb. 1.5 John Mackenzies Katamaran von 1868 hatte asymmetrische Rümpfe. Es handelte sich um eine voll eingedeckte, schwere Yacht, die sich folglich nicht durch besondere Schnelligkeit auszeichnete.

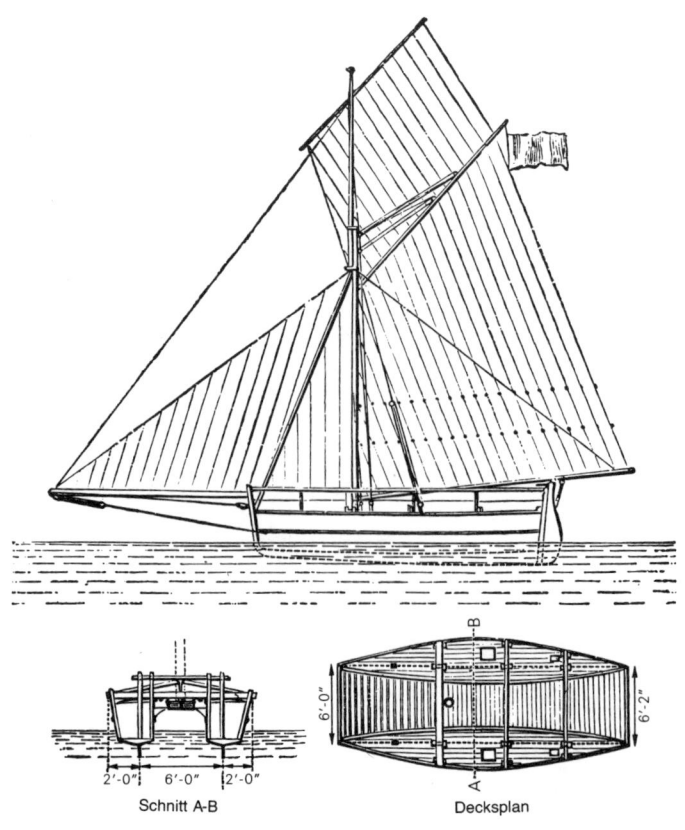

Schnitt A-B   Decksplan

Abb. 1.6 1868 segelte das Dreirumpf-floßboot Nonpareil *in 51 Tagen von New York nach Southampton. Es hatte zylindrische Gummirümpfe und vorn und achtern kurze Schwerter zum leichteren Steuern und Beidrehen. Copyright* Illustrated London News

Abb. 1.7 Nathanael Herreshoffs Gilpin (1878). *Herreshoff ließ sich von den schlanken Kanus der Marianen inspirieren und baute eine Reihe von Rennkatamaranen, die ihren konventionellen Konkurrenzbooten derart überlegen waren, daß sie nacheinander von sämtlichen Regatten ausgeschlossen wurden.*

Abb. 1.8 Viktorianisches Monstrum: Robert Fryers mit Dampf angetriebener Tri-Ball Alice. *Wie sich das Gefährt auf See verhalten hat, ist nicht überliefert.*

tamarane. Die von ihm befolgten Grundprinzipien – eine geringe benetzte Oberfläche und eine ausreichend dimensionierte Breite für eine große Segelfläche – wurden bald von anderen Konstrukteuren übernommen. Doch trotz weiterer Erfolge betrachtete die Öffentlichkeit Katamarane mit zunehmender Mißbilligung. Man hielt sie für unsportlich, für unerwünschte Außenseiter. Vom Start bei den allermeisten Regatten wurden sie nach und nach verbannt. Andererseits gab es noch zu wenige Katamarane, so daß diese Boote keine eigenen Rennen

gegeneinander austragen konnten. Es kam, wie es unter diesen Umständen kommen mußte – Katamarane spielten bald keine Rolle mehr im Segelsport. Für die Konstrukteure dagegen gewannen Bootsrennen immer mehr an Bedeutung, denn die Entwicklung neuer Boote basierte hauptsächlich auf Rennerfolgen. Die zwangsläufige Folge davon war, daß über fünfzig Jahre lang die Konstruktion von Mehrrümpfern stagnierte. Auch Herreshoff wandte sich wieder den Einrumpfbooten zu. Bekannt wurde er insbesondere für seine Konstruktionen für den America's Cup.

Abgesehen von einigen sporadischen Experimenten, etwa der Renn-Scow *Dominion*, einem Einrumpfboot, dessen Boden in der Mitte eine erhabene Aushöhlung hatte, und das damit praktisch zum Katamaran wurde – das Boot schlug sämtliche anderen Scows und wurde prompt von weiteren Rennen ausgeschlossen –, ging die Entwicklung der Multis erst 1936 weiter.

Kaimiloa

In jenem Jahr strandete der französische Forscher und Seemann Eric de Bisschop mit seiner Dschunke vor der Küste Hawaiis. Er blieb einige Zeit auf Hawaii, um sich zu erholen. Während dieser Zeit erwachte sein Interesse an den polynesischen Doppelkanus, deren Modelle er im dortigen Museum studierte. Zusammen mit einem Freund baute er am Strand von Waikiki den 11,6-m-Katamaran *Kaimiloa*. Das Boot erhielt ein Dschunkenrigg, denn mit diesen Segeln war er am besten vertraut. Im März 1937 lief er nach Frankreich aus. Dort traf er 14 Monate

Abb. 1.9 Die Kaimiloa, *von dem Forscher Eric de Bisschop 1936–7 am Strand von Waikiki gebaut, nachdem er vor Hawaii Schiffbruch erlitten hatte. Mit diesem Boot segelte er zurück in seine Heimat Frankreich.*

später ein. De Bisschop bewies nicht nur, daß man mit einem kleinen Katamaran eine Hochseefahrt sicher zurücklegen kann, sondern diente zweifellos auch den vielen französischen Mehrrumpfseglern, die in den Jahren nach dem Zweiten Weltkrieg von sich reden machten, als nacheifernswertes Vorbild.

Hawaiianische Katamarane

Zu den zahlreichen technologischen Nebenprodukten, die während der Kriegsjahre in der Rüstungsindustrie anfielen, zählen Kunstharzleime und wasserdichte Sperrholzplatten, die beim Bau von Motor- und Segelflugzeugen sowie Torpedobooten eingesetzt wurden. Mit diesen Materialien konnten erstmals auch Amateure verhältnismäßig preiswert stabile, leichte Bootsrümpfe bauen. Zu den ersten, die sich über diesen Verwendungszweck klar wurden, gehörte der ehemalige Pilot Woody Brown, der auf Hawaii wohnte. Gemeinsam mit dem hawaiianischen Bootsbauer Alfred Kumalai entwarf und baute der frühere Segelflieger den 11,7-m-Katamaran *Manu Kai*.

Brown und Kumalai verarbeiteten die neuen, aus dem Flugzeugbau bekannten Materialien. Das in Sperrholz-Leimbauweise konstruierte Boot hatte das erstaunlich

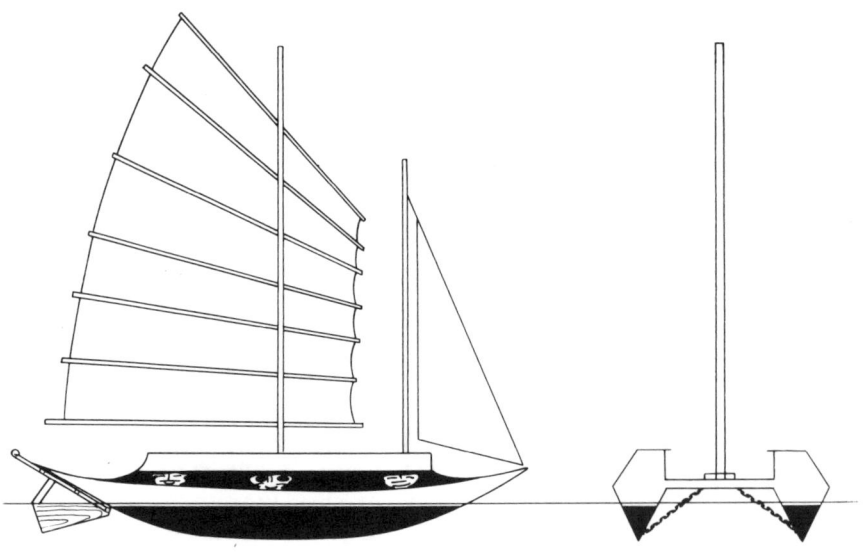

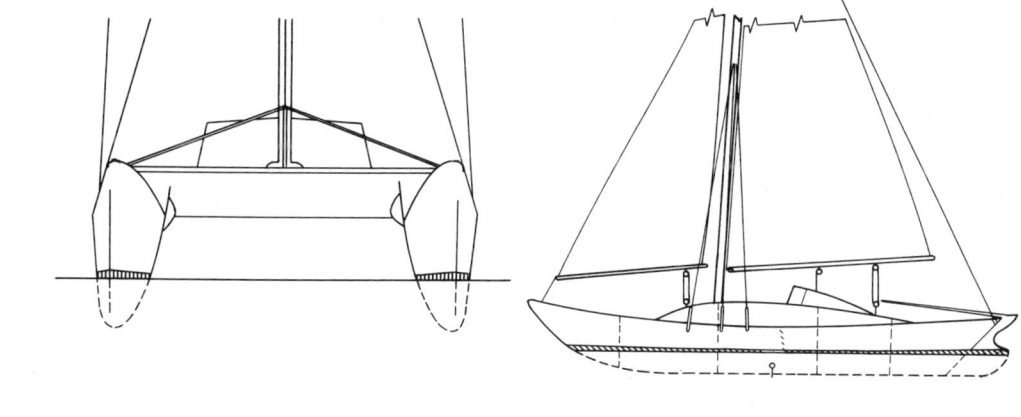

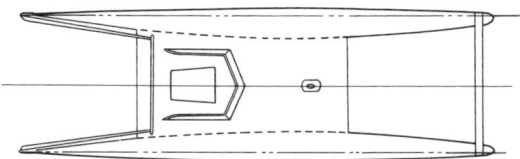

Abb. 1.10 1948 benutzte Woody Brown, der im Krieg als Segelflieger eingesetzt war, zum Bau seiner Manu Kai *Bootsbausperrholz. Die Konstruktion war perfekt abgestimmt auf Fahrten vor der hawaiianischen Küste. Das Boot wurde weltweit für seine überragende Schnelligkeit bekannt.*

geringe Gewicht von 1400 kg – zum Vergleich, ein dem heutigen Stand der Technik entsprechender Racer der Formel 40, zugebenermaßen eine ungeheuer komplexe Rennmaschine, wiegt ungefähr 1800 kg. Die *Manu Kai*, entworfen zum Segeln in Küstennähe und in der Brandung, besaß keine Schwerter. Die Konstrukteure verließen sich statt dessen auf die tiefen asymmetrischen Rümpfe und die langen, flachgehenden Kiele, die die Wasserlinie förmlich durchschnitten. Brown ging es um reine Geschwindigkeit. Zur Erreichung dieses Zieles hatte er sein Boot konstruiert, und der gute Ruf des Katamarans begann sich weltweit zu verbreiten.

Einige Zeit später schlossen sich Rudy Choy und Warren Seaman dem Hawaiianer Kumalai an. Gemeinsam gründeten die drei Männer die inzwischen sehr bekannte Firma C/S/K. Sie bauten viele große und erfolgreiche Fahrtenkatamarane. Rudy Choy produzierte technisch anspruchsvolle Racer in Serie. Er hielt sich stets an das Prinzip der schmalen, asymmetrischen Rümpfe – manchmal mit kleinem Schwert -, die auf die Verhältnisse vor der Pazifikküste mit den meist von den Bergen herunter blasenden Passatwinden und die dort stattfindenden Rennen abgestimmt waren. Die Designer anderer Regionen erkannten rasch die Vorteile der Sperrholzkonstruktionen, entschieden sich aber meist für tiefgehende Schwerter, eine größere Breite und weniger benetzte Oberfläche. Eine Kombination dieser Faktoren ergab bessere Allround-Eigenschaften.

In Australien kreiierten die Brüder Cunningham eine Art modernisierten Herreshoff-Kat mit symmetrischen Rümpfen in Knickspantbauweise und flachen Kanuhecks. Diese Boote hatten sofort durchschlagenden Erfolg. Anfang der 50er Jahre trugen Flotten dieser meist ungefähr 6 m langen und nach Plänen der Cunninghams in Selbstbauweise gefertigten Boote zahlreiche Rennen aus.

Die Gebrüder Prout

Währenddessen arbeiteten in England die Gebrüder Prout fleißig in der Werft ihres Vaters. Sie stellten Kajaks und Kanus aus formverleimtem Sperrholz her. Die abgerundeten Formen machten zahlreiche Stütz- und Längsspanten überflüssig, die bei Knickspantkonstruktionen benötigt wurden. Das Resultat waren federleichte Kanus. Der Erfolg der *Manu Kai* ließ die Brüder nicht ruhen. Sie begannen zu experimentieren und verbanden zwei ihrer Kanus mit einem Brückendeck aus Sperrholz. Ihr 4,9 m langer »Shearwater« wurde 1954 erster Serienkatamaran Europas. Es war das bei weitem schnellste Segelboot seiner Größe, das man sich für Geld kaufen konnte. Mehr durch Zufall waren die Designer auf das entscheidende Konstruktionsprinzip gestoßen, nämlich die halbkreisförmigen U-Spant-Rümpfe, die eine geringstmöglich benetzte Oberfläche gewährleisteten und damit gleichzeitig den geringsten Widerstand im Wasser boten.

Inzwischen wurden mehr als 3000 Shearwaters gebaut. Nach wie vor zählt diese Klasse zu den größten Kat-Rennklassen Großbritanniens. Die Prout-Brüder produzierten auch den allerersten Kreuzerkat aus Kunststoff, den 8,2 m langen »Ranger«, aus dem alle ihre nachfolgenden Boote hervorgingen.

Die Boote der Cunninghams und Prouts sorgten für eine rasche Zunahme der Kat-Rennen. 1959 gründete die International Yacht Racing Union ein Multihull-Komitee zur Organsation des Sports. Das Kat-Fieber verbreitete sich in ganz Europa. Zu den namhaften britischen Designern gehören ferner Rod Macalpine-Downie mit seinen Katamaranen der C-Klasse, die 1961 den ersten Little America's Cup gewannen und mit Reg White als Skipper sechs Jahre lang erfolgreich verteidigten. Nicht zu vergessen Rodney March, dessen »Tornado« 1976 als erster Katamaran olympische Klasse wurde; Reg White gewann die Goldmedaille mit dem Boot, das er selbst gebaut und bei dessen Entwicklung er tatkräftig mitgeholfen hatte. Dann Bill O'Brien, Flugbootpilot bei der RAF, der schon kurz nach dem Krieg seinen ersten Katamaran baute und später mit seinen Kreuzerkats »Bobcat« und »Oceanic« weltweit bekannt wurde. Und natürlich Tom und Mary Lack, die von 1965 bis 1980 etwa 500 der geräumigen und zuverlässigen »Catalacs« produzierten. In den Vereinigten Staaten lief Hubert Alters »Hobie«-Cat vom Stapel. In zehn Jahren wurden von diesem Typ die ersten 10 000 produziert.

Die ersten Trimarane

In den 50er Jahren tauchte eine Vielzahl von Multis in der Segelszene auf. Besonders erwähnenswert unter diesen Booten, und sei es nur des Namens wegen, ist eine 7,3-m-Doppelausleger-Konstruktion von Victor Tchetchet, einem russischstämmigen Amerikaner, der für sein Boot die anschauliche Bezeichnung »Trimaran« prägte, die sich inzwischen für alle dreirümpfigen Boote durchgesetzt hat. Aus seinem bereits 1945 gebauten Prototyp entwickelte und baute Tchetchet eine ganze Reihe flinker kleiner Boote für seine Segelfreunde. Bob Harris, einer der führender Designer Kanadas,

Abb. 1.11 Französisches Schwergewicht. Der 13-m-Trimaran Ananda, *1946 gebaut aus Mahagoniplanken auf Eichenspanten, verdrängte 8,7 Tonnen. Irgendwie gelang es dem Tri, von den Kapverdischen Inseln bei Schwerwetter mit einer Durchschnittsgeschwindigkeit von 4,4 Knoten 2100 Meilen über den Atlantik zu segeln, aber die Bootsbewegungen waren derart heftig, daß die Crew Probleme mit den Augen bekam.*

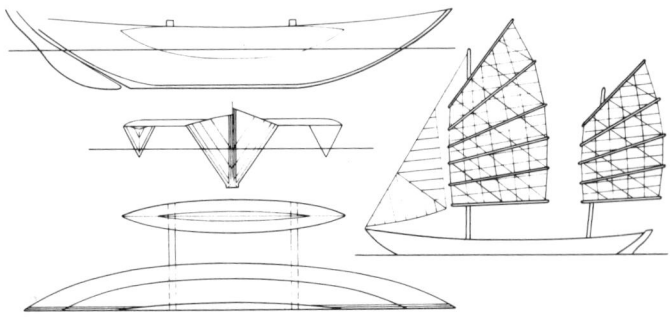

stellte auf Long Island erfolgreich Serien kleiner Flachboden-Kats her. Und in England baute Erick Manners eine ganze Reihe genialer, gelegentlich exzentrischer Konstruktionen, die zum Teil auf bereits vor dem Krieg von ihm durchgeführten Experimenten beruhten. Zu seinen Verdiensten zählen der allererste auf dem Autodach zu transportierende Kat sowie der erste trailerbare Tri mit klappbaren »Hydrowings«, wie Manners seine typischen Konstruktionsmerkmale nannte. Bei sämtlichen Konstruktionsdetails stand die Gewichtsreduzierung an erster Stelle.

Andere Konstrukteure ignorierten schlichtweg die aus der Geschichte gelernten Lektionen und kehrten zu Konstruktionen aus Mahagoni und sogar Stahl zurück. Die Eigenschaften dieser Katamarane waren nicht weniger enttäuschend als die ihrer schwergewichtigen Vorgänger. In Frankreich und Deutschland wurden einige Katamarane aus massivem Stahl gebaut, die sogar eine Atlantiküberquerung hinter sich brachten. Doch die Boote waren dermaßen schwer, daß sie gefährliche Segeleigenschaften hatten. In den Vereinigten Staaten baute Creger eine Reihe kleiner Katamarane mit tiefgehenden Kielflossen, die allerdings ebenfalls übergewichtig waren und darüber hinaus noch sehr schmal und schwerfällig. Ihre Stabilität basierte auf völlig falschen Voraussetzungen. Cregers größere Konstruktionen trugen eine Tonne Ballast im Kiel. Sobald eine ordentliche Brise wehte, drohten sie zu kentern. Bei Leichtwinden wiederum erwiesen sie sich als furchtbar langsam. Diese Boote bewiesen überzeugend, daß schwere Kiele und Zwillingsrümpfe eine schlechte Kombination darstellen.

James Wharram

1955 beeinflußte eine Konstruktion die Katamaranszene, die mit den Booten von Woody Brown und den Gebrüdern Prout um den Ehrenplatz in der Geschichte der Multis wetteifert. Der engagierte junge Engländer James Wharram baute seine berühmte *Tangaroa*, einen völlig dem Grundsatz der

Abb. 1.12 Der 14-m-Stahlkatamaran Copula, *1948 vom Stapel gelaufen, war nicht nur der erste Ozeankreuzer mit asymmetrischen Rümpfen, sondern gilt mit seinen 22 Tonnen auch als der schwerste, je gebaute Katamaran. Dennoch war es ein gutes Seeschiff. Auf einer langen Fahrt, überladen mit Tauchausrüstung und einem voll ausgestatteten Labor, legte sie in 90 Segeltagen ungefähr 9000 Meilen zurück. Das entspricht einer Durchschnittsgeschwindigkeit von knapp über 4 Knoten.*

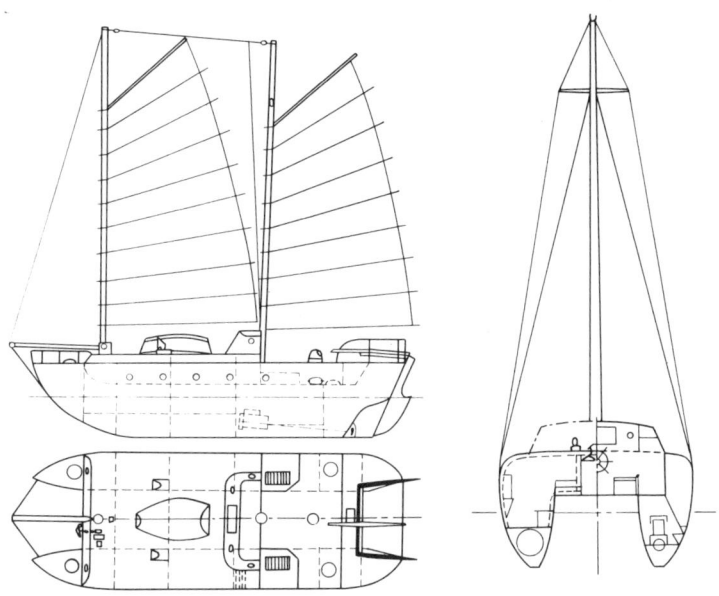

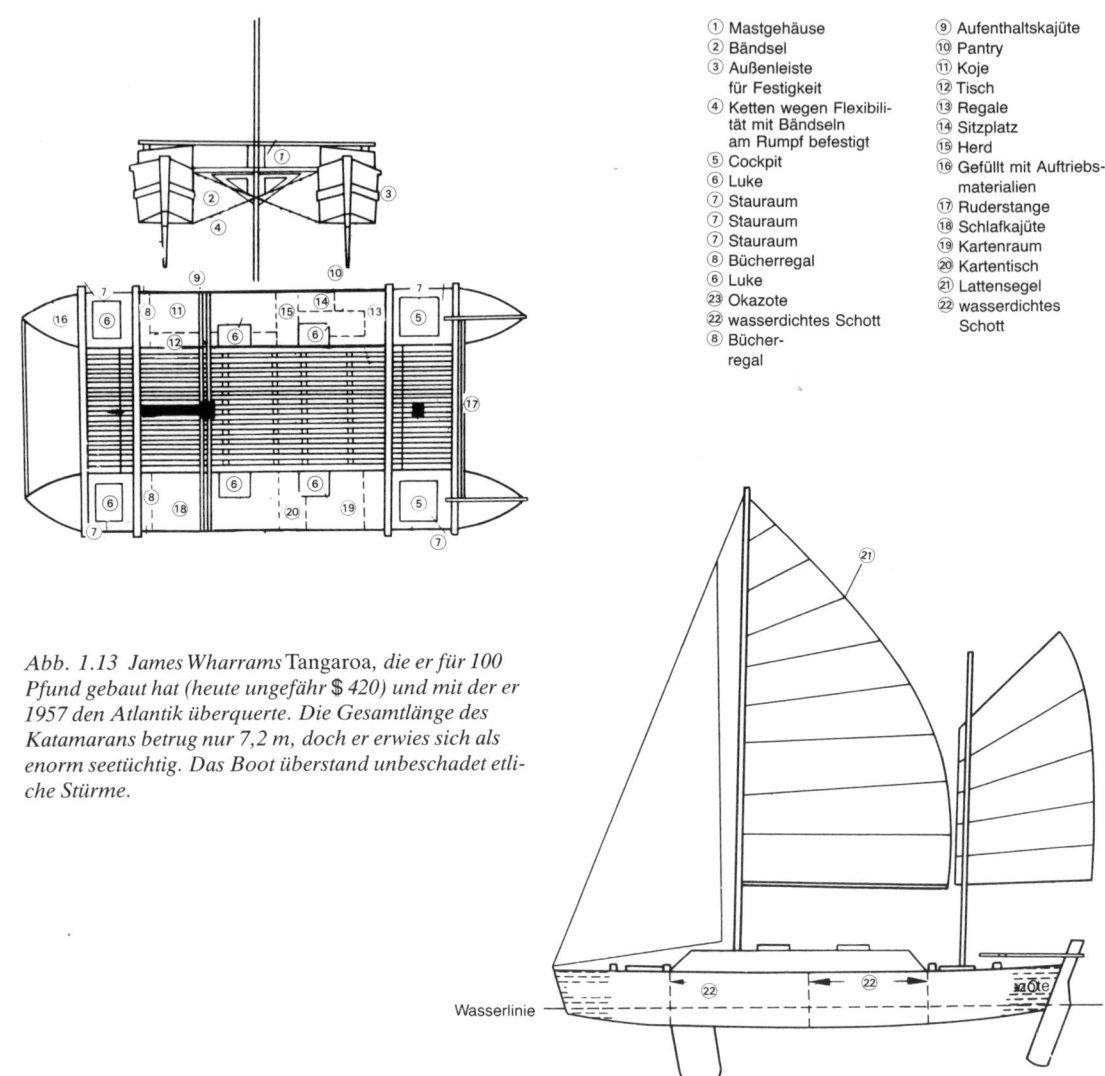

① Mastgehäuse
② Bändsel
③ Außenleiste
   für Festigkeit
④ Ketten wegen Flexibili-
   tät mit Bändseln
   am Rumpf befestigt
⑤ Cockpit
⑥ Luke
⑦ Stauraum
⑦ Stauraum
⑦ Stauraum
⑧ Bücherregal
⑥ Luke
㉓ Okazote
㉒ wasserdichtes Schott
⑧ Bücher-
   regal

⑨ Aufenthaltskajüte
⑩ Pantry
⑪ Koje
⑫ Tisch
⑬ Regale
⑭ Sitzplatz
⑮ Herd
⑯ Gefüllt mit Auftriebs-
   materialien
⑰ Ruderstange
⑱ Schlafkajüte
⑲ Kartenraum
⑳ Kartentisch
㉑ Lattensegel
㉒ wasserdichtes
   Schott

Wasserlinie

Abb. 1.13 James Wharrams Tangaroa, *die er für 100 Pfund gebaut hat (heute ungefähr $ 420) und mit der er 1957 den Atlantik überquerte. Die Gesamtlänge des Katamarans betrug nur 7,2 m, doch er erwies sich als enorm seetüchtig. Das Boot überstand unbeschadet etliche Stürme.*

Zweckmäßigkeit gemäß konstruierten 7,2-m-Katamaran, der sich eng an die polynesischen Vorbilder hielt. Mit seiner Crew, zwei jungen deutschen Frauen, segelte er nach Trinidad. Für ihn stand eine kostengünstige und einfache Konstruktion im Vordergrund, deshalb entschied er sich für parallele Rümpfe mit stumpfen Enden und flachem Boden – »die sehen aus wie zwei Särge«, lautete so mancher abfällige Kommentar. Das offene Deck bot reichlich Platz, aber die Unterkünfte unter Deck waren räumlich sehr beschränkt für drei Personen auf einem derart langen Törn. Doch das

nach dem Prinzip äußerster Einfachheit konstruierte Boot überstand unbeschadet etliche Stürme. Es erwies sich als bemerkenswert stabil, besaß gute Auftriebseigenschaften und lag auch bei rauherem Seegang ruhig. Nur gelegentlich schlugen Brecher durch das Lattendeck, doch das Wasser lief jedesmal schnell ab.

Überzeugt von der Sicherheit und dem von offenkundigen Untugenden freien Verhalten seines offenen Katamarans machte sich Wharram unverzüglich an die Konstruktion des nächsten Bootes. Mit Hilfe der beiden jungen Frauen und einiger Freunde, die sie auf der westindischen Insel gewonnen hatten, baute er den 12,2-m-*Rongo*, der sämtliche typischen Merkmale besaß, für die seine Konstruktionen international bekannt wurden: schmale Holzrümpfe mit V-förmigen Spanten, keine Schwerter, flexible Verbindungen der Träger, im internationalen Sprachgebrauch auch Beams genannt, zu den Rümpfen und offene Lattendecks. Mit diesem Boot segelten sie 1959 nach England zurück. Der Crew gelang damit die erste Ost-West-Transatlantiküberquerung mit einem Mehrrumpfboot. Vier Jahre später begann Wharram seine Laufbahn als professioneller Konstrukteur.

Im Jahr 1955 gründete der Engländer und überzeugte Multi-Segler Dr. John Morwood die Amateur Yacht Research Society. Aufgrund der von der Society durchgeführten Veranstaltungen und der von ihr herausgegebenen Broschüren entwickelte sie sich rasch zu einem internationalen Diskussionsforum für Konstrukteure und Segler und gewann weltweit Einfluß auf innovative Yachtkonstruktionen.

Arthur Piver

Auch der Kalifornier Arthur Piver befolgte die Ratschläge der Society. Als er 1957 die von Morwood propagierte Rumpfform für eine Serie einfacher Sperrholz-Trimarane übernahm, hatte er bereits eine Reihe nur mäßig erfolgreicher Strand-Kats gebaut. Er selbst segelte seine Trimarane mit Begeisterung und machte mit aggressiven Werbemethoden auf seine Baupläne für Selbstbauer aufmerksam. Mit seinem Verhalten – er benahm sich zuweilen wie ein Elefant im Porzellanladen – brachte er bald das Establishment der Segelszene gegen sich auf.

Zu seinen bekanntesten Entwürfen zählen der 7,3-m-*Nugget* und der 9,1-m-*Nimble*. Sofern die Selbstbauer sorgfältig arbeiteten, handelte es sich um angemessen schnelle und seetüchtige Boote mit praktischen Bordeinrichtungen. Es waren die ersten kleinen Mehrrümpfer, die diese Kriterien voll erfüllten. Besonders populär wurden die Boote in Großbritannien. Zu einem gro-

ßen Teil verdanken sie ihren Status sicher den Marketinganstrengungen von D.H. »Nobby« Clarke, der ungefähr 200 professionell gebaute Boote auf den Markt brachte. Etliche – einschließlich der 20 nach Amerika exportierten Tris – hatten klappbare Schwimmer zum leichteren Trailern. Die von Clarke gebauten Boote waren tatsächlich die ersten Serien-Micro-Multis. Darüber hinaus lieferte er rund 400 Baupläne an Amateurbootsbauer. Die Pläne hatte er mit eigenen Anmerkungen ergänzt, da Pivers Zeichnungen allzu viel der Phantasie der Eigenbauer überließen.

Leider ließen sich viele Multi-Aspiranten von Pivers lautstarken Anpreisungen und Untertreibungen bezüglich der Schwierigkeiten beim Selbstbau blenden. Auch seine vollmündigen Sprüche über ihre Hochseetüchtigkeit entsprachen nicht ganz der Wahrheit, obwohl man fairerweise sagen muß, daß einige von Nobby Clarkes Kunden mit ihren Piver-Booten tatsächlich eine Ozeanüberquerung schafften, darunter auch Nigel Tetley, der mit seiner 12,2-m-*Victress* die fünf südlichen Kaps umrundete. Auch Piver selbst unternahm mit seinen Trimaranen etliche Langfahrten. So hatte er zum Beispiel mit einem »Nimble«-Tri für das Transatlantikrennen 1960 gemeldet, allerdings traf er zu spät am Start vor Plymouth ein. 1967 stattete er mit seinem schnellsten Racer, dem 10-m-*Stiletto*, England wiederum einen Besuch ab und belegte den dritten Platz im Rennen um die Crystal-Trophy. 1968 blieb Piver auf See. Mit ihm hat die Segelwelt zweifellos eine eindrucksvolle, schillernde Persönlichkeit verloren.

Pivers Hinterlassenschaft bestand in einer Menge halbfertiger Boote und desillusionierten Hobbybauern und, nicht zu vergessen, in einer weltweiten Flotte erfolgreicher Trimarane. Es war ihm gelungen, andere von der Seetüchtigkeit seiner Trimarane zu überzeugen. Da James Wharrams Konstruktionen damals einem breiten Publikum noch wenig bekannt waren, hatte zuvor kaum ein Segler im Zusammenhang mit kostengünstigen Hochseekreuzern auch nur einen Gedanken an Multis verschwendet. Mit seiner ansteckenden Begeisterungsfähigkeit inspi-

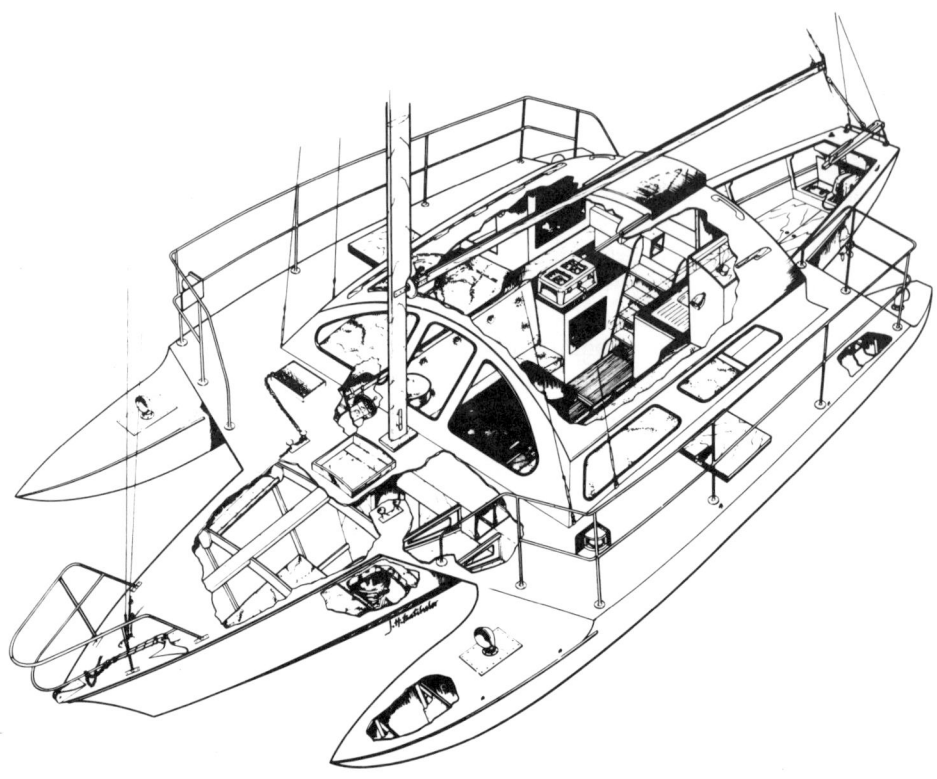

Abb. 1.14 Der Piver-Tri »Nimble« (1960). Im Laufe der Jahre wurden in den USA und anderen Ländern, darunter auch in Großbritannien, Hunderte im Selbstbau gefertigt. Besonders beliebt waren sie wegen ihrer Geräumigkeit und guten Leistung. (Photo © D.H. Clarke)

rierte Piver auch den jungen Jim Brown. Doch als dieser ihm eigene Vorschläge zur Überarbeitung der Konstruktion machte, fiel er bei seinem Kumpel über Nacht in Ungnade und erhielt den Laufpaß. Brown gründete seine eigene Firma und verkaufte Pläne der »Searunner«-Trimarane zum Selbstbau. Jeder Plan enthielt umfangreiche detaillierte Beschreibungen und Anweisungen, denen Browns eigene seemännische Erfahrungen zugrunde lagen. Die Boote wurden insbesondere bei Fahrtenseglern ausgesprochen populär. Im Laufe der Jahre wurden mehrere hundert gebaut.

In England gingen verschiedene schnelle Fahrten-Kats in Serie, darunter Macalpine-Downies langlebiger »Iroquois«. Das ermutigte zwei Segler, die zuvor in Pivers gesegelt waren, sich mit der Konstruktion von Booten zu befassen. Einer dieser Segler war Derek Kelsall, der mit seinem eigenen Piver-Tri am Einhand-Transatlantik-Rennen 1964 teilnahm und zwei Jahre später mit seinem 12-m-Trimaran *Toria* die Round Britain gewann. Das war das erste der vielen von ihm konstruierten und gebauten Mehrrumpfboote, das erste Beispiel für seine Pionierarbeit auf dem Gebiet der GFK-Sandwich-Bauweise, die heute noch allgemein üblich ist. Der zweite Segler war Tony Smith. Seine Erfahrung basierte auf einer abgewandelten »Nugget«, und er wagte es, mit seiner »Telstar«-Konstruktion in Serie zu gehen. Obwohl die Produktion inzwischen ausgelaufen ist, ist dieser geräumige kleine Trimaran mit Klappschwimmern noch immer populär.

Als der legendäre französische Segler Eric Tabarly von einer außerordentlich schnellen Fahrt Kelsalls mit seiner *Toria* erfuhr, beschloß er, in Zukunft auf Rennen mit Einrumpfbooten zu verzichten. Er gab den 21-m-Trimaran *Pen Duick IV* in Auftrag. Mit diesem Boot brach er zahlreiche Transatlantikrekorde. Dies war der erste der großen Multis, mit denen Frankreich später das Renngeschehen dominierte. Tabarly avancierte zum Volkshelden. Seine großartigen Leistungen waren neben der Ankunft einiger Piver-Tris aus England in hohem Maße ausschlaggebend für die Renaissance der französischen Mehrrumpfboot-Tradition, die dreißig Jahre früher mit de Bisschop ihren Anfang genommen hatte. (Eine kürzlich vorgenommene Zählung, bei der die Dutzende von Strand-Kats nicht berücksichtigt wurden, ergab über 100 Multi-Typen auf dem französischen Markt – nebenbei bemerkt, 30 Micros.)

Zu den weiteren herausragenden Konstrukteuren der 60er Jahre gehören die Amerikaner Norman Cross und Ed Horstman mit ihren geräumigen Trimaranen mit Seitendecks, sowie die Gebrüder Gougeon

Abb. 1.15 Der 27-m-William Sauran, 1981 konstruiert von Derek Kelsall. Auf raum-seitlichem Kurs erreichte der Tri 26 Knoten bei 30 Knoten Wind. Bei dieser Geschwindigkeit hätte er ungefähr 350 PS entwickelt. (GAMMA photo)

mit ihren federleichten Racern, die ein Holz-Epoxidharz-System entwickelten – das WEST-System, für das die Gougeon-Brüder ein Patent haben, machte sie berühmt. Auch Hedley Nicol soll nicht unerwähnt bleiben, der draufgängerische australische Segler, der auf den Ideen Pivers aufbaute, die Konstruktionen verbesserte und noch unter den widrigsten Bedingungen auf See nach mehr Wind und mehr Regen schrie. Während einer Überfahrt nach Amerika verlor sein Tri einen Schwimmer, Nicol blieb auf See. Und nicht zu vergessen Dick Newick, ein weiterer legendärer Amerikaner, dessen elegante Trimarane breiter und stabiler waren als Pivers Konstruktionen. Die Bandbreite seiner Boote reicht vom populären 9,4-m-«Val» bis zu berühmten Racern wie der 15-m-*Moxie*, die fast jedes Rennen gewinnen konnte, in dem sie an den Start ging.

Newick spezialisierte sich – und daran hat sich bis heute nichts geändert – auf leichtge-

wichtige Hochleistungskatamarane. Damit steht er im Gegensatz zu Jim Brown, der sich auf robustere, ohne große Probleme selbstzubauende Sperrholz-Kreuzer konzentrierte. Was die »Ausstattung« der Mehrrumpfboote (im Unterschied zu den Jollen) betrifft, so verkörpern diese beiden Konstruktionstypen die stark voneinander abweichenden Trends der 70er Jahre: auf der einen Seite die kompromißlosen Racer mit extremer Gesamtbreite, schmalen Rümpfen und gewaltigem Segelriß; andererseits die geräumigeren, weniger hochgezüchteten und erheblich preiswerteren Fahrten-Multis. Die kleinsten dieser Kategorie, etwa Jim Browns 25-Footer, zogen nicht nur Neulinge oder sparsame Segler an, sondern besonders Jollensegler, die sich ein größeres Boot wünschten, auf dem sie auch einmal während eines Wochenendes wohnen konnten, das sich aber trotzdem trailern ließ. Zu den ersten »Micros«, wie die internationale Bezeichnung dieser Boote lautete, zählen auch

Abb. 1.16 Steinlager 1 *beim Rund-Australien-Rennen. Stark gerefft und 30 Knoten Wind gegenan – das ist Multihull-Rennsegeln in Perfektion.*

der »Trailertri« des Australiers Ian Farrier, der bei der Konstruktion dieses Bootes ein ausgeklügeltes Faltsystem entwickelte. In England machten Richard Woods und John Shuttleworth, beide ehemalige Mitarbeiter Derek Kelsalls, mit Eigenkonstruktionen von sich reden. Shuttleworth erhielt viel Beifall für seine großen Rennmaschinen und Hochleistungskreuzer sowie für die von ihm entwickelte Methoden des Computer-Aided Design. Woods gilt als Wegbereiter der Micros in Großbritannien.

Die führenden Konstrukteure

In den letzten Jahren machten sich weitere britische Konstrukteure einen Namen: Nigel Irens, Konstrukteur des rekordbrechenden Trimarans *Apricot* und seiner Nachfolger, darunter auch die französischen Boote, die beim Einhand-Transatlantikrennen 1988 die Plätze eins und zwei belegten; Adrian Thompson mit seinem extremen amerikani-

schen Tri *Sebago*, der Vierter wurde; David Alan-Williams, der mit dem leistungsstarken *Steinlager 1* einen großen Vorsprung herausfuhr und das 7600 Meilen-Rennen Round Australia bei Wind in Sturmstärke gewann, und zwar sage und schreibe *fünf Tage* vor dem nächstplazierten Boot; und Martyn Smith, verantwortlich für den erfolgreichen »Firebird«-Micro-Kat (leider wird dieser wegen eines verheerenden Feuers in den Fabrikationsanlagen nicht mehr produziert). In den USA schoben sich Designer wie Kurt Hughes und Gino Morelli in die erste Reihe der führenden Konstrukteure von Hochleistungs-Multis. Der Däne Borge Quorning wiederum ist bekannt für seine »Dragonfly«-Trimarane. Sein Landsmann Lars Oudrup für Micro-Kats, die bereits etliche Rennen gewonnen haben. Aber führend in diesem Bereich ist Frankreich, das so hervorragende Konstrukteure wie Briand, Fountaine, Lerouge, Lombard, Nivelt und Olivier hervorgebracht hat, nach wie vor über das größte Angebot an Serien-

Abb. 1.17 »Firebird«. Dieser Micro war die Nummer 1 der 80er Jahre in seiner Klasse.

fahrtenbooten verfügt und Heimat der be-
deutendsten Flotte großer Racer ist. In
Frankreich herrscht kein Mangel an kommerziellen Sponsoren. Das Sponsorenwesen
dieses westeuropäischen Landes ist weltweit
beispiellos.

Insbesondere die genannten Konstrukteure zeichnen für neue High-Tech-Boote verantwortlich, die ihren entsprechenden Preis
haben. Aber die Mehrzahl der Mehrrumpfboote wurde von Amateuren im Selbstbau
gefertigt – manchmal, das muß an dieser
Stelle einmal gesagt werden, sehr zum Schaden des guten Rufs ihrer Designer. Die Boote mit den scheinbar simplen Formen sowie

Abb. 1.18 Der 18-m-Formel 1-Trimaran Spirit of Apri-
cot, *konstruiert von Barry Noble und Martyn Smith,
Skipper war der nicht unterzukriegende Tony Bullimore.
Bei 10 Knoten Wind gleitet das Boot mühelos mit 15
Knoten über das Wasser, praktisch ohne Kielwasser zu
zeigen.*

die im Leichtbau problemlos zu handhaben-
den Materialien stechen dem Do-it-yourself-
Bootsbauer verführerisch ins Auge. Für viele Segler, die sich für den Eigenbau entscheiden, steht die Einfachheit der Konstruktion im Vordergrund und natürlich
auch die Befriedigung, ein mit eigenen Händen geschaffenes Boot zu segeln.

An der Tatsache, daß ein Mehrrumpfboot

teurer ist als ein gleichwertiger Mono, ganz einfach, weil es zwei – oder drei – Rümpfe und die dazugehörenden Verbindungselemente braucht, ist nicht zu rütteln. Sogar Serienproduzenten geben zu, daß es extrem schwierig ist, die Kosten auf einem erträglichen Maß zu halten, damit noch ein nennenswerter Gewinn erzielt werden kann. Um so mehr Hochachtung gebührt den wenigen Spezialisten unter den Herstellern, denen dieses Kunststück gelungen ist: In erster Linie Prout Catamarans, dem mit über 3000 Serienbooten weltweit führenden Hersteller von Mehrrumpfbooten; den Pio-

nieren Tony Smith und Ian Farrier, beide inzwischen in den USA zu Hause und dort auch produzierend; sowie einer Reihe französischer Firmen, die teilweise als Tochtergesellschaften eines Großunternehmens Unterstützung genießen. Verglichen mit der weltweiten Produktion von Einrumpfbooten ist die Serienproduktion von Mehrrümpfern noch relativ bescheiden. Ihr Anteil liegt bei weniger als 10 Prozent. Aber der Trend zeigt aufwärts dank verfeinerter Konstruktionstechniken, die den Sicherheitsstandard verbesserten. Im gleichen Ausmaß steigen auch die Verkaufszahlen.

2 WARUM EIN MEHRRUMPFBOOT?

Vorteile und ein paar Nachteile

Außer in Träumen existiert das ideale Boot wohl nicht. Auf seine Art ist jedes Boot ein Kompromiß, entweder konstruktionsbedingt oder aus den für den Kauf ausschlaggebenden Gründen. Jeder macht sich andere Vorstellungen von seinem Traumboot. Folglich müssen wir uns die Fragen stellen, warum segeln wir, und was sind unsere Prioritäten?

Für den Hochseerennsegler steht an erster Stelle die Geschwindigkeit. Er wird also normalerweise eine spartanische Ausstattung akzeptieren, weil er sich davon ein schnelleres Boot verspricht. Ein Dayracer braucht so gut wie keine Unterkunft an Bord. Wer dagegen gerne auf Kreuzfahrten geht, ist vielleicht erst zufrieden, wenn er Komfort an Bord hat. Die Ästhetik der Linien ist diesem Segler eher gleichgültig. Andere wiederum nehmen gerne eine gewisse Unbequemlichkeit in Kauf, weil sie sich in die Schönheit der Linien eines Bootes verliebt haben. Manche stört es nicht einmal, wenn es ein bißchen wasserdurchlässig ist. Jedem das seine. Nicht zuletzt ist die Wahl des Bootes auch eine Frage des Geldbeutels.

Dick Newick rät seinen Kunden: »Hüten Sie sich vor einem Verkäufer, der Ihnen ein schnelles, billiges, geräumiges Boot verspricht. Höchstens zwei dieser drei Faktoren können Sie erwarten: (1) hohe Geschwindigkeit, (2) geringe Kosten und (3) Bequemlichkeit. Alle drei Punkte bekommen Sie nie unter einen Hut.« Entscheiden Sie sich für die Punkte (1) und (2), erhalten Sie einen unbequemen Racer; (1) und (3) stehen für eine große, teure Yacht, während (2) und (3) auf ein Boot hindeuten, das langsamer und schwerer und wahrscheinlich weniger seetüchtig ist als die anderen Kombinationen. Aber wenn Sie Wert auf Geräumigkeit

legen und mit einem begrenzten Budget auskommen müssen, gibt es dazu kaum Alternativen.

Geschwindigkeit

Wenden wir uns zuerst der Leistung zu und beginnen wir mit dem offensichtlichsten Gesichtspunkt, der Geschwindigkeit. Francis Herreshoff, Sohn des Katamarankonstrukteurs der ersten Stunde, sagte einmal, Hauptaufgabe einer Yacht sei es, Vergnügen zu bereiten. Seiner Ansicht nach steht die Freude am Segeln in direktem Zusammenhang mit der Geschwindigkeit. Das ist natürlich eine grobe Vereinfachung, enthält aber im Kern durchaus ein Körnchen Wahrheit. Geschwindigkeit macht Spaß. Wer schon einmal die pure Lust verspürt hat, bei raumem Wind mit 15–20 Knoten auf dem Wasser zu flitzen, kann sich sicher in Art Piver hineinversetzen, der vor Ausgelassenheit schreiend und jauchzend in der San Francisco Bay unterwegs war. Die mißbilligenden Blicke der Leute waren ihm in den ersten Jahren sicher. »Von Anfang an«, schrieb er einmal, »betrachteten die Leute im Westen die See als einen Feind, gegen den es zu kämpfen gilt, mit dem man sich nur auf schweren, kräftigen Schiffen anlegte, die der Macht und den Gefahren der See trotzen können. Die Leute im Osten dagegen betrachteten die See wohl mit Respekt, aber ohne Angst, und glitten in leichten Booten über das Wasser.« Die heutigen Yachten, gleichgültig, ob Mono oder Multi, sind hochleistungsträchtige Weiterentwicklungen der Boote der Vergangenheit. Sie sind nicht unbedingt besser, aber in jedem Fall anders.

Jedes Wasserfahrzeug unter Segel, ob es

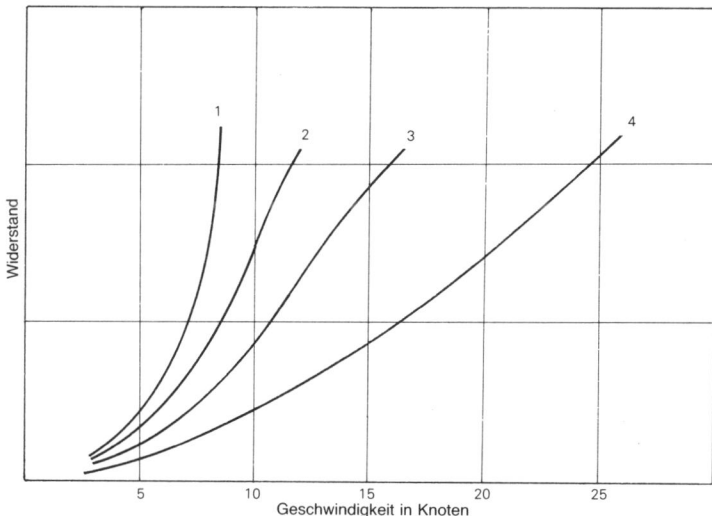

Widerstand

Geschwindigkeit in Knoten

5   10   15   20   25

sich nun um einen konventionellen Verdränger handelt, der sich durch das Wasser schiebt, oder um eine Jolle, die sich an die Wasseroberfläche schmiegt, überträgt einen Teil der Windenergie auf das seinen Rumpf tragende Wasser. Ein beträchtlicher Teil dieser Energie erzeugt Oberflächenwellen, die der Vorwärtsbewegung Widerstand leisten. Mit steigender Bootsgeschwindigkeit wächst auch der wellenerzeugende Widerstand, bis der Verdrängungsrumpf schließlich die kritische Geschwindigkeit von ungefähr 2,4mal der Quadratwurzel seiner Länge in der Wasserlinie in Metern erreicht. An diesem Punkt steigt die Widerstandskurve steil an und das Boot kann nicht mehr beschleunigen. Bei einem konventionellen Kielboot mit einer Länge in der Wasserlinie von beispielsweise 8 m liegt die Höchstgeschwindigkeit knapp unter 7 Knoten, während ein 11-Meter-Boot ungefähr 8 1/2 Knoten schafft. Aber keines dieser Boote kann schneller segeln – mit Ausnahme von ein paar herrlichen Sekunden, wenn es auf einer Welle reitet –, daran ändern auch die Größe der Segelfläche oder ein zusätzlicher Motor nur wenig, denn aufgrund ihres Gewichts können sie nicht gleiten wie eine Jolle.

Dazu kommt noch der Widerstand des Kiels, der sich mit Ausnahme auf Vorwindkurs der Abdrift entgegenstemmt. Auch die Krängung erzeugt Widerstand. Dieser ist

Abb. 2.1 Geschwindigkeit von vier vergleichbaren Rumpfformen:
1. *Der schwere Mono-Cruiser ist wegen der von ihm erzeugten Wellen nicht imstande, über diese Widerstandskurve hinaus zu gehen.*
2. *Der Ultra-Leichtverdränger-Mono besitzt bessere Gleiteigenschaften und beschleunigt über den Widerstandsgipfel, wenn auch langsam – er gleitet.*
3. *Der Hochleistungs-Multi-Cruiser erreicht den Gipfel noch müheloser, vorausgesetzt, er hat genügend Segelkraft.*
4. *Der Multi-Racer erzeugt kaum Wellen, für ihn gibt es praktisch keinen Gipfel; er beschleunigt reibungslos bis zur je nach den äußeren Bedingungen möglichen Höchstgeschwindigkeit.*

nur von Bedeutung, wenn der Krängungswinkel 20° zu überschreiten beginnt, nimmt aber bei 30° gewaltig zu. Deshalb sollte ein Einrumpfboot möglichst aufrecht gesegelt werden. Mal ganz abgesehen davon, daß nur dann die maximale Segelfläche zum Wind steht, sollte die Krängung auch zur Minderung des Widerstandes begrenzt werden. Die Crew versucht, das Boot »auszureiten«, indem sie sich nach Luv begibt. Eine Ausnahme sind lediglich extreme Leichtwindbedingungen, wenn das Segelprofil durch Krängen nach Lee verbessert wird. Tatsächlich werden die meisten Mono-Rennboote nach diesem Prinzip gefahren oder sie behelfen sich mit beweglichem Ballast wie etwa Wasser, das aus Stabilitätsgründen von einem Seitenballasttank aus zur anderen Seite gepumpt wird. Nur wer sich dieses Prinzip zu eigen macht, kann die zu einem Sieg notwendige Segelfläche setzen.

Die Restenergie wird zur Überwindung der Reibung des an der Rumpfoberfläche vorbeifließenden Wassers verschwendet. Je kleiner die benetzte Oberfläche, desto geringer die Reibung. Die bei weitem schnellsten Einrumpf-Segelyachten gehören der neuen Generation der Ultra-Leichtverdränger oder ULDB (Ultra Light Displacement Boats) an. Diese Boote zeichnet ein vergleichsweise schlanker Rumpf in Verbindung mit einem flachen Unterwasserschiff aus. Diese Kombination ermöglicht rasches Gleiten. Außerdem haben sie einen enorm leistungsfähigen großen Segelriß. Schnell sind diese Boote in der Tat – jedenfalls im Vergleich zu einem Einrumpfboot mit konventionellen Proportionen. Doch auch die Schnelligkeit dieser Boote stößt durch das Gewicht des Ballastkiels an ihre Grenzen. Sie sind nicht einmal halb so schnell wie ein vergleichbarer Multi-Racer.

Schneller als der Wind

Das Mehrrumpfboot mit seiner auf die Breite orientierten »Formstabilität« benötigt keinen Ballast, um der Krängungskraft der Segel Widerstand zu leisten (obwohl sich auch die Crew eines Renn-Multis normalerweise auf dem Luvrumpf aufhält). Außerdem sind die Rümpfe an der Wasserlinie

Abb. 2.2 Renntrimarane fliegen häufig mit dem Hauptrumpf. Diese 12-m-Lock-Crowther-Konstruktion hält den Rekord der Einhand-Trans-Pac, den Rekord der Einhand- und der Zweimann-Trans-Tasman. Verblüffend sind die recht komfortablen Unterkunftsmöglichkeiten für zwei Personen auch während einer Kreuzfahrt.

sehr schmal. Das führt zu einem geringeren wellenerzeugenden Widerstand (Näheres darüber in Kapitel 3), als die breiteren, schwereren Kielboote bei niedrigerer Geschwindigkeit verursachen. Folglich sind Multis unter Leichtwindbedingungen schneller. Frischt der Wind auf und die Bootsgeschwindigkeit steigt, beginnen die leichten Rümpfe aufgrund des dynamischen Auftriebs zu steigen, die benetzte Oberfläche und parallel dazu der entsprechende Widerstand verringern sich und die Bootsgeschwindigkeit erhöht sich weiter. Unter günstigen Bedingungen kann ein Mehrrumpfboot schneller segeln als der Wind. Oftmals ist sein Vorsprung beeindruckend. Bei Leichtwetter zum Beispiel kann ein Multi doppelt so schnell sein, doch auch bei Starkwind kann er über die Windgeschwindigkeit hinausgehen, ausgenommen bei schwerer See. So wurde etwa der 12-m-Rennkatamaran *Full Pelt*, eine Konstruktion von Ed Dubois (GB), bei Wind von 30 Knoten offiziell bei der Windemere Speedweek mit 32 Knoten gestoppt.

Wie beim Mono tritt auch beim Multi der Widerstand durch Abdrift auf, aber kein meßbarer Krängungswiderstand, es sei denn, ein Rumpf des Katamarans fliegt – dann geht es allerdings über einen kurzen Querschlag hinaus, denn wenn der Luvrumpf aus dem Wasser steigt, verringert sich der Gesamtwiderstand dramatisch. Das Balancieren auf dem Leerumpf ist ein heikles Manöver und erfordert beträchtliches seglerisches Können und blitzschnelle Reaktionen. Es verzeiht kaum einmal einen Fehler. Schon die ersten Strandkatamarane segelten mit fliegendem Rumpf. Seitdem sind fliegende Rümpfe ein alltäglicher Anblick in allen Multi-Rennklassen. Auch die großen Hochseekats fliegen regelmäßig mit einem Rumpf. Oft sieht man Trimarane, die nicht nur mit einem, sondern mit zwei Rümpfen fliegen und nur einen Rumpf auf dem Wasser haben. Die größeren Kats können es heutzutage nur noch mit ihren Trimaran-Klassenkameraden aufnehmen – deren größere Breite und analog dazu die größere Segeltragkraft einen Vorteil verschafft -, wenn sie auch bei niedrigen Windgeschwin-

digkeiten wie 8–10 Knoten mit einem Rumpf fliegen. Das wiederum setzt der maximalen Breite bei der Konstruktion dieser Kats eine natürliche Grenze. Im Vergleich dazu sind die neuesten Renn-Tris so konstruiert, daß sie ihren Mitelrumpf bei 10–12 Knoten Wind fliegen können. Folglich sind ihre Schwimmer nicht nur mit Rudern ausgerüstet, sondern auch mit Steuer- und und allen wichtigen Führungseinrichtungen. Dabei wird kaum Rücksicht auf die Crew genommen, die bei Schwerwetter auf dem Luvschwimmer eine wilde Achterbahnfahrt zu absolvieren hat. Andererseits ist das Segeln am Rande des Kenterns prickelnd und aufregend. Es steht sozusagen auf des Rumpfes Schneide, ob man gewinnt oder jede Hoffnung mit einem Schlag zunichte gemacht wird. An dieser Stelle möchte ich betonen, daß für ein Fahrtenboot ein fliegender Rumpf ein völlig unnötiges Risiko darstellt, das selbst anläßlich von gelegentlichen Wettfahrten tunlichst vermieden werden sollte.

Unter günstigen Bedingungen (steife Brise und ziemlich glatte See) kann ein leichter Katamaran mit einem leistungsfähigen Segelriß mit beiden Rümpfen im Wasser mit einer Dauergeschwindigkeit bis zu 7,5 WL gleiten, dreimal so schnell wie ein konventionelles Einrumpfboot gleicher Größe. Voraussetzung ist natürlich genügend Wind. Er läuft eine erstaunliche Höhe und kreuzt durch 75–80°, im Unterschied zu den älteren Kat-Typen, die Schwierigkeiten hatten, 100° zu erreichen oder mit gerefften Segeln überhaupt am Wind zu segeln.

Trimarane sind genauso schnell, häufig schneller, als Kats, sofern sie eine entsprechende Größe, Gewicht und Segelfläche haben. Heute segeln sie ebenso hart am Wind wie die besten Monos. Allgemein kann man sagen, daß unter Fahrtenbedingungen die geringfügigen Unterschiede zwischen den beiden Konfigurationen die Wahl nicht erschweren. Im großen und ganzen segelt ein Tri schneller und höher am Wind als ein Kat, besonders in leichter Brise, wenn der Leeschwimmer wenig Gewicht trägt. Meist ist er auch schneller beim Kreuzen, weil beide Schwimmer keine Wasserberührung haben, wenn der Bug durch den Wind geht. Nur der Mittelrumpf dreht durch das Wasser, somit ist der Widerstand geringer. Andererseits ist ein Fahrten-Kat, dessen Rumpf der Krängung Widerstand leistet, bei Starkwind tendenziell ein klein wenig schneller nach Luv als ein Tri.

Gewicht

Wie sich geringes Gewicht auf die Geschwindigkeit des Bootes unter günstigen Bedingungen auswirkt, wurde bereits erwähnt. Ein gutes Kraft/Gewichtsverhältnis gewährleistet rasche Beschleunigung. Aus dem Stand heraus sind nach ein paar Bootslängen bereits 10 Knoten zu erreichen, wenn Sie anholen oder in einer Flaute der erste Lufthauch aufkommt. Sogar Schwerverdränger krängen, bevor sie Fahrt aufnehmen, der Multi dagegen ist mühelos und flott in Bewegung. Er krängt höchstens um ein paar Grad und setzt somit die Windenergie unverzüglich in Vorwärtsbewegung um.

Andererseits kann aus eben dem geringen Gewicht ein ungünstiges Moment resultieren. Gerät man im Lee von Bäumen und Gebäuden entlang eines Flußufers in windstille Zonen, ist es schwierig, in Fahrt zu bleiben. Stoppt der Wind, stoppt das Boot. Ähnliches passiert bei rasch aufeinanderfolgenden schweren Wellenschlägen beim Kreuzen in schwerem Seegang, es sei denn, das Boot kommt schnell über die kleineren Wellen und kann sich von den großen Kämmen freihalten. Ein schweres Kielboot steckt einen solchen Anprall besser weg. Es verliert zwar ebenfalls an Fahrt, bahnt sich aber wegen der Masseträgheit fast unbeirrt seinen Weg durch die Wellen.

Ein durchschnittliches Einrumpfboot verträgt auch eine beträchtliche Zuladung. Vorräte und Ausrüstung für eine Kreuzfahrt an Bord zu nehmen, ist kein Problem, vorausgesetzt, die Last wird richtig verteilt, damit sie den Bootstrimm nicht beeinträchtigt. Selbst eine Extrazuladung von 25% der Verdrängung stört ein solches Boot nicht weiter und wirkt sich auch nicht nachteilig auf seine Manövrierbarkeit aus. Die schlanken Rümpfe eines Multis sind im Vergleich dazu schlechte Packesel. Ist die Familie nicht bereit, auf diverse Ausrüstung zu verzichten, wird aus einem beachtlich schnellen Boot rasch eine lahme Ente. Ein Hochleistungs-Cruiser-Racer, vollgepackt mit Vorräten und Ausrüstung für eine Langfahrt, kann langsamer sein als ein leichtbeladener »Hausboot-«Kat. Auf größeren Booten fällt es besonders schwer, Disziplin zu wahren. Die geräumigen Unterbringungsmöglichkeiten laden geradezu ein, in letzter Minute noch Fahrräder und Segelbretter an Bord zu schaffen, all die Dinge eben, die man auf einer Ferienreise dabeihaben will. Dazu kommen noch Grundgeschirr, Werkzeug, Konserven und Flaschen. Ein Micro mit einer Gesamtlänge von 8 m bietet logischerweise weniger Spielraum für derartige Versuchungen. Doch auch das unbedingt erforderliche lose Gerät beläuft sich noch immer auf ungefähr 10% der Verdrängung, deshalb muß sorgfältig auf das Gewicht eines jeden zusätzlichen Ausrüstungsgegenstandes wie Motor, Batterien, Dingi, Anker und Wasservorrat und den Aufbewahrungsort jedes Gegenstands geachtet werden, damit das vollausgerüstete Boot nicht hoffnungslos überladen ist.

Luftwiderstand

Die Schnelligkeit einer Yacht wird auch vom Luftwiderstand beeinflußt, den die auf die Rümpfe und Aufbauten, einschließlich des Riggs einwirkenden Windkräfte verursachen. Diese Kräfte sind proportional zum rechten Winkel der scheinbaren Windgeschwindigkeit, so daß zum Beispiel eine Zunahme der Bootsgeschwindigkeit von 5 auf 10 Knoten einen viermal höheren Luftwiderstand zur Folge hat, während bei 15 Knoten, die viele gute Multis erreichen, der Widerstand neunmal stärker ist als bei demselben Boot, wenn es mit 5 Knoten gemütlich dahinsegelt.

Dieser Widerstand setzt sich aus drei Komponenten zusammen. An erster Stelle, wenngleich auch von geringster Bedeutung, steht die durch die über die verschiedenen

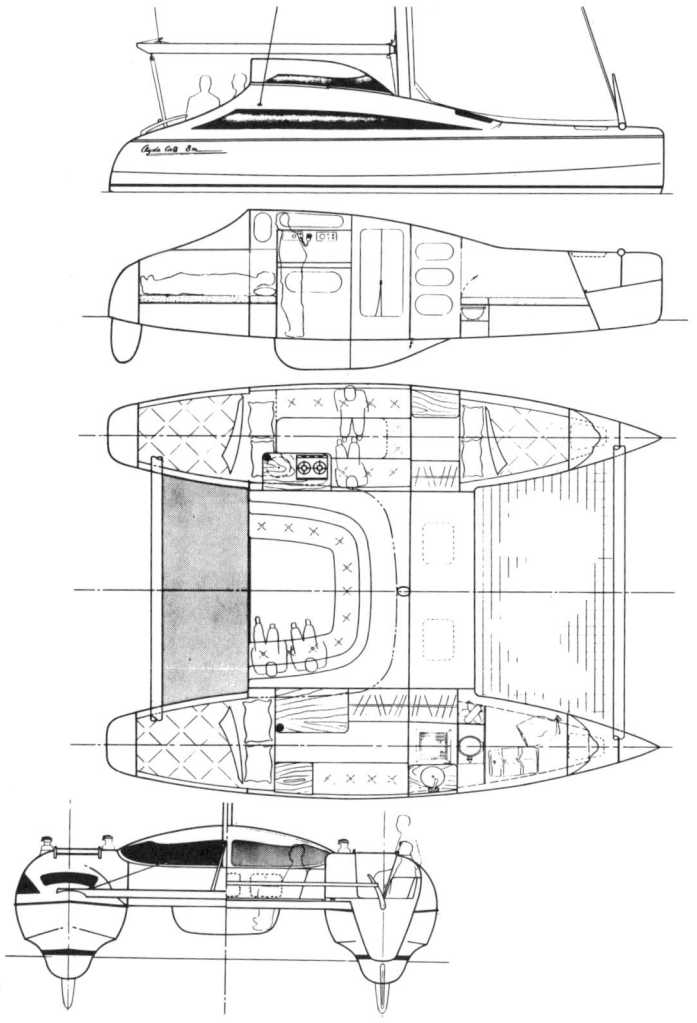

Oberflächen des Bootes strömende Luft verursachte Oberflächenreibung. Im Vergleich zur Reibung des Wassers auf der benetzten Oberfläche ist diese so minimal, daß sie praktisch keine Rolle spielt. Hauptverursacher sind die Segel, die aber eine relativ glatte, reibungsarme Oberfläche bieten. Als nächstes kommt der durch die Segel, die Vortriebskraft erzeugen, herbeigeführte Widerstand. Dieser Widerstand ist bei gut konstruierten und akkurat zugeschnittenen Segeln gering, vorausgesetzt, Winkel, Form und Beziehung zueinander stimmen. Je besser und leistungsfähiger der Gesamtsegelriß, desto geringer ist der induzierte Widerstand, aber ganz vermeiden läßt er sich nicht.

Abb. 2.3 Der Clyde Cats 8-m-«Cheetah«, Konstruktion John Shuttleworth, verfügt über eine vergleichsweise geräumige Ausstattung. Beachten Sie die Wassertanks in den Festkielen, die drei geräumige Kojen und das abnehmbare Schutzdeck. Zum Trailern werden die Rümpfe auf den jeweiligen Seiten übereinander geklappt.

Schließlich folgt noch die wichtigste Komponente, der schädliche Widerstand oder »Luftwiderstand« des Bootes, den nicht nur Rümpfe und Aufbauten verursachen, sondern auch Masten, Spieren, Tauwerk, eben sämtliche, dem Luftstrom ausgesetzten Teile. In diesem Bereich kann viel zu einer wirksamen Verringerung unternommen werden. Denken Sie an das »Gesetz« von Windgeschwindigkeit und Druck – versuchen Sie, eine Hand aus dem Fenster eines fahrenden Wagens zu halten, dann spüren Sie den Effekt. Bei diesem praktischen Versuch fällt es nicht schwer, sich das Ausmaß der Kräfte vorzustellen, die Starkwind zum Beispiel auf die Aufbauten eines großen Katamarans mit geräumigen Salon auf dem großzügig bemessenen Brückendeck ausübt.

Nicht nur die Luvgeschwindigkeit wird von diesem Widerstand beeinflußt. Die Fähigkeit, hoch am Wind zu segeln, wird auffallend beeinträchtigt, die Abdrift verstärkt sich und bei Starkwind kann es zu einer ganz schönen Plage werden, ein langsam fahrendes Boot zu manövrieren. Sogar mit zwei Motoren muß man damit rechnen, daß es sich wenig richtungsstabil bewegt, es sei denn, das Boot hat tiefgehende Schwerter oder einen großzügig dimensionierten Kielbereich, oder man bringt eine Menge Steuerkraft auf. Wenn man unter solchen Umständen auf engem Raum manövrieren muß, können einem schon einmal die Haare zu Berge stehen. Wird bei der Konstruktion Wert auf eine windschlüpfrige Form gelegt, können diese negativen Auswirkungen auffallend minimiert werden, aber bei einem Boot mit großen oder hohen Aufbauten muß man immer damit rechnen.

Bei einem Micro-Kat fällt dieses Problem weniger ins Gewicht. Er hat nicht nur ein kompakteres Profil, sondern verlangt auch höchstens, wenn überhaupt, die nötigsten Einrichtungen zwischen den Rümpfen. Ist er ausreichend geräumig, um der Crew Obdach zu bieten, ist er nur schwer zerlegbar und kaum kompakt genug für den Transport auf der Straße. Bei der 8-m-«Cheetah» ist in dieser Hinsicht ein raffinierter Kompromiß gelungen, aber das Boot erfordert eine kräftige Crew zum Zusammenbau und Abbau. Es ist nur zum gelegentlichen Standortwechsel gedacht und eignet sich nicht zum regelmäßigen Trailern am Wochenende. Denken Sie stets daran, daß die Luftströmung bei einem am Wind segelnden Boot nicht frontal, sondern mit mindestes 30° vor dem Bug kommt. Jeder Katamaran präsentiert beim Kreuzen einen beachtlichen Teil seines Überwasserschiffs und der Kabinenaufbau-

ten schräg dem Wind. Der Konstrukteur eines Micros wird also normalerweise den Freibord auf das gerade noch für eine komfortable Sitzhöhe erforderliche Minimum beschränken. Ein positiver Nebeneffekt ist dabei die Gewichtseinsparung.

In diesem Bereich schneidet der Trimaran ein wenig besser ab, denn seine Schwimmer sind kleiner als der Mittelrumpf und mit Ausnahme bei Krängung in Starkwind tragen sie kaum zusätzlich zum Gesamtprofil bei. Ein Einrumpfboot wird nicht nur wegen seiner Form weniger beeinträchtigt durch den Luftwiderstand, sondern weil es unter den meisten äußeren Bedingungen auch langsamer ist als ein Multi und damit niedrigeren Windgeschwindigkeiten über dem Deck ausgesetzt ist. Der Luftwiderstand wirkt sich allerdings auch auf die Leistung des langsamsten Bootes nachhaltig aus. Sämtliche im Rahmen der Vernunft liegenden Möglichkeiten sollten deshalb zur Reduzierung dieser negativen Auswirkungen ausgeschöpft werden.

Fahrtzeit

Der Unterschied in der Geschwindigkeit zwischen Multis und Monos verringert sich gewöhnlich unter schlechten Wetterbedingungen, denn außer bei Rennen wird jeder vernünftige Steuermann sein Boot bei Schlechtwetter auf eine gemütlichere Gangart verlangsamen. Das schont nicht nur die Konstruktion und das stehende und laufende Gut, sondern vermittelt auch der Crew ein beruhigenderes Gefühl. Die Erfahrung hat gezeigt, daß auf jeder mehrstündigen Fahrt die Marschfahrt eines schnellen Mehrrumpfbootes selbst unter vergleichsweise windstillen Bedingungen im allgemeinen nicht im oberen Tempobereich verläuft. Heftige Bootsbewegungen und eine nicht zu unterschätzende Geräuschkulisse drücken auf Tempo. Tatsächlich kann eine Fahrt von etwas mehr als 9 oder 10 Knoten bereits einen derartigen Lärm entwickeln, daß niemand an Bord schlafen kann. Bei Schwerwetter reichen schon geringere Geschwindigkeiten, denn die leichten Rümpfe fungieren im endlosen Schlagen und Krachen der See wie Schallbretter, wie eine Art Resonanzboden, der das Donnern der Wellen bei grober See verstärkt – die Geräuschentwicklung kann bis an die Schmerzgrenze gehen, wenn der Steuermann stur auf voller Fahrt beharrt. Realistisch betrachtet, ist eine 24 Stunden-Nonstop-Fahrt das Äußerste, was ein normaler Mensch aushält, bevor der Überdruß den Spaß übersteigt, es sei denn, man befindet sich auf einem der wirklich großen Multis.

Das Seeverhalten ihres Bootes beschäftigt die meisten Segler nach wie vor stark. Der bekannte Physiker Froude bezeichnete es als eine Kombination aus Geschwindigkeit und Wohlbefinden – und genau das verstehen wir im Grunde unter Marschfahrt oder Reisegeschwindigkeit. Nicht jeder Segler kauft sich aus schierer Freude an der Schnelligkeit ein Mehrrumpfboot. Manche Käufer spricht das geräumige Unterkunftsangebot an, oder der geringe Tiefgang, das aufrechte Segeln und das damit verbundene Sicherheitsgefühl. Zu einer angenehmen Reisegeschwindigkeit gehört allerdings mehr. Und dabei kommt der größte, ja einzige durch-

schlagende Vorteil eines Spitzenmultis zum Vorschein. Dieser gewährleistet nämlich eine komfortable Fahrt bei mäßigem Wind, ungefähr 1 1/2 bis doppelt so schnell wie mit einem vergleichbaren Einrumpfboot. Mit einem schnelleren Boot kann ein Segler bei einem Tagestörn seinen Lieblingsliegeplatz bereits zum Mittagessen erreichen und am selben Abend wieder zu Hause zu sein, das heißt, er braucht keine Übernachtung in Kauf zu nehmen. Auch wer nur über eine relativ knappe Zeit verfügt, kann sich ehrgeizigere Ziele setzen, die Crew kann längere Landausflüge unternehmen, geduldig auf besseres Wetter warten oder sich mit Elan ins Zeug legen, um den schützenden Liegeplatz noch vor einem aufkommenden Sturm zu erreichen.

Die durchschnittliche Reisegeschwindigkeit im Verlauf einer kompletten Segelsaison zu schätzen, ist schwierig. Dieser Punkt ist Hauptgesprächsthema in den meisten

Abb. 2.4 Geringer Tiefgang erlaubt Einsamkeit. Ein Wharram »Tiki 21« mit flachgehenden Rudern und ohne Schwerter kann direkt durch die Brandung auf den Strand gesegelt werden. (Photo © Hanneke Boon)

Clubbars. Allgemein herrscht in Seglerkreisen Übereinstimmung darüber, daß ein schneller Multi-Kreuzer ungefähr um ein Drittel schneller ist als ein Einrumpfboot vergleichbarer Größe und zwar unter Berücksichtigung unterschiedlicher Wetterverhältnisse. Das bedeutet eine reine Zeitersparnis mit einem Multi von drei bis vier Stunden bezogen auf vierundzwanzig Stunden Fahrtzeit. Das soll nun wiederum nicht heißen, alle Multi-Segler hätten in erster Linie Schnelligkeit im Auge. Weit gefehlt. Viele der schweren, geräumigen Kreuzer-Kats sind kaum schneller als Einrumpfboote gleicher Länge, allerdings nur sehr selten langsamer.

Geringer Tiefgang

In welchen Küstengebieten man kreuzt und wo man anlegt, hängt zum großen Teil von der Wassertiefe der Route, den Ankerplätzen und Zielhäfen ab. Zur Planung einer Reiseroute gehören Karten, Seehandbücher, Tidenstromtafeln, Wetterberichte, die Berücksichtigung der Bootsgeschwindigkeit – und seines Tiefgangs. Der geringe Tiefgang ist ein weiterer Pluspunkt für ein Mehrrumpfboot. Im Unterschied zu einem Mono mit Hubkiel können die meisten Multis problemlos mit aufgeholten Schwertern – sofern sie überhaupt welche haben – am Wind segeln. Das liegt am kombinierten Kieleffekt der beiden Unterwasserschiffe und am zunehmenden Lateralwiderstand bei gesenktem Leerumpf oder -schwimmer.

Wer weniger als einen Meter Wassertiefe zum Segeln braucht – die Hälfte, wenn es sich um ein Schwertboot handelt -, kann kostbare Zeit sparen (zum Beispiel im Hinblick auf das Wetter oder die Gezeiten), denn diesem Segler stehen Abkürzungen über seichte Stellen und Sandbänke offen, von denen er sonst ordentlichen Abstand halten müßte. Ein derart flachgehendes Boot eröffnet völlig neue Perspektiven. Plötzlich können Sie bislang unzugängliche Küstenlinien und Inseln erforschen, Flüsse hinauffahren und Mündungsgebiete durchqueren. Ein geringer Tiefgang ist eine neue Dimension der Freiheit des Segelns.

Beim Vagabundieren in seichten Gewässern müssen Sie natürlich eher damit rechnen, auf Grund zu laufen, als bei Fahrten in tiefem Wasser mit einem tiefgehenden Kielboot. Die meisten Multis sind jedoch vergleichsweise leicht. Normalerweise genügt schon ein Sprung über Bord und ein Anschieben des Bootes, um es wieder flottzumachen. Außer in weichem schlammigem Untergrund oder bei Starkwind kommt ein Multi auch in relativ kabbeligem Wasser frei, sofern es Ihnen nichts ausmacht, naß zu werden. Die Kehrseite der Medaille, und auch das muß einmal gesagt werden, ist der Leichtsinn, zu dem ein geringer Tiefgang zuweilen verführt. Im übergroßen Vertrauen auf das flachgehende Boot geht so mancher Segler unnötige Risiken ein und versucht, trotz kurzer, steiler Brecher Sandbänke oder Hafenbarren zu überqueren. Versicherungsgesellschaften beklagen sich über die Häufigkeit gestrandeter Multis. Die Schadensfälle betreffen allerdings zumeist die größeren Boote, die nicht in jedem Fall in tieferes Wasser geschoben oder durch andere einfache Maßnahmen flottgemacht werden können.

Sofern Ihnen der Sinn danach steht, können Sie in Flachwässern fern von Menschenmassen Frieden und Einsamkeit genießen und sich an einem abgeschiedenen Fleckchen verkriechen, wo kein Kielboot hinkommt. Diese Möglichkeit eröffnet völlig neue Segelfreuden. Eine kurze Ankerkette genügt zum Ankern, Sie erreichen praktisch trockenen Fußes das Land oder ziehen das Boot auf einen sauberen, ebenen Untergrund. Oder Sie lassen das Boot ganz einfach auf den Strand auflaufen, dann gehen Sie sicher, daß niemand das Boot in der Nacht rammt oder bei einer plötzlichen Bö dagegen treibt. Die Verbindung von geringem Gewicht und geringem Tiefgang erlaubt meist Ankerleinen oder -gurtbänder statt schwerer Ketten. Außerdem können Sie bei Stillwasser oder böigen Winden ausweichen, denn in überfüllten Liegeplätzen kann es Ihnen mit dem breiten Boot leicht passieren, daß Sie sich sonst unbeliebt machen.

Das problemlose auf-den-Strandlaufen und die Wahl sicherer Liegeplätze, wenn es sein muß, im Schlick, stellen nicht nur eine willkommene Alternative zum Anlaufen einer Marina dar, wo die Mehrrumpfboote aufgrund ihrer Breite häufig übertrieben hohe Gebühren bezahlen müssen, sondern auch einen Sicherheitsfaktor im Notfall. Geraten Sie in Küstennähe in einen wirklich schweren Sturm, ist es tröstlich zu wissen, daß Ihnen noch eine letzte Zuflucht offensteht, der Strand. Mit ein wenig Glück und etwas gutem Urteilsvermögen des Steuermannes trägt ein leichter, stabiler Multi selbst in starker Brandung keinen oder nur geringen Schaden davon. Er schwimmt noch, wenn er an einem Felsen leckgeschlagen hat. Ein solches Mißgeschick ist natürlich nicht empfehlenswert, aber vermutlich kommen Sie noch glimpflich davon, während ein Einrumpfboot in einem derartigen Fall bereits Schiffbruch erleidet.

Abb. 2.5 Geräumiges Brückendeck an Bord des 13,3-m-Hochseekreuzer-Katamarans »Casamance«, Konstruktion Joubert & Nivelt, gebaut in Frankreich von Fountaine & Pajot.

Neben der Geschwindigkeit und den anderen, bereits erwähnten Annehmlichkeiten tragen noch zwei weitere Faktoren zu Bequemlichkeit und Lebensqualität an Bord bei: Unterbringung und Stabilität. Auch diese beiden Punkte verdienen Ihre Aufmerksamkeit und sollten unbedingt berücksichtigt werden, denn sie beeinflußen die Entscheidung für oder gegen einen Multi, für einen Kat oder Tri, maßgeblich. Segler, die wenig oder gar keine Erfahrung mit Multis haben, denken im Zusammenhang mit Mehrrumpfbooten im allgemeinen zu allererst an das üppige Raumangebot in den Kajüten, an aufrechtes Segeln und an das Kenterproblem. Beginnen wir zuerst mit dem großzügig bemessenen Platz.

Räumlichkeiten

Das Wohnraumangebot auf einem mittelgroßen Katamaran mit Brückendeck, von einem großen erst gar nicht zu reden, muß man mit eigenen Augen sehen. Wer zum

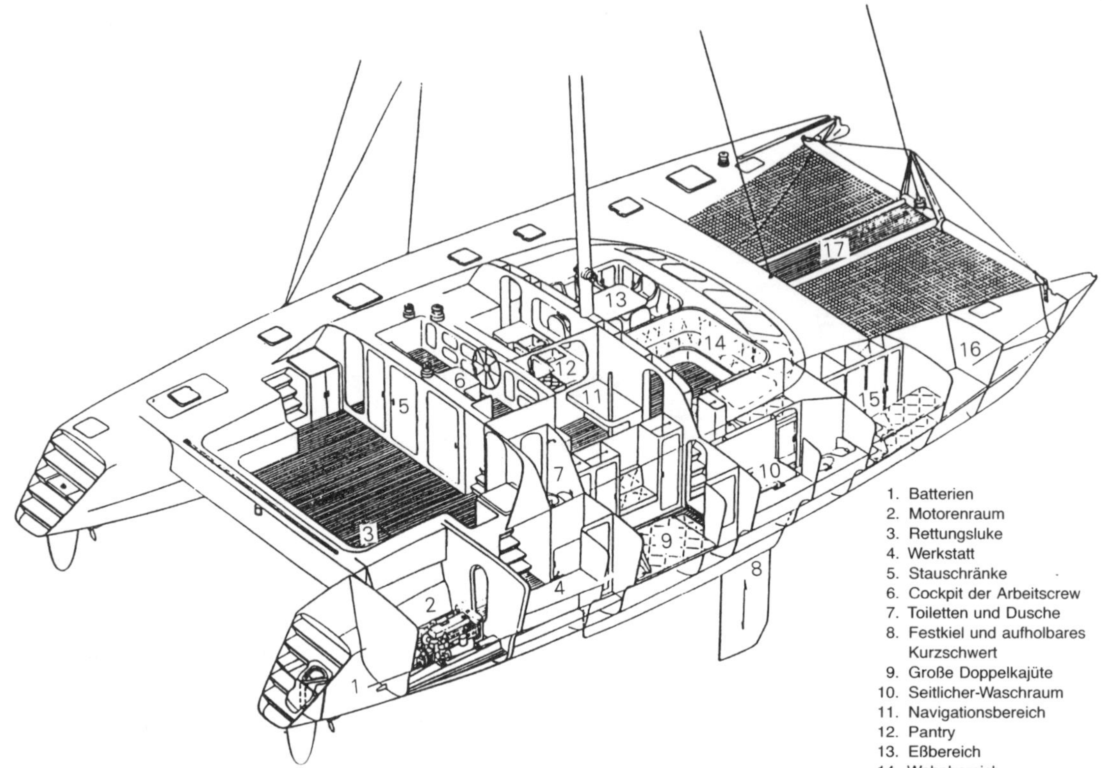

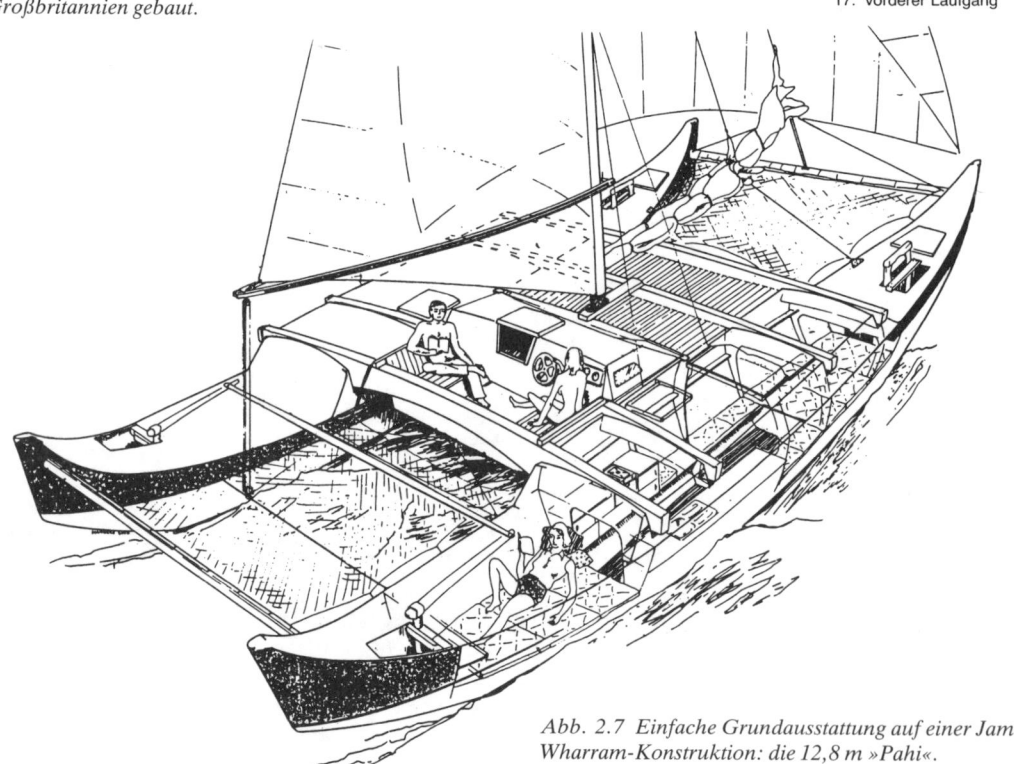

Abb. 2.6 Ein 21-m-Luxus-Cruiser, konstruiert von John Shuttleworth. Das erste dieser Boote wurde in Großbritannien gebaut.

1. Batterien
2. Motorenraum
3. Rettungsluke
4. Werkstatt
5. Stauschränke
6. Cockpit der Arbeitscrew
7. Toiletten und Dusche
8. Festkiel und aufholbares Kurzschwert
9. Große Doppelkajüte
10. Seitlicher-Waschraum
11. Navigationsbereich
12. Pantry
13. Eßbereich
14. Wohnbereich
15. Doppelkoje
16. Segel- und Ankerstauraum
17. Vorderer Laufgang

Abb. 2.7 Einfache Grundausstattung auf einer James Wharram-Konstruktion: die 12,8 m »Pahi«.

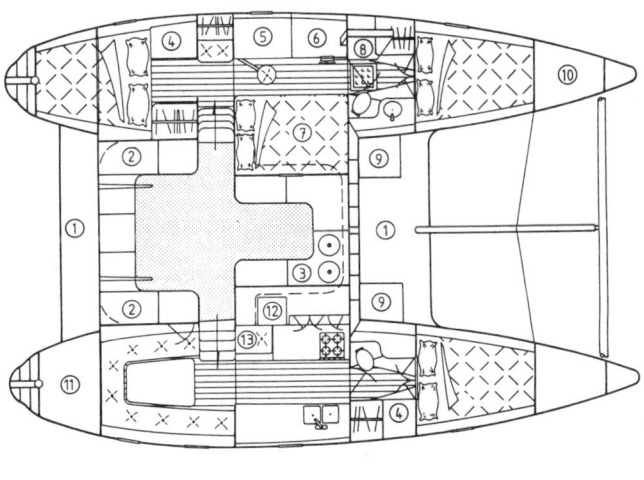

1. Wasserdichte Abteilung
2. Außenbordmotor
3. Propangasraum
4. Waschtisch
5. Kartentisch
6. Werkbank
7. Ausziehbare Doppelkoje und Notluke
8. Kurzschwert, nur im Backbordrumpf
9. Frischwassertank
10. Segel- und Ankerstauraum
11. Hecklast
12. Erhöhter Herd und Grill
13. Sitzplatz mit Notluke dahinter

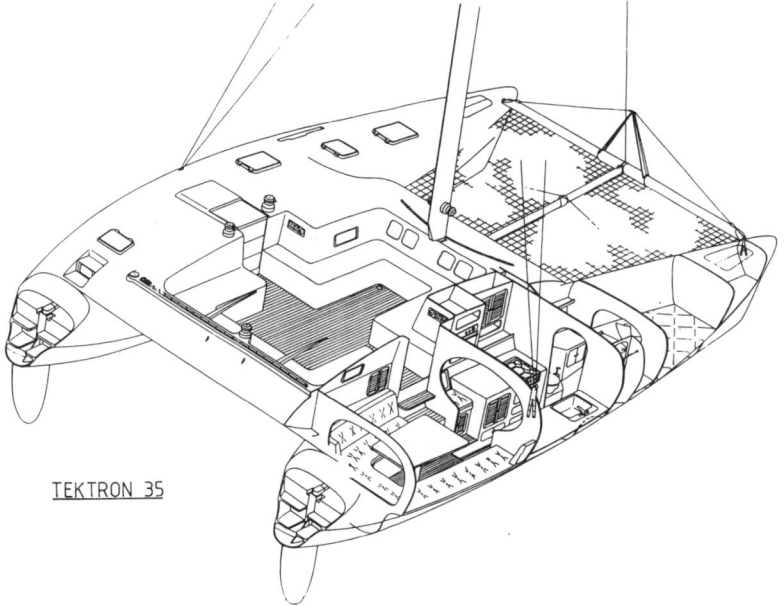

TEKTRON 35

erstenmal an Bord eines solchen Bootes geht, dem verschlägt es mit Sicherheit den Atem. Allerdings sind die tatsächlichen Proportionen in manchen Bootsbereichen nicht nach jedermanns Geschmack. Unten in den Rümpfen sind die Kajüten am Boden extrem schmal, denn ihre Breite ist abhängig von der Rumpfbreite in der Wasserlinie. Der seitliche Ausfall der Rumpfwände erlaubt jedoch reichlich Ellenbogenfreiheit. In Augenhöhe sind auf einer Seite große Fenster angebracht und auf der anderen Seite die erhöhten Bereiche des Salons auf dem Brückendeck oder die Kojen. Das alles ver-

Abb. 2.8 Eine weitere Katamaran-Konstruktion von Shuttleworth, der 11-m-Cruiser-Racer »Tektron«, gebaut in Kanada. Beachten Sie den durch einen vergrößerten Ausfall am Achterende des Bootes sehr geräumigen Salon im Heck. Die Pantry befindet sich mittschiffs.

mittelt den Eindruck angenehmer Geräumigkeit und von Luxus, den der Überfluß an lackiertem Holz und schöner Tischlerarbeit noch unterstreicht. Bei einer Länge von ungefähr 11 m sind drei oder vier Doppelkojen nicht ungewöhnlich, zwei abgeteilte Waschräume mit Dusche, eine voll eingerichtete Pantry, Sitzplätze für mindestens acht Personen am Tisch im Salon, Panoramafenster und eine Tür zum Cockpit. Im Hafen können leicht ein Dutzend Gäste an Bord kommen, ohne das drangvolle Enge herrscht, gar nicht zu reden von den riesigen freien Flächen auf Deck, die zum Herumlümmeln geradezu einladen (leider bedeutet das auch, daß man gewaltige Flächen polieren, schrubben und malen muß). Ein Einrumpfboot mit einem gleichwertigen Raumangebot muß bedeutend größer und damit auch teurer sein. Kein Wunder, daß sich Segler, die an Bord wohnen möchten, oft für einen Kat mittlerer Größe entscheiden, insbesondere, wenn auch noch Wert auf Anfangsstabilität, geringen Tiefgang und geschützte Aufenthaltsbereiche gelegt wird. Diese Punkte geben meist den Ausschlag für den Kauf eines Kats, noch vor der Segelleistung, denn im allgemeinen trifft es zu, daß ein üppiges Raumangebot auf einem Boot – das betrifft jedes Boot beliebiger Größe, gleichgültig, ob Mono oder Multi -, das Niveau seiner Leistungsfähigkeit entsprechend senkt. Vergleichen wir einmal Interesse halber zwei von Richard Woods 10,65-m-Konstruktionen, beide von Fantasy Yachts in Plymouth aus derselben Rumpfform gebaut. Da ist zum ersten die »Flica«, ein luxuriös ausgestattetes Langstreckenboot, auf dem sich an Bord gut leben läßt. Stehhöhe ist überall gewährleistet. Es verfügt über flachgehende Fixkiele, zwei Dieselmotoren innenbords, ein konservatives Rigg und macht eine komfortable Reisegeschwindigkeit von 8–10 Knoten. Das Schwesterboot, die »Banshee«, ist ein schneller Sportkreuzer, der 15 Knoten schafft, mit leistungsstarkem Segelriß und tiefgehenden Kurzschwertern für gute Luvleistung, aber die Einrichtung ist einfacher und weniger geräumig als auf der »Flica«. Der Salon auf dem Brückendeck hat mit Rücksicht auf den Luftwiderstand eher Sitz- als Stehhöhe, und das Boot ist nur mit einem Außenbordmotor ausgestattet. Die neuesten 30-ft-Kats von Woods haben dieselben Rümpfe mit Wahlmöglichkeiten zwischen der Ausstattung eines Racers, eines schnellen Fahrtenbootes und eines komfortablen Bootes mit voller Stehhöhe im Brückendeck.

Das Platzangebot auf Trimaranen unterscheidet sich von dem der Kats. Das Volumen des Mittelrumpfes bietet naturgemäß weniger Platz als ein Katamaran mit seinen zwei verbundenen Rümpfen (obwohl ein Tri immerhin noch an ein Einrumpfboot ähnlicher Länge heranreicht). Daran ändern auch die nach oben ausfallenden Seitenteile und in manchen Konstruktionen Kojen in den Seitendecks oder teilweise ausgebaute Seitenräume unter Decksebene nichts. Aufgrund der geringeren Fläche in der Wasserlinie verfügt ein Tri über weniger Zuladungskapazität, und die Baukosten liegen höher. Aus diesen Gründen sind Tris weniger populär wie Kats ähnlicher Größe. In einer vor kurzem durchgeführten amerikanischen Untersuchung ergab sich bei den Mehrrumpfbooten im Bereich von 7–12 m ein Marktverhältnis zugunsten der Kats von ungefähr 40:60 (in Europa liegt das Verhältnis höchstwahrscheinlich eher bei 20:80). Dennoch geben manche Fahrtensegler dem Tri den Vorzug vor einem Katamaran, denn dieser hat eine traditionellere Form, und die Anordnung der Unterkunftsbereiche ist weniger gewöhnungsbedürftig. In manchen Fällen gibt auch schlicht die bessere Leistung den Ausschlag. Bei Booten ab 12 m kommt die Marktanalyse zu einem anderen Ergebnis mit genau entgegengesetztem Verhältnis, da Tris dieser Größe – sogar mit offenen Seitendecks, auf denen sich natürlich Wind und Wellen weniger nachhaltig bemerkbar machen als auf Booten mit Volldeck – für die meisten Käufer ausreichend Platz anbieten, während ähnlich große Kats geräumiger als unbedingt notwendig und aus diesem Grund unhandlicher zu manövrieren sind.

Der Raumvorteil eines Kats sinkt mit abnehmender Bootsgröße. Ein Micro bis zu 8 m mit offenem Bereich zwischen den Rümpfen (zum Beispiel ein Trailerkat im Vergleich zu einem Boot mit Einrichtungen auf dem Brückendeck) verliert gegenüber einem Trimaran, der eine doppelt so breite Kajüte hat – jedenfalls bis zu 2,5 m, dem in den meisten Ländern vorgeschriebenen Maximum zum Trailern (siehe Seite 141). Mancher Trimaran hat bei 8 m Länge volle Stehhöhe. Die

Aufteilung der Einrichtung ähnelt der auf Einrumpfbooten, ist allerdings nicht ganz so geräumig. Typisch sind zwei Doppelkojen vorne, ein Salon mit Schlafkojen auf einer oder beiden Seiten des Tisches, eine Pantry und ein Waschraum auf den einander gegenüberliegenden Seiten des Niedergangs sowie eine Achterplicht mit vier Sitzen. Mit Ausnahme einiger »Seitendeck«-Konstruktionen, bei denen Rumpf und Schwimmer von einem Volldeck anstatt mit Netz oder Trampolin überdeckt werden, fehlt einem kleinen Tri die großzügige Decksfläche eines Kats. Doch auch ein Tri bietet attraktive Aufenthaltsbereiche, so auf dem Luvtrampolin, und in den Schwimmern nützlichen Stauraum für leichte Ausrüstungsgegenstände wie Riemen, Bootshaken und Fender. Außerdem haben Steuermann und Crew einen geschützten Platz in einem sicheren Cockpit, entweder konventionell achtern oder in einer gut geschützten Mittelplicht, wo die Sicherheit besonders groß ist. Im letzteren Fall konzentriert sich das Crewgewicht mittschiffs. Auf einem kleinen Boot macht diese Anordnung zweifellos die angenehme Abfolge der Räumlichkeiten zunichte, denn dadurch werden sie in zwei separate, voneinander abgeschnittene Bereiche geteilt. Die Nähe des Cockpits zu den Bugs erfordert zudem die häufigere Verwendung der Spritzkappe bei böigem Wind und kabbeliger See.

Micro-Kat Segler müssen zu jeder Zeit und bei jedem Wetter draußen sein. Normalerweise sitzen sie auf dem Kajütdach oder machen sich auf dem Trampolin oder dem Deck zwischen den Rümpfen breit. Für einen Familienkreuzer ist ein solides Deck vorzuziehen, denn ein Trampolin läßt das Spritzwasser der Wellen durch. Mit Ausnahme einiger besonders geräumiger Konstruktionen wie etwa dem »Scamper« von Prout und dem Clyde Cats »Cheetah« (Abb. 2.3), die auch Sitzmöglichkeiten innenbords entlang der Seiten des Kajütaufbaus anbieten, sind die innenliegenden Einrichtungen eines kleinen Kats mit offenem Brückendeck auf eine Kajütbreite von kaum mehr als einem Meter und auf kaum mehr als volle Sitzhöhe beschränkt. Das muß nicht unbedingt ein Nachteil sein, wenn Sie sich Nat Herreshoffs

philosophische Sicht zu eigen machen. Er meinte einmal: »Volle Stehhöhe braucht nur, wer im Stehen schläft.« Zum üblichen Layout gehören Einzelkojen an jedem Rumpfende, insgesamt also vier, mit einer Chemie-Toilette unter einer Koje. Eine Koje, die nicht benötigt wird, benutzt man als Stauraum für Segel und andere Ausrüstungsgegenstände. Crewmitglieder, die gerade nichts zu tun haben, sitzen sich in den Kojen gegenüber, zwischen sich einen Klapptisch und eine Kochplatte, die von der Bordwand oder dem Schwertkasten heruntergeklappt wird. Es ist recht gemütlich und fördert die Geselligkeit, ist aber auf ausgedehnten Fahrten zweifellos unangenehm eng. Ausreichende Bewegungsfreiheit kann zum Problem werden, wenn bei Schlechtwetter die Luken geschlossen sind. Abhilfe gegen die drückende Enge bringt ein Zelt über dem Brückendeck, das nach dem Ankern oder Anlegen am Strand aufgeschlagen und an jedem Rumpf befestigt wird. Ein Zelt verdoppelt das Raumangebot und ist zudem ein gemütlicher Treffpunkt für die Crew. Gleichzeitig lassen die beiden separaten Kojen jetzt reichlich Raum für Privatsphäre – was ansonsten auf kleinen Booten nur sehr schwer zu verwirklichen ist.

Stabilität und Komfort auf See

Das Raumangebot ist nur ein Teilbereich der Annehmlichkeiten und des Komforts an Bord. Die Benutzbarkeit der Räume während des Segelns ist nicht weniger von Bedeutung und kann unter extremen Wetterbedingungen leicht kritisch werden. Seetüchtigkeit kann grob als Fähigkeit eines Bootes definiert werden, die Crew auch in schweren Stürmen sicher zu befördern, See-«Freundlichkeit« berücksichtigt ergänzend noch den Komfort. Diese Definitionen sind natürlich relativ, denn in Wahrheit kann ein kleines Boot zwar ausreichend Sicherheit bieten, aber niemals Bequemlichkeit in schwerer See. Das wirft die Frage auf, wie seetüchtig muß zum Beispiel ein Wochenend-Kreuzer sein? Setzt man voraus, daß ein solches Boot nicht mit Notsituationen konfrontiert

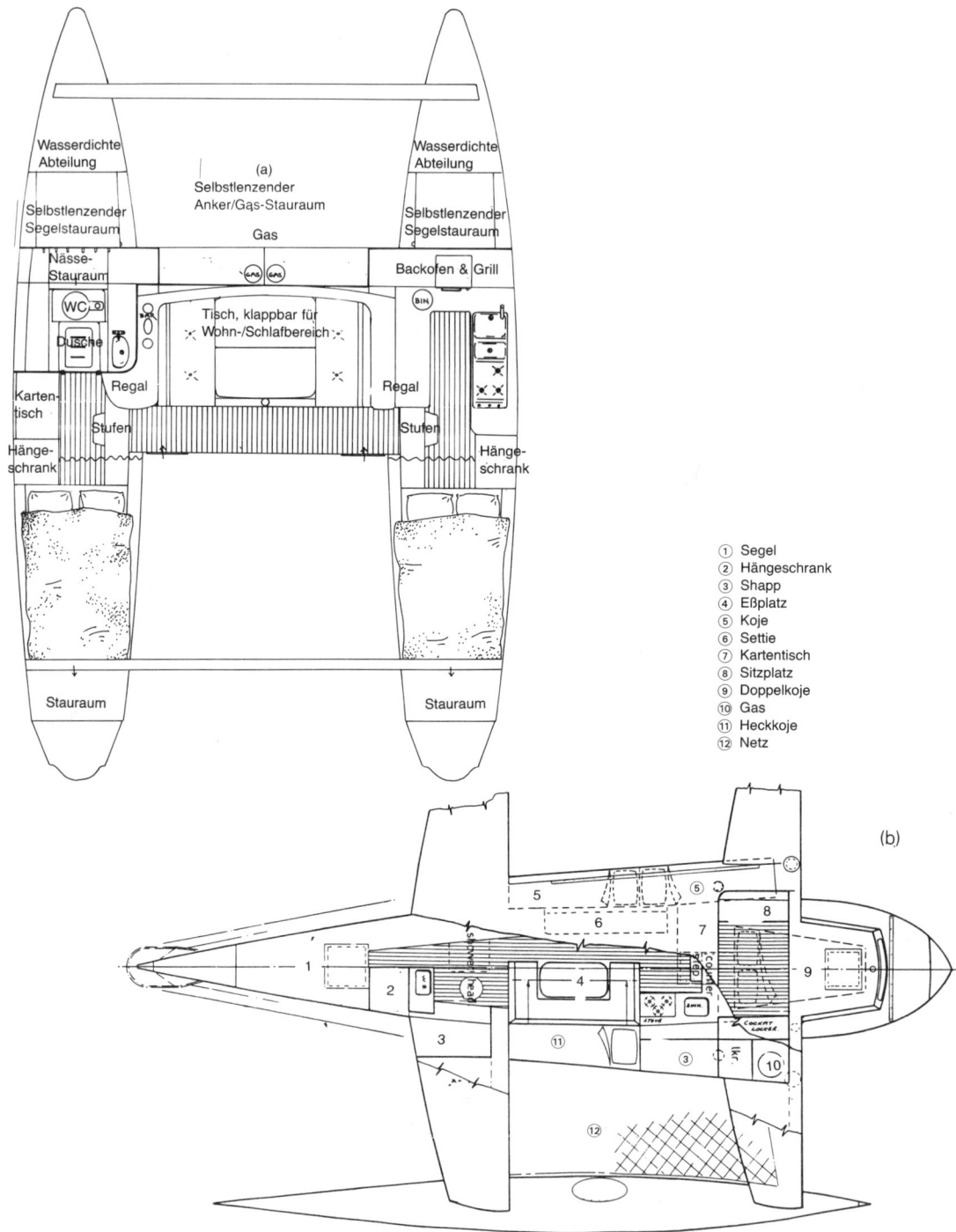

Abb. 2.9 Vergleich des Raumangebots auf Kats und Tris

a) *9,1-m-Cruiser-Racer-Katamaran ›Sagitta‹ von Richard und Lilian Woods. Zwei Doppelkajüten, WC/Dusche, geräumige Pantry und Salon auf dem Brückendeck.*

b) *12-m-Cruiser-Racer-Trimaran von Lock Crowther (Australien). Eine Doppelkajüte; drei Kojen, Pantry*

c) *F-27 8-m-Hochleistungs-Klapptri von Ian Farrier (USA). Kleine Achterkabine; Salon mit voller Steh-höhe unter einem Pop-Top, Herd und zwei Kojen; Waschraum, WC und zusätzliche Koje vorn.*

und Eßecke im Salon; WC/Dusche.

d) *Typisches Raumangebot auf einem Micro-Kat (beide Rümpfe fast identisch) insgesamt vier Einzelkojen*

Legende:
1. Segel
2. Hängeschrank
3. Shapp
4. Eßplatz
5. Koje
6. Settie
7. Kartentisch
8. Sitzplatz
9. Doppelkoje
10. Gas
11. Heckkoje
12. Netz

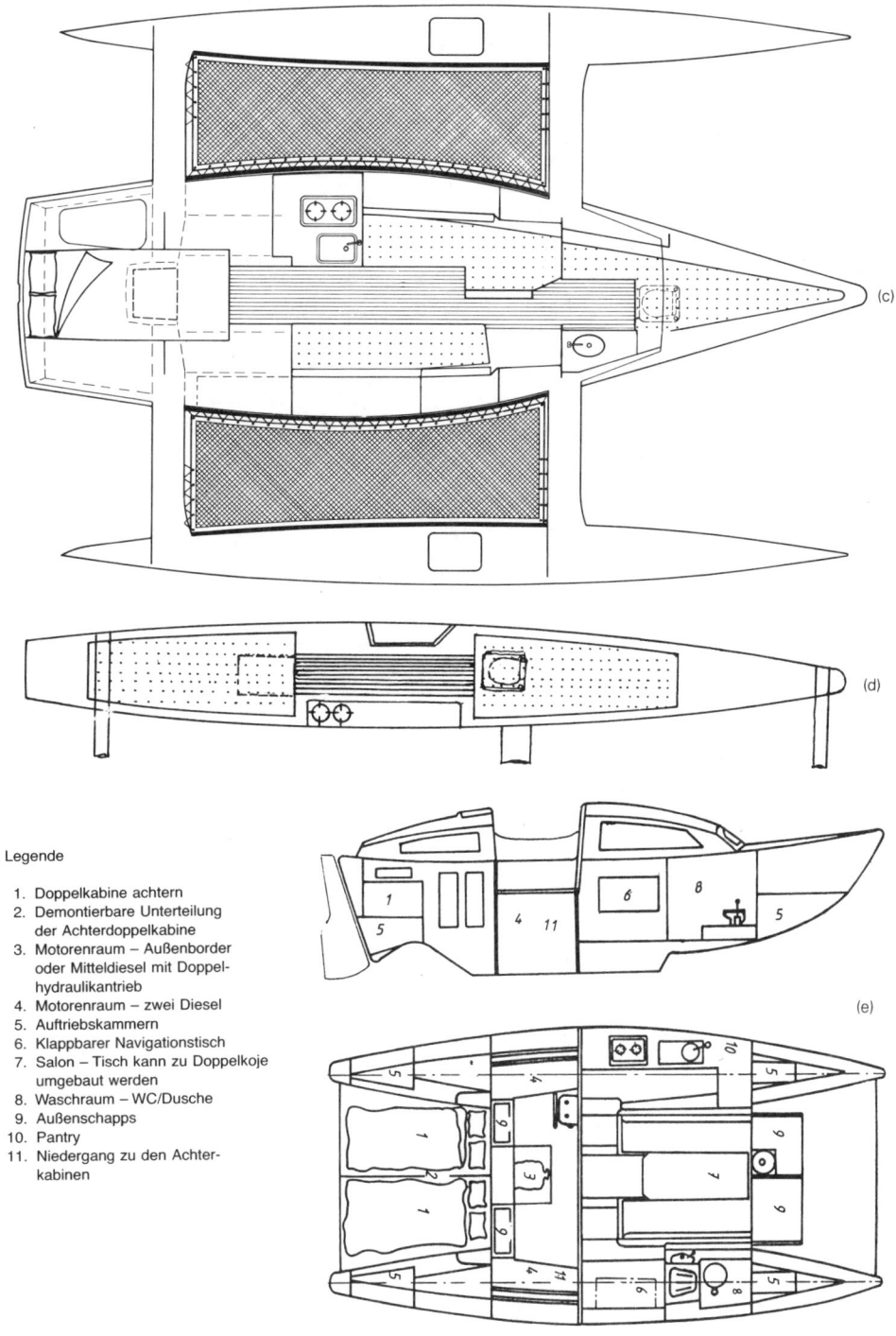

Legende

1. Doppelkabine achtern
2. Demontierbare Unterteilung der Achterdoppelkabine
3. Motorenraum – Außenborder oder Mitteldiesel mit Doppel-hydraulikantrieb
4. Motorenraum – zwei Diesel
5. Auftriebskammern
6. Klappbarer Navigationstisch
7. Salon – Tisch kann zu Doppelkoje umgebaut werden
8. Waschraum – WC/Dusche
9. Außenschapps
10. Pantry
11. Niedergang zu den Achter-kabinen

mit Sitzhöhe, Waschraum unter einer Koje, Herd und Klapptisch. Ausreichend für Wochenendausflüge.

e) Ebenfalls nur 7,9 m, aber nicht trailerbar. »Heavenly Twins«, konstruiert von Pat Patterson (GB). Salon auf dem Brückendeck; Stehhöhe in den Rümpfen mit Pantry, Kartentisch und Waschraum; zwei Doppelkabinen achtern von der Mittelplicht; zwei Dieselmotoren. Komfortable Fahrten mit mäßiger Geschwindigkeit.

wird, in die ein größeres während einer Langstreckenfahrt über die Meere eventuell geraten kann, so sollte es diese dennoch – in den richtigen Händen, versteht sich -, überstehen und ebenso einen »reinen« Küstensturm, ohne die Crew einer unnötigen Gefahr auszusetzen.

Die folgende anschauliche Schilderung einer derartigen Erfahrung mit der *Summer Twins*, einem 7,5-m-Fahrtenkat mit voll bewohnbarem Brückendeck, hat der Konstrukteur Pat Patterson selbst aufgezeichnet:

»Wegen einer äußerst unzuverlässigen Wettervorhersage gerieten Tom und ich vor der Küste Nordcornwalls in einen NNO-Sturm. Unser Anemometer zeigte 40 Knoten. Wir lagen beigedreht über Backbordbug mit gerefftem Groß und ungefähr 9 m² Vorsegelfläche back über 18 Stunden. Die kurzen Seen bauten sich rasend schnell schätzungsweise 12–14 ft auf. Am schlimmsten war die entsetzliche Kälte. Die Temperaturen erreichten Werte bis kurz vor dem Gefrierpunkt. Wir konnten vom Salon aus Wache halten. Wir bereiteten Mahlzeiten zu, die wir am Tisch von Tellern essen konnten. Das Heizgerät in der Kabine machte die Kälte erträglich, obwohl wir drei Tage nicht aus den Kleidern kamen. Wir mußten mit UKW-Funk ein Schiff zum Ausweichen auffordern. Dieses Schiff bestätigte unsere über eine Funkpeilung erhaltene Position. Hätten wir uns an Bord eines 25-ft-Monos befunden und dieselbe gute Übersicht haben wollen, hätte einer von uns im Cockpit Wache schieben müssen. Bei der Kälte eine grauenhafte Vorstellung. Weit mehr Seen wären über uns hereingebrochen. Kochen und essen wären weitaus schwieriger gewesen. Unterkühlung und Erschöpfung hätten uns in lebensbedrohliche Situationen bringen können. Meine Schluß folgerung nach diesem Erlebnis ist, daß wir unter solchen Bedingungen auf einem seetüchtigeren Boot waren als in einem Serien-Mono vergleichbarer Länge.«

Tatsache ist, daß ein Mehrrumpfboot, das beispielsweise anläßlich eines Transatlantik-rennens bei Schwerwetter bis an die Grenzen gesegelt wird, von der rauhen See stärker in Mitleidenschaft gezogen wird als ein Einrumpfboot. Bei den hohen Geschwindigkeiten eines Multis bereitet nicht der Wind Sorgen, sondern die Beschaffenheit der See. Doch wie seetüchtig ein großer Maxi ist, beweist er in den Händen eines erfahrenen Skippers, der routiniert »nach dem Barometer« segelt und von einem Tiefdruckgebiet zum nächsten fährt, damit er in den Genuß der stärksten Winde kommt. Für einen erfahrenen Segler und sein Boot liegt die größte Gefahr in einer Kollision mit Treibgut oder Walen. Natürlich schlägt die See auf kleine Boote unbarmherziger ein als auf große. Je kleiner und leichter ein Boot, um so strapaziöser seine Bewegung. Einen relativen Bordwind der Stärke 7 auf einem Micro kann man vergleichen mit Sturmstärke 7 auf einem 40-Footer. Trotzdem absolvierten gut ausgerüstete und von hervorragenden Skippern gesegelte Boote Einhandrennen über den Atlantik. Selbst Weltumsegelungen fanden mit kleinen Booten statt. Die unerschrockenen Segler litten sicher von Zeit zu Zeit unter belastenden Unbequemlichkeiten und unangenehmen Härtefällen,

Abb. 2.10 Profilieren unterscheidet sich vom Rollen. In dieser Graphik bewegen sich die Wellen von rechts nach links. Es ist deutlich zu sehen, wie das Mehrrumpfboot versucht, sich dem jeweiligen Profil anzupassen. Es gleitet wie ein Floß. Das Boot mit Ballastkiel krängt bei einer Welle wie in (a) dargestellt und beginnt aufgrund des Pendeleffekts des Kiels automatisch zu rollen. Fallen die nachfolgenden Wellen mit der natürlichen Rollfrequenz des Bootes zusammen, verstärkt sich der Effekt – obwohl Kiel und Segel leicht dämpfend wirken -, der sich zu großen Krängungswinkeln aufschaukeln kann, wie in (b) abgebildet.

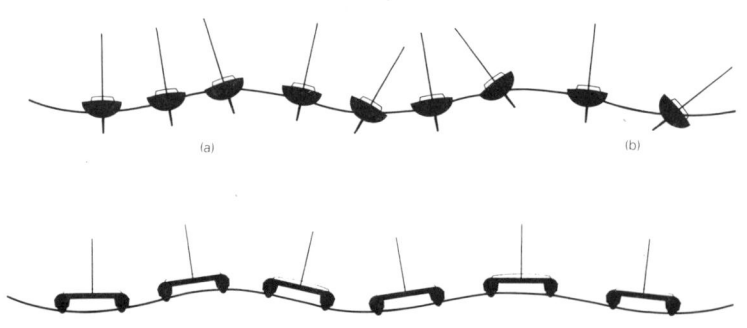

aber auch unter den kleinen Booten gibt es behaglichere und unbehaglichere. Unter Fahrtenbedingungen schneiden Mehrrumpfboote besser ab als Monos, vorausgesetzt, sie werden mit Gefühl gesegelt.

Aufrechtes Segeln ist ebenfalls ein etwas schwammiger Begriff, denn kein Mehrrumpfboot fährt kerzengerade aufrecht, es sei denn auf glattem Wasser und bei Leichtwind. Bei stürmischem Wind, bei dem sich ein Einrumpfboot um 30° oder mehr überlegt, krängt ein Multi höchstens um etwa 10°. Der Winkel hängt von der Schwimmerkonstruktion ab und kann in einer heftigen Bö eventuell auch einmal 15° erreichen, bei einem Katamaran allerdings kaum halb soviel – bezogen auf die Wasseroberfläche. Nebenbei bemerkt, ziehen manche Segler den leicht krängenden Tri wegen seiner »Natürlichkeit« dem aufrechten Kat vor. Außerdem schließen sie aus dem Grad der Krängung gefühlsmäßig auf die gesetzte Segelfläche im Verhältnis zur Windstärke.

Das Mehrrumpfboot sitzt wie ein Floß auf den Wellen und versucht, sich dem Profil der einzelnen Wellen anzupassen. Folgt es den Konturen einer Dwarssee, nimmt der Krängungswinkel abwechselnd zu oder ab. Profilieren unterscheidet sich vom Rollen, womit der Pendeleffekt des schweren Kiels gemeint ist, der ein Einrumpfboot in seinen normalen Krängungswinkel zurückbringt, wann immer die Rollfrequenz mit der Wellenfrequenz übereinstimmt. Dieses rhythmische Rollen gibt es auf einem Mehrrumpfboot nicht, statt dessen bewegt es sich schnell und stoßweise, zwar geringer im Krängungsausschlag, aber dafür häufig unvorhersehbar, denn aufgrund seines Leichtgewichts reagiert es exakt und fast augenblicklich auf die Wellenoberfläche. Dieser Effekt ist auf einem Katamaran bei Kreuzseen besonders spürbar. Die rasche Auf- und-Ab-Bewegung der Rümpfe, in denen meist wichtige Bereiche – Pantry, Kartentisch und Waschräume – untergebracht sind, erfordert durchaus eine gewisse Gewöhnungszeit. Ein Trimaran verhält sich unter gleichen äußeren Bedingungen weitaus angenehmer, da sich die meisten Einrichtungen dicht beim Schlingerzentrum befinden.

Auch leidet ein Trimaran nicht durch Wellenschläge unter dem Brückendeck, ein Symptom, das viele kleine Kreuzerkats heimsucht. Ein Trimaran bewegt sich im großen und ganzen gesehen sanfter und weniger abrupt als ein Kat. Das liegt zum einen am geringeren Auftrieb der Schwimmer, verglichen mit den Rümpfen eines Kats, zum anderen an dem geringeren Abstand zum Mittelrumpf und dem größeren Krängungswinkel.

Vor dem Wind leidet ein Kielboot eher noch mehr unter den sich aufschaukelnden Rollbewegungen, da auf diesem Kurs der Dämpfungseffekt des seitlich auf die Segel einwirkenden Windes fehlt. Das von einer Seite auf die andere rollende Boot wird durch den Druck des krängenden Riggs richtungsmäßig instabil. Sofern der Rumpf nicht besonders gut »ausbalanciert« ist, kommt noch das unterschiedliche, periodisch vorn und achtern vom Gleichgewichtsschwerpunkt eintauchende Volumen hinzu. Dieses Verhalten erfordert ständige Ruderkorrekturen zur Kurshaltung und damit das Boot bei böigem Wetter nicht halst oder in den Wind schießt. Das Mehrrumpfboot gewährleistet eine konstant schnelle, gleichmäßige, angenehme, von Rollbewegungen vergleichsweise freie Fahrt. Es verlangt ein paar geringfügige Ruderkorrekturen, um nicht zu gieren und die Gefahr einer Patenthalse zu vermeiden. Übrigens ist Halsen, ob unfreiwillig oder beabsichtigt, an sich angenehmer und mit weniger Risiko verbunden, denn die Schnelligkeit eines Multis bedingt, daß er vor dem Wind härter an der wahren Windgeschwindigkeit segelt, so daß die Geschwindigkeit des scheinbaren Windes nicht so hoch ist wie unter denselben Bedingungen auf einem Einrumpfboot.

Das Verhalten in großen Bugseen unterscheidet sich gleichfalls. Einige Mono-Typen, etwa die schweren, schmalen Boote mit langem, tiefgehendem Kiel, bewegen sich langsam und ruhig unter rauhen Bedingungen, denn sie durchschneiden die Wellen. Der Nachteil ist, daß Sie eine feuchte Fahrt in Kauf nehmen müssen. Andere Monos, insbesondere die modernen Kreuzer mit Kielflosse, größerer Breite und größerem

Reserveauftrieb, bleiben zwar trockener, bewegen sich aber weniger angenehm, denn sie tendieren dazu, aus dem Rücklauf jeder großen Welle herauszustürzen und schwer in den Grund des nächsten Wellentales einzutauchen.

Der leichtere Multi reagiert dagegen prompt auf das Wellenprofil. Seine Bewegungen sind kürzer und härter, die Decks bleiben frei von stehendem Wasser. Aber bei einer bestimmten Wellenfrequenz führt die Kombination aus schlanken Bugs und Hecks zusammen mit dem Trägheitsmoment eines vergleichsweise schweren Masts und Segeln zu einer heftigen Stampfbewegung, die das Boot fast zum Stillstand bringen kann, sofern man nicht wieder rechtzeitig Fahrt aufnimmt und schnell durch die Seen fährt. Größtenteils können eine gute Rumpfkonstruktion, leichte Spieren sowie das Verstauen der meisten schweren Ausrüstungsgegenstände so weit wie möglich in Bootsmitte diesen Schaukelpferdeffekt aus der Welt schaffen (siehe S. 75). Doch auch dann kann dieses Verhalten gelegentlich noch unangenehm und lästig sein.

Ein Aspekt des Rollens und Krängens wird oft außer acht gelassen. Bei einem Winkel von zum Beispiel 30° hat eine Person auf einem kleinen Boot kaum genügend Platz, um in aufrechter Haltung in der Kajüte zu verweilen, zu kochen oder die Waschräume zu benutzen. Selbst der Aufenthalt in den Kojen wird unerträglich, sofern man sich mit Kojensegeln oder Steckbrettern nicht in der Koje verkeilt. Der Körper muß sich ständig anpassen, um seine Position zu behalten. Schlingert, stampft und rollt das Boot von einer Seite zur anderen, muß man mit Händen und Füßen nachhelfen, um im Gleichgewicht zu bleiben. Nach einiger Zeit ist das ziemlich ermüdend. Außerdem fördert die Rollbewegung die Seekrankheit. Müdigkeit führt leicht zu Fehlern und falschen – manchmal gefährlich falschen – Entscheidungen. Seekrankheit wiederum löst die verhängnisvolle Unfähigkeit aus, überhaupt Entscheidungen treffen zu können.

Die geringere Krängung, die den Körper nicht so leicht aus dem Gleichgewicht wirft, und das Fehlen des durch die Rollbewegung ausgelösten Pendeleffekts macht die Fahrt mit einem Multi angenehmer. Seine schnellen und häufig unberechenbaren Bewegungen ermüden weit weniger und machen gleichzeitig weniger anfällig für Seekrankheit. Auf einem Multi ist die Plattform vergleichsweise stabil. Die Crew kann ausruhen, kochen, das Essen sogar genießen. Wenn es sein muß, übersteht man auch länger anhaltende Schlechtwetterperioden sehr gut. Das Boot bleibt schnell und sicher« unter Bedingungen, die die gleiche Crew auf einem Einrumpfboot bis zur Erschöpfung beanspruchen würden, bis zu einem Punkt, an dem aus einem erstklassigen ein nicht mehr seetüchtiges Boot wird. Soweit so gut, aber zweifellos verlangt ein Multi größte Aufmerksamkeit. Sind die Bedingungen auf See ausgesprochen rauh, braucht er schonende Behandlung. Er möchte gehätschelt werden, wo ein gutes Einrumpfboot sich auch einmal selbst überlassen bleibt, wenn auch unter der Voraussetzung einer regelmäßigen Kontrolle durch ein Crewmitglied, während die anderen versuchen, ein wenig zu schlafen.

Damit kommen wir zu der prekären Frage des Kenterns.

Kenterursachen

In diesem Zusammenhang kann nicht deutlich genug betont werden, daß es in den vergangenen vier Jahren (gerechnet zur Zeit der Entstehung dieses Buches) nur drei verbriefte Fälle von Kenterungen eines *Fahrten*-Multis gegeben hat. Viele interessierte Segler sehen vom Kauf eines Mehrrumpfbootes ab, und zwar in erster Linie wegen der Angst vor einem möglichen Umschla-

Abb. 2.11 (a) Geräumig für ein nur 6,8 m langes Boot, ein Swing-Wing-Trimaran des verstorbenen John Westell (GB). Die Segelbreite beträgt 6,8 m, bei zum Trailern zurückgeschwenkten Schwimmern lediglich 2,4 m.
(b) Dasselbe Prinzip bei der 7,9-m-»Argonauta«, konstruiert von Dick Newick und gebaut von Tremolino in den USA. Die Quorning »Dragonfly« 800 und 31 sind die neuesten Trimarane, die dieses Prinzip übernommen haben.

(a)

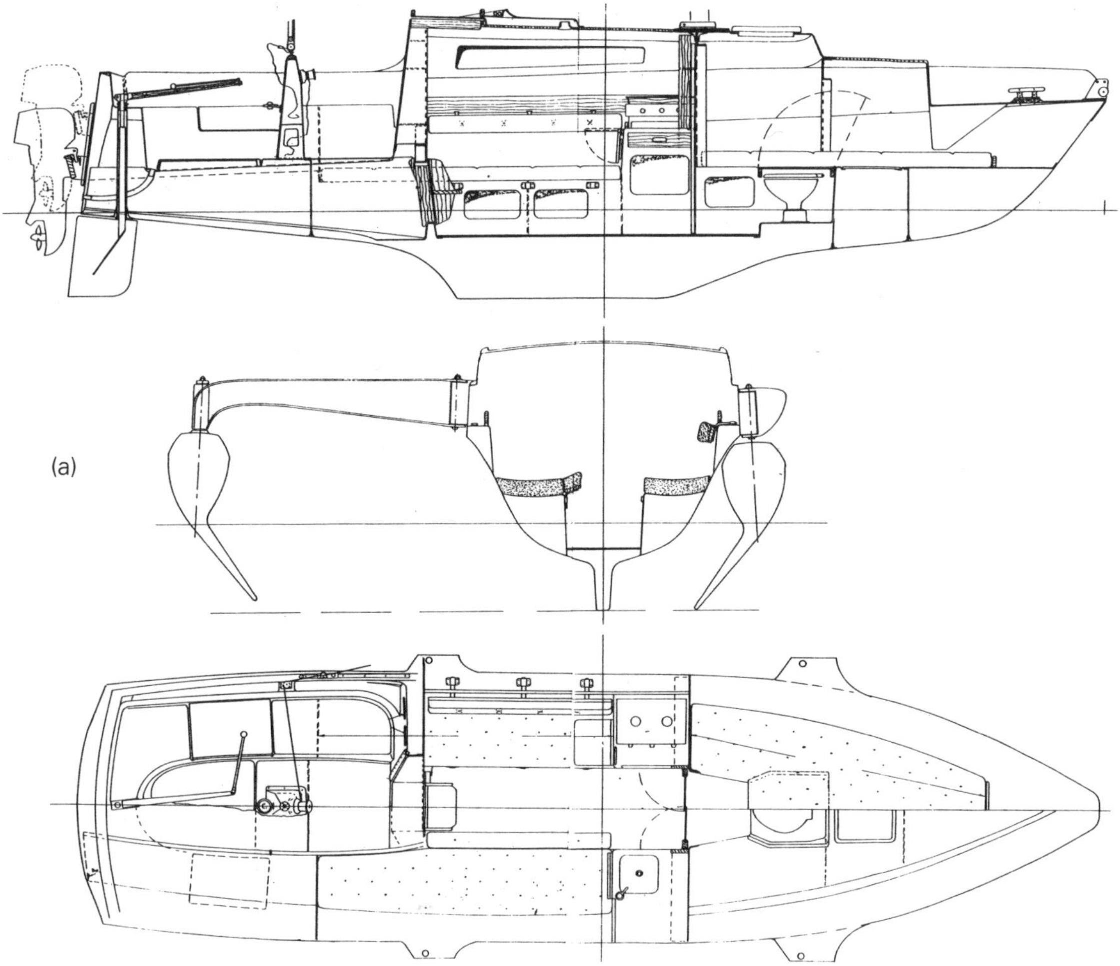

(b)

Abb. 2.12 *Raffiniertes Schwimmerklappsystem, ausgedacht von Ian Farrier (Australien und USA). (a) und (b) F9-A Konstruktion, ein 9-m-Cruiser-Racer für den* Selbstbau (c) *Für den französischen »Speed 944«, der nicht mehr produziert wird, griff man auf das Farrier-Klappsystem zurück.*

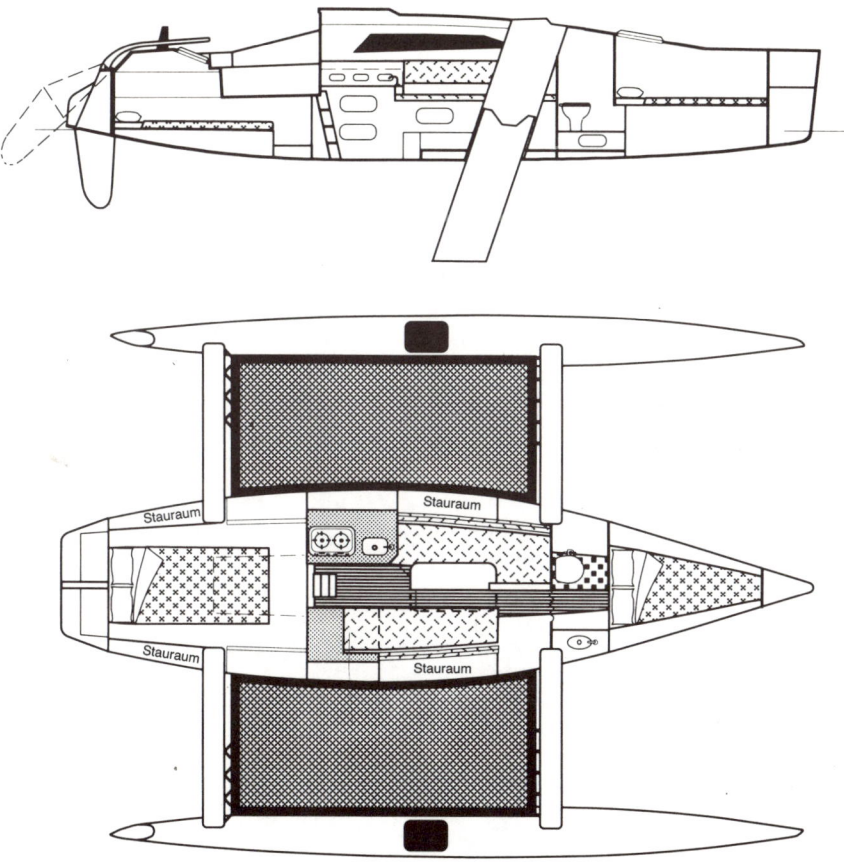

Die Abbildung zeigt im oberen Teil eine Seitenansicht und im unteren Teil eine Draufsicht eines Mehrrumpfbootes. In der Draufsicht sind mehrere Bereiche mit »Stauraum« beschriftet.

gen. Das ist auch kein Wunder nach all den sensationell aufgemachten Berichten über Kenterungen, die im Laufe der Jahre in der Presse erschienen und gelegentlich heute noch für eine tragische Schlagzeile gut sind. Im Verlauf der noch kurzen Geschichte der Mehrrumpfboote wuchs aber auch die Erfahrung bezüglich Konstruktion und Führung eines Multis, und die spektakulären Unfälle wurden seltener. Zum größten Teil sind ohnehin nur die hochgezüchteten Hochseerennboote betroffen. Passiert anläßlich eines Rennens ein Unfall, ist dieser meist so sensationell wie die Boote selbst.

Leider färben derlei Zwischenfälle negativ auf das Image der Multis ab. Die technologischen Neuheiten der Superboote kommen jedoch andererseits der Konstruktion der Fahrtenboote zugute. Das unterscheidet Rennboote von Grand-Prix-Rennwagen, deren Prototypen nichts mehr mit der Familienkutsche gemeinsam haben. In der Tat ist es gefährlich, einen großen Multi bis an die Grenzen zu segeln, sehr viel gefährlicher als mit einem Einrumpfboot. Die enorme Kraft und Schnelligkeit dieser Multi-Rennmaschinen, von denen viele (um noch einmal Dick Newick zu zitieren) »so leicht gebaut sind und so hart gesegelt werden, daß man mit ihnen *tod*sicher gewinnt... wie immer das Rennen ausgeht«. Doch es muß deutlich gesagt werden, daß der Unterschied zwischen einem großen Mehrrumpf-Racer und einem Fahrtenmehrrumpfboot bedeutend größer ist als zwischen Renn- und Fahrtenbooten mit einem Rumpf.

Hauptsächlich kentern Mehrrumpfboote, weil mit zuviel Segelfläche in rauher oder durcheinanderlaufender See gefahren wird. Besonders auf raum-vorlichem Kurs mit abgelassenem Schwert kann eine plötzliche Bö oder Winddrehung das Boot umschlagen lassen, bevor die Schoten gelöst werden können. Mit einem Einrumpfboot kommen Sie aus einer solchen Situation fast immer heil heraus – auf Kosten exzessiver Krängung, die das Boot verlangsamt -, weil es sich selbst wieder aufrichtet. Ein Multi macht das nicht, und seine Anfangsstabilität kann die Crew im Gefühl falscher Sicherheit wiegen, besonders ein kaum krängender Katamaran. Ein wachsamer Skipper wird die Lage richtig beurteilen und rechtzeitig wissen, wann er die Segel reffen muß, lange bevor der Luvrumpf steigt. Auf einem Tri merkt man deutlicher, wann die Segelfläche verkleinert werden muß, da er stärker krängt als ein Kat. In jedem Fall sollten Sie den Leeschwimmer im Auge behalten und in Aktion treten, sobald er anfängt, einzutauchen. Wenn es ums »Überleben« geht, alle Segel gerefft und die Schwerter aufgeholt sind, wird ein breiter Kat oder ein Tri mit hohem Schwimmerauftrieb seitlich in die Brecher surfen.

Die Länge der Verbindungskonstruktion ist bei einem Kat aufgrund der ausgeübten Belastung begrenzt, so daß ein Tri ausnahmslos über die größere Gesamtbreite verfügt, was ihm letztendlich größere Stabilität verleiht. Folglich kann er härter gesegelt werden als ein Kat, vorausgesetzt, seine Schwimmer gehören zu den Typen mit großem Auftrieb, so daß jeder das Gesamtgewicht des Bootes plus eine große Reserve tragen kann. Manchmal taucht in diesem Zusammenhang die Frage auf, warum bei derart großen Schwimmern nicht gleich den Mittelrumpf wegnehmen und einen Katamaran daraus machen? Das ergibt durchaus einen Sinn, wenn man dabei an ein mittelgroßes Kreuzerboot denkt, doch man läßt die Vorzüge eines kleinen Tris in bezug auf seine Geräumigkeit außer acht. Außerdem fährt ein Tri bei Leichtwind hauptsächlich auf dem Mittelrumpf und hat demzufolge nur eine geringe benetzte Oberfläche, erzeugt damit gleichzeitig weniger Widerstand und ist somit einem vergleichbaren Kat überlegen.

Der große Nachteil eines Trimarans ist die Suche nach einem Liegeplatz. Mit einem so breiten Boot gestaltet sich diese naturgemäß

schwieriger, obgleich bei manchen Konstruktionen die Schwimmer noch auf dem Wasser hochgeklappt werden können. Das Boot behält dennoch genügend Stabilität für eine Fahrt mit Motor oder in schwacher Brise unter Segeln. Beispiele dafür sind der F-27 und der Ocqueteau 31-Footer »Speed 944«. Bei diesen Booten können die Innenbordenden der Beams geklappt, und so die Schwimmer an die Seiten des Hauptrumpfes gelegt werden. Ein weiteres Beispiel ist die »Argonauta«, bei der die Schwimmer nach Art eines Parallellineals nach hinten geschwenkt werden, wie auch beim originalen »Ocean Bird« des verstorbenen John Westell und den Nachfolgern dieses Bootes, von denen einige länger als 12 m sind. Abgesehen von der größeren Auswahl an Liegeplätzen verkürzt ein solches System natürlich die normalerweise zur Montage und Demontage zum Trailern eines Micros benötigte Zeit. Einige Trimaran-Konstruktionen haben noch auftriebsarme Schwimmer, was eine beträchtliche Einsparung an Gewicht und Luftwiderstand bedeutet. Der Nachteil dieser schmalen Schwimmer zeigt sich bei Schwerwetter: sie schneiden unter! Ein beigedreht liegendes Boot kann von einer extrem hohen Welle überspült werden. Eine solche Situation bringt stets das Risiko mit sich, daß das Boot über den Leebug geht. Unter normalen Umständen passieren so spektakuläre Vorfälle nicht, weil sich der Mittelrumpf auf die herankommende Welle setzt und der Luvschwimmer nicht von dieser berührt wird. Bevor der Leeschwimmer tief genug sinkt, um Hebelkraft auszulösen, geht die Welle bereits darunter hinweg und hebt ihn zurück. Wird ein Boot mit Schwimmern mit großem Auftrieb (mehr darüber auf S. 83) – ähnlich ein Kat mit aufgeholtem Leeschwert – nach dem Schlag einer Kreuzsee seitlich versetzt, gleitet es an der Frontseite der Welle herunter, bis der Leerumpf auf dem Kamm aufsetzt und das Gleichgewicht wiederhergestellt ist. Welches Mehrrumpfboot Sie auch immer segeln, es gilt stets die goldene Faustregel zu beachten, die da lautet: Leistungsgrenzen erkennen, respektieren und nicht zu nah an das Limit zu gehen.

Derselbe Grundsatz galt auch für die Plattbodenboote ohne Ballast, wie etwa die traditionelle Themse-Bark und zahlreiche holländische Yachttypen. Von diesen Booten sind keine sensationellen Kentergeschichten überliefert, denn sie wurden stets mit Verstand und Gefühl gesegelt. Die meisten Mehrrumpfboote sind potentielle Hochleistungsboote. Das, was für einen leistungsstarken, rassigen Sportwagen gilt, nämlich ihn nicht ständig auf Hochtouren zu fahren – mit gedrosselter Kraft ist er dagegen um vieles sicherer als ein langsames, bis an seine Grenzen gepowertes Auto -, gilt auch für einen Multi. Selbst wenn man einige Kraftreserven zurückhält, hält er mit einem bis an seine Belastungsgrenzen gesegelten Einrumpfboot durchaus Schritt. Etwas Power in Reserve zu behalten, bedeutet nicht unbedingt langsam zu segeln, sondern nur weniger schnell. Ein schnelles Boot, das bei Schwerwetter freiwillig sein Tempo verringert, ist weitaus angenehmer als ein langsames, das am Limit gesegelt wird. Sobald das Wetter Kapriolen zu schlagen beginnt, sollte man sich folgendes Motto zu eigen machen: »Lehn dich zurück und genieße die Fahrt«.

Trotz alledem, ein Multi *kann* kentern. Allerdings muß man ihn schon ohne Rücksicht auf gute Seemannschaft segeln – mit anderen Worten, sehr unvorsichtig. Bootsrennen sind die große Ausnahme, denn Rennsegler gehen bei bedeutenden internationalen Veranstaltungen bewußt ein kalkuliertes Risiko ein, wenn sie ihre Boote bis an die Sicherheitsgrenze dreschen. Wenn gelegentlich Todesfälle vorkommen, liegt das im allgemeinen daran, daß keine Rettungsleinen benutzt wurden und die Leute bei schwerer See über Bord gingen. Gekenterte und beschädigte Mehrrumpfboote werden fast ausnahmslos entdeckt – manchmal allerdings Monate später –, repariert und erneut gesegelt. Wenn Sie sich mit einem gekenterten Multi einmal im Wasser wiederfinden sollten, bleibt Ihnen zumindest der Trost, daß das Boot nicht sinkt, vorausgesetzt, es hat eingebaute Auftriebsreserven, was praktisch bei allen Multis der Fall ist. Ein Einrumpfboot dagegen kann umschlagen und

von seinem schweren Kiel hinuntergezogen werden. Weder das eine noch das andere ist wahrscheinlich, aber grundsätzlich kann kein Risiko gänzlich ausgeschlossen werden. Manche Risiken müssen wir auf uns nehmen, wenn wir dem Segelvergnügen frönen wollen.

Kosten

Der letzte Gesichtspunkt, der bei der Wahl des richtigen Bootes berücksichtigt werden muß, ist das zur Verfügung stehende Budget, das bereits beim Kaufpreis eine große Rolle spielt. Ein von einem Profi-Bootsbauer gebauter Kat ist ungefähr 20–30% teurer als ein ähnlicher Mono der gleichen *Länge*. Das liegt zum Teil an der relativ kleinen Zahl der in Serie gebauten Multi-Typen verglichen mit der großangelegten Fließbandproduktion der meisten kleinen Einrumpfboote, zum Teil aber auch daran, daß Sie in gewissem Sinne zwei Boote in einem kaufen, und die Kosten im Verhältnis zur Bootsoberfläche liegen. Ein Tri kommt noch etwas teurer. Es gibt auch heute noch relativ wenig industriell produzierte Mehrrumpfboote, zwischen denen man sich entscheiden kann – außer in Frankreich, wo etliche der großen Bootsbauer neben ihrer normalen Einrumpferproduktion auch eine Multi-Serie, zumeist große Boote, vom Band laufenlassen. Ein paar kleinere Werften bieten Micro-Multis aus dem Regal an. Die Auswahl an Selbstbaukonstruktionen ist bedeutend größer. Viele dieser Boote sind hervorragende Konstruktionen und im Endzustand auf einem Niveau, das kein ausschließlich auf Wirtschaftlichkeit ausgerichtetes Industrieprodukt erreichen kann. Andererseits sind manche Boote derart schlampig zusammengeschustert, daß sie ihrem Eigner ein Leben lang nur Kummer machen und dem Ruf aller Eigenkonstruktionen schaden. Das zeigt sich am Wiederverkaufswert, der beträchtlich unter dem eines Fabrikprodukts liegt. Aber wenn Sie ein Boot entdecken, das Ihrer Meinung nach einfach gut ist und ein sachkundiger Berater stimmt in dieser Frage mit Ihnen überein, haben Sie vermut-

Abb. 2.13 Der »F 27« in Aktion: Volle Fahrt, Schwimmer beigeklappt unter Motor und beim Slippen.

lich ein gutes Geschäft gemacht. Auch die Unterhaltskosten liegen tendenziell höher als bei einem Einrumpfboot. Mal ganz abgesehen von der überhöhten Liegeplatzgebühr aufgrund der Breite, die manche Marinas verlangen, sind die zu reinigenden und zu malenden Flächen schlicht größer, das heißt, die Unterhaltskosten wirken sich weniger bedeutend aus, je mehr Eigenarbeit der Eigner leistet. Leider sieht es bei den Versicherungen anders aus, da läßt sich nichts einsparen. Die Versicherungsprämie für einen »Serien«-Multi – ein in höherer Stückzahl produziertes Boot wie etwa einen Prout-Katamaran – beläuft sich gegenwärtig auf ungefähr 1,2% des versicherten Wertes, bei einem entsprechenden Einrumpfboot dagegen nur auf 1,0%. Diese Zahlen schließen die zusätzliche Prämie aus, die Sie brauchen, wenn Sie das Boot für eine Ferienreise ins Ausland bringen wollen. Bei einem Kat oder Tri, der zwar von einem Profi, aber nur in kleinen Stückzahlen gebaut wurde, oder einem Eigenbau liegt die Quote eher noch bei 2%. Bei dreihundert Pfund Versicherungsprämie im Jahr für ein 45000-Mark-Boot überlegt man zweimal, ehe man sich für diese Boot entscheidet, ganz zu schweigen von der Prämie, die für einen großen Kreuzer fällig wird. Manche Eigner verzich-

ten darauf, ihr Boot zu versichern. Falls Sie mit diesem Gedanken spielen, stellen Sie sich einmal vor, was passiert, wenn sich Ihr Boot bei einem Sturm losreißt und ein anderes beschädigt, oder Sie mit einem Surfer kollidieren oder durch Unachtsamkeit einen Unfall mit einem anderen Boot verschulden. Der Anspruch von seiten eines Dritten kann Hunderte oder Tausende kosten. Zum Glück bieten einige Versicherungsgesellschaften relativ günstige Bedingungen für eine Haftpflichtversicherung. Im Grunde empfehlen alle Länder einem das betreffende Land besuchenden Segler den Abschluß einer Haftpflichtversicherung. In einigen Ländern ist eine solche Versicherung Pflicht.

Diese extrem hohen Prämien rühren daher, daß die Versicherer die Beiträge nach der Häufigkeit und Höhe des Schadenersatzes für Totalverlust kalkulieren. Es ist leider so, daß mit gegenwärtig eher noch zunehmender Tendenz die meisten Unfälle auf das Konto der vergleichsweise wenigen großen, anfälligen und enorm teuren Racer gehen. Dieses Schema verzerrt den Markt, und die Fahrtensegler sind die Leidtragenden. Es bleibt ihnen nur der schwache Trost, daß sie einen Bonus bekommen, sofern sie keinen Schadensfall verursacht haben. Zwar kann man die Kostenfrage unmöglich verallge-

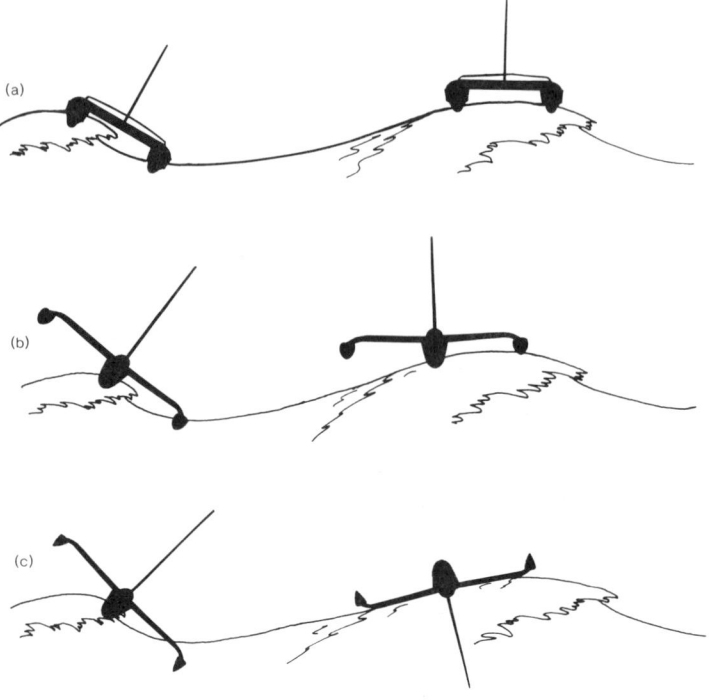

(a)

(b)

(c)

Vergleich zur Gesamtbreite des Kats ab), während der
Leeschwimmer tief eintaucht, weil auf ihm ein Großteil
(manchmal die gesamte) Verdrängung lastet, bis der
Kamm darunterläuft und das Boot aufrichtet. (c) Ein
Schwimmer mit wenig Auftrieb taucht sehr tief ein, und
das Boot gerät ins Strauchteln, was zum Kentern führen
kann.

Abb. 2.14 Schwerwetterverhalten von Katamaranen
und Trimaranen bei Kreuzsee. (a) Der Kat surft sogleich
seitlich, bis der Wellenkamm den Leerumpf erfaßt und
das Boot in Aufrechtlage kommt. (b) Ein Trimaran mit
hohem Auftrieb in den Schwimmern verhält sich ähnlich, wenn auch der Krängungswinkel größer sein kann
(hängt vom Verhältnis der halben Breite eines Tris im

meinern, doch wer ehrlich ist, muß zugeben,
daß ein Mehrrumpfboot insgesamt gesehen
ungefähr ein Drittel teurer im Kauf und
Unterhalt ist als ein Einrumpfboot. Nach
Meinung der meisten Segler, die beide Typen bereits ausprobiert haben, ist ein Multi
allerdings sein Geld wert.

Zuletzt möchte ich noch einen nicht ganz
unwichtigen Aspekt ansprechen, nämlich
den emotionalen Stellenwert eines Bootes.
Kann ein Multi je das Herz eines Seglers auf
dieselbe Weise berühren wie ein traditionelles Segelboot? Die Antwort lautet wohl nein
mit Ausnahme vielleicht der optisch schönen Wharram-Kats. Aber zunehmend hört
man in Seglerkreisen, die modernen, meist

langweilig aussehenden und beliebig aus-
tauschbaren Einrumpfboote gingen auch
nicht mehr so ans Herz wie ein edles älteres
Holzboot. Sie besitzen nicht mehr die Aus-
strahlung und den Charakter ihrer handge-
fertigten Vorgänger – obwohl auch hier Ausnahmen die Regel bestätigen. Im direkten
Vergleich schneller moderner Fahrtenboote
überwiegt die Überlegenheit der Multis in
anderer Hinsicht ihr meist nicht besonders
anziehendes Äußeres. Traditionelle Schönheit, Seetüchtigkeit und Bequemlichkeit,
und das alles zu einem bezahlbaren Preis?
Das ist leider der Stoff, aus dem die Träume
sind.

Die Wahl bleibt Ihnen überlassen.

Mehrrumpf- und Einrumpfboote im Vergleich

MEHRRUMPFBOOTE

Pro

Die meisten Konstruktionen sind unsinkbar
Großzügige Ausstattung an Bord
Im allgemeinen schneller, verkürzt die Fahrtzeit
Lebhafte Beschleunigung
Geringer Tiefgang und problemloses Trockenfallen
eröffnet neue Reviere
Krängt oder rollt kaum
Bootsbewegung weniger ermüdend
Rundumsicht aus geräumigem Salon auf
Brückendeck
Vor dem Wind leichter zu steuern
Meist geeignet für den Eigenbau
Leichtgewichtig und leicht zu trailern (Micros)
Mehr Platz an Deck zum Arbeiten und zur Segel-
bedienung

Contra

Nicht selbstaufrichtend nach dem Kentern
Die Anordnung der Räumlichkeiten (mit Ausnah-
me auf großen Trimaranen) gefällt manchen
Traditionalisten nicht
Weniger Rennen werden veranstaltet
Stoppt, wenn der Wind stoppt
Manchmal schwierig, in Werften oder Marinas
einen Liegeplatz zu finden
Nur wenig Gewicht kann zugeladen werden
Erfordert viel Aufmerksamkeit bei Schwerwetter
Bedeutend weniger Auswahl an Serienbooten
Bei Eigenbau Wiederverkauf schwieriger
Dauert im allgemeinen länger bis trailerbereit als
ein trailerbares Einrumpfboot
Höhere Versicherungsprämien

EINRUMPFBOOTE MIT BALLAST

Pro

Im allgemeinen selbstaufrichtend nach einem
Niederschlag, übersteht eine 360°-Rolle
Crewwache reicht bei Schwerwetter
Gute Unterbringung, sogar auf kleinen Booten
Kein Problem mit Liegeplätzen
Große Auswahl an Typen
Hoher Wiederverkaufswert

Contra

Kann sinken, wenn von See überrollt oder in Folge
einer Kollision (ausgenommen ein paar wenige
Monos, die über eingebauten Auftrieb verfügen)
Krängen und Rollen ermüdet und kann zu
Seekrankheit führen
Steuern mit raumem Wind schwieriger
Größerer Tiefgang der Boote mit Fixkiel
begrenzt Reviere
Langsamere Geschwindigkeit bedeutet längere
Fahrtzeit

KAT IM VERGLEICH ZU TRI

Kat

Krängt weniger
Billiger beim Kauf oder Selbstbau
Sehr viel größeres Raumangebot, ausgenommen
auf Micros
Kann mehr Zusatzgewicht aufnehmen
Mehr Decksfläche für Ankermanöver und
Aufenthalt
Zwei separate Rümpfe gestatten größere
Privatsphäre
Geringere Gesamtbreite bringt weniger Probleme
auf schmalen Wasserwegen und in Schleusen
Ein Rumpf weniger zu schrubben und zu malen
Hervorragende Manövrierfähigkeit mit zwei
Motoren

Tri

Kein Schlagen auf das Brückendeck, obgleich
Lee-Beams in grober See stampfen
Bootsbewegungen weniger abrupt als auf Kats
Sicherheit von drei Rümpfen im Falle einer
Beschädigung
Unterkünfte auf Micros besser
Größerer Außenstauraum (in den Schwimmern)
Schneller bei Leichtwind, leichter zu manövrieren,
schneller beim Kreuzen
Breitere Wantenbasis; Mittelrumpf stabile
Mast- und Vorstagsbasis
Größere Endstabilität
Manche Konstruktionen haben Klappschwimmer;
erleichtert das Finden eines Liegeplatzes sowie
das Trailern

3 KONSTRUKTION UND LEISTUNG Teil 1

Handicaps, Rumpfformen und Computer-Aided Design

Für einen Segler ist es nicht nur interessant, sondern auch wichtig zu wissen, wie sich verschiedene Aspekte einer Konstruktion auf Charakter und Verhalten eines Bootes auswirken oder zumindest auf das Boot, das er sich eventuell kaufen möchte. Der alte Grundsatz, »sieht es gut aus, dann *ist* es gut«, ermöglichte von jeher Seglern mit geübtem Blick, eine leicht manövrierbare und seetüchtige Rumpfform auf den ersten Blick zu erkennen. Heute ist das nicht mehr ganz so einfach. Oft trügt der äußere Schein. Neue Technologien, entwickelt aus der Konstruktion von Hochleistungskielbooten – und den meisten Mehrrumpfbooten – haben das empfindliche Gleichgewicht der voneinander abhängigen Konstruktionsparameter und unser Verständnis davon, wie einer auf den andere einwirkt, verändert. Als Ergebnis dieses Wandels bestaunen wir einige vom ästhestischen Gesichtspunkt aus seltsame, gelegentlich sogar häßliche Einrumpfboote, die in Wahrheit aber Wunder der Technik darstellen, vom Computer unter Berücksichtigung entscheidender Komponenten vorausberechnet. Dieser Fortschritt geht zuweilen auf Kosten der Annehmlichkeiten an Bord und einer eventuell leichten Manövrierbarkeit. Die Unterwasserschiffe der meisten Multis sahen schon immer schnittig und elegant aus, und daran hat sich bis heute nichts geändert. Allerdings verschmolzen in den letzten vierzig Jahren die nach den auf See gemachten Erfahrungen notwendigen Eigenschaften, die ein erfolgreiches Boot auszeichnen, zu einer fast unglaublichen Komplexität.

Bei reinen Rennkonstruktionen verzichtet man bewußt auf die Berücksichtigung einiger dieser Eigenschaften, aber bei einem Fahrtenboot spielen sie nach wie vor eine große Rolle. Man kann sie grob folgendermaßen zusammenfassen:

1. Sicherheit und Seetüchtigkeit. Ein Fahrtenboot muß für Schwerwetter konstruiert sein, das heißt, über genügend Kraftreserven und Steifheit verfügen, um, wenn nötig, hart segeln zu können. Außerdem benötigt es die Ausstattung mit wasserdichten Abteilungen, groß genug, damit man weitersegeln kann, wenn das Boot teilweise unter Wasser gesetzt ist, und damit es auch kopfüberliegend aufschwimmt.
2. Besonders leistungsstark am Wind, läßt sich sehr hart am Wind segeln.
3. Komfortable Plätze für die Crew und geräumige Unterkünfte, besonders für längeres Liegen im Hafen. Ist ein Fahrtenboot nicht geräumig (zumindest bezogen auf seine Größe), praktisch und komfortabel, verkauft es sich schlecht – oder hat keinen Wiederverkaufswert –, gleichgültig, wie schnell es auch sein mag.
4. Die für die Manövrierbarkeit ausschlagenden Charakteristika sollten problemlos zu bedienen sein, etwa ein leichtgängiges Ruder, und das Boot muß geschmeidig auf den anderen Bug gehen.
5. Ein trailerbarer Micro sollte so leicht wie möglich sein, sowohl wegen der zu erreichenden Geschwindigkeit als auch zum Schleppen und problemlosen Auf- und Abbau gewährleisten.

Wenden wir uns zuerst einmal dem Punkt Geschwindigkeit zu. Das ist zwar nicht gerade der wichtigste Faktor, aber er verbindet Fahrten- und Rennsegler.

Geschwindigkeit

Wie bereits erwähnt, sind Multis schnell, und zwar aufgrund des relativ hohen Kraft/Gewicht-Verhältnisses und des geringen Luftwiderstands. Aber bei weitem nicht alle Eigner oder potentiellen Käufer eines Mehrrumpfbootes wollen mit ihren Booten Rennen austragen. Nicht alle legen gesteigerten Wert auf ein eigens nach Rennkriterien konstruiertes Boot. Bei der Wahl eines Bootes, das groß genug für ausgedehnte Fahrten ist, rangieren für die meisten Multi-Eigner Komfort und Sicherheit meilenweit vor Geschwindigkeit, vorausgesetzt, es ist

Abb. 3.1 Rassig und kräftig gebaut. Der »Freebird 50«, ein schneller 15-m-Kreuzerkat, eine Weiterentwicklung des inzwischen klassischen »Firebird«-Micro. Gebaut von Modular Mouldings und ausgerüstet von Freebird Catamarans (beide GB).

mindestens so schnell wie jedes vergleichbare Einrumpfboot. Aber für einen Konstrukteur spielt die Geschwindigkeit eine große Rolle. Und auch der gemütlichste Segler möchte gerne wissen, was sein Boot hergibt, wenn er es einmal so richtig »abgehen« läßt. Es ist auch nicht zu leugnen, daß ein Boot, das mit hohen Geschwindigkeiten und in einem Sturm sicher gesegelt werden kann, einem Fahrtensegler bei Schwerwetter mehr Sicherheit verleiht als ein eher lahmes Gefährt.

Zum Vergleich der Schnelligkeit unterschiedlicher Boote gibt es verschiedene Methoden. Eine einfache, heute allerdings etwas überholte Vergleichsbasis ist die sogenannte Bruce-Number. An dieser Stelle soll nur kurz darauf hingewiesen werden, weil hin und wieder noch auf diese Zahl Bezug genommen wird. Außerdem vermittelt sie durchaus eine klare Vorstellung darüber, ob ein Boot mit größter Wahrscheinlichkeit schneller ist als ein anderes. Die Bruce-Number errechnet sich mittels Dividieren

der Quadratwurzel der Segelfläche (in Quadratfuß) durch die Kubikwurzel der Verdrängung (in Pfund). Je höher die Zahl, desto besser das Verhältnis Kraft/Gewicht und desto schneller das Boot bei leichtem Wind. Nehmen wir einmal zwei sehr unterschiedliche Beispiele, den »Drachen«, ein traditionelles Rennkielboot, mit einer BN von 1.06 im Vergleich zu der BN von 1.72 eines »Tornado«, des olympischen Zweimann-Katamarans. Der Tornado ist ganz sicher das schnellere Boot, und wenn er Höchstgeschwindigkeit läuft, ist der Unterschied bei weitem größer als die Differenz von 62% der Bruce-Zahlen glauben macht. Allgemein wird die BN 1.00 in etwa als Grenzwert zwischen sogenannten schnellen und langsamen Booten betrachtet.

Inzwischen dachte man sich verschiedene andere Methoden aus, um einen fairen Vergleich der Schnelligkeit verschiedener Multis zu ermöglichen. Wie die Bruce-Number basieren auch diese Methoden auf dem Verhältnis Kraft/Gewicht, aber hinzugenommen wurde der Längenunterschied, da sich dieser nicht unbedeutend auf den Widerstand auswirkt. Berechnet wird das Ergebnis durch Multiplizieren der Segelfläche mit der Länge, dividiert durch die Verdrängung. Auf der Grundlage dieser Formel fällt es nicht allzu schwer, die relative Höchstgeschwindigkeit verschiedener Boote zu berechnen oder die Auswirkungen von Veränderungen, die Sie möglicherweise an der Segelfläche oder dem Gewicht Ihres eigenen Bootes vorgenommen haben, abzuschätzen. Zur Berechnung des Measured Rating wird folgende Formel verwendet:

$$MR = 2 \sqrt{\frac{SA \times WL}{\Delta}}$$ wobei:

SA = Großsegelfläche + 100% vorderes Dreieck (m^2). Wie der Name schon sagt, bezieht sich das vordere Dreieck auf die von Vorstag, Mast und Deck gebildete Fläche.

WL = Länge in der Wasserlinie (m)

Δ = Verdrängung (kg)

Angenommen, Ihre Höchstgeschwindigkeit beträgt ungefähr 12 Knoten, und Sie haben eine SA = 30 m^2, eine WL = 7,5 m und = 850 kg. In diesem Fall erhalten Sie ein MR von 1.03. Jetzt nehmen Sie zusätzlich Last an Bord und ein paar Freunde anläßlich einer Ferienkreuzfahrt, dann addieren sich 200 kg zu Ihrer Nutzlast. Das MR fällt auf 0.93, und weil dieser Wert proportional zur Geschwindigkeit ist, verringert sich diese auf 10,8 Knoten.

In der Praxis hat sich herausgestellt, daß diese einfache Formel tendenziell die Auswirkungen vorgenommener Veränderungen überbewertet, ganz besonders hinsichtlich der Verdrängung. Das Problem war, den drei Grundkriterien den ihnen jeweils gebührenden Stellenwert zuzuschreiben, ihre direkte Auswirkung auf die »Basisgeschwindigkeit« – die jeweilige Durchschnittsge-

schwindigkeit auf einem Dreieckskurs oder einer Tagesfahrt. Dabei darf man nicht vergessen, daß eine Yacht fast die Hälfte der Zeit hoch am Wind segelt und dabei weit unter Höchstgeschwindigkeit bleibt.

Handicap-Methoden

Die Handicap-Methoden, die bei Bootsrennen, bei denen die unterschiedlichsten Bootstypen gegeneinander antreten und doch möglichst exakt miteinander verglichen werden sollen, angewandt werden, unterteilen sich in zwei grundsätzlich verschiedene Systeme. Eines dieser Systeme basiert auf einer rein theoretischen Grundlage. Eine von der MR-Grundformel abgeleitete, stark verfeinerte, komplexere Formel wird angewandt, bei der statt der Gesamtquadratwurzel eine von 0.25 bis 0.50 variierende Kraft eingesetzt wird. Jedes Boot (oder jeder Bootstyp) wird zur Ermittlung einer Ratingzahl gewogen und vermessen – eine zeitraubende und manchmal kostspielige Angelegenheit. Das andere System beruht auf empirisch ermittelten Meßzahlen, die auf Rennergebnissen anstatt auf Vermessungen basieren. Diese Methode ist bekannt als Yardstick-Meßzahl.

YARDSTICKS

Die sowohl in Großbritannien als auch in den USA am weitesten verbreitete Formel ist die der RYA (Royal Yachting Association), der Portsmouth Yardstick. Im Unterschied zu dem auf rein rechnerischer Basis ermittelten Rating handelt es sich um eine Art Allround-Handicap für Rennen. Dabei wird als Grundlage die von jedem Boot von Start bis Ziel gesegelte Zeit genommen. Vergleichen wir noch einmal den »Drachen« mit dem »Tornado« (obwohl es sehr unwahrscheinlich ist, daß diese Boote je in einem Rennen gegeneinander starten) während einer typischen Rennsaison. Der »Drachen« hat einen PY (Yardstick-Zahl) von 103 und der »Tornado« von 76. Diese Zahlen ermittelte die RYA anhand der im Verlauf einer Saison von den Segelclubs, die Flotten beider Bootstypen fahren haben, erhaltenen Rückmeldungen. Danach benötigten die Drachen im Durchschnitt 103 Minuten für einen gleichen Kurs, den die Tornados in 76 Minuten zurücklegten. Zur Festlegung der Handicap-Zahlen, die von Zeit zu Zeit je nach den übermittelten Rennresultaten korrigiert werden, wird die tatsächlich gesegelte Zeit jedes an der Wettfahrt teilnehmenden Bootes mit 100 multipliziert und durch seine Yardstickzahl dividiert. In Prozenten läßt es sich einfacher ausdrücken. Bei einem schnellen Boot mit einer Yardstickzahl von 75 wird angenommen, daß es dieselbe Distanz in 75% der Zeit zurücklegt wie ein Boot mit Yardstick 100, während ein Boot mit Yardstick 120 20% länger brauchen darf, um nach berechneter Zeit als zeitgleich gewertet zu werden.

Das System bewährt sich recht gut, solange Einrumpfboote gegeneinander antreten, nicht aber in gemischten, aus Monos und Multis zusammengesetzten Flotten. Das liegt teilweise an den zu wenigen Rennen der meisten Multis auf Clubebene, mit Ausnahme der Dingi-Typen, hauptsächlich aber an den großen Geschwindigkeitsunterschieden je nach Leichtwind- oder Starkwindbedingungen. Die MOCRA (Multihull Offshore Cruising & Racing Association) arbeitet deshalb mit einer eigenen Yardstickzahl, die sich, wiederum basierend auf den Rennergebnissen, ausschließlich an den Booten ihrer Mitglieder orientiert. Die Festlegung der Handicap-Zahl beruht auf einem einfacheren System, das den kleineren Flotten mehr entgegenkommt.

Der Nachteil der Yardstick-Zahlen ist die Ermittlung aufgrund von Rennresultaten. Gute Konstruktionen und eine effiziente Crew handeln sich leicht Strafpunkte ein, während ein schlecht vorbereitetes Boot oder eine nachlässige Crew unter Umständen belohnt werden. Dies kann man im Grunde nur vermeiden, wenn mit einem Bootstyp eine genügende Anzahl Rennen gefahren werden, denn nur dann fallen bei dieser auf dem Durchschnitt beruhenden Zahl die einzelnen Starter, die von der Norm abweichen, nicht weiter ins Gewicht. Eine hervorragende Crew kann um 10%

besser sein, eine schlechte Crew 15% schlechter als der Durchschnitt. Bis zu einem gewissen Grad kann einer Verzerrung durch die Berücksichtigung eines Crew Skill Factors (praktische Fähigkeiten der Mannschaft, d. Ü.) entgegengewirkt werden, denn dieser Faktor berücksichtigt die Leistung der Crew. In diesem Fall werden die Clubs gebeten, diesen Faktor bei ihren Rückmeldungen miteinzubeziehen. Damit sollen auch effiziente Vorbereitung, seglerische und technische Fähigkeiten bewertet werden. Bei lokalen Wettfahrten kann das Handicap relativ individuell auf der Basis Crew/Boot bestimmt werden. Absicht jedes Handicap-Systems ist die Angleichung der Flotte, um zu gewährleisten, daß nicht nur die konstruktionsbedingt schnellsten Boote eine Siegchance haben. In der Praxis scheinen die langsamsten Boote allerdings selten als Erste durchs Ziel zu gehen, es sei denn, die Anpassung an den Durchschnitt wird übertrieben. Meist fahren auch die tatsächlich schnellsten Boote als Erste über die Ziellinie, trotz der unumstößlichen Tatsache, daß sie größere Anforderungen an ihre Crew stellen, wenn sie nach Handicap gewinnen wollen, denn Fehler gehen stets zu Lasten der tatsächlich gesegelten Zeit. Doch immer wird es Wettfahrtteilnehmer geben, die sich ungerecht behandelt fühlen. Leider gibt es bis heute kein System, daß jedem Segler gerecht wird; diese Einschränkung gilt auch für Ratings.

RATINGS

Die Alternative zu den Yardstickzahlen sind Rating-Systeme. Die gegenwärtig gebräuchlichen Systeme beinhalten im allgemeinen einen Time Correction Factor (TCF), also einen Zeitberichtigungsfaktor, der mit der tatsächlich gesegelten Zeit (Stopuhr) über einen bestimmten Kurs multipliziert wird und eine berechnete, für die Rennergebnisse maßgebliche Zeit ergibt. Mit am bekanntesten ist Hollands Texel-Yardstick – im Grunde eine irreführende Bezeichnung, da es sich in Wahrheit um ein vermessenes Rating handelt, wenngleich es mittels einer auf statistischen Angaben basierenden MR-Formel berechnet wird. Dieses System ist weit verbreitet für offene Sportkatamarane und andere Strandboote, ließe sich aber auch gut auf größere Multis anwenden. Ferner gibt es den Zeitberichtigungsfaktor der IMMCA (International Micro-Multihull Association), der Ähnlichkeiten mit dem Texel-System aufweist, aber ausschließlich für Micro-Rennen entwickelt wurde. Am weitesten verbreitet ist die IOMR (International Offshore Multihull Rule), die sich auf alle Fahrten- und Rennmultis, ungeachtet ihrer Größe, anwenden läßt. Unter Aufsicht der International Yacht Racing Union findet die IOMR weltweit Anwendung. Sie wird in den Vereinigten Staaten angewandt, und dort besonders an der Westküste unter der Schirmherrschaft der Pacific Multihull Association (PMA), doch ebenso in Australien, Skandinavien, Frankreich, wie überhaupt fast in ganz Europa, wo dieses System als PMA-Rating bekannt ist.

Jedes Rating wird vom Computer aus umfangreichen Vermessungsangaben von Rumpf und Segeln und routinemäßigem Wiegen berechnet. Unterschiede gibt es nur bezüglich der Komplexität der übernommenen Prozeduren und in der Art und Weise, wie die entsprechende Formel die Fläche der einzelnen Segel berücksichtigt (und des Wingmastes, siehe Seite 118, sofern vorhanden). Die Ratingformeln von IMMCA und Texel sind im allgemeinen leichter anzuwenden, nicht nur, weil sie weniger komplex sind als die IOMR, sondern weil nach deren Regeln für alle Boote einer bestimmten Konstruktion ein einziges Handicap gültig ist, wenngleich Zeitvergütungen für gewisse Veränderungen in der Ausstattung berücksichtigt werden. Kommt die IOMR zur Anwendung, muß jedes einzelne Boot gewogen und vermessen werden. Die auf diesen Zahlen beruhenden Berechnungen nehmen mehrere Seiten in Anspruch.

Welches System das beste ist, ist nicht unumstritten. Immer wieder kommt es zu Auseinandersetzungen, denn die Konstrukteure drängen darauf, daß stets auch die neuesten Technologien berücksichtigt werden. Doch solange die verschiedenen Systeme noch nicht durch eine einheitliche, von allen Beteiligten akzeptierte Ratingformel ersetzt sind, müssen Sie sich auf die unterschiedlichen Methoden einstellen, wenn Sie in Europa Regatten fahren möchten. Eine Yardstick-Methode, die sich an den Rennergebnissen orientiert, ist zweifellos einfacher in der Anwendung, da auf Wiegen und Vermessen verzichtet werden kann. Andererseits bezieht sich eine Yardstickzahl nur auf eine Gesamtübersicht, bei der notgedrungen nur die durchschnittlichen Möglichkeiten des Leistungsvermögens eines Bootes mit einer bestimmten Crew herauskommen. Außerdem kommt noch erschwerend hinzu, daß sie der willkürlichen Korrektur durch lokale Clubs (oder auf nationaler Ebene, in Großbritannien zum Beispiel durch die RYA oder MOCRA) anheimgestellt ist. Das Rating dagegen repräsentiert die potentielle Leistungsfähigkeit des Bootes selbst. Es bleibt solange konstant, bis Änderungen, etwa bezüglich der Segelgröße oder der Einsatz einer technologischen Neuentwicklung, vorgenommen werden. Ist dies der Fall, muß das Boot neu vermessen werden.

Im Grunde werden alle neuen Micros im Konstruktionsstadium auf das eine oder andere TCF-System hin optimiert. Ältere Boote werden häufig verändert, damit sie im Rating günstiger eingestuft werden. Eine Verkleinerung der Segelfläche könnte zum Beispiel durchaus Erfolg bringen: Das Boot wird selbstverständlich langsamer, aber die Siegchancen nach berechneter Zeit steigen. Ein optimales Rating – das Ziel jedes Rennbootkonstrukteurs – bedeutet, daß ein Boot sowohl nach Handicap gewinnen als auch als Erstes mit der besten tatsächlich gesegelten Zeit über die Ziellinie fahren kann.

Die Schnelligkeit der Multis rückt die unterschiedlichen Leistungen ähnlicher Boote und ihrer Crew in den Vordergrund, denn bereits ein einziger kleiner Fehler, eine winzige falsche Einschätzung kann ein Boot hoffnungslos zurückwerfen. Verschärfend kommen die großen Geschwindigkeitsschwankungen je nach Windstärke hinzu. Abgesehen vom Faktor Crew, bestehen häufig weitere Leistungsunterschiede zwischen Booten derselben Klasse – selbst unter strengen Einheitsbooten. Darüber hinaus bewähren sich manche Konstruktionen insbesondere bei einer bestimmten Windstärke oder in einem bestimmten Seegang, das heißt, sie erreichen ihre Bestform hauptsächlich unter gewissen, seglerisch nicht zu beeinflußenden äußeren Bedingungen. Die Ergebnisse differieren folglich in Revieren mit einer stark ausgeprägten vorherrschenden Windrichtung und in eher geschützten Gewässern zum Teil ganz erheblich. Auch diese äußeren Faktoren können sowohl Yardstickzahlen als auch Ratings ad absurdum führen.

Die Rennformeln für Multihulls

Es läßt sich nicht ändern, aber kein Handicap, auf welcher Basis es auch immer ermittelt wird, kann allen Teilnehmern eines jeden Rennens gerecht werden. Zunehmend bereitet es Seglern und Zuschauern Unbehagen, ein Boot nur nach Handicap siegen zu sehen, wo doch andere Boote in Wahrheit einfach schneller unterwegs sind. Diese Unzufriedenheit begründete die Popularität der sogenannten »Formel 26«. Micros dieser Formel können bei jeder Wettfahrt in Großbritannien auf nationaler oder anläßlich von Europameisterschaften auf internationaler Ebene Punkte auf »Ausgleichs-Basis« gewinnen – das heißt, unabhängig vom Handicap gewinnt das Boot, das als erstes über die Ziellinie fährt. Dabei handelt es sich in der Hauptsache um Fahrtenkonstruktionen. Mit der wachsenden Zahl der »formelgerecht« gebauten Rennboote nahmen auch bei den Racern die Boot-gegen-Boot-Wettfahrten zu, die heute bereits eine weitere Verbreitung haben als Handicap-Veranstaltungen. Am schnellsten wächst gegenwärtig die Formel 28. Ursprünglich 1986 in Frankreich als kostengünstige Alternative zur Formel 40 eingeführt, als diese 40-Footer immer exotischer und für nicht gesponserte Amateure zu teuer wurden, haben die Boote der Formel 28 inzwischen weitere Vorteile gegenüber den großen Brüdern errungen. Sie werden ohne Begrenzung des Mindestgewichts oder der maximalen Segelfläche gebaut –

typisch sind ungefähr 700 kg und 70 m², ein interessantes Kraft/Gewichtsverhältnis, das sich in der Leistung widerspiegelt. Außerdem können sie von einem Austragungsort zum nächsten getrailert werden. Eine der wenigen Klassenregeln beschränkt die Gesamtlänge auf 8,5 m, die Gesamtbreite auf Trailern auf 2,5 m und die maximale Masthöhe auf 14,5 m.

Zu den vor nicht allzu langer Zeit eingeführten Klassen zählt die französische Multi 30, die bezüglich der Konstruktion außer einer Länge von 9 m überhaupt keine Restriktionen vorgibt. In Amerika ist die Formel 500 entstanden – 500 kg, 46 m², 9–10,5 m LüA -, eine weitere billigere Alternative zur Formel 40. Ein halbes Dutzend weiterer Klassen kommt noch hinzu. Man fragt sich, wie viele es wohl in ein paar Jahren sein werden. Die Einführung der verschiedenen Formeln fördert extrem schnelle, aber fragwürdig anfällige Boote, die zwar aufregend zu segeln sind, aber höchstens über eine oder zwei Saisons eine Spitzenposition unter den Topracern einnehmen können. Danach gelten sie bereits als veraltet und vergleichsweise wertlos – so schnell schreitet die Technologie fort. Im Vergleich dazu, sind die meisten Micros und viele Hochleistungs-Fahrtenboote in erster Linie als schnelle Kreuzer mit Renneigenschaften konzipiert. Diese Boote kosten weit weniger als ein spezialisierter Racer und haben ein weit längeres »Haltbarkeitsdatum«.

Die Geschichte der Grand Prix-Multis weist Parallelen zum Motorrennsport auf. Jede neue Klasse hatte bei ihrer Einführung das Ziel, die Kosten für die Teilnehmer, das heißt, die Segelsportler, zu senken, förderte aber im Laufe der Zeit ausschließlich die Entwicklung hochgezüchteter, teurer Rennmaschinen. Bereits nach wenigen Saisons mußte erneut ein Schritt zurückgegangen werden. Die enormen Kosten für den Bau und die Werbekampagnen für die 75 ft (24,75 m; jetzt 60 ft = 19,80 m) Formel Eins der Maxi-Multis und die Ausgaben für den Transport dieser Riesen von einer Rennveranstaltung zur nächsten, führten 1985 zur Einführung der Formel 40. Die Entscheidung fiel zugunsten der 40-ft-Boote (13,20 m), weil es sich um die größten Boote handelte, die noch in einen 40-ft-Standardschiffscontainer paßten. Aber wiederum eskalierten die Kosten. Zahlreiche Segler, die die F 40 begeistert begrüßt hatten, konnten mit der Kostenexplosion nicht mehr mithalten. Ein Start an einem Rennen dieser Formel lag plötzlich für sie außerhalb jeglicher Reichweite. Also ging man wieder einen Schritt zurück. Die F 28 Formelklasse (9,24 m) wurde ins Leben gerufen. Überzeugte Anhänger dieser Formel wie der Konstrukteur/Steuermann Erik Lerouge sorgten dafür, daß Boote dieser Größe – manche sogar als Serienproduktion – inzwischen in verschiedenen Teilen der Welt gebaut werden. Besonders beeindruckend sind die Zahlen in Frankreich und Italien. Allein die europäische Flotte besteht aus nahezu 100 Booten. Die Formel erhält genügend Unterstützung durch Sponsorenwerbung, um die nicht unbeträchtlichen Reisekosten der Starter begleichen zu können, denn wie die Heroen des Motorrennsports zieht auch dieser »Zirkus« von einem Land zum anderen. Gleichzeitig verlagerten bedeutende Sponsoren ihr Interesse von der F 40 auf die Formel Eins. Sie hatten gemerkt, daß das Abenteuer und die zweifellos bestehende Gefahr auf Langstreckenrennen mit Maxi-Multis in der Öffentlichkeit auf großes Interesse stößt. Laut ihren Wirtschaftlichkeitsberechnungen machen sich folglich die dort getätigten Investitionen schneller bezahlt als zum Beispiel mit gesponserten Booten, die nur bei Binnenregatten starten, bei denen eine Wettfahrt, so spektakulär die Regatta auch sein mag, alles in allem gerade eineinhalb Stunden dauert. Zur Zeit der Entstehung dieses Buches scheint die Zukunft der F 40 eher ungewiß. Es werden kaum noch neue Boote dieser Formel gebaut. Das bedeutet wiederum nicht, daß die Zukunft der Formel Eins in allzu rosigem Licht erstrahlt. Nachdem der Preis eines neuen Bootes innerhalb von ein paar Jahren von ungefähr 750000 DM auf annähernd 3 Millionen DM gestiegen ist, beginnen die Gesamtkosten eines Sponsors für eine Werbekampagne den zu erzielenden Gewinn zu übersteigen. Folge dieser fatalen Entwicklung ist der Trend, jeweils die Boote des vergangenen Jahres auf den neuesten Stand zu bringen, anstatt neue Konstruktionen zu lancieren. Doch wie dem auch sein, selbst die größten Pessimisten räumen ein, daß Wettfahrten zwischen großen Booten in irgendeiner Form erhalten bleiben werden.

Der Charakter eines Fahrtenbootes wird hauptsächlich durch Größe und Schnelligkeit bestimmt und weniger nach Rennergebnissen. Wie bereits erwähnt, kann man ganz grob sagen, je länger ein Boot (bezogen auf ein bestimmtes Gewicht), desto schneller ist es. Nicht weiter erstaunlich ist, daß die Größe auch hinsichtlich Seetüchtigkeit einen nicht zu unterschätzenden Faktor darstellt. Hat eine Yacht zum Beispiel die doppelte Größe im Vergleich zu einer anderen ähnlicher Form, besagt das Froudesche Gesetz, daß die Segelfläche ungefähr viermal, die Verdrängung achtmal und die Stabilität sechzehnmal größer sein wird; das heißt, das doppelt so große Boot ist sechzehnmal widerstandsfähiger gegen Kenterung (siehe S. 192, Trägheitsmoment). Mehr noch, es kann durch Wellen preschen, die ein kleineres Boot verlangsamen oder sogar völlig abbremsen würden. Natürlich ist unter diesen Gesichtspunkten ein großes Boot einem kleineren vorzuziehen, aber die damit verbundenen höheren Kosten und die an die Crew gestellten größeren Anforderungen – zwei einschränkende »aber«, die nicht von der Hand zu weisen sind – diktieren häufig die Größe des Bootes, das wir uns leisten können. Ein dritter Punkt, den es zu beachten gilt, ist der Transport auf einem Bootsanhänger. Ein wesentlich über eine Gesamtlänge von 8 m – das ist das Limit für einen Micro-Multi – hinausgehendes Boot ist zu groß und zu schwer, um von einem Amateur auf einem Trailer transportiert zu werden.

Wellenwiderstand

Ein sich durch das Wasser bewegender Rumpf erzeugt zwei voneinander getrennte und optisch gut wahrnehmbare Wellensysteme, ein auseinanderlaufendes (divergierendes) und ein querlaufendes (transversales). Die Wellen entstehen nahe bei Bug und

Heck und bewegen sich mit der Fahrt des Bootes vorwärts. Aus einem Flugzeug oder beim Blick von einer erhöhten Warte aus sind diese Systeme als geometrisches, bzw. sich fächerförmig im Kielwasser eines Schiffes ausbreitendes Wellenmuster wahrnehmbar. Die divergierenden Wellen verlaufen stets in getrennten Bahnen, kreuzen sich nie und haben nur eine geringfügige Auswirkung auf den Rumpfwiderstand. Die transversalen Wellen dagegen schon. Der Abstand zwischen ihren Kämmen – die Länge der Wellen – beruht auf der Funktion von Bootsgeschwindigkeit (v) und Schwerkraft (g) und steigt mit dem Quadrat der Geschwindigkeit. Sie wird folgendermaßen ausgedrückt: $2\,v^2/g$. Nehmen wir zum Beispiel ein 8-m-Kielboot mit Ballast. Segelt es mit 2 Knoten, entstehen acht Wellen entlang seiner Wasserlinie. Bei 4 Knoten sind es nur drei Wellen zwischen Bug und Heck, und bei 6 Knoten praktisch eine einzige Welle. Die alte Bugwelle vereinigt sich mit der Heckwelle und das Heck selbst taucht in das sich vertiefende Wellental ein, während der Bug auf eine neue Welle steigt. Erreicht schließlich die Bootsgeschwindigkeit den kritischen Wert von 2.43 WL, entspricht die Wellenlänge der Länge des Bootes in der Wasserlinie, und das Heck wird von dem hydrodynamischen Sog in das von ihm selbst erzeugte Wellental gezogen. Unser konventioneller 8-m-Mono macht 6,9 Knoten und kann unmöglich schneller segeln. Auch die geballte Kraft eines starken Motors könnte daran kaum etwas ändern, sondern würde nur den Sog nach unten verstärken. Es sind schon Boote gesunken, die zu schnell geschleppt wurden.

Zur Überwindung dieser Geschwindigkeitsbarriere und zur zügigen Bewältigung des Wellenbergs der eigenen Bugwellen – was den schnellen »Halbverdrängern«, den Ultraleichtverdrängern und Jollen gelingt -, braucht ein Rumpf nicht nur ein gutes Kraft/ Gewicht-Verhältnis, sondern auch ein im wesentlichen flaches Achterschiff, daß nur wenig oder gar keine Abwärtslastigkeit entwickelt. Ist das Boot einmal über den kritischen Punk der Geschwindigkeit hinaus, steigt die Widerstandskurve kontinuierlich

steil an, bis die Geschwindigkeit 3.0 WL erreicht. Der zunehmende dynamische Auftrieb unter dem Rumpf hebt diesen an, der Wellenwiderstand läßt nach, die benetzte Oberfläche wird kleiner und der Gradient der Widerstandskurve flacht ab; das Boot befindet sich im Stadium des sogenannten Halbgleitens. Gibt man nun genug Power, steigt die Geschwindigkeit bis zu 5.5WL oder anders ausgedrückt, 15 Knoten bei einem 8-m-Boot oder 18 Knoten für einen 11-Meter. Bei diesem Tempo taucht der Rumpf fast ganz aus dem Wasser auf. Das Boot gleitet getragen vom dynamischen Auftrieb über die Wasseroberfläche und produziert praktisch keine Wellen mehr. Der einzige noch bestehende Widerstand ist der Reibungswiderstand auf der verbleibenden benetzten Oberfläche.

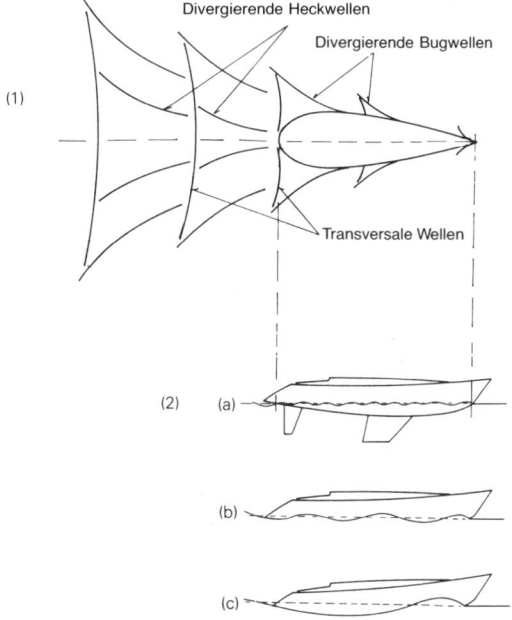

Abb. 3.2 (1) Eine Ansicht der divergierenden und transversalen Wellen von oben. (2) Veränderung der transversalen Wellenlänge im Verhältnis zur Bootsgeschwindigkeit bei einem 8-m-Kielboot. (a) bei 2 Knoten (b) bei 4 Knoten (c) bei 6 Knoten.

Verdrängung, Länge und Breite

Die auf ein schnelles Mehrrumpfboot einwirkenden strukturellen Belastungen verlangen zur Aufrechterhaltung eines äquivalenten Sicherheitsfaktors eine robustere und folglich schwerere Konstruktion als für ein Einrumpfboot – oder alternativ, eine besonders ausgeklügelte und damit teure Konstruktion. Die tatsächliche Größe der transversalen Wellen hängt von der Schlankheit des Rumpfes und dem Verhältnis Verdrängung/Länge ab und läßt bei sich ähnlichen Booten Rückschlüsse über das Gewicht des jeweiligen Bootes im Verhältnis zu seiner Länge zu. Für jede beliebig angenommene Verdrängung gilt, je schmaler die Breite in der Wasserlinie, desto kleiner die vom Rumpf verursachten Wellen und um so geringer der von den Wellen erzeugte Widerstand. Sofern das Boot nicht mit irgendwelchen mehr oder weniger überflüssigen Utensilien überladen ist, schneiden die schlanken Unterwasserschiffe einer guten Multi-Konstruktion mit Leichtigkeit durch die Wellen und erzeugen nur minimal störende Unruhen und – wenn überhaupt – nur kleine transversale Wellen. Dieser Aspekt gewinnt erst an dann allerdings rasch zunehmender Bedeutung, wenn die Rumpfgeschwindigkeit die kritische »Schallmauer« erreicht und das Verhältnis Länge/Breite unter etwa 8:1 fällt. Die meisten Multis, einschließlich der großen Fahrtenkats, gehen über dieses Verhältnis hinaus oder erreichen es zumindest. Diese großen Fahrtenboote verfügen normalerweise über eine relativ großzügig bemessene Breite – gemeint ist die Rumpfbreite auf der Wasserlinie, nicht die Gesamtbreite des Bootes -, damit mehr Gewicht zugeladen werden kann, auch wenn dies auf Kosten von etwas Schnelligkeit geht, während die Hochleistungsboote schlanke, aber

Abb. 3.3 (a) Unterwasserschiff mit Mittelnacelle (1) auf der 11,3-m-Prout »Snowgoose«. (2) Wassertanks in den Kielen (3) Sitzplätze im Salon (4) Stufen (5) Pantry (6) Herd (7) ausziehbarer Kartentisch (8) Schränke.
(b) Konstruktion von Robert B. Harris (Kanada), ein schneller 13,7-m-Cruiser-Kat. Alle Einrichtungen sind in der Nacelle untergebracht, die von den Beams gelöst und als Motorboot oder Rettungskapsel eingesetzt werden kann.

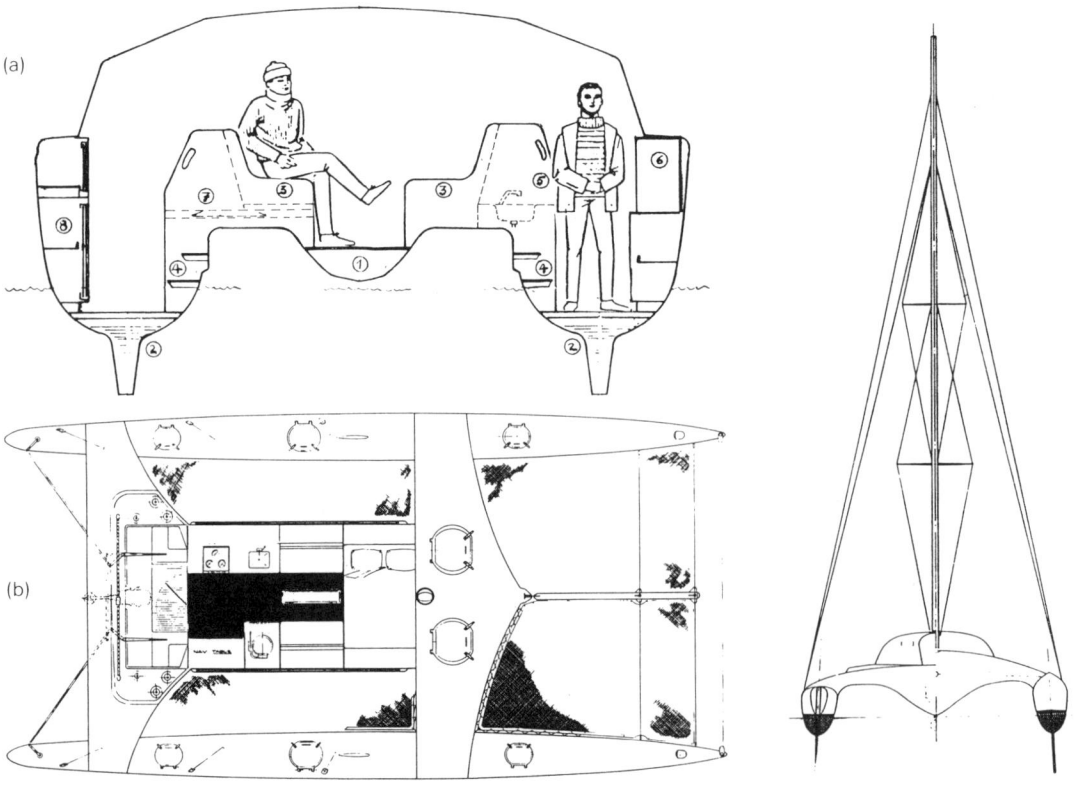

leicht zu überladende Rümpfe haben. Zum Vergleich: Die meisten Einrumpfboote fallen in die Kategorie 2:1 bis 3:1. Die genaue Bestimmung ist naturgemäß nicht ganz einfach, weil der Krängungswinkel in Betracht gezogen werden muß, der sich auf beide Abmessungen auswirkt.

Bei einem Mehrrumpfboot kommt der Vermeidung transversaler Wellen entscheidende Bedeutung zu, denn zusätzlich zu der bereits angesprochenen Hecklastigkeit entsteht mit größter Wahrscheinlichkeit eine Wechselwirkung der Wellen zwischen den Rümpfen eines Katamarans. Dieses Phänomen wiederum wird zusätzlichen Widerstand erzeugen und bei böigem Wetter Wellenkämme verursachen, die von unten heftig

gegen das Brückendeck schlagen. Bei den meisten Katamaranen der ersten Stunde mit schlanken Rumpfformen war dies eine häufige, ausgesprochen unerfreuliche Begleiterscheinung.

Die meisten Trimaranrümpfe sind schlanker als 8:1. Rennboote übersteigen manchmal das Verhältnis 10:1, aber deren Schwimmer sind so schmal, daß wir sie in diesem Zusammenhang außer acht lassen wollen. Bei Katamaranen beginnt das Verhältnis ebenfalls bei ungefähr 8:1, abgesehen von ein oder zwei »Dickschiff«-Ausnahmen. Da sich die gesamte statische Verdrängung auf zwei Rümpfe verteilt, ist Schlankheit natürlich leichter zu erzielen als bei einem Mono. Mit Ausnahme einiger schwerer Cruiser-

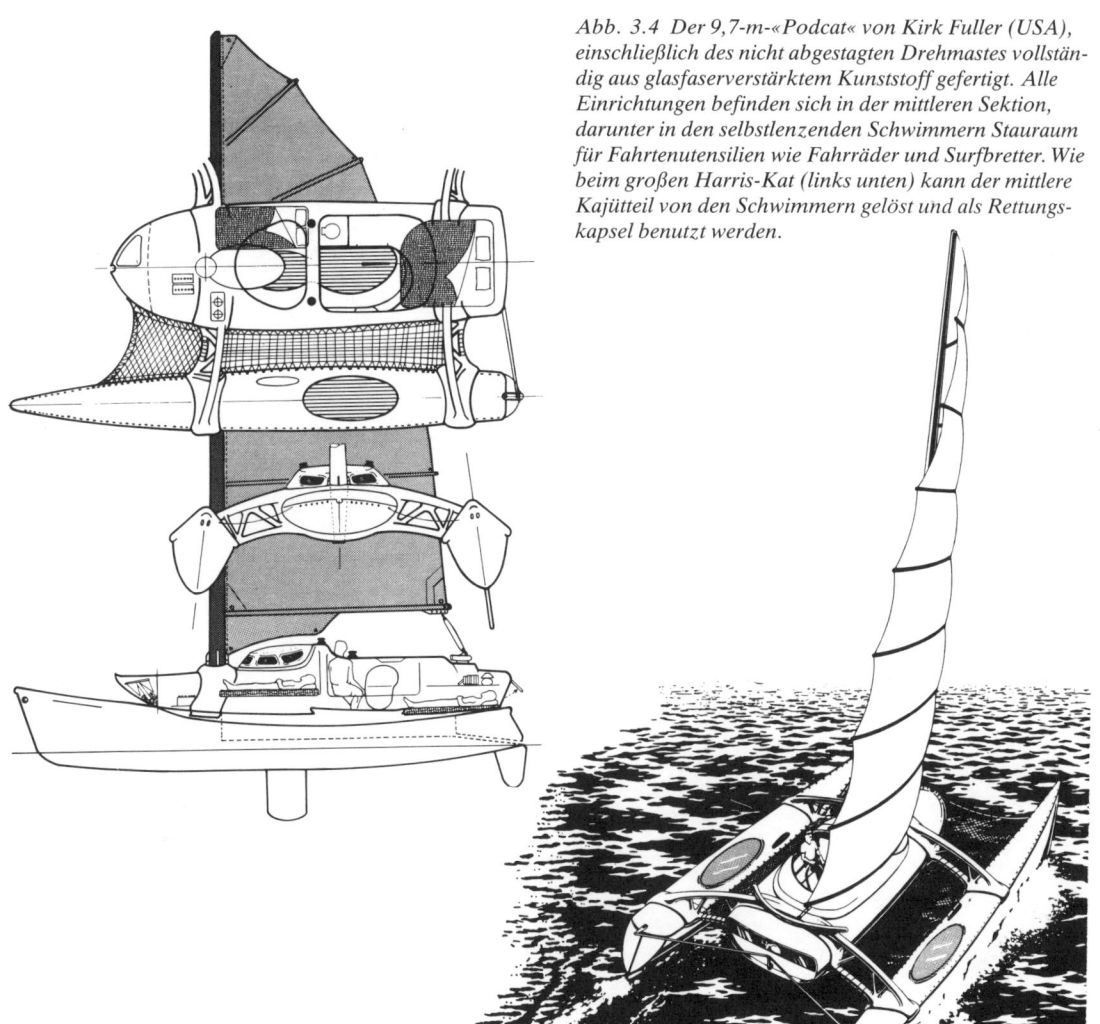

Abb. 3.4 Der 9,7-m-«Podcat» von Kirk Fuller (USA), einschließlich des nicht abgestagten Drehmastes vollständig aus glasfaserverstärktem Kunststoff gefertigt. Alle Einrichtungen befinden sich in der mittleren Sektion, darunter in den selbstlenzenden Schwimmern Stauraum für Fahrtenutensilien wie Fahrräder und Surfbretter. Wie beim großen Harris-Kat (links unten) kann der mittlere Kajütteil von den Schwimmern gelöst und als Rettungskapsel benutzt werden.

Konstruktionen erreichen Multis heute ein Verhältnis zwischen 10:1 und 13:1, einige Racer – gelegentlich auch die Wharram-Konstruktionen – kommen auf 16:1. Eine solch extreme Schlankheit wirft aber zuweilen andere Probleme auf, auf die wir aber erst später eingehen wollen.

Der Mittschiffsabstand zwischen den Rümpfen eines Katamarans und den Schwimmern eines Trimarans ist ebenfalls von großer Bedeutung. Dieser Abstand bestimmt nicht nur die Stabilität und die Segeltragkraft des Bootes und damit letztendlich die Geschwindigkeit, sondern legt auch die Größe der Einrichtungen auf dem Brückendeck eines Kats fest. Beides nimmt analog zur Gesamtbreite bedeutend zu, gleichzeitig aber auch das Gewicht der Konstruktion. Das breitere, stabilere Boot benötigt nicht nur eine größere Segelfläche zur Entfaltung seines vollen Leistungspotentials, sondern gleichzeitig teurere Spieren, Schwerter und Fittings. Stabilität hat ihren Preis. Das ist ein ebenso wichtiger Gesichtspunkt wie das Anlegen in den Marinas und die vorgegebene, nicht allzu üppig bemessene Breite vieler Binnenwasserstraßen – die zum Beispiel im französischen Kanalsystem fast durchwegs 5 m beträgt. Diese von außen gesetzten Zwänge legen den Konstruktionen vieler Kreuzerkats Grenzen auf. Auch bei den modernen leichten Konstruktionen zieht

man im allgemeinen die Grenze bei einem Verhältnis Gesamtbreite/Länge von etwa 60 %. Bei den nach wie vor von vielen Hochseefahrtenseglern und Seglern, die gerne und oft an Bord wohnen, bevorzugten schwerer gebauten Booten, für die reine Schnelligkeit zweitrangig ist, beträgt das Verhältnis 50 % und weniger mit gleichzeitig bescheidener Segelfläche. Ausreichende Stehhöhe in den Einrichtungen auf dem Brückendeck der kleineren Kats, ohne den letzten Ausweg extrem hoher oder aufwendiger Decksaufbauten gehen zu müssen, bedeutet eine Einschränkung des Wellenspielraums unter Deck. Folglich muß auf den meisten dieser Boote ein gewisses Schlagen in Kauf genommen werden. Die meisten kleinen Kats haben eine Ausbuchtung oder Nacelle zwischen den Rümpfen, die den Anprall der Wellen abschwächt, gleichzeitig die Stehhöhe in der Salonmitte erhöht und das gesamte Brückendeck versteift – auf Kosten, auch das muß gesagt werden, von etwas mehr zusätzlichem Widerstand bei Schwerwetter. Bei manchen Konstruktionen entstehen durch eine Nacelle unangenehme Höhenunterschiede im Kabinenboden, die beim Durchqueren der Kabine zu einem Hindernis oder einer Stolperfalle werden können, aber die meisten Eigner gewöhnen sich rasch daran. Auf den großen Booten ist das alles kein Problem. Auf vielen großen

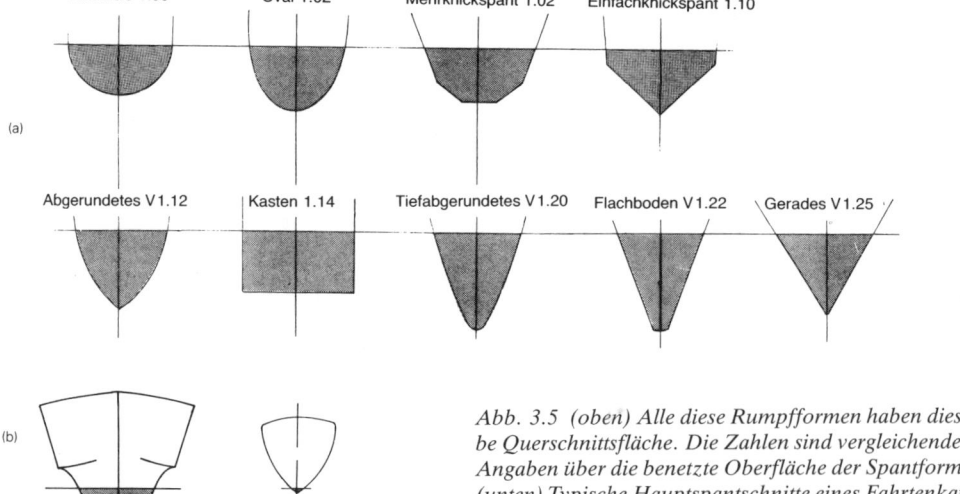

Abb. 3.5 (oben) Alle diese Rumpfformen haben dieselbe Querschnittsfläche. Die Zahlen sind vergleichende Angaben über die benetzte Oberfläche der Spantformen. (unten) Typische Hauptspantschnitte eines Fahrtenkatamarans (links) und eines Trimaranschwimmers (rechts).

Multis dient das Achterende der Ausbuchtung sogar als willkommene Garage für das Dingi.

Die sich aus einem entsprechenden Verhältnis Gewicht-Breite ergebenden Nachteile sind bei Hochleistungskats mit offenem Brückendeck weit weniger von Bedeutung. Ein Verhältnis Breite/Länge von 75–80% ist bei diesen Booten nicht außergewöhnlich. Grenzen setzen ausschließlich Steifheit und die Makellosigkeit der Konstruktion als Ganzes gesehen. Der Wellenspielraum kann durchaus großzügiger bemessen sein. Trimarane wiederum brauchen nur relativ kurze Beams. Sie können praktisch quadratisch gebaut werden (siehe Kapitel 4) und ein bedeutend kräftigeres Rigg tragen. Andererseits kann die enorme Breite der meisten großen Tris zu bisweilen peinlichen Situationen führen, denn beim Anlegen tauchen eventuell beträchtliche Probleme auf. Das Befahren von Kanälen und schmalen Flüssen kann man ohnehin vergessen.

Reibungswiderstand

Abgesehen von einem gewissen durch Krängung hervorgerufenen Restwiderstand, Abdriftwiderstand, Rudermanöver, divergierendem Wellenwiderstand und allgemeiner Turbulenz, die allesamt zur Verschwendung von Energie beitragen, wird der verbleibende hydrodynamische Widerstand ausschließlich durch Oberflächenreibung verursacht. Dieser seinerseits ist proportional zum Quadrat der Bootsgeschwindigkeit, der benetzten Oberfläche und dem Koeffizienten der Oberflächenreibung – der wiederum hängt von der Glätte der Rumpfoberfläche ab. Bewuchs und Meerespflanzen können diesen Koeffizienten verdoppeln und damit den direkt proportionalen Reibungswiderstand. Daran läßt sich die Bedeutung eines sauberen, glatten Unterwasserschiffs ermessen.

Rumpfquerschnitte

Bezogen auf jede beliebige Länge in der Wasserlinie wird die benetzte Rumpfoberfläche durch das Querschnittsprofil bestimmt und durch die Verteilung des Volumens entlang der Bootslänge. Die einfachsten Konstruktionsformen sind das vom Kiel zum Deck gerade V und das davon abgeleitete V mit flachem Boden. Beide Formen eignen sich gut für den Eigenbau aus Bootsbausperrholz. Die zuerst genannte Form ist Basis der zahlreichen Konstruktionen Jim Wharrams im traditionellen polynesischen Stil, den er vor mehr als dreißig Jahren leicht abgewandelt übernommen hat. Die zweite Form favorisierte der Niederländer Janbart de Jong für seine flachgehenden Kats. Beide Spantformen bieten Festigkeit und strukturelle Integrität, vergleichsweise wenig Stampfen oder Schlagen Gegenan, die Möglichkeit einer vernünftigen Zuladung an Gewicht und genügend Abdriftwiderstand, um einigermaßen gut am Wind zu segeln, ohne die mit einer zusätzlichen Kieloberfläche zusammenhängenden Komplikationen heraufzubeschwören. Natürlich können diese Boote nicht so hart am Wind segeln, ohne eine große Abdrift in Kauf zu nehmen, wie ein mit Kiel ausgerüstetes Boot. Potentiell stehen sie anderen Rumpfformen auch in der Geschwindigkeit nach, denn bezogen auf dieselbe Querschnittsfläche, die proportional zur Verdrängung ist, haben sie eine vergleichsweise große benetzte Oberfläche und somit einen höheren Reibungswiderstand.

Am anderen Ende der Geschwindigkeitsskala rangiert der halbkreis- oder kanuförmige Rumpf, der die kleinstmögliche benetzte Oberfläche jeder beliebigen Verdrängung aufweist und nur ein Minimum an Materialmenge und -gewicht erfordert. Aber er braucht eine zusätzliche Lateralfläche in Form eines Kiels oder Schwerts, um am Wind segeln zu können, und der Eigenbau gestaltet sich für einen Amateur weitaus schwieriger.

Zwischen diesen beiden Extremen auf der Skala existieren vielfältige Abwandlungen. Abb. 3.5 zeigt eine Auswahl der Rumpfformen mit den relativen Oberflächen, die mittels Messen des Gurtes ermittelt werden. Dazu spannen Sie ein Band unter dem Boot durch von einer Wasserlinie zur anderen.

Vergleicht man einen Kat mit kanuförmigen Rümpfen unter Leichtwindbedingungen mit einem Tri derselben Form, Länge und Verdrängung, ist die Gesamtoberfläche seiner beiden Rümpfe ungefähr 40% größer als die des Tri-Mittelrumpfs, der das ganze Gewicht des Bootes trägt, während die Schwimmer das Wasser nur knapp berühren. Deshalb erzeugt der Tri weniger Widerstand und bringt mehr Leistung. Frischt allerdings der Wind auf, beginnt der Tri stärker zu krängen als ein Kat, nämlich bis Leeschwimmer und Mittelrumpf die gleiche Kraft nach unten aufweisen, während der Luvrumpf des Kats bei nur einem Viertel der Gesamtverdrängung verbleibt, so daß bei Mittelwetter die benetzte Oberfläche und der daraus resultierende Widerstand beider Boote annähernd gleich ist. Bei steifem Wind schließlich segeln beide praktisch auf ihrem Leerumpf bzw. -schwimmer, aber der des Kats wird weniger gedrückt. Er ist von der Form her besser geeignet, zusätzliche Verdrängung abzufangen und hat folglich den geringeren Widerstand beider Konfigurationen unter diesen Bedingungen. Verglichen mit dem Tri (wird später angesprochen) verfügt er konstruktionsbedingt über eine relativ größere Flexibilität. Aus dem gleichen Grund ist der Kat auch der weitaus bessere Lastenträger im direkten Vergleich zum Tri. Das sollte berücksichtigen, wer anläßlich einer Ferienreise zusätzliches Gewicht oder eine extra schwere Ausrüstung mitnehmen möchte.

Räumlichkeiten

Der Querschnitt der meisten Multis basiert auf einem abgerundeten Boden und seitlich ausfallenden, anstatt senkrecht ansteigenden Wänden. Der Ausfall der Wände beginnt knapp unterhalb der Wasserlinie, damit sie weniger absinken und sogleich wieder Auftrieb bekommen, wann immer sich die Belastung auf den Rumpf durch Segelkraft oder Nutzlast erhöht. Umgekehrt verringert sich aufgrund dieser Form die Breite in der Wasserlinie schneller, da sich die Rümpfe bei zunehmender Geschwindigkeit

heben. Allerdings sollten extrem ausfallende Seiten in Höhe der Wasserlinie vermieden werden, denn bedingt durch die natürliche Auf- und Abbewegung im Seegang lösen stark seitlich ausfallende Bordwände deutlich mehr Unruhe aus. Besonders die Kimm an der Außenseite eines Katrumpfes verursacht tendenziell sowohl unnötigen Widerstand als auch eine unruhige Fahrt. Deshalb sollte die ausfallend oder negativ verlaufende Kurve im allgemeinen schwach ausgeprägt sein, bis sie einen Punkt gut oberhalb der Wasserlinie erreicht. Dann hilft sie, das Boot trockenzuhalten, weil sie die vom Rumpf verursachten Wellen und die Gischt umleitet. Dieser Effekt ist mittels einer ausgeprägten Kimm oder »Spritzwasserbucht« leicht zu steigern. Darüber verlaufen die oberen Seitenteile bis fast auf Deckshöhe weiter nach außen, um soviel Raum wie möglich für Unterkünfte zu schaffen. Gleichzeitig erlangt das Boot so eine Auftriebsreserve bei extremen Krängungswinkeln.

Den Micro-Regeln gemäß, müssen mindestens drei Kojen zur Verfügung stehen, von denen zwei auch auf See benutzt werden können. Ferner muß die lichte Höhe mindestens 1,22 m auf eine Kabinenbodenlänge von 1,35 m betragen. Bei einem Trailerkat ist die maximale Kabinenbreite normalerweise auf annähernd 1,2 m begrenzt, weil die beiden Rümpfe beim Trailern seitlich angelegt werden und die maximale Breite von 2,5 m, die durch die gesetzlichen Bestimmungen der meisten Länder vorgegeben ist, nicht überschritten werden soll. Wie schon erwähnt, haben die kleinen Trimarane in dieser Hinsicht beträchtliche Vorteile, da sie keinen Einschränkungen bezüglich des seitlichen Ausfalls der Bordwände unterliegen. Der Innenraum eines Tris kann durch vorspringende Seitendecks, die zusätzliche Schapps oder Kojen aufnehmen, vergrößert werden.

Unter den Selbstbauern sind die geraden V-förmigen, 10–15 m Rümpfe wegen der problemlosen Konstruktion und der niedrigen Materialkosten mit Recht besonders beliebt. Auf den kleineren Booten herrscht jedoch aufgrund der Lage vom Kajütboden bis etwa in Kniehöhe beträchtliche Enge. Mit der Zeit gewöhnt man sich daran, doch bis dahin kann man sich in den unteren Regionen der Kajüte wie in einem Sarg fühlen. Dieses an Klaustrophobie grenzende Gefühl tritt bei Rümpfen, die nach der Kit-Panel-Methode gebaut werden (siehe Kapitel 7) nicht auf. Diese Methode vereint V- und Kastenformen durch die Verbindung einer ganzen Reihe flacher Teile mit abgerundeten Spanten. Auf diese Weise erhält man einen vergleichsweise geräumigen Rumpf mit breiter Kabinensohle. Diese Bauweise ist nicht ganz so einfach wie das gerade V, aber immer noch leichter als die vollkommen abgerundete Spantform, und stellt einen erfolgreichen Kompromiß von Schnelligkeit und Geräumigkeit dar.

Prismatischer Koeffizient

Die nächstwichtigen Kriterien, die die Form der Wasserlinie und das Rumpfverhalten im Wasser beeinflussen, sind erstens die Lage des Verdrängungsschwerpunktes – der mit dem Gleichgewichtsschwerpunkt übereinstimmt, wenn das Boot ruhig im Wasser liegt. Der sogenannte Trimm muß stimmen. Der Konstrukteur arbeitet diesen Aspekt mit Hilfe einer Reihe von Gewichtsberechnungen oder Computergraphiken heraus. Und zweitens die Verteilung des Volumens entlang der Länge in der Wasserlinie – mit anderen Worten, wie »voll« die Rumpfenden im Vergleich zur breitesten Stelle des Querschnitts sind. Ein schmales, scharfes Vorschiff erzeugt beim Durchschneiden des Wassers ein Minimum an Widerstand und sorgt für eine gute Luvgeschwindigkeit. Andererseits sollte das Vorschiff wiederum auch nicht so schlank ausfallen, daß die Bugs auf schnellem Raumschotskurs eintauchen. Eine rundere Form der vorderen Bereiche des Unterwasserschiffs verhilft in diesem Fall den Bugs zum nötigen Auftrieb. Ist dagegen das Unterwasserschiff in diesem Bereich zu flach, wird es gegenan schwer schlagen. Ein relativ flacher Schiffsbodenverlauf achtern erzeugt wiederum zusätzlichen Auftrieb in Hecknähe, verringert da-

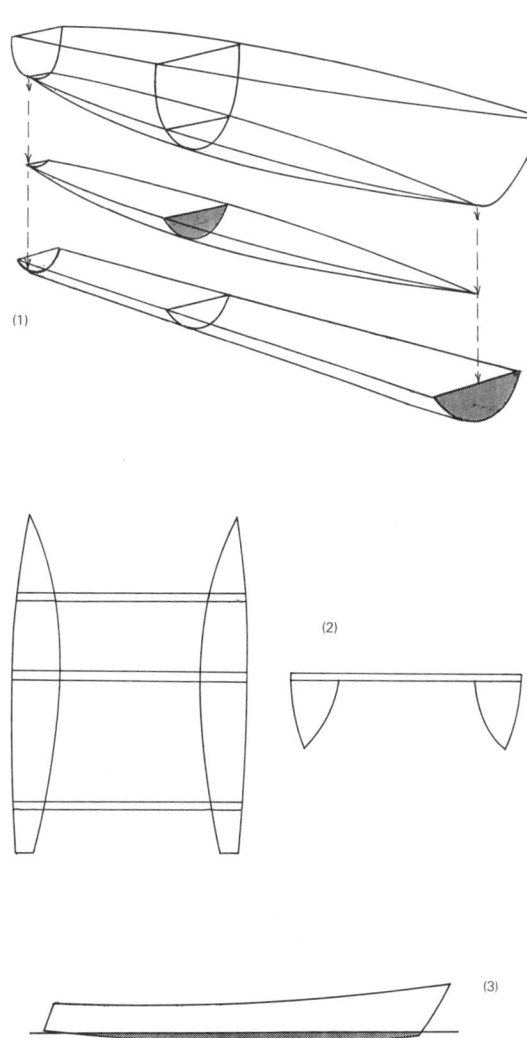

Abb. 3.6 (1) Der prismatische Koeffizient ist das Volumen des Rumpfes unter der Wasserlinie – das Verdrängungsvolumen (Mitte) im Verhältnis zu dem des größten Querschnitts (unten). Er hat bedeutende Auswirkung auf den Wellenwiderstand und damit auf die Geschwindigkeit des Bootes.

(2) Asymmetrische Rümpfe eines Katamarans. Die Innenseiten entwickeln Auftrieb gegeneinander, so daß immer einer wenigstens teilweise aus dem Wasser steigen muß (durch Krängung des Bootes), damit der andere effektiv sein kann.

(3) Als Rocker bezeichnet man die Längskurve des Bootsbodenprofils. Diese beiden Rümpfe haben denselben Tiefgang, aber der unten stehende hat ein stärker gekrümmtes Unterwasserschiff als der darüber abgebildete. Eine zu starke Krümmung begünstigt Stampfbewegungen um die Längsachse, eine zu schwach ausgeprägte kann Probleme bei einer Richtungsänderung machen.

mit die Tendenz des Hecks zum Eintauchen bei schneller Fahrt und fördert rasches Gleiten. Aber auch hier gilt wieder, mit dem Auftrieb nicht zu übertreiben (siehe Abschnitt »Stampfen«).

Die Zahl, die uns einen Eindruck über den Völligkeitsgrad der Enden vermittelt, wird als prismatischer Koeffizient (C) bezeichnet. Den Wert erhält man durch Multiplikation der Fläche des Maximums Unterwasserbereich, das normalerweise etwa an der mittleren Länge auftritt, mit der Wasserlinie. So erhält man das Volumen eines in der Form festgelegten Blocks mit allerdings parallelen Seiten. Das Verhältnis dieses Blocks zum tatsächlichen Verdrängungsvolumen – leicht auszurechnen aus dem Gewicht des Bootes – ist der prismatische Koeffizient. Ist der C niedrig – typisch wäre ein Wert von 0,55 -, sind die Enden des Bootes sehr schlank, die Geschwindigkeit bei Leichtwetter gut, aber mit Neigung zum Stampfen. Bei frischeren Winden und höheren Geschwindigkeiten lehrt die Erfahrung, daß ein niedriger C zwar für einige ausnehmend leichte Konstruktionen gut ist und sich auch bei den offenen Strandkatamaranen bewährt, die meist auf einem Rumpf gesegelt und von der Crew ausbalanciert werden. Die meisten Boote von Micro-Größe an aufwärts benötigen einen höheren C – ungefähr 0,6 bis 0,7 -, um den Bugs mehr Auftrieb zu verleihen und den Wellenwiderstand zu verringern. Das Boot entwickelt auf diese Weise einen Effekt, als wäre es ein wenig länger, als es in Wirklichkeit ist, denn je voller die Enden, um so weiter vorn teilt sich das Wasser und um so weiter achtern vereinen sich die Ströme wieder. Der C muß auf einem umsichtigen Kompromiß beruhen, um ein ideales Gleichgewicht zwischen der Dämpfung des Stampfens und dem Formwiderstand zu ergeben.

Asymmetrie

Die angesprochenen Wasserlinien müssen, bezogen auf die Mittschiffslinie, nicht unbedingt symmetrisch sein. Eine Denkrichtung, der manche Konstrukteure anhängen, favo-risiert asymmetrische Kat-Rümpfe, deren innere Wasserlinie eine großzügigere Kurve aufweist als die äußere. Das Resultat sind einseitig gekrümmte Profile, wie man sie auch von einigen hawaiianischen Kanus her kennt.

Der dieser Konfiguration zugrunde liegende Gedanke, der seit Jahren mal mit mehr, mal mit weniger großem Erfolg vertreten wird, geht davon aus, daß beim Steigen des Luvrumpfs der tragflächenförmige Leerumpf etwas seitlichen Auftrieb entwickelt, und das Boot hält luvwärts. Die tatsächliche Auftriebskraft kann jedoch aufgrund des induzierten Widerstands (Restwiderstand d. Ü.) durch das dem Wasser ausgesetzte extrem geringe Flächenverhältnis und der daraus folgenden, nicht optimalen Tauglichkeit als Auftriebsfläche nur relativ minimal sein. Obgleich theoretisch asymmetrische Rümpfe einem krängenden Boot Auftrieb nach Luv geben, kann dieses Prinzip bei hohen Geschwindigkeiten nur bei Katamaranen mit fliegendem Rumpf effektiv wirksam werden. Da aber Katamarane in der Regel (Ausnahmen sind Strand- und Rennboote) zum Segeln mit zwei Rümpfen im Wasser konstruiert sind, hebt unter Normalbedingungen bei einer Konstruktion mit asymmetrischen Rümpfen einer den Auftrieb des anderen auf, während gleichzeitig überflüssiger induzierter Widerstand erzeugt wird und vermutlich sich überlagernde Wellen zwischen den Rümpfen verursacht, es sei denn, diese liegen außerordentlich weit auseinander.

Wendet man andererseits das asymmetrische Prinzip bei der Konstruktion von Trimaranschwimmern an, von denen beim Segeln nur einer eingetaucht ist, scheint es einigermaßen realistisch, sich davon ein paar Vorteile hoch am Wind zu versprechen.

Kiellinie/Spantenform

Eine weitere Variante im Zusammenhang mit der Rumpfform ist eine vorn und hinten aufwärts gebogene Längskrümmung des Bodens, auch Rocker genannt. Von der Seite betrachtet, liegt der tiefste Punkt des Profils bei modernen Konstruktionen ungefähr am Hauptspant. Der Boden verläuft vom Ausgangspunkt am Vordersteven – der ausreichend eingetaucht sein muß, damit die Bugs bei seitlich einfallendem Wind nicht »fortgeblasen« werden – in einem Schwung nach unten und beginnt am tiefsten Punkt in einer sanften Kurve wieder nach oben zu steigen, damit das Heck knapp außerhalb des Wassers liegt. Diese Abmessung ist ebenfalls wichtig, denn von ihr hängt die Zuladekapazität ab. Der Heckspiegel sollte auch unter Belastung nicht ins Wasser tauchen, da er sonst zusätzlichen Widerstand hervorruft. Die Länge des Überhangs und sein Volumen bestimmen wiederum, wann das Heck, wenn es nach unten gedrückt wird, wieder Auftrieb aufnimmt. Die polynesische Rumpfform mit steilen Ausfällen an Bugs und Hecks in Verbindung mit stark ausgeprägter Bodenkrümmung sammelt in dieser Hinsicht Pluspunkte. Eine zu geringe Krümmung an einer langen geraden Mittschiffslinie verursacht großen Widerstand bei einer Richtungsänderung und Schwierigkeiten beim Kreuzen; zuviel wiederum, und der tiefausgebauchte Rumpf entwickelt enormen Widerstand bei schneller Fahrt.

Stampfen

Ein großes Problem, das aus einer zu starken Krümmung des Unterwasserschiffes in Verbindung mit einem schlanken Heck entsteht, dessen Auftrieb dem des Bugs entspricht, ist die verstärkte Neigung zum Stampfen. Wird der Bug in ruhigem Wasser niedergedrückt, hebt sich das Heck im selben Grad. Fällt das Heck zurück, geht der Bug hinauf wie eine Wippe. Segelt das Boot in einer Bugsee und der Rhythmus des Wassers ist identisch mit dem Auf und Ab des Bootes, entsteht ein Pendeleffekt – verstärkt durch ein großes, schweres Rigg und sämtliche schweren Gegenstände, die anstatt dicht an der Bootsmitte plaziert, wie es sein sollte, näher an den beiden Bootsenden untergebracht sind, so daß sie eine Art »Hantel« bilden -, der sich zu heftigen Schaukelpferdbewegungen aufbauen kann,

die den Wind aus den Segeln nehmen und in Verbindung mit dem durch die vertikale Rumpfbewegung im Wasser verursachten zusätzlichen Reibungswiderstand das Boot praktisch zum Stillstand bringen kann. Dieser Effekt kann durch die Aerodynamik der Segel selbst noch weiter gesteigert werden. Beim Segeln mit raumem Wind und gefierten Schoten kann die Strömung oben in den Segeln rhythmisch im Stampfen des Bootes abreißen, die Bugs werden nach unten gedrückt, wenn die Mastspitze nach vorn schwingt, schwingt sie wieder zurück, begünstigt sie ein Steigen der Bugs.

Der erste Schritt zur Vermeidung dieses Problems beginnt bereits im Konstruktionsstadium. Der Bug bekommt eine vernünftig schlanke Spitze mit ausreichendem Überhang und Ausfall über der Wasserlinie, damit er über einen guten Reserveauftrieb verfügt und der Verdrängungsschwerpunkt weit vor dem Segeldruckpunkt des Riggs liegt, damit jeder Tendenz zum Über-Kopf-Gehen entgegengewirkt wird. Zu diesem Bug kommt ein breiteres Heck mit einem flacheren Verlauf nach achtern. Damit wird nicht nur die Möglichkeit eines Eintauchens des Hecks bei schneller Fahrt verringert sowie der Gefahr des Umschlagens entgegengewirkt, wenn das Boot von einer Welle zurückfällt, sondern man hat auch die Gewähr, daß die beiden Enden des Bootes stark voneinander differierende Stampffrequenzen haben, die sich tendenziell gegenseitig aufheben.

Ein zu breites und auftriebsstarkes Heck kann jedoch nicht nur jedes durch das Stampfen hervorgerufene Problem verschlimmern, sondern auf raumem Kurs den Bug nach unten drücken, und da ist ein solches Verhalten ganz und gar nicht willkommen. Ferner kann eine nachfolgende See ein solches Heck zu schnell erfassen und den Bug die Welle unterschneiden lassen, bevor das Boot Zeit hatte, zu beschleunigen. Mäßig spitz zulaufende, auftriebsschwache Hecks bleiben deshalb trotz möglicher nachteiliger Auswirkungen auf die Geschwindigkeit und die Geräumigkeit des Achterschiffs ein charakteristisches Merkmal vieler sicherer, erfolgreicher Hochseefahrtenboote, darunter auch der Konstruktionen von Prout und Wharram in den letzten 35 Jahren.

Der Konstrukteur eines Fahrtenbootes versucht zur Herstellung eines möglichst komfortablen Bootes den Platz dicht am Schwerpunkt des Stampfmoments – meist knapp achtern von der Bootsmitte – optimal zu nutzen, weil dieser Bereich am wenigsten unter den Auswirkungen der Bootsbewegung in Bugsee zu leiden hat. Hier sollten auch schwergewichtige Ausrüstungsgegenstände wie Tanks und Batterien deponiert werden.

Auf einem Trimaran kann das Stampfen noch weitergehend gedämpft werden, indem man sicherstellt, daß der Verdrängungsschwerpunkt eines jeden Schwimmers weit vor dem Gewichtsschwerpunkt des gesamten Bootes liegt und sich bei zunehmendem Eintauchen durch den seitlichen Ausfall des Schwimmerbugs nach vorn verlagert. Trifft dann ein Boot auf eine Welle, entsteht ein diagonales Drehmoment, das der natürlichen Neigung zum Stampfen um eine querlaufende Drehachse entgegenwirkt. Wenn die Welle das Heck erreicht und versucht, dieses zu heben, wirkt wiederum der vordere Auftrieb der Schwimmer der Tendenz zum Herunterdrücken des Bugs entgegen. Als weiteres Mittel gegen das Eintauchen des Bugs haben sich auf manchen Hochleistungsbooten Anti-Tauchplatten (kleine Spoiler) bewährt, die zusätzlichen Auftrieb geben, wenn das Boot hart gedrückt wird.

Einen ähnlichen Effekt erzielt man, wenn die vorderen Bereiche über der Wasserlinie einen stärkeren seitlichen Ausfall haben als achtern. Auf diese Weise verlagert sich der Verdrängungsschwerpunkt beim Krängen des Bootes im Leerumpf nach vorne und im Luvrumpf nach hinten. Überhängende Bugs addieren sich zur Auftriebsreserve hinzu und halten das Boot trockener. Da aber die Regeln der einzelnen Klassen eine maximale Länge festlegen, geht im Interesse der Geschwindigkeit der Trend bei Rennbooten gegenwärtig zu Vertikalsteven, so daß die Länge in der Wasserlinie fast der Gesamtlänge des Bootes entspricht. Damit verstärkt sich der Anfangsauftrieb, während

die im Überhang enthaltene Reserve verlorengeht. Diesen Effekt kann der Konstrukteur kompensieren, indem er dem Bug mit einer steilen Scherlinie (Kielsprung) zum vorderen Stevenende mehr Höhe verleiht. Dabei muß er jedoch aufpassen, beim vorderen Auftrieb nicht zu übertreiben, denn die Erfahrung hat gezeigt, daß ein vom Leerumpf ausgehender übermäßiger Auftrieb das Heck bis zum Eintauchen drückt, was auf Kosten der Bootsgeschwindigkeit geht. Sehr schlanke Bugs können allzu leicht heruntergedrückt werden, doch auch übermäßig breite Bugs haben Nachteile. Sie können das Boot plötzlich abstoppen, wenn es in voller Fahrt in eine zurücklaufende Welle fährt, und damit das Risiko eines Über-Kopf-Gehens heraufbeschwören (S. 182), während ein zu breites und flaches Vordeck dazu tendiert, Sturzseen zu übernehmen.

Die Fortschritte der letzten Jahre in der Computertechnik haben es möglich gemacht, derartige Verhaltensmuster auf dem Zeichenbrett oder vielmehr auf dessen elektronischem Äquivalent, dem Monitor, darzustellen und zu korrigieren. Auch die Form, die Struktur, das Layout und sogar die Geschwindigkeit lassen sich damit simulieren und verändern, bevor die Pläne an den Bootsbauer gehen. Die Bootsbautechniken sind im Vergleich zur Auto- und Flugzeugkonstruktion komplex, denn diese Verkehrsmittel bewegen sich jeweils nur in einem Element, während sich Einzelbereiche eines Segelbootes im Wasser, in der Luft, manche mal im einen oder anderen Element oder in beiden zugleich befinden. Mit derart scheinbar unberechenbaren Parametern und willkürlichen Kräften kommt nur noch ein Computer zurecht. Nur er ist noch imstande, die notwendigen Konstruktionsberechnungen exakt durchzuführen. Kein Wunder, daß CAD die High-Tech-Segelboot-Industrie revolutioniert hat.

Computer-Aided Design

Anstatt den Bleistift anzuspitzen wie in alten Zeiten, schaltet der Konstrukteur von heute seinen Apparat ein, legt eine Programmdiskette ein, greift nach der »Maus«, mit der er den Cursor auf dem Bildschirm bewegt, und fängt an zu zeichnen. Eine neue Konstruktion beginnt mit zwei auf dem Monitor plazierten Kontrollpunkten oder mit über die numerische Tastatur eingegebenen Zahlen. Ein Klick mit der Maus und der Grundriß eines Rumpfes erscheint. Dieser Rumpf sieht so einfach aus wie der für ein Paddelboot, nämlich symmetrisch gebogen und spitz zulaufend an den Enden. Zweimal klicken, dann erscheint ein Spiegelheck. Ein paar Änderungen hier und da entlang der Rumpfseiten, und die Linie verändert sich zur gewünschten Form der Decksebene. Soweit hat der ganze Vorgang keine halbe Minute gedauert. Traditionell benutzt ein Konstruktionszeichner flexible Lineale und Schienen verschiedener Krümmung, die mittels Gewichten auf dem Zeichenbrett festgehalten werden, während er gefällige Kurven zeichnet. Die Positionierung der die Kurvenkrümmung definierenden Gewichte simuliert die Anordnung der Computerkontrollpunkte. Die Krümmung der imaginären Kurvenlineale, die auf dem Bildschirm aus dem Menü ausgewählt werden, beeinflußt die Verbindung der Punkte durch den Computer, entweder in direkter Linie oder als

Abb. 3.7 Stufenweise Entwicklung mittels Computer-Aided Design für einen 8-m-Micro von John Shuttleworth. (1) Einfache Kanuform (2) Form auf Decksebene (3) Profil (4) Querschnitte (5) Perspektive vernetzter Kontrollpunkte (6) Ergebnis 3 D-Oberflächenmodell

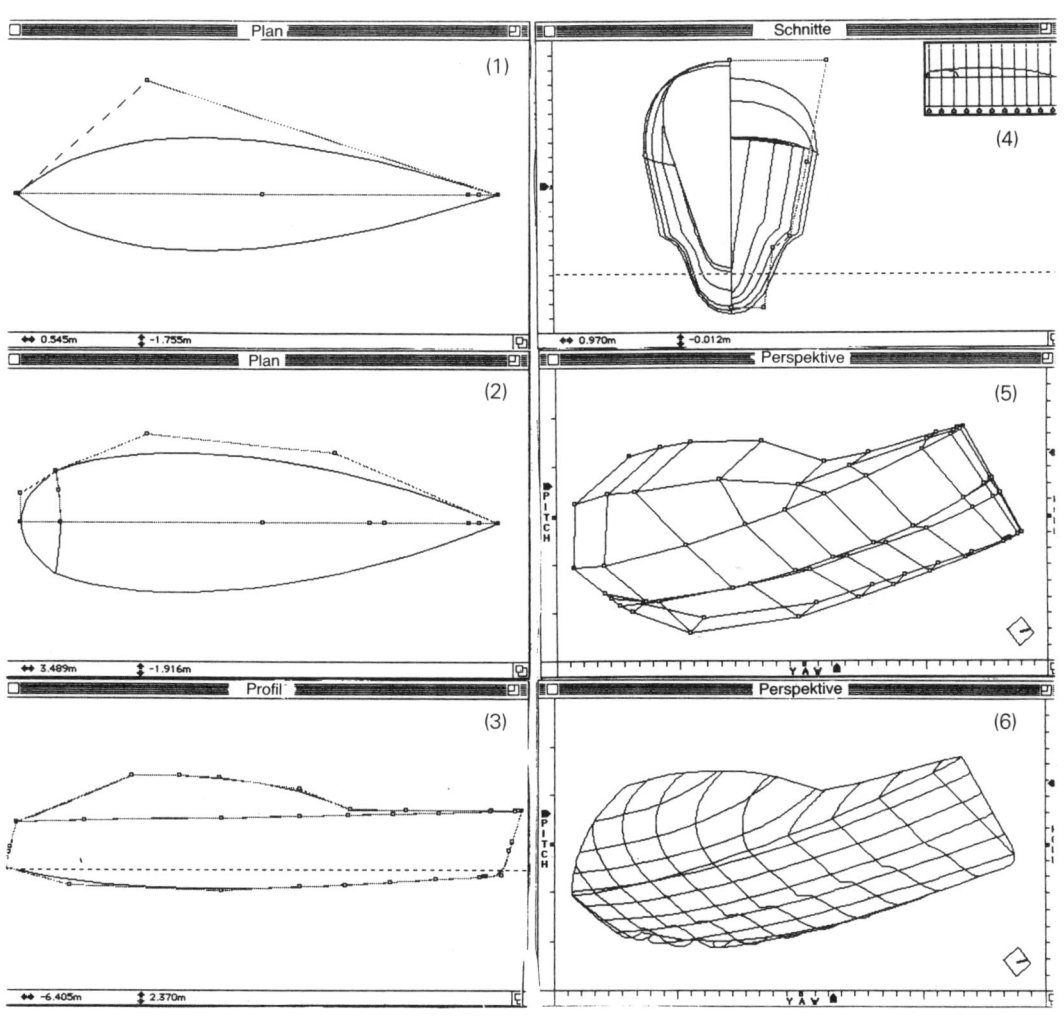

elegante Kurve durch die Punkte oder dicht bei den Punkten angelegt. Um gleich zu Anfang Fehler bei der Anordnung der Punkte zu vermeiden, die später zu unerwünschten Knicken oder Ausbuchtungen in der Kurvenführung führen würden, erscheinen die Punkte häufig in Form eines Netzwerks aus geraden Linien auf dem Monitor, die die Punkte auf jeder Ebene verbinden. Mit Hilfe dieses Kontrollnetzes sind Unregelmäßigkeiten leichter zu entdecken und zu korrigieren, bevor aus den Linien die gewünschten Kurven gebildet werden.

Auf diese Weise kann der Grad der Krümmung für die verschiedenen Oberflächenbereiche variiert werden. Die Dichte der Kontrollpunkte hebt die Modellierung in ihrer unmittelbaren Nähe hervor oder nimmt sie zurück, erlaubt die Darstellung lokal gewünschter Dellen und Knicke, ohne daß sich diese auf die übrige Rumpfoberfläche auswirken. Schrittweise nimmt das Boot auf dem Monitor Gestalt an. Jede Linie wird erhöht oder abgesenkt, ganz nach Wunsch. Der Konstrukteur kann die Auswirkung jeder vorgenommenen Veränderung auf die Gesamtform verfolgen. Indem er einen Kontrollpunkt entfernt, verschiebt oder mit der Maus ein paar Punkte zusätzlich einklickt an Stellen, an denen er ein deutlicheres Bild haben möchte, erkennt er das Resultat der kleinsten Veränderung an der Kurve.

Dieser Vorgang wiederholt sich für die Seitenansicht, in der der Designer den Tiefgang des Bootes, die Form von Vordersteven und Heck, die Krümmung des Unterwasserschiffsprofils und die Position der Wasserlinie festlegt.

Als nächstes erscheint auf dem Bildschirm ein Aufriß des Rumpfes vorn und achtern, beginnend mit einem Mittschiffsquerschnitt und gefolgt von einer Detailserie, die an aus einem Kuchen herausgeschnittene Einzelstücke erinnert. In genau festgelegten Abständen werden diese Details ausgehend von einem günstig gelegenen Nullpunkt, wie etwa dem Bug, erstellt. Praktisch werden komplette Schnitte von allem, was der Computer in diesem Stadium über Riß und Profil weiß, gezeichnet. Während der Konstruk-

teur jedes einzelne Detail in die von ihm gewünschte Form bringt, werden gleichzeitig die benachbarten Bereiche dargestellt und in gefällige Linien umgesetzt, die automatisch in die beiden Richtungsdarstellungen übernommen werden. Diese Zeichnungen variieren von den kleinsten örtlich angelegten Ausbuchtungen über scharfe Kurvenwechsel zum Beispiel einer deutlich akzentuierten Spritzwasserleiste – bis zu sanften Schwellungen ohne die kleinste Unregelmäßigkeit, je nach der gewählten Kurvenkrümmung. Da jede Kurve durch Verschieben eines Kontrollpunktes in eine neue Position verändert werden kann, ist der gesamte Rumpf in allen drei Dimensionen neu gezeichnet – in ungefähr drei Sekunden.

Der Konstrukteur kann ständig Riß, Profil und Schnitte abrufen und somit fortlaufend die Wirkung seines Entwurfs in jeder Richtung und in jedem Maßstab überprüfen. Er kann das Bild auf dem Monitor verkleinern, als ob er den Entwurf aus der Ferne betrachten würde, er kann es näher heranholen, einen kleinen Ausschnitt vergrößern, Zoomen, ein einzelnes Detail, zum Beispiel das Ruder, herausvergrößern.

Am spektakulärsten ist das kreative 3 DOberflächenmodell. Dieses Modell führt der Computer als geometrisches Netzwerk, entstanden aus allen Linien, die auf den drei Ebenen erscheinen, aus. Das Bild kann stufenweise gedreht werden, ganz so, als hielte der Konstrukteur ein solides Modell in Händen, oder stufenlos wie ein Hähnchen am Bratspieß. Zusätzlich kann die Achse geneigt, und so der Standort mit fortschreitender Arbeit verändert werden.

Zum Rumpf kommen schließlich die Schwimmer, Querträger, Schwerter, das Rigg mit seinen komplexen, verschiedenen Druckpunkten, der Starrmast – der manchmal ebensoviel konzentrierte Konstruktionsanstrengungen erfordert wie das restliche Boot -, Cockpit und Kabinenaufbau zur Bewertung des Luftwiderstands und der Gesamtansicht hinzu. Außerdem erkennt man in diesen Studien, wie die einzelnen Teile miteinander harmonieren und sich der Gesamtansicht des Bootes anpassen. Ergänzend werden die Inneneinrichtungen, die

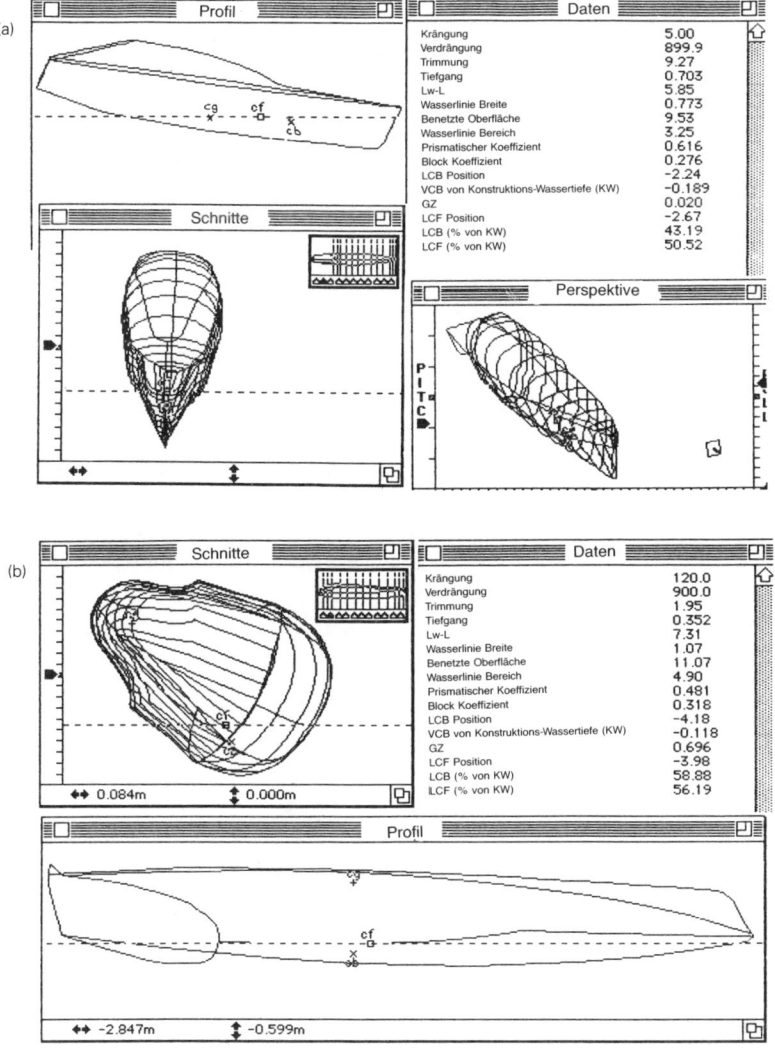

Profil		Daten	
(a)		Krängung	5.00
		Verdrängung	899.9
		Trimmung	9.27
		Tiefgang	0.703
		Lw-L	5.85
		Wasserlinie Breite	0.773
		Benetzte Oberfläche	9.53
		Wasserlinie Bereich	3.25
		Prismatischer Koeffizient	0.616
		Block Koeffizient	0.276
		LCB Position	-2.24
		VCB von Konstruktions-Wassertiefe (KW)	-0.189
		GZ	0.020
Schnitte		LCF Position	-2.67
		LCB (% von KW)	43.19
		LCF (% von KW)	50.52

Perspektive

Schnitte		Daten	
(b)		Krängung	120.0
		Verdrängung	900.0
		Trimmung	1.95
		Tiefgang	0.352
		Lw-L	7.31
		Wasserlinie Breite	1.07
		Benetzte Oberfläche	11.07
		Wasserlinie Bereich	4.90
		Prismatischer Koeffizient	0.481
		Block Koeffizient	0.318
		LCB Position	-4.18
		VCB von Konstruktions-Wassertiefe (KW)	-0.118
		GZ	0.696
0.084m 0.000m		LCF Position	-3.98
		LCB (% von KW)	58.88
		LCF (% von KW)	56.19

Profil

-2.847m   -0.599m

Stehhöhe und Anordnung der Sitzplätze, die Plazierung der Niedergänge, Möbel, Armaturen und Schrankräume dargestellt und bei größeren, komplexeren Konstruktionen Details der Maschinen, Tanks, Rohrleitungen und Stromkreise.

Der Computer verfolgt auch die sich laufend verändernden Dimensionen, Flächen, Volumen und Gewichte, während sich der Konstrukteur durch das umfassende Programm der Konstruktionsberechnungen durcharbeitet, die Belastungskräfte analysiert, und die Bereiche festlegt, in denen dünnere oder leichtere Materialien verwendet werden können, ohne daß die Festigkeit

Abb. 3.8 Der gleiche Micro-Kat »frei-schwimmend«. Zu dieser Simulation wird im Computer ein hydrostatisches Programm geladen. (a) Buglastig getrimmt und 5° rollend, trägt der Rumpf die gesamte Verdrängung. (b) Krängend um 120°, zur Prüfung der Schwimmlage für die Selbstaufrichtung.

darunter leidet. Er optimiert Faktoren wie Festigkeit, Steifheit und Gewicht jedes Einzelbestandteils und wählt die Materialien, Laminate, Verbindungen und Befestigungsvorrichtungen für jedes Teil aus. Er muß nur auf dem Bildschirm ein »Spreadsheet« abrufen und auf eine der zur Wahl stehenden Formel-Tabellen zurückgreifen, um die Auswirkung jeder Ergänzung oder Änderung auf die Gesamtverdrängung, das Verringern von zusätzlichem Gewicht pro kg, Gurt, benetzte Oberfläche, maximale Breite und Breite in der Wasserlinie, den prismatischen Koeffizienten, die Kostenrechnung, sich eventuell negativ auswirkende Faktoren und Bauzeiten zu ermitteln. Indem er Plazierung und Gewicht jedes einzelnen Bestandteils, ob Beschlag oder Inventar, bestimmt, behält er auch die sich daraus ergebenden Änderungen bezogen auf den Gleichgewichtsschwerpunkt, Verdrängungsschwerpunkt und Tiefgang im Auge.

Abb. 3.9 (a) Integriertes strukturelles Belastungsanalyse-Diagramm von John Shuttleworth. Er benutzt den Computer zur Berechnung der Druckpunkte an Schlüsselstellen auf dem gesamten Boot. Damit kann die genau dosierte Fasermenge, die beim Bootsbau benutzt wird, nach der jeweiligen Belastungsrichtung ausgerichtet werden, um das Verhältnis Kraft/Gewicht zu optimieren und lokal auftretende Belastungskonzentrationen auf dem Boot zu vermeiden.
(b) 3 D-Computermodell des siegreichen 10,7-m-Kats »Alien«, konstruiert von David Alan-Williams.

Anschließend setzt er ein spezielles hydrostatisches Programm ein. Der Konstrukteur kann seinen Entwurf »freischwimmen« lassen und dabei prüfen, was passiert, wenn er die Wasserlinie in eine andere Lage bringt, den Längstrimm oder Krängungswinkel und den Grad des eingetauchten Rumpfes verändert. Ein Computer stellt für ein Mehrrumpfboot enorm komplex Berechnungsreihen her, denn die Hydrostatik eines jedes Rumpfes ändert sich, sobald einer steigt und ein anderer zunehmend eintaucht. Durch Simulation der Segelbedingungen in verschiedenen Windstärken kann der Konstrukteur seitlich und längsschiffs wirksame Belastungskräfte hinzufügen, die Verschiebungen von Gleichgewichtsschwerpunkt und Verdrängungsschwerpunkt im Verhältnis zueinander messen, das Verhalten des Bootes beim Stampfen, Rollen und Gieren analysieren, die Auftriebsreserven in allen Segelstellungen berechnen sowie das Fliegen von einem oder mehreren Rümpfen. Er kann sogar den Trimm des

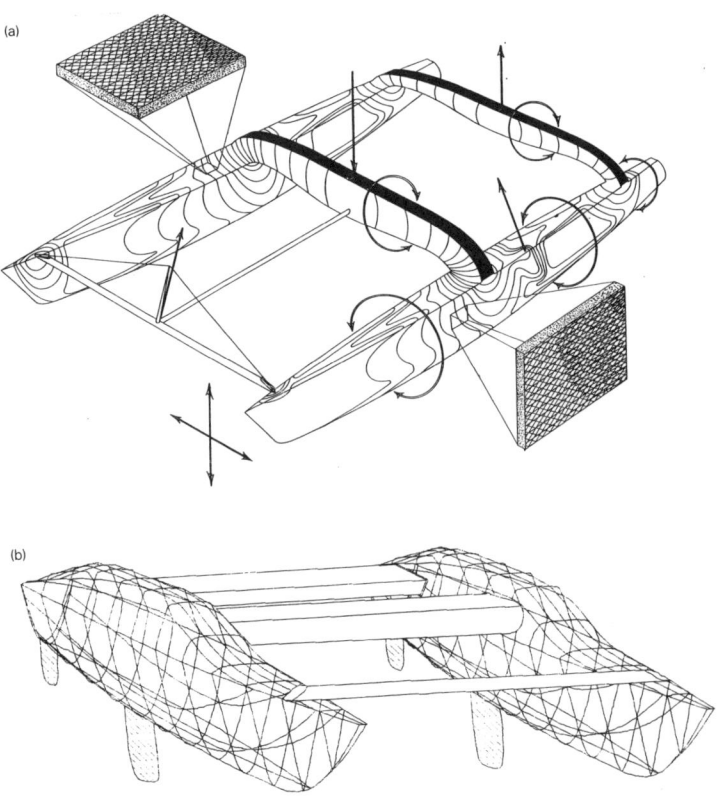

(a)

(b)

Bootes überprüfen, wenn es nach dem Kentern kopfüber schwimmt und so die beste Plazierung der Fluchtluken bestimmen.

Über die eigentliche Entwurfsarbeit hinaus kann man mit Hilfe der Technik auch bereits gebaute Boote überarbeiten, etwa einzelne Bestandteile wie eine Cockpitverkleidung hinzufügen oder eine Veränderung am Rigg vornehmen. Das ist zum Beispiel eine große Erleichterung, wenn sich ein Käufer eine leicht abgeänderte Version eines Bootes wünscht, das ihm ansonsten sehr gut gefällt. Oder der Konstrukteur möchte eine bestimmte Rumpfform »auf Diskette verewigen«, um sie in einer Art Datenbank für zukünftige Projekte zu speichern.

Die Entwürfe können in jedem beliebigen Maßstab mit dem Plotter dargestellt, auf Papier oder Film ausgedruckt werden, um die auf dem Bildschirm erscheinende Form zu verifizieren. Der Konstrukteur kann also dem Bootsbauer vom Computer erstellte Zeichnungen der Spanten und Mallspanten zur Verfügung stellen. Damit entfällt das arbeits- und zeitintensive Aufschlagen des Rumpfes anhand einer numerischen Verrechnungstabelle. Ist die Form erstellt oder sind die Spanten mit Außenhaut oder Planken verkleidet, kann er sicher sein, einen vollkommen sauberen und glatten Rumpf zu bekommen.

Auf dieselbe Weise kann auf dem Monitor auch die gesamte Segelausstattung konstruiert werden, deren Abmessungen und Daten, wann immer nötig, in die Daten der Spieren und des Rumpfes integriert werden. Anschließend arbeitet der Segelmacher die Formund Konstruktionsdetails im einzelnen aus. Mit Hilfe eines Plotters trägt er die Profile jeder Segeltuchbahn direkt auf das Tuch auf. Bei einer noch anspruchsvolleren Anwendung der Technik schneidet er die Bahnen gleich zu, und zwar mit einem von einem Computer kontrollierten Laser, der in einer mit Edelgas (Helium) gefüllten Hülle arbeitet, damit das Tuch an der Schnittkante nicht versengt wird.

Das Einzige, was der Computer nicht kann, ist das Boot zu konstruieren. Jedenfalls bis jetzt noch nicht.

4 KONSTRUKTION UND LEISTUNG Teil 2

Stabilität und Kenterdynamik; Schwimmer, Kiele, Schwerter und Ruder

Trimaranschwimmer

Für die Wahl der Rumpfform eines Trimaranschwimmers sind im Prinzip dieselben Kriterien maßgeblich wie für den Mittelrumpf, mit Ausnahme des Raumangebots für Bordeinrichtungen – die hier nicht erforderlich sind – und eines zusätzlichen kritischen Faktors: seiner Auftriebsleistung.

Krängt ein Boot unter statischen Bedingungen so stark, daß ein Schwimmer vollständig eintaucht und die Gesamtverdrängung dieselbe ist wie beim gesamten Boot in Ruhelage, dann hat der betreffende Schwimmer 100% Auftrieb. Vorteile von Schwimmern mit geringerem Auftrieb – Schwimmer, die weniger als 100% erbringen -, sind das geringere Gewicht, der geringere Luftwiderstand und der größere Krängungswinkel. Man erhält also rechtzeitig eine Vorwarnung, wann die Segel gerefft werden müssen. Taucht ein Schwimmer durch die Lastigkeit der Segel in einer Bö oder aufgrund des Wellenverlaufs unter dem Mittelrumpf ein, kann der Krängungswinkel so groß werden, daß die Segel killen. Dann kehrt das Boot, ähnlich wie ein Einrumpfboot, in seine Ausgangsposition zurück. Gleichzeitig besteht allerdings die Tendenz, daß sich das Boot aufgrund des durch den eingetauchten Schwimmer hervorgerufenen Widerstands dreht und aus dem Kurs läuft.

KENTERRISIKO

Andererseits schmälert die stärkere Krängung die Effektivität und maximale Segeltragkraft des Riggs unter weniger extremen Bedingungen, ganz abgesehen davon, daß das Leben an Bord für die Crew etwas ungemütlich wird. Die Krängung verursacht noch mehr Widerstand, wenn die Wellen am teilweise eingetauchten Schwimmerdeck brechen und über die niedrigeren Enden der Querträger hinwegspülen. Noch schwerwiegender ist für einen Trimaran allerdings die zunehmende Kentergefahr. Je geringer der Schwimmerauftrieb, um so wahrscheinlicher stößt er sich in einer herankommenden Welle »die Zehen an«, und das Boot kentert diagonal über den Leebug, oder aber beide Schwimmer tauchen während des Herabgleitens von einer hohen Welle bei achterlichem Wind ein. Wenn das passiert, kann das Boot über Kopf gehen. Die steigende Lastigkeit der Segel – besonders schwerwiegend die enorme Hebelkraft und das Bewegungsmoment eines vollen Spinnakers bei plötzlichem Stoppen des Bootes – unterstützt die Kenterdynamik noch zusätzlich. Kein schneller leichter Multi ist vollkommen immun gegen ein solches Risiko, aber Rümpfe mit hohem Auftrieb müssen schon überlegt und bewußt übertakelt und scharf gefahren werden, um sich dieser Gefahr auszusetzen. Ähnliches passiert, wenn das Boot beim Kreuzen in Schwerwetter über einen großen Brecher surft und auf das Leeachterschiff zurückfällt, denn der kleine Schwimmer verhindert nicht in jedem Fall eine Kenterung diagonal über das Heck oder ein seitliches Umschlagen über die eingetauchte Länge, wenn das mit niedergeholten Segeln beigedreht liegende Boot von einer Welle auf die Seite geworfen wurde. Im Laufe der Jahre wurde eine ganze Reihe derartiger Unfälle verzeichnet, und trotzdem werden noch immer Trimarane mit einem Schwimmerauftrieb von weniger als 70% gebaut, die durchaus schön zu segeln sind und erfolgreich Rennen fahren. Die akzeptable Untergrenze läge jedoch bei 85–90%. Zugegeben, bei den meisten Booten mit extrem geringem Schwimmerauf-

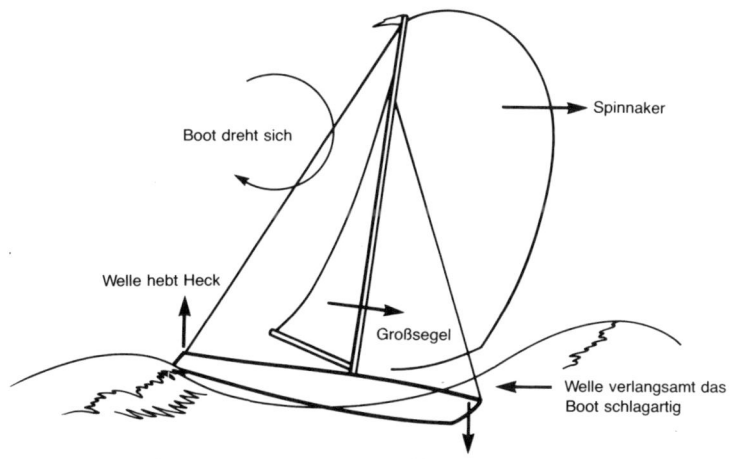

Boot dreht sich

Spinnaker

Welle hebt Heck

Großsegel

Welle verlangsamt das Boot schlagartig

Abwärtslastigkeit des Decks

trieb handelt es sich um kleine Binnen- oder Strandboote, die kaum je einmal mit heftigem Seegang in Berührung kommen. Aber ohne Zweifel sind dies mit einigen wenigen Ausnahmen potentiell unsichere Boote, es sei denn, sie befinden sich in den Händen hervorragender Experten und manchmal sogar dann.

Eine Ausnahme von dieser Regel ist eine der letzten Konstruktionen von John Westell (Abb.2.11), die unter jedem Schwimmer einen flachgehenden Kiel in Form einer Kielflosse besitzt. Dieser Kiel ist nach innen abgeschrägt, so daß er sowohl Auftrieb als auch etwas Widerstand gegen Abdrift liefert, wenn das Boot seitlich gedrückt wird. Einige andere Konstruktionen, insbesondere Rennboote der Klasse 1 und Formel 40, vertrauen auf Tragflügel unter jedem Schwimmer, deren Auftrieb sich bei Beschleunigung des Bootes erhöht. Bei Erreichen der Höchstgeschwindigkeit ist der Schwimmer frei von der Wasseroberfläche. Bei diesen Booten ist es von elementarer Bedeutung, sie ständig in Fahrt zu halten, denn die Tragflügel verlieren jegliche unterstützende Wirkung, sobald das Boot zum Stillstand kommt und ungeschützt den Dwarsseen ausgeliefert ist.

SCHWIMMER MIT HOHEM AUFTRIEB

Die meisten Trimarane besitzen heute Schwimmer mit mindestens 150% Auftrieb

Abb. 4.1 Bei achterlichem Wind und unter zuviel Segeln kann es bei hohen Geschwindigkeiten beim Hinabgleiten von einer steilen Welle passieren, daß die Bugs in die nächste Welle eintauchen. In diesem Fall verlangsamt sich das Boot urplötzlich, bedingt durch die enorme Hebelkraft und das Bewegungsmoment des vollen Spinnakers. Dieser Effekt beschwört das Risiko eines Über-Kopf-gehens herauf.

– viele überschreiten sogar 200% – und eine an die Länge des Mittelrumpfes heranreichende Gesamtlänge, damit sich die potentielle Rumpfgeschwindigkeit nicht aufgrund einer verkürzten Länge in der Wasserlinie verringert, sobald sich der Mittelrumpf hebt. Eine solche Konstruktion gewährleistet gute Diagonalstabilität. Zur Vermeidung eines Über-Kopf-gehens trägt der sich vorn befindliche maximale Auftrieb bei, während die Hecks mit den sich verjüngenden, relativ schlanken Enden frei vom Wasser sind und deshalb die Bugs nicht hinunterdrücken, wenn der Kamm einer Welle unter ihnen vorbeigeht. Andererseits beeinträchtigt zuviel Auftrieb vorne im Boot die Eigenschaften hoch am Wind. Auch in den Heckbereichen muß eine gewisse Auftriebsreserve gewahrt bleiben, damit das Boot bei Höchstgeschwindigkeit besser kontrolliert werden kann, wenn die Bugs auf eine Welle treffen.

Die Plazierung der Schwimmer in Beziehung zum Hauptrumpf hat ebenfalls Einfluß auf das Verhalten des Bootes. Gleichzeitig besitzen sie eine Krümmung nach außen –

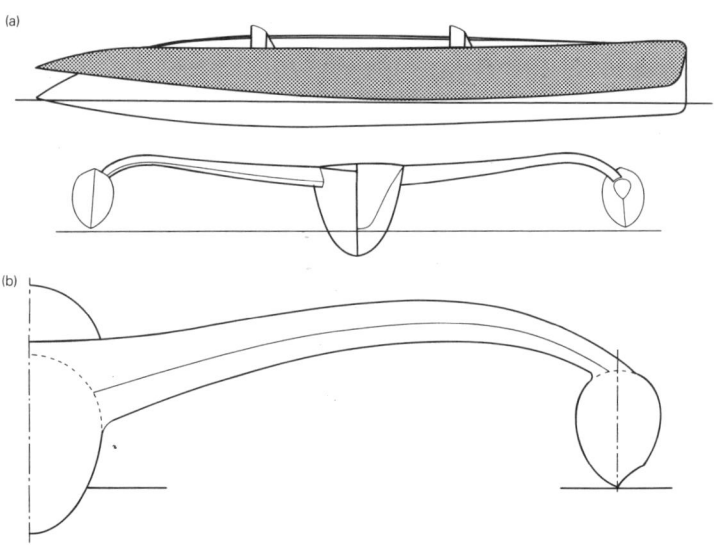

Abb. 4.2 (a) Beispiel von Schwimmern mit großem Auftrieb an einem 12,2-m-Transatlantikrennboot von Nic Bailey (GB). Beachten Sie die Größe der Schwimmer im Verhältnis zum Mittelrumpf, und die Art und Weise, wie sie schräg nach außen verlaufen und in Ruhelage knapp über der Wasseroberfläche liegen. Bei einem Fahrtenboot würden die Schwimmer bei voll beladenem Boot bis zu 10% eintauchen.
(b) Dick Newicks asymmetrischer »Neumond-«Schwimmer. Dieses ungewöhnliche Design ist nicht abgeschrägt, sondern so konstruiert, daß der Schwimmer sowohl dynamischen Auftrieb als auch Widerstand gegen Abdrift entwickelt, wenn er in voller Fahrt eintaucht.

typisch ungefähr 8° -, damit sie bei Krängung des Bootes im rechten Winkel mit dem Wasser in Berührung kommen. Um Höchstleistung zu bringen, sollten beide in Ruheposition knapp über oder gerade an der Wasseroberfläche liegen und bestenfalls 10% der Gesamtverdrängung übernehmen. Jedes stärkere statische Eintauchen verursacht unnötigen Widerstand bei niedrigen Geschwindigkeiten. Höher angebrachte Schwimmer, wie sie für manche Rennkonstruktionen favorisiert werden, lassen das Boot bei Leichtwetter ausbalanciert auf dem Mittelrumpf mit beiden Schwimmern klar vom Wasser treiben, führen aber zu erheblich größeren Krängungswinkeln mit all den damit verbundenen Nachteilen unter den meisten anderen Wetterbedingungen.

Die Meinungen über das optimale Unterwasserschiff eines Schwimmers gehen weit auseinander. Die Bandbreite der Möglichkeiten reicht vom Halbkreis bis zu V-Böden. Die Halbkreisform erzeugt weniger Widerstand und kann mit sehr wenig Neigungskraft, die ansonsten zum Kentern führen könnte, seitwärts gleiten. Andererseits sind solche Schwimmer gegenan anfällig zum Stampfen und führen zuweilen auf Raumschotskurs eine plötzliche Rollbewegung aus, so daß das Boot mit einer schnellen, ruckartigen Bewegung von einem Schwimmer auf den anderen knallt. Die V-Form mit dem größerem Aufkimmungswinkel am Boden verleiht eine sanftere Fahrt und wirkt ein wenig wie ein Kiel, was dem Boot am Wind zugute kommt. Aufgrund der größeren benetzten Oberfläche erzeugt sie allerdings größeren Widerstand. Eine Kombination aus V-förmigem Vorder- und abgerundetem Achterbereich des Schwimmers hat sich als gute Kompromißlösung erwiesen. Interessant ist der in Form eines »Neumondes« asymmetrisch profilierte Schwimmer, eine Entwicklung von Dick Newick, die er bei etlichen, in letzter Zeit gebauten Booten angewendet hat. Zur Zeit der Entstehung dieses Buches sind die Erfahrungen damit allerdings noch begrenzt. Gegenwärtig entscheiden sich die meisten Konstrukteure für die abgerundete V-Form, eine Kompromißlösung, die heute bei den meisten Trimaranen zu sehen ist.

Auswirkungen der Krängung

Angesichts der engen Beziehung zwischen benetzter Oberfläche und Oberflächenreibung lohnt sich eine nähere Betrachtung der unterschiedlichen, durch den Krängungswinkel verursachten Beeinflussungen dieser Faktoren auf Kats und Tris.

Liegt der Tri stationär, wird fast sein gesamtes Gewicht vom Mittelrumpf getragen, während es sich beim Kat auf zwei Rümpfe verteilt. Diese haben jedoch eine miteinander verbundene benetzte Oberfläche, die um etwa 40% größer ist als die eines Tris derselben Verdrängung. Aus diesem Grund ist ein Tri auch im allgemeinen bei Leichtwetter schneller.

Frischt der Wind auf und die Boote beginnen zu krängen, nimmt dieser Vorteil des Tris ab. Hat der Wind eine Geschwindigkeit von 15–20 Knoten oder ungefähr Stärke 5 erreicht, trägt der Leerumpf eines Kats dreiviertel der Verdrängung, der Leeschwimmer des Tris teilt sich das Gewicht gleichmäßig mit dem Mittelrumpf. Wird der Wind noch stärker, erringt der Kat im Hinblick auf den Widerstand einen Vorteil. Zwar trägt sein Leerumpf jetzt praktisch das gesamte Gewicht des Bootes, doch er ist für diese Aufgabe sehr gut geformt, während der schlanke Schwimmer des Tris – selbst ein Schwimmer mit hohem Auftrieb – in diesem Stadium unter derselben Belastung recht weit eintaucht und somit eine größere benetzte Oberfläche hat als ein Kat.

In der Praxis kann man die Verlagerung des Gesamtgewichts auf die Leerümpfe unter diesen äußeren Bedingungen zwischen den beiden Bootstypen nicht unbedingt gleichsetzen, denn ein Tri krängt stärker als ein Kat, das heißt, seine Segel killen schneller und mindern so die Lastigkeit auch bei extremerem Krängungswinkel. Davon abgesehen, ist der Kat normalerweise beim Kreuzen unter Starkwindbedingungen leichter zu manövrieren. Aber die Erfahrung bei Rennen in Schwerwetter, ausgetragen von vergleichbaren Booten, hat gezeigt, daß die beiden Bootstypen überraschend gleichwertig sind. Der Grund dafür scheint zu sein, daß der Tri unter rauher werdenden äußeren Bedingungen besser in der Lage ist, die Riggspannung aufrechtzuerhalten.

Querträger und Riggspannung

Steigt die Windgeschwindigkeit um das Vierfache, zum Beispiel von 5 Knoten auf 20 Knoten, so erhöht sich die Segelkraft proportional dazu im Quadrat, also auf sechzehnfache Segelkraft und sechzehnfachen Druck auf das Rigg und seine Verbindungspunkte. Ist die Konstruktion nicht steif genug, verbiegt sich das Boot und die Spannung im Rigg läßt nach mit dem Ergebnis, daß Kraft verlorengeht, indem das Großsegelachterliek aufmacht und sich das Fockvorliek nach Lee durchbiegt.

Die Querträger oder Beams eines Trimarans haben eine relativ kurze, nicht abgestützte Spannweite und müssen nur dem von den Schwimmern ausgehenden Auftrieb und dynamischen Druck standhalten. Die Schale des Hauptrumpfes wirkt als steifer Längsträger, der den Mast und fast das ganze, wenn nicht sogar das gesamte Rigg trägt. Die Beams sollten so hoch wie möglich über dem Wasser angesetzt sein, damit Wellenschläge auf ein Mindestmaß begrenzt werden, wenn das Boot hart gepreßt wird. Bei manchen Konstruktionen sind sie zum Schwimmerende hin auswärts gebogen, anstatt querschiffs zu verlaufen, damit sich die nicht abgestützte Länge jedes Schwimmers verkürzt. Das wirkt sich besonders günstig an den Bugs aus, wo die Schwimmer der größten Belastung ausgesetzt sind. Die Beams können auch Dreieckform haben, das erhöht die Steifheit. Die Alternative mit Streben, die im Wasser von jedem Schwimmer zum Unterwasserschiff des Mittelrumpfes verlaufen, erhöht die Anfälligkeit gegenüber im Wasser treibenden Gegenständen. Außerdem sind die Fittings am Schwimmerende einer plötzlichen Belastung und auch Ermüdungsgefahr stärker ausgesetzt als solche über dem Wasser. Diesen Gesichtspunkt sollte man nicht außer acht lassen.

Die Beams eines Hochleistungskatamarans sind nicht nur um etliches länger, sondern müssen meist in der Mittellänge auch noch der Lastigkeit des Mastes standhalten. Eine Lösung für dieses Problem, die manche Konstrukteure, darunter auch der Neuseeländer Malcolm Tennant, übernommen haben, besteht darin, den Hauptträger von dieser Belastung freizuhalten, indem der von Rumpf zu Rumpf mit Spanndrähten gesicherte Mast frei durch den Träger wandern kann. Die Mastkrängung wird von einem sogenannten Dolphin-Striker aufgenommen. Bei kleinen Booten dieser Konstruktion können beträchtliche Spritzwassermengen durch das Trampolin eindringen und die Sicht des Steuermanns behindern. Er muß aufpassen, keine Ankerboje zu überfahren. Abgesehen von den Belastungen durch den Mast, müssen die Beams auch die Vorstagspannung aushalten (dabei

hilft ein weiterer Dolphin-Striker am Mastfuß, in diesem Fall aus abwärtsweisenden Dreiecken zusammengesetzt zur Versteifung des Beams), die Rümpfe zusammenhalten und vor allem eine Verdrehung der beiden Rümpfe zu verhindern. (Hier werden nicht Fahrtenkats mit Brückendeckeinrichtungen, die als Träger dienen, angesprochen; diese weisen normalerweise einen weniger großen Abstand zwischen den Rümpfen und gleichzeitig weniger leistungsstarke Riggs auf.)

Wie im Motorrennsport kursierte auch in bezug auf die Konstruktion von Mehrrumpfbooten die folgende Weisheit: »Wenn sie sich biegt oder bricht, war sie nicht stark genug. Tut sie das nicht, ist sie zu schwer.« Das Gewicht ist immer ein ausschlaggebender Faktor bei der Konstruktion von Spitzenbooten. Ein sehr breiter Kat muß steif genug sein, sein exakt abgestimmtes Rigg zu tragen. Dazu braucht er entweder extrem massiv und schwer gebaute Träger samt un-

Abb. 4.3 Prout ›Escale‹, Kreuzerkat mit voll angepaß-tem Brückendeck, das eine starre Struktur bewirkt.

terstützenden Streben und Fittings, oder aber sehr teure Beams aus exotischen Materialien. Dadurch beschränkt sich die Rumpfausdehnung eines Kats von selbst. Ein Kat, der so breit ist wie ein vergleichbarer Tri, wäre mit an Sicherheit grenzender Wahrscheinlichkeit zu schwer – und damit zwangsläufig äußerst schwierig zu manövrieren.

Eine alternative Ansicht hat Jim Wharram vertreten. Er hat seine Kats stets auf der Grundlage dessen, was er »angemessene Technologie« genannt hat, konstruiert und den Rümpfen mittels flexibler Trägerlaschings (Verbindungsteile) aus Gummi oder sogar Taulaschings Beweglichkeit gestattet. Damit nahm er ungünstige Auswirkungen auf die Segelleistung in Kauf. Eine derartige Konstruktion gewinnt keine Rennen, erlaubt aber dem Boot, sich den Wellen »hinzugeben«. Die Rümpfe tanzen unbelastet aus der Reihe, wenn sie über unruhigen Grund fahren müssen. Interessant ist, daß dasselbe Prinzip auch bei einer Reihe von Spitzentrimaranen Anwendung gefunden hat, deren Schwimmer eine gewisse Flexibilität aufweisen. Zur Aufrechterhaltung einer konstanten Riggspannung werden die Wanten zu neutralen Befestigungspunkten auf den Trägern geführt. Meade Gougeons Siegboot der Formel 40, der Trimaran *Adrenalin*, hat Gelenkschwimmer, die in der vertikalen Längsschiffsebene in Grenzen flexibel sind.

Stabilität

Kommen wir noch einmal auf das Froudesche Gesetz zurück, das besagt, daß die Stabilität, die in direktem Bezug zur Segeltragkraft steht, mit zunehmender Größe des Bootes schneller zunimmt als das Krängungsmoment. Die Umkehr dieses Verhältnisses betont die Bedeutung, einem kleinen Mehrrumpfboot soviel Gesamtbreite wie möglich zu verleihen, innerhalb der Grenzen der konstruktionsbezogenen Zwänge natürlich.

Während ältere Multi-Typen häufig in ei-nem Verhältnis von Länge/Gesamtbreite von ungefähr 2:1 gebaut wurden, manche sogar noch schmaler, haben die modernen Kats mit hoher Stabilität ein Verhältnis von 1,5:1. Einige Renntris sind fast quadratisch, nämlich 1,1:1.

Die Formel für die statische Stabilität in glatter See berücksichtigt die theoretische Windgeschwindigkeit, bei der das Boot instabil wird, und lautet folgendermaßen:

$$W = 4{,}475 \sqrt{\frac{\Delta \times B_{max}}{SA \times h}}$$

W = Windgeschwindigkeit (Knoten)
Δ = Verdrängung (kg)
B_{max} = Entfernung (m) zwischen Mittschiffslinien von Rümpfen oder Schwimmern
SA = Segelfläche (m²)
h = Höhe des Segeldruckpunkts über der Wasserlinie

Präzise ausgedrückt, der Segeldruckpunkt sollte vom Lateralschwerpunkt des Rumpfes aus gemessen werden, der, abhängig von Rumpfform und Tiefgang des Kiels oder Schwerts, unterhalb der Wasserlinie liegt. Doch die annähernd exakte Höhe über der Wasserlinie genügt für diese Berechnung.

Was oft als Segeldruckpunkt bezeichnet wird, ist in Wahrheit nichts anderes als der geometrische Flächenmittelpunkt. Dieser ist ohne Schwierigkeiten feststellbar, wie Abb. 4.4 zeigt, und die Höhe beider Mittelpunkte ist zur Berechnung der Stabilität fast identisch. Es muß jedoch berücksichtigt werden, daß der Flächenmittelpunkt nur dann mit dem Segeldruckpunkt übereinstimmt, wenn die Windrichtung rechtwinklig zum Rigg steht, das dann vollständig blokkiert und sich wie eine flache Platte verhält. Sobald der Wind anfängt, in einem Winkel auf das Rigg zu blasen und die Segel sich wie eine Tragfläche verhalten, verlagert sich der Segeldruckpunkt ein wenig nach vorn, vom Flächenmittelpunkt aus gesehen. Das Ausmaß der Verschiebung hängt vom Segelschnitt (der Bauchigkeit) und vom Trimm ab. Diese Verschiebung kann nur mit Hilfe von Erfahrung abgeschätzt werden. Sie be-

Abb. 4.4 Eine einfache Möglichkeit zur Ermittlung des ungefähren Flächenmittelpunkts eines Riggs besteht darin, zuerst die individuellen geometrischen Mittelpunkte von Großsegel und Vorsegel zu bestimmen, indem man den an der Mitte der Lieks liegenden Punkt auf beiden Segeln mit der jeweils gegenüberliegenden Ecke verbindet (das Achterliek wird als gerade Linie angenommen, jede Rundung bleibt unberücksichtigt). Anschließend wird eine weitere Linie zwischen beiden Mittelpunkten gezogen. Der gemeinsame Flächenmittelpunkt liegt auf dieser Linie in einem Abstand, der von beiden Enden proportional zur Gesamtfläche jedes Segels ist und näher beim größeren Segel. Diese Höhe (h) über der Wasserlinie ist die Zahl, die in die Stabilitätsformel eingesetzt wird. Um eine größere Genauigkeit zu erzielen, muß der Großsegelmittelpunkt, basierend auf einem einfachen Dreieck, nach hinten und nach oben proportional zu ungefähr einem Drittel der maximalen Tiefe der Achterlieksrundung und deren relativer Fläche zum übrigen Segel verschoben werden. Dazu gehört etwas Herumraterei. In der Praxis ziehen es die Konstrukteure deshalb häufig vor, ein gewölbtes Papiermodell jedes Segels auf einer Nadel auszubalancieren, um den Gewichtsschwerpunkt, der gleichzeitig auch der Flächenmittelpunkt ist, zu ermitteln.

einflußt die Längsposition von Kiel oder Schwert, ist aber für die statische Stabilität nicht von großer Bedeutung.

Nehmen wir als Beispiel einen Micro-Kat mit einer Verdrängung von 900 kg, einer Mittschiffsbreite von 4,4 m und einem leistungsstarken Segelriß von insgesamt 30 m², dessen Segeldruckpunkt 4,0 m über der Wasserlinie liegt. In diesem Fall würde die Formel ergeben, daß die Wahrscheinlichkeit eines Kenterns besteht, wenn die Windgeschwindigkeit 26 Knoten erreicht hat, sofern die Segelfläche nicht verringert wurde. Dabei wird unterstellt, daß sich das Boot auf raum-seitlichem Kurs befindet, also dem schnellsten Kurs, mit getrimmten Segeln, die maximale Kraft entwickeln – und deshalb maximale Lastigkeit (Abb. 5.3). Die Grenze kann jedoch auch schon bei niedrigerer Windgeschwindigkeit erreicht werden, je nach Krängungswinkel des Bootes bei Erreichen des Punktes der maximalen Stabilität und je nach den herrschenden Wetterbedingungen. Beispielsweise kann eine Bö die stetige Windgeschwindigkeit um bis zu 40% übersteigen, was wiederum die Lastigkeit des Riggs nach unten verdoppelt. Es ist deshalb sinnvoll, die theoretische Stabilitätsgrenze um ungefähr 25% zu reduzieren. Bezogen auf unser Beispiel läge dann die Grenze bei 19 Knoten, ein Wert, der tatsächlich den Konstruktionsangaben der meisten Micros entspricht.

Bei diesem Grenzwert wird jedoch immer noch die willkürliche dynamische Kraft großer Wellen auf ein bereits krängendes Boot sowie das Drehmoment des Bootes selbst außer acht gelassen. Dann besteht noch die Möglichkeit, daß ein mit vollen Segeln kreuzendes Boot, das sich bereits knapp unterhalb der Stabilitätsgrenze befindet, auf Raumschotskurs absegelt und kentert, weil die Segel dabei mehr Kraft und Lastigkeit entwickeln. Oder das Boot läuft in voller Schräglage in eine zurücklaufende große Welle, wird abrupt gebremst und geht über Kopf oder kentert diagonal, weil die Geschwindigkeit des scheinbaren Windes plötzlich den Grenzwert übersteigt. Deshalb liegt die Stabilitätsgrenze in grober See nur noch halb so hoch wie der nach der Formel ermittelte Wert, mit anderen Worten bei unserem hypothetischen Micro bei 13 Knoten. Verglichen mit dem Nennstabilitätswert von 19 Knoten beträgt das Äquivalent für einen 11-m-Cruiser-Racer etwa 25 Knoten und für ein reines Fahrtenboot bis zu 35 Knoten. Selbst diese Zahlen scheinen bereits alarmierend niedrig, aber wenn man den Faktor für grobe See ansetzt – 17, respektive 24 Knoten -, sieht das Ganze noch einmal anders aus. Doch normalerweise dauert es seine Zeit, bis sich auf See eine derart unbeständige Lage aufbaut, und man merkt rechtzeitig, wenn ein Boot mit zuviel Segeln gefahren wird. Der vernünftige Skipper wird die Segelfläche lange vor Erreichen des Grenzwerts verkleinern.

Die Stabilitätsformel ergibt auch eine ungefähre Einschätzung der Wirkung der Verdrängung, denn in der Praxis wird die Stabilität zusätzlich von der Gewichtsverteilung im Boot beeinflußt. In der Takelung kann man höchstens versuchen, diese so leicht wie möglich zu halten, ohne Kompromisse in bezug auf die Festigkeit einzugehen und so wenig wie möglich Segelleistung zu opfern. Aber durch die Plazierung schwerer Gegenstände so nah wie möglich am Bootsboden kann der Gleichgewichtsschwerpunkt mit gutem Resultat tiefergelegt werden.

Die Stabilität einer Yacht wird durch die relative Positionierung des Gewichtsschwerpunktes und des Verdrängungsschwerpunktes bestimmt. In Ruhelage stimmen diese Punkte natürlich überein. Doch sobald das Boot zu krängen beginnt, entsteht ein hier als GZ bezeichneter Abstand, der Punkt Z liegt am Schnittpunkt der horizontalen Linie durch den Gewichtsschwerpunkt und der vertikalen Linie durch den Verdrängungsschwerpunkt (siehe Abb. 4.6). Die Länge der GZ bestimmt die Kraft des Stabilitätshebelarms, der der Krängungskraft des Riggs standhält. Daraus folgt, daß die Stabilität ursprünglich auf zwei Faktoren beruht: (1) Der eingetauchten Rumpfform; ein flachgehendes, breites Einrumpfboot verfügt über eine größere Stabilität als ein tiefgehender, schmaler Mono, und ein Mehrrumpfboot übertrumpft diesen noch. Das liegt an der »Spreizstabilität«, wie sich am steilen Anstieg und den erzielten Gipfelwerten auf den Stabilitätskurven eines Multis zeigt. Geht man an Bord eines Einrumpfbootes, taucht das Schandeck normalerweise ein, während sich ein Multi kaum bewegt. (2) Der Ballast- oder »Pendel«stabilität; diese hängt ab von Höhe und Lage des Gewichtsschwerpunkt bezogen auf die Wasserlinie – unterhalb bei einem Ballastkielboot, oberhalb bei einem Mehrrumpfboot. Bei kleinen Krängungswinkeln charakterisiert die Formstabilität die »Steifheit« eines Bootes. Vergrößert sich der Winkel, übernimmt die Pendelstabilität diese Funktion, denn diese übt den größten Einfluß auf das Aufrichtungsmoment aus – aus diesem Grund ist ein Kielboot soviel stabiler bei sich verstärkender Krängungskurve.

Wie sich der Verdrängungsschwerpunkt in Beziehung zum Gewichtsschwerpunkt verschiebt, zeigt Abb. 4.5. In senkrechter Stellung der Boote wird keine Krängungskraft erzeugt; das Gewicht wirkt durch den Gewichtsschwerpunkt nach unten, und die Verdrängung durch den Verdrängungsschwerpunkt nach oben. Beide Punkte liegen senkrecht übereinander. Da Winddruck jedes Boot krängen läßt, verlagert sich der Verdrängungsschwerpunkt leewärts und schafft eine Aufrichtungskraft proportional zum Abstand GZ, der weiterem Krängen entgegenwirkt und das Boot wieder ins Gleichgewicht bringt. Mit zunehmender Windgeschwindigkeit und größer werdendem Krängungswinkel verlängert sich die Entfernung GZ, bis sie ein Maximum erreicht. Von diesem Punkt an beginnt sie sich zu verkürzen. Das Boot wird zunehmend weniger stabil, bis es den Punkt erreicht, an dem die Stabilität gleich Null ist. Von da an bewegt sich der Gleichgewichtsschwerpunkt bis über den Punkt Z hinaus, die Aufrichtungskraft wird negativ, und Kenterung ist die Folge.

Obgleich der Krängungswinkel eines Tris am Punkt der maximalen Stabilität größer ist, ist sein Stabilitätshebelarm aufgrund der größeren Gesamtbreite länger als der eines Kats. Beide Multis sind in diesem Stadium stabiler als ein Einrumpfboot. Aber mit zunehmendem Winkel verkürzt sich die Entfernung GZ auf beiden Multis rasch, während das Einrumpfboot bis über 90° ein auf-

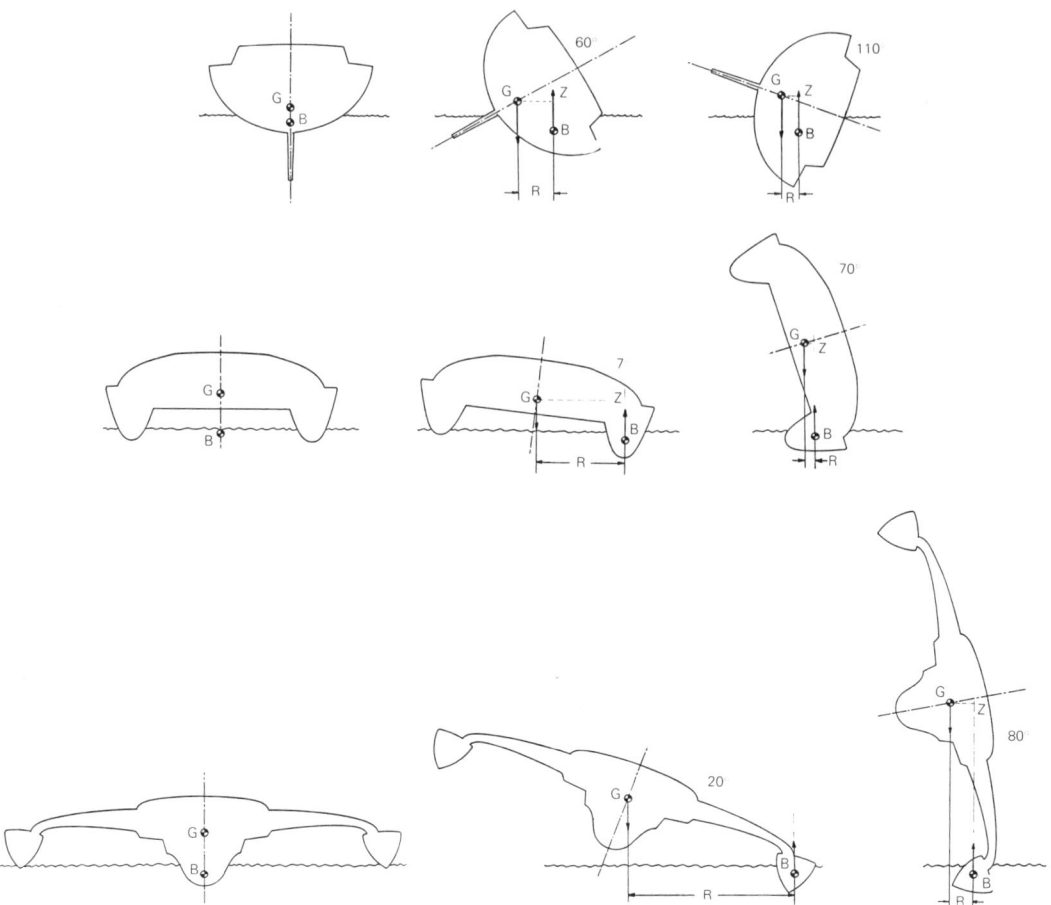

Abb. 4.5 Die Veränderung der relativen Lage des Gewichtsschwerpunktes (G) und des Verdrängungsschwerpunktes (B) bei einem typischen Fahrten-Einrumpfboot, einem Katamaran und einem Trimaran mit zunehmender Krängung. Die daraus resultierende Auswirkung auf den Stabilitätshebelarm (R), proportional zur Entfernung GZ, zeigt sich am jeweiligen Winkel der maximalen Stabilität und an einem Punkt nahe den Winkeln der Nullstabilität. Daran läßt sich erkennen, warum das Einrumpfboot im Vergleich zu beiden Multis so rasch krängt, seine Stabilität aber bis zu sehr viel größeren Winkeln bewahrt.

richtendes Stabilitätsmoment besitzt. Ein Verschieben des Gewichtsschwerpunktes nach unten erhöht die Stabilität aller drei Bootstypen. Ein ähnlicher Effekt wird durch Verlagerung des Crewgewichts nach Luv erzielt. Das ist gängige Praxis auf Einrumpfbooten und Sport-Katamaranen, trägt auch zur Steigerung der Segeltragekraftfähigkeit auf größeren Multis bei und wird insbesondere während eines Rennens angewendet.

Erklärend muß darauf hingewiesen werden, daß diese Diagramme und die entsprechenden GZ-(Stabilitäts)-Kurven in Abb. 4.6 nur hydrostatische Prinzipien veranschaulichen. Sie können natürlich nicht den zufälligen Rolleffekt eines Wellenberges oder aneinandergereihter Wellen berücksichtigen; auch nicht die dynamische Ausschlagskraft, die sich im einen Moment zum eigenen Drehmoment des Boots addiert, und im nächsten davon subtrahiert. Sie lassen ferner die plötzliche Stabilitätsminderung außer acht, die den scheinbaren Gewichtsverlust eines Bootes begleitet, wenn es vom Kamm einer großen Welle zu stürzen

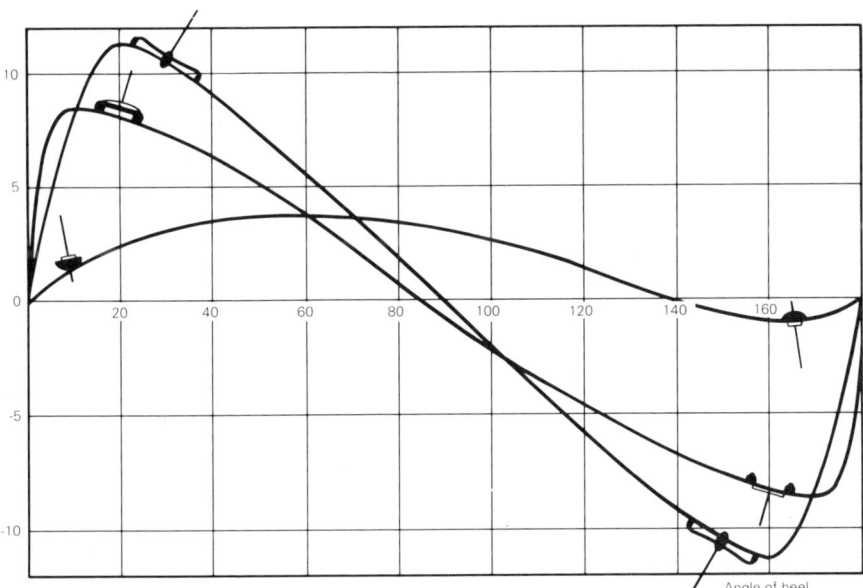

Angle of heel

beginnt – den Brandungswelleneffekt. Auch die unterschiedlichen und einer ständigen Veränderung unterliegenden eingetauchten Volumen von Bug und Heck, bei einem Stampfen und Schlingern des Bootes blieben unberücksichtigt. Ferner die auf Rigg, Rümpfe und die Unterseiten aller eingedeckten Bereiche einwirkenden Windkräfte.

Das Aufrichtungsmoment, der *statische* Krängungswiderstand eines Bootes, ist schlicht das Produkt von GZ und dem Gewicht des Bootes. Typische, vergleichbare Werte für alle drei Konfigurationen zeigt Abb. 4.6 in verschiedenen Krängungswinkeln. Der Winkel vergrößert sich von Null ausgehend, bis das Aufrichtungsmoment und die daraus resultierende Stabilität des Bootes den Höchstwert erreichen. Von diesem Punkt an reduziert jede weitere Krängung das aufrichtende Moment, das Segeln wird auch für Rennsegler riskant – für Fahrtensegler gefährlich –, und Schoten oder Traveller müssen gefiert werden, um die Lastigkeit des Riggs zu mindern. Die Skizze veranschaulicht, daß ein Kat anfänglich bis zu seinem Gipfel von ungefähr 7° Krängung »steifer« ist als ein Tri, während die Stabilität des Tris stetig bis 20° steigt. Im Unterschied dazu krängt ein Einrumpfboot praktisch sofort, bleibt aber stabil, wenn beide

Abb. 4.6 Stabilitätskurven (GZ) eines typischen modernen 10–11-m-Einrumpfboots, eines Fahrtenkatamarans und Fahrtentrimarans. Das Aufrichtungsmoment zeigt den statischen Krängungswiderstand des Bootes, die Fläche unter jeder Kurve die erforderliche Gesamtenergie von Wind und Wellen, die das betreffende Boot zum Kenterpunkt bringt, und die Fläche über jeder negativen Kurve die zum Aufrichten des Bootes nach dem Kentern erforderliche Energie. Wie man sieht, erfordert es im Vergleich zum Mono ungefähr 50% mehr Energie, um den Kat herumzudrehen, im Falle eines Tris annähernd 70% mehr. Das Einrumpfboot bleibt bis zu einem größeren Krängungswinkel sicher. Umgekehrt zeigt die Fläche über jeder negativen Kurve die zum Aufrichten des Bootes erforderliche Energie. Bei einem Mono genügt oft schon Welleneinwirkung, um ihn in die Ausgangsposition zurückzubringen, aber ein negativ stabiles Mehrrumpfboot benötigt normalerweise einen Kran, um wieder auf die Beine zu kommen.

Multis bereits Nullstabilität erreicht haben.

Die Fläche unter der positiven Stabilitätskurve stellt die gesamte, für eine Kenterung des Bootes in glattem Wasser benötigte Energie dar, die sich durch Wellen stark verringert, da diese einen Teil der Energie (gelegentlich die gesamte) liefern, die zur Überwindung des Trägheitsmoments des Bootes gebraucht wird. Dieses wird durch die Massenverteilung (Gewicht) relativ zur Schlingerachse bestimmt. Je schwerer die entscheidenden Gewichte wie Rumpf und Mast, um so größer das Trägheitsmoment und der *dynamische* Widerstand gegen Schlingern und Kentern – dies ist mit ein Grund dafür, daß große Boote von Natur aus sicherer sind als kleine. Liegen Mehrrumpfboote auf dem Kopf, werden sie negativ stabil und schwimmen in gekentertem Zustand, vorausgesetzt, sie bestehen aus schwimmenden Materialien oder sind mit Auftriebsabteilungen ausgestattet. Die meisten Einrumpfboote (erwähnenswerte Ausnahmen sind die ausnehmend breiten, flachgehenden IOR-Racer und Maxi-Racer, deren Stabilität sich von den flachen Einzelteilen ableitet und die tendenziell ebenfalls kopfüber schwimmen können) bleiben mit der Unterseite nach oben schwimmend kaum stabil und rollen entweder zurück oder kehren wieder in die Ausgangsposition zurück, vorausgesetzt natürlich, sie haben nicht zuviel Wasser aufgenommen. Die Fläche unterhalb der negativen Stabilitätskurve veranschaulicht die für das Aufrichten des Bootes nach Kenterung benötigte Energie, sehr wenig bei einem durchschnittlichen Einrumpfboot (Welleneinwirkung kann eventuell schon ausreichen), aber sehr viel im Falle eines Mehrrumpfbootes, das in einem solchen Fall entweder von einem anderen Boot, mit vorher gelegtem Mast, geschleppt werden muß oder einen Kran zum Aufstellen braucht.

Welleneinwirkung

Stabilitätskurven sind hilfreich zu Vergleichszwecken während des Konstruktionsstadiums, aber beim Segeln im Grunde nur noch von akademischem Interesse. Es muß noch einmal betont werden, daß Kenterungen in der Realität praktisch schon unvermeidlich sind, noch bevor der Stabilitätshebelarm den Nullpunkt erreicht. Die Kurve könnte zu der Annahme verleiten, daß bei einem bestimmten Winkel durchaus mehr als die Hälfte der theoretischen Stabilität verbleibt. Doch unter Wind- und Seebedingungen, die ein Boot bereits so weit haben krängen lassen – am gefährlichsten sind die kurzen, steilen Brecher in Küstengewässern und Mündungsgebieten –, genügt bereits eine einzige große Welle, um den Rest an Energie zu liefern, der zum Kentern des Bootes benötigt wird.

Ein Trimaran reagiert anfälliger auf derartige Welleneinwirkungen als ein Katamaran. Wie bereits erwähnt, krängt ein Tri selbst bei Leichtwind und glattem Wasser naturgemäß stärker als ein Kat, weil seine hoch angebrachten Schwimmer ein Eintauchen (und damit Widerstand) unter solchen äußeren Bedingungen auf ein Mindestmaß reduzieren. Außerdem sind sie kleiner und auftriebsschwächer als die Rümpfe eines vergleichbaren Katamarans und senken sich unter Belastung weiter herab. Es ist die größere Breite, die dem Tri die bessere *statische* Stabilität verleiht.

Betrachtet man jedoch die beiden Boote als von ihrer Kontur her floßähnliche Wasserfahrzeuge (Abb. 2.10), erkennt man in der geometrischen Darstellung, daß ein Wellenkamm den Mittelrumpf eines Tris höher über seinen Leeschwimmer hebt als den Rumpf eines Kats über den anderen. Das liegt am Abstand von Rumpf und Schwimmern respektive der beiden Rümpfe (manche Tris, wenn nicht alle, sind doppelt so breit wie ein Kat gleicher Größe). Deshalb wird ein Tri, sogar wenn er auftriebsstarke Schwimmer hat, nicht nur in einem größeren Winkel schräggelegt als ein Kat, sondern er verfügt auch über ein größeres Trägheitsmoment, da seine Schwimmer um vieles leichter sind als die Rümpfe eines Katamarans. Infolgedessen ist er anfälliger für eine dynamische Kenterung. Dies wird nur teilweise durch die überlegene Gewichtsverteilung und den geringeren Druck auf die Segel kompensiert. Gut konstruierte und perfekt gesegelte Multis können aufgrund ihrer Fähigkeit, von Wind und Wellenschlägen seitlich wegzugleiten, ausnahmslos auch unter Schwerwetterbedingungen sicher gesegelt werden. Doch bei beiden Bootstypen steigt das Kenterrisiko, wie klein es auch immer sein mag, sobald sich die Stabilitätskurve auf den Gipfel zubewegt. Es ist also nur zum eigenen Besten, vor Erreichen dieses Punktes die Schoten zu fieren, die Segel zu reffen oder den Kurs zu ändern.

Rettungsabteilungen

Bevor das Thema Kentern endgültig abgehakt werden kann, gilt es noch einen Blick auf die Dinge zu werfen, die das Leben erleichtern, sollte das Undenkbare tatsächlich einmal eintreten! Auf einem Micro, der beispielsweise mit etwas zuviel Schwung und Begeisterung in einem Rennen gefahren wurde, braucht man nichts weiter zu tun, als sich auf den umgedrehten Rumpf zu setzen und auf jemanden zu warten, der einen mitnimmt oder das Boot schleppt. Aber im Unterschied zu den leichten Cruiser-Racers sollte jedes langstreckentaugliche Hochseefahrtenboot mit einer Rettungsabteilung ausgerüstet sein, in der die Crew tagelang, wenn es sein muß, sogar wochenlang, auf Hilfe warten kann. Die meisten Konstrukteure sind sich der Bedeutung einer derartigen Einrichtung sehr wohl bewußt, aber anscheinend besteht von Seiten der Kunden kaum Nachfrage danach, denn bis heute verfügen relativ wenige Boote darüber.

Vielleicht ist es noch nicht ins allgemeine Bewußtsein gedrungen, daß zwar genügend Luft zum Atmen bleibt, die hohen Wellen aber, die durch die teilweise eingetauchten Rümpfe schwappen, lose Gegenstände herumschleudern und in die See hinausspülen können. Man darf mit Sicherheit davon ausgehen, daß das Boot nicht sinkt, denn praktisch alle Mehrrumpfboote sind heutzutage aus schwimmfähigen Materialien wie Holz oder Kunststoffschäumen in Sandwichbauweise gefertigt, oder mit einer Reihe wasserdichter Auftriebsabteilungen ausgestattet; meist ist beides der Fall. Man braucht also nur noch eine Räumlichkeit, etwa eine Achterkabine, die auch kopfüber rasch in ein Rettungsabteil umgewandelt werden kann. Diese Abteilung darf bis auf eine Notluke über der Wasserlinie – zu beachten: in gekentertem Zustand – und einer vernünftigerweise wasserdichten, nach außen aufgehenden Tür keine weiteren Öffnungen haben. Zusätzlich zur Standardeinrichtung sollte diese Abteilung Vorräte und Notfallausrüstung enthalten, Vorrichtungen zum Anbringen behelfsmäßiger Kojen oder Hängematten sowie eine Pumpe.

Es sollte ohne allzu große Umstände, ohne immensen Kostenaufwand oder aufwendige Änderungen an der Konstruktion möglich sein, eine derartige Abteilung nachträglich in ein Boot einbauen zu lassen. Bei manchen Leichtverdrängern ist es allerdings praktisch überflüssig – etwa bei Booten in der »Tektron«-Serie von John Shuttleworth -, da sie zum Schwimmen auf den mit Auftrieb versehenen Querträgern konstruiert sind und die Einrichtungen auch bei einer Lage über Kopf kaum unter Wasser geraten. Die einzige wichtige Vorsorge für den Fall einer Kenterung besteht auf solchen Booten in einer Fluchtluke in jedem Rumpf oder – wie bei den 18-m-Kats von Joubert/ Nivelt – in einer Lichtluke (zum Beobachten der Fischgründe) im Boden des Salons auf dem Brückendeck, die gleichzeitig als Notluke dient. Die Rumpfunterseiten sollten für den Notfall mit günstig plazierten Handgriffen oder Handläufen ausgerüstet sein, damit Aussteiger nicht vom glatten und schlüpfrigen Unterwasserschiff gespült werden.

Die Alternative zu passivem Verhalten bei einer Kenterung ist der Versuch, das Boot aufzurichten. Hat man nicht gerade einen Kran zur Hand, ist die einzige Möglichkeit das Dichtmachen und absichtliche Fluten von Bereichen in Bugs und Hecks, damit sich das Boot dreht – und nachfolgend das Auspumpen. Nach dem Einholen des Mastes wird ausgepumpt und eventuell der über die Mitte laufende Träger geflutet, damit sich das Boot weiter stabilisiert (siehe auch Seite 118). Das Prinzip des Selbstaufrichtens ist bereits erfolgreich demonstriert worden, soweit aber bekannt ist, wurde es noch niemals in einer realen Situation auf See angewandt.

Kiele und Schwerter

Etliche Fahrtenkats und die meisten Strandboote haben weder Schwerter noch irgendeine Andeutung von Kiel, außer einem verkümmerten Skeg achtern. Am Wind verlassen sie sich auf den Lateralwiderstand des V-Spantes. Die meisten Multis haben jedoch flachgehende Kiele unter den abgerundeten

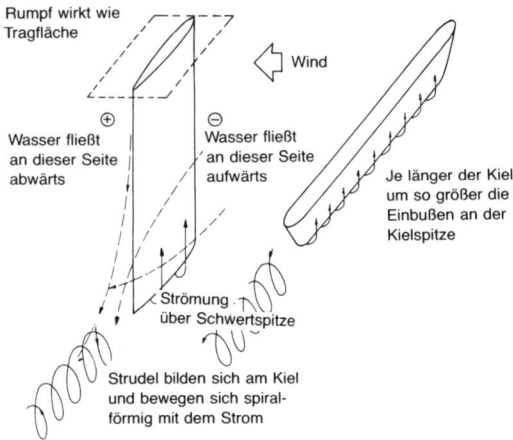

Rumpf wirkt wie
Tragfläche

Wind

⊕
Wasser fließt
an dieser Seite
abwärts

⊖
Wasser fließt
an dieser Seite
aufwärts

Je länger der Kiel,
um so größer die
Einbußen an der
Kielspitze

Strömung
über Schwertspitze

Strudel bilden sich am Kiel
und bewegen sich spiral-
förmig mit dem Strom

*Abb. 4.7 Verluste an der Kielspitze. (links) Wasser von
der Überdruck-Seite (Lee) fließt auf die Unterdruck-
Seite eines Kurzschwertes und schränkt seine Effektivität
ein. Da die sich austauschende Strömung durch die
Hauptströmung achtern gespült wird, verwirbelt sie die
benachbarte Strömung zu einem Strudel und erhöht den
auf das Schwert ausgeübten Widerstand, bevor sie sich
spiralförmig mit dem Strom bewegt. (rechts) Ein Kiel
mit niedrigem Flächenverhältnis bietet eine breitere
Bahn, über die das Wasser fließen kann, was sich nachteilig auf das Verhältnis Auftrieb/Widerstand auswirkt.*

Rümpfen, die in das Wasser greifen und
Widerstand gegen Abdrift ausüben. Kiele
bieten solide Auflagepunkte an Land, erlauben Zugang zum Unterwasserschiff zum
Antifouling, beeinträchtigen die Innenräume nicht und können, zum Beispiel auf den
Prout-Katamaranen, zum Deponieren von
Wasservorräten benutzt werden. Die Tanks
stellen eine Art Doppelboden dar und verlagern gleichzeitig das Gewicht tief in die
Rümpfe. Beide Systeme gewährleisten gute
Kursstabilität bei schneller Fahrt oder beim
Gleiten und erleichtern dem Steuermann
beträchtlich das Leben. Sie gleiten sicher
seitwärts, wenn das Boot in Schwerwetter
krängt, und zeigen kaum Tendenz zum Umschlagen. Und nichts kann im Eifer des Ge-
fechts brechen, blockieren oder vergessen
werden. Allgemein wird zugestanden, daß
es kein Kiel bezüglich der Amwindleistung
mit einem Schwert aufnehmen kann. Prout
bietet dem leistungsorientierten Eigner, der
bereit ist, die zusätzlichen Kosten und Kom-

plikationen auf sich zu nehmen, wahlweise
Drehschwerter an, die in einem wasserdich-
ten Bereich im Inneren eines jeden festen
Kiels untergebracht sind.

Wenn ein Boot in Fahrt ist und der Wind
über die Segel Abdrift ausübt, dann läuft es
im Krebsgang durch das Wasser, das heißt,
in einer Kombination aus Vorwärtsbewegung und Versetzung. Dabei verursachen
der Rumpf und der eventuell vorhandene
Kiel eine hydrodynamische, seitlich in die
entgegengesetzte Richtung wirkende Kraft
nach demselben Prinzip, mit dem die Tragfläche eines Flugzeugs Auftrieb entwickelt.
Aus diesem Grund ist eine tragflächenförmige Kielflosse bedeutend effektiver als ein
Flachkiel oder -schwert (dasselbe gilt für
Ruder). Je höher das Flächenverhältnis einer Flosse – ihre Tiefe im Verhältnis zur
Länge -, um so größer ist der von einer
gegebenen benetzten Fläche und Oberflächenreibung abhängige Auftrieb nach Luv.
Die effizienteste Form ist eher elliptisch als
geradseitig ausgearbeitet.

Diese Form entwickelt auch weniger induzierten Widerstand (Restwiderstand).
Dieser wiederum verursacht Strudel, spiral-
artige Strömungen, die sich bilden, wenn
das Wasser unter dem Kiel vom Druckbe-
reich der Leeseite zur gegenüberliegenden
Seite (Unterdruck) durchfließt. Dieser Effekt kann durch Neigung der Kiel- oder
Schwertflosse nach vorn reduziert werden,
so daß diese einen Aufwärtsstrom erzeugen.
Ein nach vorn geneigtes Schwert bringt darüber hinaus den Vorteil, daß sich sein
Druckpunkt nach achtern verschiebt, wenn
es auf Raumschotskurs teilweise aufgeholt
ist, und sich somit leichter manövrieren läßt.
Trotzdem sieht man eine derartige Form
eher selten, hauptsächlich weil sich daran
leicht Algen sammeln und Treibgut dage-
genschlägt. Das Volumen der austauschen-
den Strömung variiert je nach Flossenlänge.
Unter einer kurzen Schwertspitze fließt sehr
viel weniger Wasser durch als unter einer
beträchtlich längeren, flachgehenden Kielflosse – mit ein Grund für den Einsatz von
flügelförmigen Abschlußplatten am Boden
der Kiele von Einrumpfbooten. (Diese Flü-
gelkiele werden beim berühmten America's

Cup verwendet.) Vor noch nicht allzu langer Zeit wandte man dieses Prinzip probehalber auch bei ein oder zwei Flachkiel-Kats an, um die Leistung am Wind zu steigern. Die Flügel wurden jeweils nur an der Innenseite eines jeden Kiels angebracht, damit das Risiko des Schrägstellens gar nicht erst auftaucht – im Unterschied zu einem Leeschwert kann ein Flügel nicht aufgeholt werden. Das Resultat war tatsächlich eine leichte Verbesserung der Leistung hoch am Wind, die aber zu minimal war, um damit in Serienproduktion zu gehen.

Rümpfe mit flachgehenden Kielen neigen nicht nur zu einer stärkeren Abdrift als Schwertboote, sondern sind auch schlechter beim Kreuzen unter rauhen Hochseebedingungen, wenn die Wasseroberfläche sehr stark durchlüftet ist und ein Kiel in dichteres Wasser hinunterreichen muß, um volle Wirkung zu bringen. Dieser Nachteil wird jedoch bis zu einem gewissen Grad ausgeglichen, denn sie verhindern eher eine Blockade bei höheren Anströmwinkeln, als es eine Kielflosse mit hohem Flächenverhältnis vermag, reagieren also insgesamt weniger empfindlich auf das ständig wechselnde Kursverhalten des Bootes in rauher See. Ihr besserer Widerstand gegen Drehung, der ihnen die auf Vorwindkurs so vorteilhafte Kursstabilität verleiht, macht sie beim Kreuzen unweigerlich langsamer als ein Boot, das sich um sein Schwert drehen kann. Wie dem auch sei, reichen Geschwindigkeit und Manövrierbarkeit mit einem verkürzten, tiefergehenden Kiel (wie in Abb. 2.3) bis fast an die mit einem Schwert zu erzielenden Werte heran, allerdings muß man einen geringfügig größeren Tiefgang in Kauf nehmen. Viele der neuesten Fahrtenbootkonstruktionen sind dergestalt gebaut. Die robuste Einfachheit fester Kiele ist nach wie vor attraktiv für alle Segler, die nicht das Letzte an Geschwindigkeit aus einem Boot herausholen wollen.

Schwert und Schwertkasten müssen stabil sein, um den bei Starkwind seitwärts auf sie einwirkenden Kräften standzuhalten. Außerdem ist ihre Positionierung wichtig für das Gleichgewicht des Bootes. Krängt ein Einrumpfboot, so wandert der Druckpunkt des Riggs nach Lee. Dabei entsteht ein Drehmoment proportional zum Abstand zwischen Druckpunkt und Lateralschwerpunkt des Rumpfes, das gegen den Rumpfwiderstand wirkt und versucht, das Boot

Abb. 4.8 Fahrtenkats mit fest angebrachten, flachgehenden Kielen wie dieser Edel Cat 35 kombinieren angenehme Räumlichkeiten mit einer weit höheren Geschwindigkeit, als allgemein angenommen wird.

schräg in den Wind zu legen. Der Konstrukteur korrigiert dieses Verhalten auf zweierlei Art und Weise: Erstens, indem er sichergeht, daß die eingetauchten Volumen des Rumpfes an Bugs und Hecks bei Krängung neutral bleiben; zweitens indem er den Kiel in einem gewissen Abstand – ungefähr 7–10% der Länge in der Wasserlinie – achtern vom Segeldruckpunkt anbringt, und damit gerade genug »Luvdruck« (leicht verstärkter Steuerdruck) zur Kursstabilität behält. Mit korrekt getrimmten Segeln vermittelt dies dem Steuermann das Gefühl, wann Ruderbewegungen ausgeführt werden müssen – unnötige Ruderkorrekturen bedeuten Energieverschwendung (nicht nur für den Steuermann), sie erzeugen Widerstand, der das Boot verlangsamt. Hat der Konstrukteur seine Sache nicht gut gemacht, oder – was wahrscheinlicher ist – wurde der Segelriß verändert, kann übermäßiger Ruderdruck oft durch eine Änderung des Mastfalls ausgeglichen werden.

Bei einem Mehrrumpfboot sieht die Sache etwas anders aus, obwohl auch bei einem Multi der Segeltrimm von Bedeutung ist. Aufgrund des kleineren Krängungswinkels ist nicht nur die Verlagerung des Segeldruckpunktes nach Lee weniger ausgeprägt, vielmehr wandert der Verdrängungsschwerpunkt weiter als der Segeldruckpunkt, sobald sich die Verdrängung – und damit der Lateralschwerpunkt – auf den Leerumpf oder Leeschwimmer verlagert. Das Boot versucht nach Lee zu treiben. Diesem Effekt wird entgegengewirkt, indem das Schwert auf oder sogar vor dem Druckpunkt des Riggs plaziert wird.

Die meisten Katamarane haben ein Schwert in jedem Rumpf, so daß das Gleichgewicht, wenn nötig, je nach den äußeren Bedingungen ausbalanciert werden kann. Normalerweise werden Kats am Wind mit voll abgelassenen Schwertern gesegelt. Auch auf raumem Kurs, außer bei Starkwind, bleiben sie im Wasser. In diesem Fall holt man das Leeschwert je nach den herrschenden Verhältnissen eventuell teilweise oder vollständig auf, um das Risiko einer extremen Schräglage zu verringern. Beide Schwerter können auf Vorwindkurs, wo sie

zur Reduzierung des Widerstands nicht benötigt werden, aufgeholt werden. Ähnlich verhält es sich beim Einzelschwert eines Trimarans.

Man unterscheidet zwei Grundtypen: die Kurzschwerter, die in einem Schwertkasten auf- und abgleiten, und das drehbare Schwert, das um einen Zapfen am Kopf drehbar ist. Letzteres hat drei Vorteile: Es nimmt weniger Platz ein, der anderweitig genutzt werden kann, und paßt ideal unter den Kabinentisch (vorausgesetzt, der Rumpf ist breit genug wie bei einem Trimaran), anstatt bis zur Kajütendecke hinaufzureichen; sein Druckpunkt verschiebt sich nach achtern, wenn es teilweise aufgeholt ist; und theoretisch sollte es bei Bodenberührung hochklappen. Auf kleinen Booten funktioniert dies allerdings nicht immer. Dort ist es häufig so installiert, daß es neben einem Schwertfall noch einen Niederholer braucht, damit es bei Leichtwetter, wenn sehr wenig seitlicher Druck ausgeübt wird, nicht aufschwimmt. Ist dieser Druck vorhanden, zum Beispiel auf Kreuz- oder Raumschotskurs bei Starkwind, rührt es sich normalerweise nicht von der Stelle, es sei denn durch einen schweren Aufprall. Sollte das passieren, tragen zumindest Schwert und Schwertkasten höchstwahrscheinlich weniger Schaden davon als ein Kurzschwert. Trotzdem haben die meisten Mehrrumpfboote wegen der besseren Abstützung und der geringeren Rumpfbelastung, die ein großer Kasten bei gesenktem Schwert darstellt, kurze Schwerter.

Die Schwertkästen eines Kats befinden sich im allgemeinen auf der Seite eines jeden Rumpfes, damit sie in der Kabine möglichst wenig stören. Solche Schwerter gehören somit fast immer zur Vielzahl der Kurzschwertversionen. Entweder sind sie an den Außenbordseiten angebracht und nach innen abgewinkelt, um bei seitlichem Druck als Auftriebselement zu dienen, oder innenbords, wo sie für die Crew vom Cockpit aus leichter erreichbar sind. Auf einigen neuen Fahrtenbooten hat sich ein einziges tiefgehendes Schwert in nur einem der Rümpfe bewährt. Dabei ergab sich kein Verlust an Luvgeschwindigkeit im Vergleich zu einem

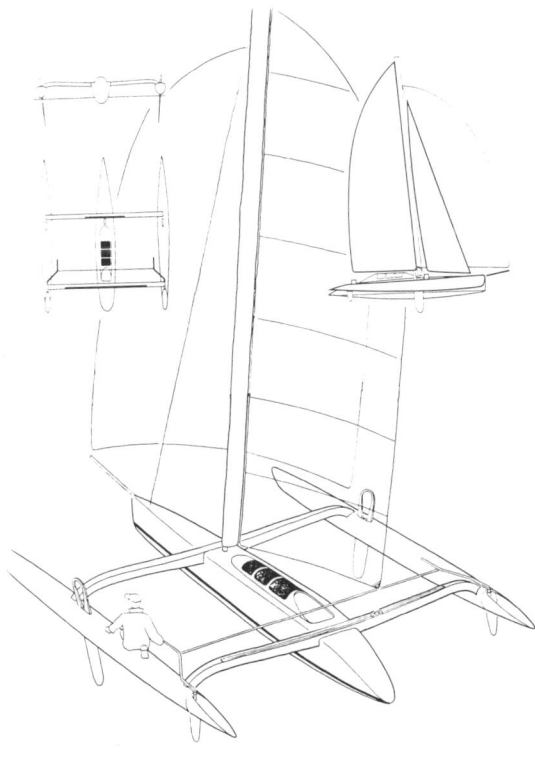

Abb. 4.9 Kurze Schwerter in den Schwimmern eines Renntrimarans eine Formel 28-Konstruktion von Nic Bailey und Jack Michel (GB).

den Rümpfen. Stets werden die Schwertausgänge im Kasten von den Rumpfmitschiffslinien freigehalten, damit sich beim Trockenfallen am Strand nicht so leicht Steine dazwischen klemmen. Bei einigen älteren Konstruktionen wurde aus diesem Grund eine große Lücke zwischen Schwert und Kasten beibehalten, aber diese verursacht unnötige Turbulenz und Widerstand. Außerdem schlagen diese Schwerter von einer Seite zur anderen, und das kann den Frieden eines ruhigen Segeltörns empfindlich stören. Schwertkästen sollten also einigermaßen dicht schließen, und die Schwertausgänge mit Neopren oder einem ähnlichen abdichtenden Material abgedeckt werden.

Anstelle eines einzelnen Schwerts kann man bei einem Trimaran auch eines in jedem Schwimmer anbringen und auf diese Weise mehr Kabinenraum bekommen (siehe Abb. 4.9). Diese Schwerter sind wegen des Auftriebs nach innen abgeschrägt und wegen der Luvgeschwindigkeit asymmetrisch geschnitten. Sie erhöhen tatsächlich die Geschwindigkeit am Wind, ohne daß man sie aufgrund des natürlichen Krängungswinkels des Trimarans beim Kreuzen »austauschen« muß. Angenommen, die Schwerter zählen zu den Kurzschwertversionen, dann können sie im aufgeholten Zustand über die Bootsbreite hinausragen und das bringt natürlich Probleme beim Anlegen oder Längsseitskommen mit sich. Ohne längere Führungsleinen, die durch zahlreiche Blöcke laufen, muß sich ein Crewmitglied draußen auf den Schwimmern aufhalten und von dort aus die Schwerter bedienen. Eine solche Anordnung der Schwerter ist auf den meisten Rennbooten üblich, doch bei einem Fahrtenboot überwiegen die Nachteile die Vorteile bei weitem.

Boot mit zwei Schwertern, und ein Raumgewinn im anderen Rumpf – obwohl daran erinnert werden muß, daß Fahrtenkats normalerweise nicht für das Fliegen mit einem Rumpf konstruiert sind. Aus demselben Grund haben sie nur selten asymmetrisch geformte Schwerter, denn es ist lästig und umständlich, jedesmal, wenn das Boot auf den anderen Bug geht, das Luvschwert aufzuholen und das andere abzulassen. Interessant ist die Plazierung der beiden Schwerter hintereinander, eines vorne im einen Rumpf, und das zweite achtern im anderen Rumpf, jedes entweder auf- oder abgelassen, so daß das Ruder unter jeder Segelkonfiguration neutral liegt. Eine weitere Alternative, von Derek Kelsall auf vielen seiner Konstruktionen angewendet, ist die Installierung eines einzigen großen Schwertes (und Ruders) in einer Mittelbucht zwischen

Ruder

Die Ruder stellen ein besonders wichtiges Konstruktionsdetail dar. Auf Rennkats mit aufholbaren Schwertern sollten die Ruder am besten durch Hochziehen oder Drehen ebenfalls aufholbar sein und konstruktionsbedingte Reserven aufweisen, denn der auf sie ausgeübte Druck ist weit größer als bei einem Einrumpfboot. Das liegt nicht nur an der höheren Geschwindigkeit. Ein Mehrrumpfboot, dem das Moment eines schwereren Bootes fehlt, kann beim Kreuzen in schwierigen äußeren Bedingungen blockieren und rückwärts eine Welle hinunterfahren, wenn die Belastung auf die Ruder genügend groß ist, um diese zu beschädigen oder sogar mit einem Ruck abzureißen, weil sie nicht stabil genug sind. Ihre Bestleistung bringen sie – das heißt, sie entwickeln ihre Kraft mit einem Minimum an Widerstand -, wenn sie wie die Schwerter elliptisch geformt sind. Das Flächenverhältnis sollte bei einem Schweberuder (vorbalanciertes Ruder) unter dem Rumpf mindestens 2:1 betragen, und 3:1 oder mehr bei einem am Heckspiegel aufgehängten Ruder, das dem Aufeinanderprall von Luft und Wasser und einer »Ventilation« ausgesetzt ist – es saugt an der Anströmkante Luft an. Das kann man weitgehend vermeiden, indem man ein Hindernis in Form einer Abschlußplatte (Skeg) knapp unterhalb der Wasserlinie am Ruder anbringt.

Die Ruder sollten eine Vorrichtung zur Feinabstimmung haben, damit der Steuermann ein gutes Gefühl für die Pinne bekommt. Der Ruderausgleich hängt vom Abstand der Achse eines jeden Ruders zu seinem Druckpunkt ab – je größer der Abstand, um so schwerer wird das Steuern. Der Ausgleich erfolgt durch Plazieren von 10–15% der Ruderblattoberfläche vor der Achse. Ein vollkommen ausgeglichenes Ruder, dessen Achse genau durch den Druckpunkt verläuft, übermittelt nicht mehr das geringste Gefühl und macht es dem Steuermann schwer, einen schlechten Segeltrimm zu spüren. Das kann zu einem Flattern der Segel führen, weil der Druckpunkt je nach Anstellwinkel variiert.

Ein Problem kann es mit Senkrudern geben – eher auf Micros als auf großen Booten vertreten – und zwar, wenn man sie bei voller Fahrt unten behält und sie so fest anzieht, daß die Blätter wenn nötig nicht ausschlagen können. Eine gewisser Spielraum ist im Grunde unentbehrlich. Sie brauchen nur ein wenig von der Strömung nach hinten gedrückt zu werden, und schon blockiert das Ruder. Das kann besorgniserregende Situationen heraufbeschwören, wenn auf dem Wasser reger Verkehr herrscht und Sie plötzlich merken, daß die Ruder gar nicht da sind, wo sie eigentlich sein sollten. Der große Vorteil senkrecht aufholbarer Ruderblätter ist ihr konstanter Druckpunkt in jeder Position, so daß das Boot in Flachwasser mit teilweise aufgeholtem Ruder gesegelt werden kann. Aber für den Fall eines Auflaufens sollten sie auch rückwärts ausgelöst werden können. Das kann besonders auf großen Booten manchmal schwierig sein, denn ein Teil des Rumpfes mit der gesamten Ruderanlage muß beweglich sein – ein komplexes Konstruktionsdetail, das aus Kostengründen verständlicherweise auf vielen Serienbooten eingespart wird. Derartige Probleme oder Komplikationen tauchen bei Booten mit richtig dimensioniertem Festkiel nicht auf. Die Ruder dieser Boote müssen nur den flachgehenden Rümpfen angepaßt sein, entweder in einer ausgeglichenen Spatenform, die robust genug zum Aufstrandholen ist; oder angehängt an ein Skeg, eine stabile Konstruktion, die vor unfreiwilligem Auflaufen schützt, obwohl das Ruder in diesem Fall meist keine Ausgleichsfläche besitzt.

Die meisten Kats haben ein Ruder an jedem Heck. Die Pinnen sind normalerweise leicht nach innen, in Richtung aufeinander zu gekröpft, so daß das Innenruder eine schärfere Drehung ausführt als das Außenruder, das theoretisch einen größeren Radius beschreibt, wie das auch bei den Vorderrädern eines Autos der Fall ist. Bei einem Auto ist das wichtig, um unnötiges Scheuern zwischen Reifen und Straße zu vermeiden (bekannt als Radsturz und Vorlauf). Die Reibung zwischen den Ruderblättern und dem Wasser ist vergleichsweise gering, so daß dieses sogenannte Ackermann-Prinzip nur bei extrem breiten Kats von Bedeutung ist, wo der Unterschied zwischen den bei der Drehung ausgeführten Bewegungen des Innen- und Außenrumpfes durchaus bemerkbar ist. Die Ruder, gekröpft oder gerade, sind mit einer Pinne verbunden, die von überall her auf dem

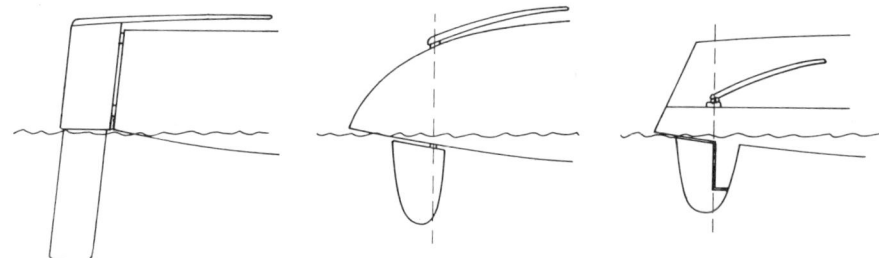

aus, die Ruder zu bedienen. Den meisten Trimaranen genügt ein einziges Ruder, denn es ist meist voll eingetaucht, sogar bei Krängung des Bootes. Einige der großen, häufig mit zwei Rümpfen fliegenden Formel-Racer besitzen ein zusätzliches Ruder an jedem Schwimmer. Manchmal kommt noch ein sogenannter »Canard« hinzu, eine steuerbare Tragfläche (»Bugspoiler«) in Bugnähe, zum Ausgleich des Bootes, wenn es unter einem großen asymmetrischen Spinnaker auf Raumschotskurs fährt.

Abb. 4.10 Ruderform und Ruderausgleich. (links) Ein nicht vorbalanciertes Ruder wie es auf vielen kleinen Mehrrumpfbooten benutzt wird. (Mitte) Ein elliptisches, voll balanciertes Ruder, drehbar mit dem Ruderschaft, und (rechts) an einem festen Skeg.

Cockpit schnell zu erreichen ist. Kurze Griffe oder ein Universalgelenk, manchmal auch ausziehbare Ausleger, erlauben es dem Steuermann, von der Ruderbank auf jeder Seite, auf einem kleinen Kat vom Kajütdach

5 KONSTRUKTION UND LEISTUNG Teil 3

Segel und Segelkräfte, Luftwiderstand, scheinbare Windgeschwindigkeit und Windeinfallswinkel, Riggs, Masten und Takelage

Bis jetzt haben wir uns mit den Konstruktionsteilen unter Wasser beschäftigt, nun folgt die Konstruktion über der Wasserlinie. Wenden wir uns hierbei in erster Linie dem Rigg zu, einem für die Leistung sehr wichtigen Aspekt, und der aerodynamischen Form des gesamten Bootes. Wie bereits erwähnt leistet diese einen wichtigen Beitrag zum Gesamtwiderstand bei hohen Geschwindigkeiten, die von den meisten Mehrrumpfbooten erreicht werden, doch auch die Segel selbst tragen natürlich ihren Teil dazu bei.

Arbeitsweise der Segel

Aus den Untersuchungsergebnissen im Wind- und Wasserkanal über die Luftströmung an Segeln und starren Mylar-Flächen können wir das Verhalten ableiten und zu Papier bringen, und zwar als Darstellung der sogenannten Strömungslinien, die die verschiedenen Wege der Luft verdeutlichen. Wo sich die Linien einander nähern, muß die Luft beschleunigen, um durch den schmaleren Zwischenraum zu gelangen; wo sie sich weiter voneinander entfernen, verlangsamt sich die Luft. Jede Veränderung der Geschwindigkeit wird von einer Druckveränderung begleitet. Bernoullis Gleichung besagt, daß beides im umgekehrten Verhältnis zueinander steht: Nimmt die Geschwindigkeit zu, fällt der Druck und umgekehrt.

Abbildung 5.1 zeigt eine Mittel- oder »Stagnations«-Strömungslinie. Die Luft teilt sich, strömt an beiden Seiten des Segels vorbei und wird zum Teil leewärts abgeleitet. Resultat des »Aufstroms« ist die Teilung der Strömungslinie, und zwar in die Luft, die an der Leeseite vorbeiströmt und rasch

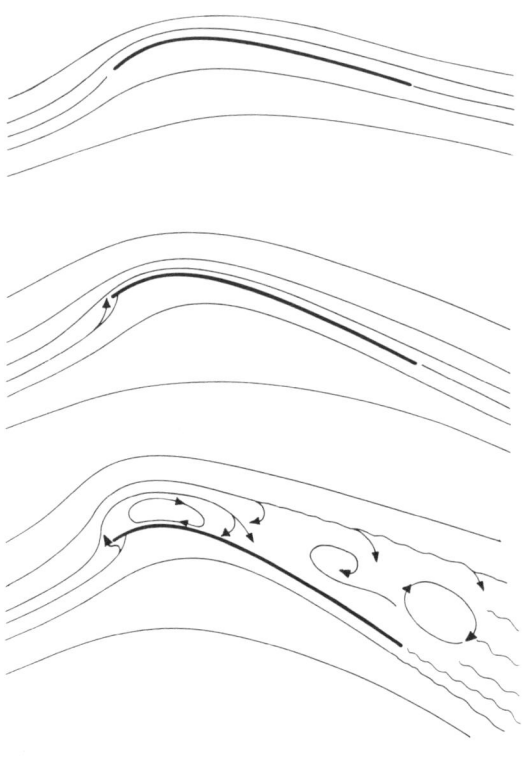

Abb. 5.1 Zentrale »Stagnations«-Strömungslinie teilt die an jeder Seite des Segels vorbeiströmende Luft. Die Strömungslinien auf der Leeseite des Segels nähern sich, wie dargestellt, einander an, die Strömung beschleunigt und der Druck fällt, während die Strömungslinien auf der Luvseite sich weiter voneinander entfernen, und die Strömung sich verlangsamt und der Druck steigt.
(Oben) Segel bei 25°; mäßiger Auftrieb. (Mitte) Segel bei 35°; maximaler Auftrieb, Strömungslinien nach wie vor eng anliegend. Mit zunehmender Vergrößerung des Winkels beginnt die Strömung im Bereich der maximalen Wölbung abzureißen, festigt sich aber weiter hinten wieder ohne nennenswerten Auftriebsverlust. (Unten) Segel bei 45°; Die Strömung beginnt abzureißen, erzeugt gegenläufige Strömungswirbel in der »Abrißblase«, willkürliche Verwirbelungen und große Turbulenz setzen ein. Ernsthafter Auftriebsverlust und Zunahme des Widerstands.

zusammengepreßt wird, weil die Luftgeschwindigkeit steigt und der Druck rapide fällt. In der Zwischenzeit breiten sich die Strömungslinien auf Luv aus, allerdings vergleichsweise langsam, gleichzeitig nimmt die Geschwindigkeit der Luft etwas ab und der Druck steigt. Erreichen die beiden Strömungslinien das Achterliek, nähern sie sich einander wieder an, die jeweilige Geschwindigkeit und der jeweilige Druck beginnen wieder übereinzustimmen, und sie vereinigen sich erneut zu Strömungslinien mit gleichem Abstand. Aber ihre generelle Richtung haben sie im Vergleich zu der vor dem Segel befindlichen freien Strömung verändert, was zu einer Reaktion führt (Newtons Gesetz), bei der der insgesamt auf das Segel ausgeübte Druck proportional ist zu der Luftmasse und dem Winkel, in dem diese abgelenkt wird. Zumeist resultiert dies aus dem Sog auf der Leeseite und nur zum kleinen Teil aus dem Druck auf der Luvseite. Diesen Vorgang kann man im Spülbecken in der Küche verblüffend einfach demonstrieren, indem man einen Löffel zwischen Zeigefinger und Daumen klemmt und damit wippt und den Wasserhahn aufdreht.

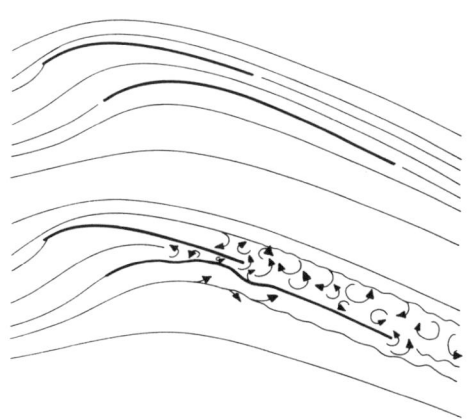

Abb. 5.3 (Oben) Druckverteilung an der Segeloberfläche mit anliegender Strömung zeigt, daß sich der größte Auftrieb auf der Leeseite des Segels entwickelt und sich nahe der Anströmkante konzentriert. Der große Pfeil symbolisiert die daraus entstehende Gesamtkraft, die durch den Segeldruckpunkt verläuft. (Unten) Beziehung zwischen Antriebs- und Krängungskräften, die vom Segel erzeugt werden, und das Verhältnis Auftrieb/Widerstand.

Bringt man die Rückseite des Löffels dicht an das fließende Wasser, wird es plötzlich davon angezogen, da sich die Strömung beschleunigt und der Druck fällt.

ABREISSEN DER STRÖMUNG

Dieser Überdruck variiert mit dem Anstellwinkel des Segels, beginnt bei Null und nimmt zu, wenn das Segel im optimalen Winkel angeholt wird. Darüber hinausgehend fällt der Überdruck auf der Leeseite zunehmend schneller, der Druckgradient wird entsprechend steiler, und die bisher ruhige »laminare Strömung« an den Achteroberflächen der Segel verwirbelt zu einem Durcheinander von Strudeln. Die Strömung beginnt abzureißen, verbunden mit einem Verlust an Fahrt. Vergrößert sich der Winkel noch weiter, verlagert sich der Punkt, an dem die Strömung abzureißen beginnt, weiter nach vorn. Die Strömung wird zunehmend turbulenter, bis sie schließlich am Segel vollständig abreißt und das Segel jeglichen Auftrieb verloren hat.

ZUSAMMENSPIEL DER SEGEL

Bis jetzt haben wir uns mit einem Segel beschäftigt – sagen wir, mit dem Großsegel. Setzen wir eine Fock davor (Abb. 5.2), verändert sich das Aussehen der Strömungslinien aufgrund der Öffnung zwischen den beiden Segeln dramatisch. Aus diesem Grund werden die meisten Boote sehr lebhaft, wenn das Vorsegel gehißt ist. Jetzt vergrößert die Aufwärtsströmung am Groß wiederum den Winkel der Aufwärtsströmung an der Fock, und die beiden Stagnationsströmungslinien gehen weiter auseinander. Das bedeutet erstens, daß, im Unterschied zur landläufigen Meinung, die Luftgeschwindigkeit im Anfangsbereich der Öffnung zwischen den Segeln tatsächlich verringert wird, und vor dem Fockachterliek auf ungefähr wieder den Wert, den sie ohne die Öffnung gehabt hätte, ansteigt. Aufgrund des verringerten Druckgradienten kann der Baum dichter angeholt werden, was eine Zunahme an Kraft zur Folge hat, bevor sich die Strömung am Großsegel zu teilen beginnt. Gleichzeitig wird aufgrund des größeren lokalen Windeinfallswinkels der Luftstrom um die Leeseite der Fock gelenkt, verbunden mit einem entsprechend großen Druckabfall und einer Zunahme des Auftriebs.

Ist die Öffnung zwischen den Segeln zu groß, weil das Segel nicht dicht genug gefahren wird, geht viel von diesem Effekt verloren, denn jedes Segel tendiert dazu, unabhängig vom anderen zu agieren. Ist die Öffnung wiederum zu schmal, lenkt das übertrieben dicht angeholte Vorsegel den Luftstrom auf die Leeseite des Großsegels und drückt es ein, was zum Killen führen kann. Ein gewisser Windstau dicht am Vorliek ist vertretbar, vorausgesetzt, der Luftstrom bleibt über dem übrigen Segel erhalten, aber zuviel verursacht Turbulenzen und Auftriebsverlust. Bei korrekt getrimmten Segeln ist eines auf das andere abgestimmt und dient dem anderen. Gleichzeitig muß

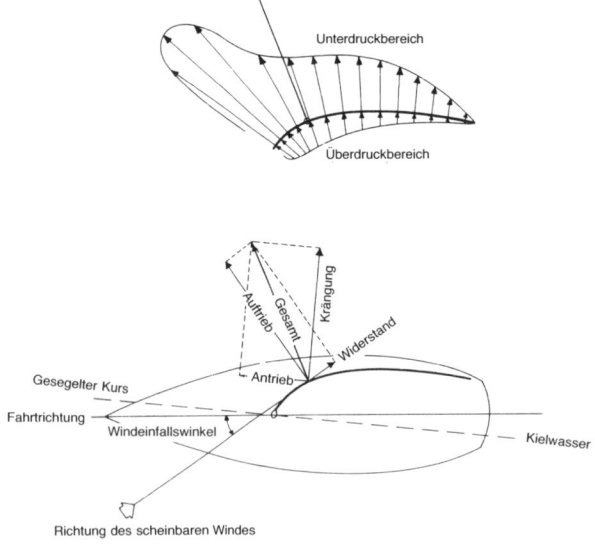

Abb. 5.2 Die Düsenwirkung beim Setzen eines Vorsegels. (Oben) Der reduzierte Druckgradient am Großsegel erlaubt ein dichteres Anholen des Segels, die Kraft nimmt zu. Auch das Vorsegel verursacht mit gesetztem Großsegel verstärkt Auftrieb, denn mehr Luft fällt auf seine Leeseite ein. (Unten) Zu schmale Öffnung; übertrieben dicht angeholtes Vorsegel hält das Großsegel back und zerstört die Strömung.

das Ruder vernünftig ausgeglichen sein. Nur bei extrem hohen Geschwindigkeiten und entsprechend kleinem Windeinfallswinkel wird beim Multihull eine Fock eher zum Hindernis als zu einer Unterstützung.

SEGELKRÄFTE

Abbildung 5.3 stellt das Druckgefälle dar, auf der Luvseite Überdruck, auf der Leeseite Unterdruck. Der unterschiedliche Druck wirkt an verschiedenen Punkten auf ein Segel ein, die Länge der Pfeile symbolisiert Ausmaß und Richtung der ausgeübten Kräfte. Sie können zu einem sich daraus ergebenden einzigen Pfeil verbunden werden, ungefähr senkrecht zur mittleren Spannweite des Segels, der durch den Segeldruckpunkt verläuft – oder durch den effektiven Druckpunkt des Riggs, wenn mehr als ein Segel gesetzt ist (Abb. 4.4). Dieser repräsentiert die gesamte vom Segel hervorgerufene aerodynamische Kraft, die sich wiederum aus zwei Hauptkomponenten zusammensetzt: einer Vortriebskraft in der Kursrichtung des Bootes, und einer bedeutend größeren Krängungskraft im rechten Winkel dazu und zum Mast, die Abdrift bewirkt und versucht, das Boot zu krängen. Sie ist abhängig vom Boot, am stärksten beim Segeln zwischen Amwind- und Raumschotskurs, und kann ein Maximum von ungefähr der vierfachen Vortriebskraft erreichen. Können bei raumem Wind die Schoten gefiert werden, wirkt sich die Krängungskraft weniger stark aus, die Antriebskraft steigt rasch, und das Boot nimmt Fahrt auf.

Die gesamte Kraft kann auch mathematisch analysiert werden, und zwar in eine Querkraft oder Auftriebskraft rechtwinklig zum scheinbaren Wind, und eine Vortriebskraft, wirksam direkt vor dem Wind, bei der die Widerstandskraft des Segels ausgenutzt wird. Je höher das Verhältnis Auftrieb/Widerstand, um so größer sind die vortriebswirksamen Segelkräfte und um so geringer die nachteilige Krängungskraft und der damit verbundene Abdrifteffekt; und je größer die Bandbreite der Winkel, mit denen ein gutes Verhältnis Auftrieb/Widerstand aufrechterhalten werden kann, um so besser die Allroundleistung des Segels. Diese variiert nicht nur mit dem Einfallswinkel, sondern auch mit der Form des Segels und seinem Flächenverhältnis – je höher, desto besser, wie es auch bei der Kielform der Fall ist – sowie mit dem Können der Crew, das heißt, wie sie die Segel gesetzt und getrimmt hat. Die Crew kann mittels richtiger Einstellung von Schoten und Traveller und der Vorlieks- und Unterlieksspannung den Winkel, die Tiefe und Form der Bauchigkeit, einstellen, und den Grad der Verwindung zur Anpassung an die Windbedingungen.

Man muß wissen, je kleiner die Segelfläche ist – wie zum Beispiel bei gerefften Segeln oder bei einem untertakelten Boot – desto geringer sind die vortriebswirksamen Kräfte im Verhältnis zum schädlichen Gesamtwiderstand von Rumpf und Rigg, und infolgedessen wird das Boot nicht sehr hart

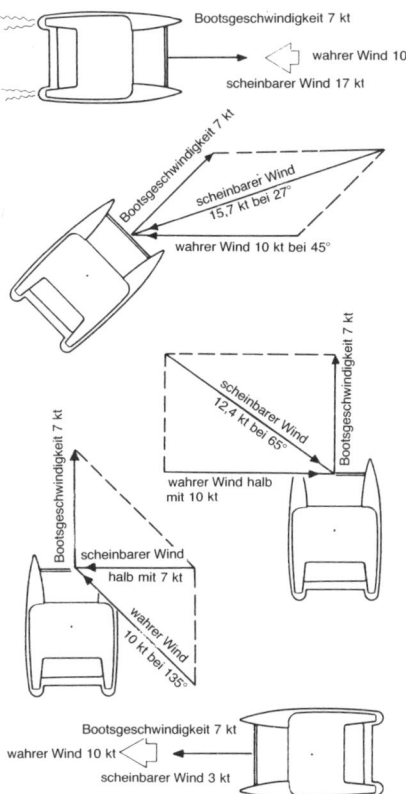

Abb. 5.4 Varianten der Stärke und Richtung des scheinbaren Windes zur Kursrichtung des Bootes.

am Wind segeln können. Das kann zu unangenehmen Situationen führen. Ein typisches Beispiel, wenn man mit zu wenig Segeln versucht, sich von einer Leeküste freizukreuzen.

Die Arbeit der Segel in allen Einzelheiten genau zu kennen, ist ein faszinierendes und komplexes Kapitel für sich und, was gewisse Aspekte betrifft, nach wie vor nicht unumstritten. Wer sich besonders für dieses Thema interessiert, findet empfehlenswerte Literatur im Anhang 1.

Scheinbarer Wind

Der auf ein fahrendes Boot einwirkende Wind ist der sogenannte scheinbare Wind, der sich aus dem Zusammenwirken zweier Vektoren ergibt: wahrer Windgeschwindigkeit und Fahrtgeschwindigkeit. Fährt man direkt gegen den Wind – zum Beispiel mit einem Motor -, addieren sich die Geschwindigkeiten zusammen: zum Beispiel wahre Windgeschwindigkeit 10 Knoten, Bootsgeschwindigkeit 7 Knoten, scheinbare Windgeschwindigkeit 17 Knoten. Vor dem Wind wird eine Geschwindigkeit von der anderen subtrahiert, so daß die Crew auf Deck in diesem Fall nur 3 Knoten wahrnimmt. Bei sämtlichen dazwischenliegenden Kursen bewegt sich die scheinbare Windgeschwindigkeit und ihre Richtung zwischen diesen beiden Extremen, wie die graphische Darstellung (Abb. 5.4) zeigt. Man sieht, ausgenommen der wahre Wind kommt recht von vorn oder recht von achtern, daß der scheinbare Wind immer vorlicher einfällt als der wahre Wind; raumschots mit halbem Wind oder hoch am Wind hat er eine höhere Geschwindigkeit als der wahre Wind. Ein gutes Boot läuft luvwärts bis 30° oder weniger zum scheinbaren Wind, kann aber vielleicht nur bis 80° auf dem Kompaß aufkreuzen. Kommt dagegen der wahre Wind von achtern, nimmt der scheinbare Wind ab; und bei wahrem Wind recht achtern genügt ein kleiner Wechsel seiner wahren Richtung, um eine spürbare Änderung in der scheinbaren Windrichtung auszulösen. Um die Dinge

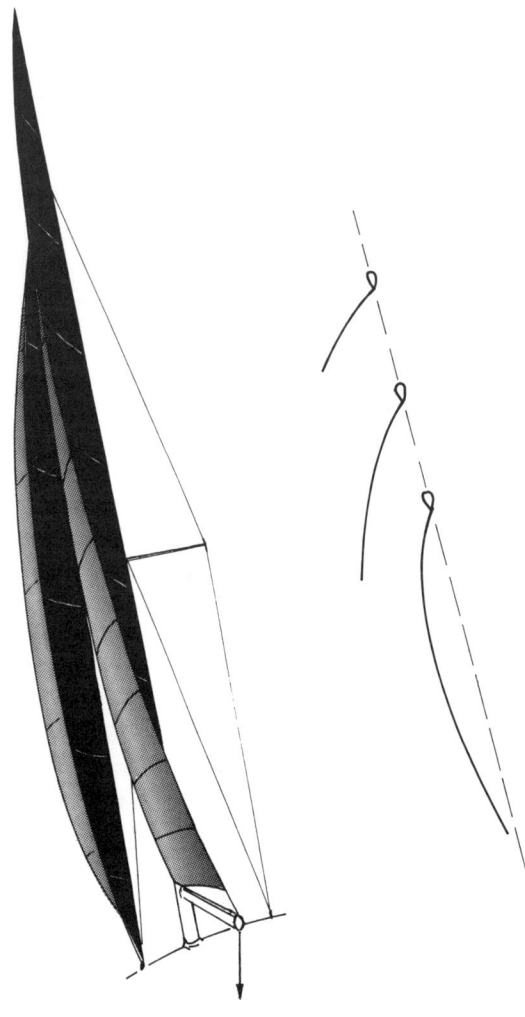

fallswinkel am Kopf des Segels vergrößert. Durch diese Schwankung können sich die Segel vom Unterliek bis zum Kopf verwinden (Abb. 5.5), Ziel ist es also, dem Wind den ganzen Weg hinauf einen konstanten Eintrittswinkel zu bieten. Da aber der Wind die Gegenwart eines sich nähernden Bootes »spürt«, hat sich die freie Strömung bereits nach oben bewegt, wenn sie das Oberdeck erreicht und beschleunigt folglich bereits; das heißt, der tatsächliche Unterschied in der Geschwindigkeit zwischen Decksebene und Mastspitze ist geringer als allgemein angenommen – vermutlich beträgt er nicht mehr als 10%. Tatsächlich ist es so, daß die Segel, wenn sie sich selbst überlassen bleiben, unter den meisten äußeren Bedingungen stärker twisten als notwendig, und folglich mit Hilfe von Großschot oder Niederholer und korrekter Positionierung des Fockschotblocks kontrolliert werden müssen.

Luftwiderstand des Rumpfes

Zum unvermeidlichen Widerstand der Segel muß man noch den Luftwiderstand oder aerodynamischen Widerstand addieren, den das übrige Boot erzeugt. Es muß berücksichtigt werden, daß beim Segeln mit Wind achterlicher als dwars der aerodynamische Widerstand nach vorn wirkt und tatsächlich der Fahrtgeschwindigkeit zugute kommt; je größer und voller die Form, um so schneller ist das Boot auf Vorwindkurs. Dreht das Boot in den Wind, wirkt der Widerstand zunehmend gegenteilig und vermindert die Geschwindigkeit. Da der Luvgeschwindigkeit große Bedeutung zukommt, muß der Konstrukteur versuchen, wo immer möglich schädlichen Widerstand auf ein Minimum zu reduzieren. Man muß stets im Auge behalten, daß er mit dem Quadrat der Windgeschwindigkeit wechselt. Bezogen auf das Rigg kann in dieser Hinsicht nicht viel getan werden, außer einen effizienten Segelriß auszuarbeiten und der Größe des Mastprofils sowie den verschiedenen Takelungen sein Augenmerk zu schenken.

Die Profile von Rumpf, Kabinendach und weiteren Decksaufbauten können jedoch

Abb. 5.5 (links) Verwindung an Großsegel und Fock, von achtern gesehen. Ein Herunterziehen des Baumes würde das Achterliek straffen und den Twist verringern. (rechts) Großsegelprofil in der Nähe des Kopfes, in der Mitte und am Unterliek.

noch weiter zu komplizieren, steigt die wahre Windgeschwindigkeit mit ihrer Höhe über See, wo sie von der Oberflächenreibung verlangsamt wird. Die Differenz der Windgeschwindigkeit zwischen Seehöhe und Mastspitze liegt selbst auf einem Micro in der Größenordnung von 30% und mehr, je nach Masthöhe. Folglich ist die scheinbare Geschwindigkeit an der Mastspitze höher als auf Deckshöhe, was wiederum den Windein-

Abb. 5.6
Eine windschnittige Anordnung von Aufbauten vermindert den Luftwiderstand bei der ›Ville Audrain 42‹, konstruiert von Erik Lerouge (Frankreich).

mit gutem Resultat windschlüpfrig konstruiert werden. Das erste wesentliche Charakteristikum zur Erzielung eines leistungsstarken Bootes ist eine Reduzierung dieser Bereiche, so weit dies möglich ist. Berechnungen besagen, daß der geschlossene Kajütaufbau im Gegensatz zu einem typischen, offenen 10-m-Kat den Luftwiderstand um bis zu 25% erhöhen und den Segelhalswinkel um 10° vergrößern kann – bei Schwerwetter noch mehr. Dies ergibt eine ernsthafte Beeinträchtigung beim Kreuzen in einem Sturm, wenn die Geschwindigkeit hoch am Wind bereits von den gerefften Segeln verringert wird.

Selbst offene Decks bieten eine gewisse Windangriffsfläche, deshalb wird – mit Ausnahme eines Bereiches mit fester Abdeckung beim Cockpit zwischen den Kabinenluken, der möglicherweise so weit nach vorn reicht wie der (Groß)Mastbalken – der Raum zwischen den Rümpfen eines kleinen offenen Kats am besten mit einem leichten

luft- und wasserdurchlässigen Trampolin aus Polypropylen gedeckt, auf dem man bequem sitzen oder liegen kann, während der Wind (und das Wasser!) ungehindert durchströmen. Größere Boote werden auch in diesem Bereich massiv eingedeckt, zur Ruderbedienung und um angemessene Sitzmöglichkeiten zu schaffen. Eine vertiefte Decksbucht hält nicht nur tcilweise Wind und Gischt von der Crew ab, sondern gewährleistet auch eine bessere Widerstandskraft gegen den Mastdruck als ein Hohlraum von gleichem Gewicht. Auch ein kleiner Stauraum für allerlei Decksgerät kann vorhanden sein oder auf großen Booten Tanks für zusätzlichen Wasservorrat. Natürlich muß dieser Bereich mit einer windschlüpfrigen Anströmkante versehen sein, damit er zur Beruhigung der dahinter ansonsten turbulenten Luftströmungen beiträgt. Über dem Bugbereich kann ein offenes Netz aus Polypropylengewebe angebracht werden. Dieses erlaubt gute Sicht, wenn man beispielsweise an eine Boje geht – und reduziert weiteren Luftwiderstand. Nylonnetze sind noch besser, vorausgesetzt, sie werden aus Sicherheitsgründen in regelmäßigen Abständen durch neue ersetzt, denn durch Sonneneinwirkung verschleißen sie rasch. Die Mehrzahl der Kats mit »Wohnkomfort« haben Brückendeckkabinen vor dem Mast, so daß die volle Eindeckung normalerweise bis zu oder fast an die Bugs reicht und sowohl ausgesprochen festen Halt bei Anker- und Fockmanöver als auch einen trockenen Raum für Ankerleinen und Fender bietet.

Abgesehen von den größten Fahrtenkatamaranen ergeben solide Seitendecks nur Extragewicht und zusätzlichen Widerstand, den man am besten vermeidet. Zweifellos erweitern sie den Zugang zu den Kabinenräumen und stellen Raum zur Verfügung, der sich zum geselligen Beisammensein förmlich anbietet; außerdem liefern sie auch etwas Auftriebsreserve und auf größeren Booten natürlich zusätzliche Räumlichkeiten. Doch wenn das Boot hart gedrückt wird, vergrößert der unter das Wetterdeck einwirkende Wind den Krängungswinkel, und Wellenkämme schlagen heftig auf das Leedeck ein. Trampoline oder Netze zwischen Mittelrumpf und Schwimmern verhindern dies. Auf den Trägern können schmale »Laufplanken« vorhanden sein, die der Crew, falls gewünscht, festeren Halt geben. Die Träger eines kleinen Tris sind im Profil selten groß genug, um viel Widerstand hervorzurufen, aber auf größeren Booten sollten tragflächenartige Verkleidungen an den Anströmkanten angebracht werden, um den Widerstand und die Auswirkungen der Wellen zu mindern. Diese müssen gut befestigt werden, weil sie bei Schwerwetter beträchtliche Wellenschläge aushalten müssen.

Die weiteren Schritte zur Verminderung des Widerstandes beruhen auf der Tatsache, daß der Wind beim Segeln niemals direkt von vorne kommt. Es ist das vorspringende Profil mit ungefähr 30° zum Kurs des Bootes, das sich dem Wind darbietet und am meisten von einer windschlüpfrigen Stromlinienform profitiert. Folglich ist es vorteilhaft, die scharfen Kanten an den Decksrändern abzurunden und die Kabinenoberkanten abzuschrägen, damit sich soweit wie möglich eine Einheit aus Decks und Oberkanten und mit den Rumpfböden eine glatte, nicht unterbrochene ovale Form ergibt (siehe Abb. 2.3 und 5.6). Leider trägt dies dazu bei, daß noch mehr Wasser über die Decks schwappt, wenn das Boot hart gesegelt wird, und somit wächst die Rutschgefahr. Aber auf einem schnellen Boot betrachtet man dies als relativ kleinen Preis, den es zu bezahlen gilt, im Vergleich zum Gewinn an Geschwindigkeit. Abgerundete oder elliptische Vordecks (einschließlich der Schwimmer eines Tris) verringern das Risiko eines Über-Kopf-gehens, da sie eine so windschlüpfrige Bugform haben, die gleichzeitig ein urplötzliches Ansteigen des Widerstands, wie es bei flachen Decks passiert, wenn diese eintauchen, gar nicht erst entstehen läßt.

Was die Luftströmung betrifft, so sollte auch für einen sauberen Abzug gesorgt werden, damit das Boot kein turbulentes Kielwasser hinter sich herzieht. Wem Komfort und Sicherheit vor Schnelligkeit gehen, der nutzt eine außenangeflanschte, von einer Scheuerleiste verkleidete Verbindung zwischen Rumpf und Deck nicht nur zur Abweisung des Wassers, sondern auch zur leichten Kontrolle der Relings-Beschläge mit Muttern und Bolzen. Außerdem verleiht diese Halt für die Füße. Wer mehr daran interessiert ist, mit einem Rumpf zu fliegen, sollte beachten, daß der Luftwiderstand – wie auch die Reibung der benetzten Oberfläche – unvermittelt abfällt, sobald der Rumpf aus dem Wasser steigt und die Luft glatt darunter durchströmen kann, anstatt beim Auftreffen auf die Oberkanten schlagartig nach oben abgelenkt zu werden.

Rigg

So, wie die Schnelligkeit, das geringe Gewicht und die aufrechte Lage eines Mehrrumpfbootes Auswirkungen auf die Konstruktion und Anordnung der Rümpfe haben, muß sich auch das Rigg Bedingungen anpassen, die selten, wenn überhaupt, auf Einrumpfboote zutreffen. Ein Mehrrumpfboot hat wenig Probleme, bei Leichtwetter mit fast jedem beliebigen Rigg einigermaßen gut voranzukommen, und etliche Boote – meist ältere Konstruktionen – sieht man fröhlich mit einer scheinbar wenig leistungsfähigen Takelung segeln.

Mit wechselndem Erfolg wurden auf den Multis immer wieder verschiedene Takelagen ausprobiert, darunter Ketschen und Schoner mit Dschunken-, Gaffel- und Sprietsegel. Diese drei sind wegen ihres breiteren Hochleistungsprofils und des größeren, entgegengesetzt wirkenden Widerstands auf Einrumpfbooten dem Bermudarigg überlegen, wenn der Wind achterlicher als dwars bläst. Diese Vorzüge werden auf einem Mehrrumpfboot zunichte gemacht, sobald seine hohe Geschwindigkeit den scheinbaren Wind schralen läßt, bis das Boot auf Raumschots- oder sogar Amwindkurs ist.

Es gibt ein paar interessante Ausnahmen von der »Bermuda-Regel«. Zum einen das pazifischen Krebsscherensegel, das bereits geformt ist wie der Deltaflügel eines sehr schnellen Flugzeugs, obwohl es fast schon antik ist (S. 16). Windkanaltests von Tony Marchaj haben bewiesen, daß es tatsächlich auf fast allen Kursen mehr Leistung bringt als ein Bermuda-Rigg mit niedrigem Flächenverhältnis, besonders aber mit raumem Wind, denn da entwickelt es fast die doppelte Antriebskraft eines Bermuda-Riggs. Dies, so erklärt er, läge daran, daß zusätzlich zum normalen Auftrieb das extrem niedrige Flächenverhältnis einen »Wirbelauftrieb« aus dem Sog spiralförmiger Luftwirbelungen verursacht, die rasch über jede Leekante des Segels strömen und mit größer werdendem Einfallswinkel stärker zunehmen. Da sich die Luft in diesen Spiralen schneller bewegt als die Segeltuchbahn in der Luft, ist der Druck geringer, daher der Auftrieb. In seiner gegenwärtigen Form ist das Krebsscherensegel für die Verwendung auf den meisten Yachten zu unhandlich, aber eine laufende Testreihe mit einem Micro-Kat führt vielleicht zu einer Weiterentwicklung dieses Segeltyps.

Ein interessantes Rigg, das für die Wharram-Kats charakteristisch geworden ist (siehe Abb. 5.7), basiert auf der Takelung der traditionellen holländischen Barken. Es weist eine kurze Gaffel auf, an der das Oberliek des Großsegels befestigt ist. Das Großsegel faßt mit einer großen Tasche um den Hohlmast, ähnlich wie bei einem Segelbrett, wodurch die schädlichen Turbulenzen des Mastes verringert werden und ebenso der übliche Windschattenbereich am Mast. Ferner hat das baumlose Großsegel ein loses Unterliek, seine Verwindung und Bauchigkeit wird mittels einer diagonalen Gaffelgei kontrolliert, was nebenbei bemerkt die Gefahr beseitigt, daß man sich den Kopf anschlägt. Dieses Rigg ist nicht nur malerisch, sondern auch zweckmäßig, erhebt allerdings keinen Anspruch auf maximale Geschwindigkeit. Außerdem stellt sich beim Reffen ein reichlich bauchiges Segelpaket ein, weil dem Rigg ein konventioneller Baum fehlt.

Ein überarbeitetes Ljungstrom-Rigg hat Dick Newick für seinen eigenen Trimaran-Schoner *Pat's* übernommen. Das Rigg hat ein Paar drehbarer, nicht abgestagter Masten, der vordere Mast wird von einem

Abb. 5.7 Baumloses Großsegel mit losem Unterliek auf einem Wharram »Tiki 26«, mit einer Tasche um den Mast gefaßt und kurzer Gaffel, an der das Oberliek des Segels befestigt ist. (Foto: Domon Sails)

Zweilagensegel umfaßt, das sich auf Vorwindkurs wie eine Muschelschale öffnen kann, so daß sich die doppelte Segelfläche ergibt. Gerefft und geborgen wird es mittels Drehen des Mastes, mit einer entsprechend kleineren Drehung läßt sich die Segelwölbung verändern (S. 118). Ähnliche doppellagige Segel werden als Passat-Segel von Weltumseglern gerne benutzt.

Um optimale Geschwindigkeit herauszuholen, benötigt man ein eigens für diesen Zweck entworfenes Rigg, das aber nicht notgedrungen kompliziert sein muß. Für die meisten Multis gilt nach wie vor ein einfaches Bermuda-Slup-Rigg als unschlagbar. Es hat sich als höchst effizient und auf allen Kursen als leicht handbar erwiesen, insbesondere am Wind, also im kritischsten Bereich. Soll das Großsegel Höchstleistung bringen, ist ein loses Unterliek, wie bei den meisten Jollenkats vorhanden, von Vorteil, weil sich die Bauchigkeit mit dem Schothornausholer kontrollieren läßt.

Es besteht kein Grund, den Segelriß wegen einer eventuell einfacheren Handhabung in mehrere kleinere Einheiten zu unterteilen (mit Ausnahme auf einigen großen Fahrtenbooten, die häufig als Kutter, gelegentlich auch als Ketsch getakelt sind), weil die beiden Hauptsegel im allgemeinen nicht so groß sind, daß sie unhandlich wären – wenn nötig, kann auch ein Einhandsegler gut damit umgehen. Beschränkt man die Größe der Fock auf etwas weniger als 100% der Fläche des vorderen Dreiecks – d. h., sie darf nicht achtern vom Mast überlappen – und verbindet sie mit einem querschiffs liegenden Traveller knapp vor dem Mast, dann kann das Boot auch als »Selbstwender« gesegelt werden (mehr auf S. 113).

Eine bemerkenswerte Ausnahme von der konventionellen Takelung als Slup ist der leicht zu erkennende Prout-Segelriß, charakterisiert durch ein kleines Großsegel (»Minsail«) an einem Mast am vorderen Ende des Cockpits, von wo aus man leicht an die Fallen herankommt, eine große Rollgenua und eine Selbstwende-Stagfock. Ein so weit achtern angebrachter Mast bewirkt bemerkenswert mehr Fläche bei den effektiveren Vorsegeln. Die Genua entwickelt mehr

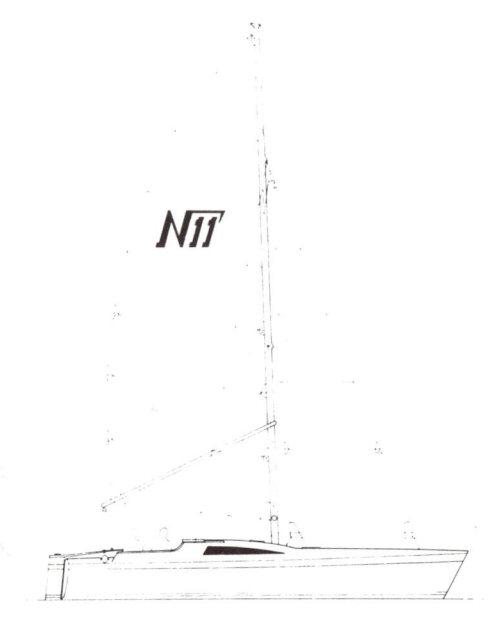

Abb. 5.8 »Northern 11«, ein schneller 11-m-Fahrtenkat, konstruiert von Malcolm Tennant (Neuseeland). Beachten Sie den Diagonal-Gabelbaum, der sowohl Verwindung als auch Bauchigkeit des Großsegels mit losem Unterliek und das nichtüberlappende Vorsegel kontrolliert.

als den gewöhnlichen Auftrieb (selbstverständlich einhergehend mit einer gleichzeitigen Verringerung der Antriebskraft und somit etwas Verlust an Geschwindigkeit). Die Kombination dieses Auftriebssystems mit den schmalen Prout-Hecks verhindert ein Eintauchen des Leebugs und hat sich als äußerst effizientes und beruhigendes Sicherheitselement auf diesen Booten bewährt.

Windeinfallswinkel

Die schnellsten Rennboote fahren normalerweise zwei Segel, nämlich ein sehr großes Großsegel und eine eher magere Fock, die – abgesehen von der offiziellen Forderung zum Fahren einer Sturmfock – hauptsächlich zur Unterstützung des Bootes beim Wenden dient. Das ist ein auffälliger Unterschied zu den meisten Einrumpfbooten, deren Genua im Grunde so etwas wie den Maschinenraum des Segelrisses darstellt.

Abb. 5.9 »Northern 11« auf Fahrt vor dem Wind mit gesetztem Spinnaker an kurzem Bugspriet.

Nähern sich die Multi-Windhunde ihrer Höchstgeschwindigkeit von gut über 30 Knoten, segeln sie nicht nur in einer stetig steifen Brise, indem sich ein Großteil ihrer Fahrtgeschwindigkeit zu der des wahren Windes addiert, sondern der scheinbare Wind schralt so extrem, daß sie notgedrungen außerordentlich dicht am scheinbaren Wind segeln – 20° oder weniger, mit entsprechenden Schoteinstellungswinkeln –, um soviel Fahrt wie möglich in Richtung des wahren Windes zu machen, der wahrscheinlich aus ungefähr 40° bläst.

Daraus folgt, daß die Fock, die ansonsten das Großsegel hart am Wind unterstützt, unter den bei Höchstgeschwindigkeit herr-

schenden Bedingungen nicht dicht genug angeholt werden kann, ohne das Großsegel oder den Starrmast teilweise backzuhalten, und deshalb oft geborgen oder eingerollt wird. Nur in grober See, wenn das Boot voller gesegelt werden muß, um durch die Wellen zu kommen, oder bei wenig Wind, kommt die Fock wieder zu Ehren. Die neuesten Renn-Micros haben einen ähnlichen Segelriß, obwohl diese Boote die Fock auch bis zum Erreichen ihrer Höchstgeschwindigkeit von etwa 20 Knoten fahren können. Die Obergrenze der Luvgeschwindigkeit ist erreicht, wenn der Luftstrom so weit schralt, daß das Boot einfach nicht mehr so hart am Wind segeln kann. Hoch an den Wind muß ein leistungsstarkes und ein wirklich schnelles Boot segeln, weil notgedrungen sehr oft auf diesem Kurs gesegelt werden muß.

Segelflächen

Das Optimum an Segelfläche erreicht man nur mit einem Kompromiß. Abgesehen von den verschiedenen Abmessungen und Segelproportionen, die das Rating eines Rennbootes vorschreibt, hat man die Wahl zwischen einem untertakelten Boot, das ausnahmslos ziemlich träge ist, und einem übertakelten Boot, das häufiges Reffen verlangt, wann immer die Windstärke wechselt, was bald schon ermüdend wird.

Ziel ist es also, genügend Segelfläche zu setzen, damit es Spaß macht, mit dem Boot in 8–10 Knoten Wind zu segeln, und daß es gleichzeitig stabil bleibt und ohne Reffen bis zu Windgeschwindigkeiten von ungefähr 15 Knoten auskommt. Die Segel eines Mehrrumpfbootes sollten weitaus flacher geschnitten sein als die für ein Einrumpfboot, weil die Bedienung schneller erfolgen muß. Eine flache Genua auf einem Fahrtenboot gleicht außerdem das Durchsacken des Vorstags bei zusätzlicher Gewichtsbelastung aus.

Ein weiterer Grund für die Kombination großes Großsegel/kleine Fock auf einem Hochleistungs-Fahrtenboot resultiert aus dem Wunsch, den Luvrumpf eines Multis knapp über dem Wasser fliegen zu lassen – den Mittelrumpf, im Falle eines Tris -, um damit den Widerstand auf ein Minimum zu beschränken. Diese heikle Balance wird durch Auffieren der Großschot oder bei Böen besser der des Travellers erreicht, damit sich die enorme Krängungskraft rasch verringert. Mit einem großen Vorsegel ginge das nicht, denn ein Losegeben der Schot würde es nur bauchiger machen, ohne eine Verringerung der Krängung zu erzielen.

Achterlieksrundung

Wie bereits erwähnt, steigt die Effizienz eines Segels analog zu seinem Flächenverhältnis – anders ausgedrückt, je länger die Anschnittskante oder das Vorliek ist, um so mehr Kraft wird von der gegebenen Fläche erzeugt. Das Problem bei einem sehr großen Segelriß ist nicht nur der entsprechend hoch liegende Segeldruckpunkt, was sich auf die Querstabilität auswirkt, sondern auch das Moment eines langen und schweren Mastes, das Stampfbewegungen fördert. Bei einem Einrumpfboot mit Ballast spielt das alles keine allzu große Rolle, denn es legt sich leichter auf eine Seite über und killt, und seine schiere Masse und die vollen Linien wirken dem Stampfen entgegen.

Bei den Hochleistungs-Multis hat man dieses Problem, nämlich zusätzliche Großsegelfläche zu gewinnen, mit Hilfe einer ausgeprägten Achterlieksrundung gelöst. Das abgerundete Achterlieksprofil steht über die gerade verlaufende Kopf-Schothorn-Diagonale über. Damit gewinnt man mindestens ein Drittel zur Gesamtgröße eines Segels hinzu. Das Segel hat somit außerdem eine windschlüpfrige, halb-elliptische Form, die weniger Widerstand, aber mehr Kraft erzeugt als ein gerades Achterliek (siehe Abb. 5.10). Außerdem befindet sich die zusätzliche Fläche im oberen Bereich, wo das Segel hauptsächlich vom Windgradient profitiert, ohne daß ein übermäßig hoher Mast vonnöten ist. Natürlich verlagert sich damit auch der Segeldruckpunkt nach oben, aber dies wird bis zu einem gewissen Grad durch die winzige, an einem verkürzten Vorstag geführte Fock, wie sie gerade in Mode ist, und – falls zur Wiederherstellung der Stabilität nötig – durch eine größere Breite ausgeglichen.

Durchgelattete Segel

Eine große Achterlieksrundung braucht angemessene Unterstützung durch Latten. Diese verlaufen ausnahmslos über die volle Länge vom Achterliek zum Vorliek. Durchgelattete Großsegel weisen eine Reihe wei-

Abb. 5.10 High-Tech-Segel an einem Micro mit Flügelmast, konstruiert und gebaut von Derick Reynolds (GB). Beachten Sie die auffallende Achterlieksrundung, die durchgehenden Latten und die winzige Fock.

terer Vorteile gegenüber ihren traditionellen Vorläufern auf. Verfolgt man ihre Entwicklung und ihren erfolgreichen Einsatz bei Multi-Rennen, überrascht es nicht weiter, daß sie inzwischen auch auf Fahrtenbooten, einschließlich der Einrumpfboote, Verwendung finden. Zuallererst bedeuten sie eine Verbesserung, was das Verstauen und Reffen angeht, besonders in Verbindung mit Halteleinen, den »Lazy Jacks«. Dabei handelt es sich um Leinenschlingen, die unter dem Fußliek durchlaufen und an verstellbaren Leinen gehängt sind, die vom Achterende des Baumes zu einem Punkt etwa zwei Drittel den Mast hinauf führen oder noch besser entlang der Salings nach oben geführt werden. Zieht man das geborgene Segel nach außen und verlagert somit etwas von seinem Gewicht nach achtern, kann dank

der langen Latten jede Falte des Segels von den Lazy Jacks aufgenommen und oben am Baum glatt gestapelt werden, anstatt auf das Deck zu schlagen oder auf die emsig arbeitende Crew herabzufallen und diese einzuhüllen. Ein weiterer Vorteil gegenüber einem »weichen« Segel besteht darin, daß es beim Setzen oder Bergen nicht schlägt oder flattert, auch nicht, wenn es von einer Bö flachgedrückt wird. Die Geräuschlosigkeit und die Ruhe, die ganz im Gegensatz zu den ansonsten üblichen Begleiterscheinungen dieser Manöver stehen, erfreuen viele nervöse Segelneulinge. Außerdem verlängert die gleichmäßigere Verteilung der Belastung zweifellos die Lebensdauer des Segels. Auch die Leistungsfähigkeit ist verbessert, weil das Profil im großen und ganzen berechenbar und besonders bei Leichtwind

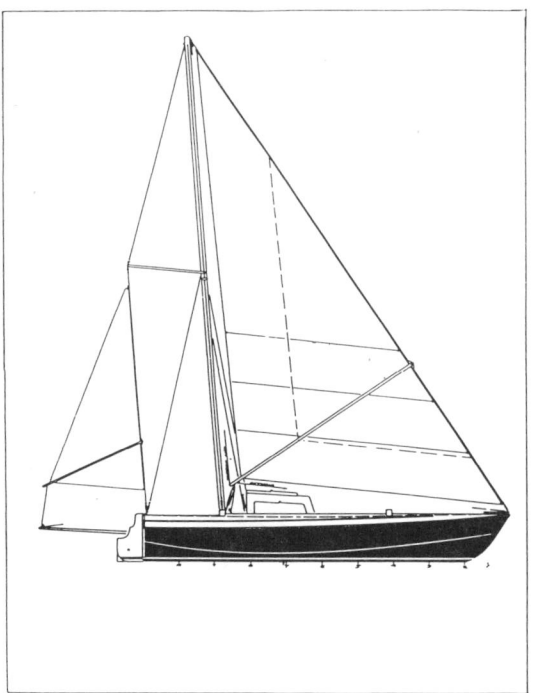

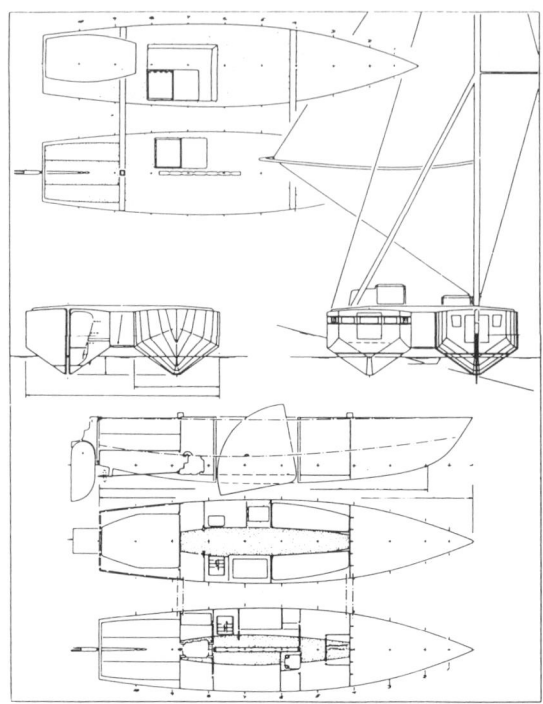

Abb. 5.11 Und nun etwas völlig anderes! Der Amerikaner Phil Bolger beschloß, sich bei dieser Denkanstösse provozierenden Konstruktion für einen Selbstbau-Fahrtenkat aus Sperrholz über jegliche Konvention hinwegzusetzen. Seinen Schlußfolgerungen gemäß erzeugt eine gemäßigte Gesamtbreite eine weniger ungleichmäßig verlaufende Stabilitätskurve und ist darüber hinaus auch relativ kompakt beim Anlegen. Masten mit vereinfachtem Rigg, Motor, Schwert und Arbeitsbereich befinden sich sämtlich im Steuerbordrumpf, die Wohnbereiche dagegen ausschließlich im Backbordrumpf. Es sieht etwas merkwürdig aus, aber warum eigentlich nicht?

leicht zu kontrollieren ist. Unter solchen Bedingungen ist es normalerweise schwierig, ein Tragflächenprofil beizubehalten. Die Spannung ist an jeder Lattentasche mit Bändseln oder mit Gurtbändern und Schnallen einstellbar – oder auf den dem neuesten Stand der Technik entsprechenden Booten mit der Miniaturausgabe von Schraubwinden. Das vordere Ende jeder Latte sollte direkt von einem oder vorzugsweise zwei Mastrutschern oder einem Kugellagerschlitten gehalten werden, damit sie dem beträchtlichen nach vorne wirkenden Druck standhalten kann, ohne das Segeltuch zu verbiegen.

Leider läßt sich aufgrund der ungeheuren Stabilität eines durchgelatteten Segels nur sehr schwer etwas daran »ablesen«, so daß Windfäden in geringer Entfernung vom Vorliek und entlang des Achterlieks den Steuermann wesentlich unterstützen, der früher nach den ersten Anzeichen eines Flatterns oder übermäßigen Auftriebs im Bereich des Vorlieks Ausschau gehalten hat, um rechtzeitig zu merken, ob er das Boot zu hart an den Wind bringt (mehr auf S. 172). Weitere Minuspunkte eines durchgelatteten Segels sind die im Vergleich zu weichen Segeln mit kurzen Latten verstärkte Tendenz zum Schamfilen, das Gewicht beim Setzen – obgleich dieser Punkt bei einem Boot in Micro-Größe nicht weiter stört – und die Mehrkosten von ungefähr 20%.

Spinnaker

Spinnaker werden durch die großen Veränderungen des scheinbaren Windes, die auf einem Mehrrumpfboot gang und gäbe sind, besonders beeinflußt. In leichter Brise recht vor dem Wind, dem langsamsten Kurs, kommt man normalerweise mit gesetztem Spinnaker langsam mit dem Ruder auf, um den Wind vom Heck zu nehmen. Die Geschwindigkeit nimmt zu, sobald der Wind schralt. Während eines Rennens – oder wenn man es auf einem Törn eilig hat – wird das Boot nun mit einer ganzen Reihe Halsen auf der Kreuz fahren, um die Zielgeschwindigkeit zum Zielort zu steigern (siehe Seite 180). Ein sehr flach geschnittener Spinnaker oder ein Fahrten-Spi ist auch auf raum-seitlichem Kurs bei einigermaßen leichtem Wind effektiv, da dieser mit dem entsprechenden Profil bis 40° Windeinfallswinkel gefahren werden kann. Läuft man jedoch in einer mäßigen bis steifen, gut raumen Brise aus, dann springt der scheinbare Wind so schnell dwars und kann so stark werden, daß der Steuermann eventuell gezwungen ist, entweder abzufallen und langsamer zu werden oder sogar den Spinnaker einzuholen.

Wegen der enormen Gesamtbreite eines Multis kommen diese Segel ohne Baum aus, indem die Spihälse zu den beiden Bugs oder auf die Schwimmer geführt werden; oder bei einem Trimaran auf Raumschotskurs zum Mittelrumpf und Leeschwimmer. Eine beliebte Alternative ist ein asymmetrischer Spinnaker, dessen Hals klar von Vorstag und Fock an einem »Prodder« oder klappbaren Bugspriet geführt wird, ein Detail, das ursprünglich bei den Booten der Formel 40 Premiere feierte und das die Gesamtlänge des Bootes verlängert, ohne die für die Vermessung der Klasse ausschlaggebende Rumpflänge zu verändern. Die Führung der Spinnaker wird auf den Seiten 177–179 behandelt.

Das 7/8-Rigg

Anstatt bis nach oben zur Mastspitze hinaufzulaufen, ist das verkürzte Vorstag ein wenig weiter unten angebracht (siehe Abb. 5.8), im allgemeinen ein Viertel bis ein Achtel der Mastlänge unterhalb der Spitze. Damit werden nicht nur die Belastung durch die Takelung und die Vorsegelgröße reduziert, so daß die Genua weniger arbeitsintensiv ist, sondern auch die Spannung im kürzeren

Vorstag ist gesichert, und das wirkt sich positiv auf die Leistung am Wind aus. Gleichzeitig bleibt die Gesamtsegelfläche durch Vergrößern des Großsegels erhalten, die reduzierte Überlappung erlaubt ein großzügiges Fieren des Groß, ohne daß es einen Gegenbauch bekommt oder backhält, gleichzeitig verringern sich die Krängungs- und Abdriftkräfte und der Luvdruck nimmt ab. Das 7/8-Rigg ist auch bei hohen Geschwindigkeiten leistungsfähiger als ein bis zur Mastspitze geführtes Rigg. Auf Formel 1 Multihulls ist es deshalb fast automatisch zur ersten Wahl geworden. Die Hochtakelung bleibt den Fahrtenseglern und Eignern vorbehalten, denen es nichts ausmacht, zugunsten der Sicherheit eines Achterstags und einfacheren Takelage, die später noch angesprochen wird, auf etwas Geschwindigkeit zu verzichten.

Selbstwendefock

Jedes Rigg kann eine Selbstwendefock haben, die sich besonders in Verbindung mit einem Rollfocksystem als ausgesprochen angenehme Arbeitserleichterung für den Einhandsegler bewährt hat. Wie bereits erwähnt, wird das Segel im allgemeinen mit einem Travellerschlitten geschotet, der auf einer Schiene läuft, die direkt vom Mast weg auf dem Deck montiert ist. Das Segel wendet von selbst, wenn das Boot über Stag geht. Ein weiterer Vorteil einer nicht überlappenden Fock, *vorausgesetzt, ihre Fläche ist genügend groß*, ist die größere Effektivität beim Amwindsegeln, weil sie weiter angeholt werden kann. Hoch am Wind kann das Groß ohne Backhalten weiter gefiert werden, um sowohl die Fahrt zu beschleunigen als auch die Bootsstabilität zu verbessern, bis ein Reffen nötig wird.

Das Segel wird entweder mit einer einzigen Schot getrimmt oder mit einem Schotpaar je auf Backbord und Steuerbord mit separaten Leinen zum Traveller, mit denen der Schlitten und damit der Segelwinkel kontrolliert wird, und wenn nötig, um die Fock backzuschoten – entweder beim Beidrehen oder unter schwierigen Bedingungen auf einer Kreuz zur Unterstützung der Drehung des Vorschiffs. Anstatt Führungsleinen können zur Einstellung des Travellers auch Doppelschoten benutzt werden, obgleich diese im allgemeinen weniger präzise arbeiten. Sobald sie zu stark gespannt sind, wenn das Boot auf den anderen Bug geht, kann der Traveller eventuell schon vor seiner korrekten Position auf der Schiene zum Stillstand kommen.

Im Interesse der Einfachheit können auf kleineren Booten Traveller und Schiene durch ein Drahttau ersetzt oder sogar ganz überflüssig werden. Dann schotet man das Segel über einen Block in Decksmitte via einen Barberhauler (einer wegnehmbaren Talje), der das Schothorn nach außen zieht und das Segel am Steigen hindert. Auf Trimaranen, wo die Gleitschiene selten lang genug sein kann, um auf Raumschotskurs reibungslos zu funktionieren, sollten die Barberhauler vom Fockhorn auf die Schwimmer führen und als Niederholer dienen. Obgleich auf Mehrrumpfbooten selten zu sehen, kann das Unterliek der Fock auch mit einem Baum verbunden sein und wie eine traditionelle Stagfock mit einem Schothornausholer gespannt werden. Ein solches Segel ist ruhig und verhält sich auf Vorwindkurs gut, weil es nicht zusammenfällt und sich wieder füllt. Es kann entweder wie ein Großsegel gerefft werden, oder das Vorderende des Baumes muß an einem Sockel eingehängt sein und das Schothorn mittels Öse oder Schiene geführt werden, so daß es beim Aufrollen des Segels nach vorne gleiten kann.

Stehendes Gut

Wegen der verhältnismäßig geringen Länge eines durchschnittlichen Micro- oder Cruiser-Mastes – ungefähr 10–13 m im Vergleich zu den schon etwas furchteinflößenden 25 m Spieren auf einigen großen Rennbooten – ist zum »Aufrechthalten« des Mastes kein kompliziertes Netzwerk aus Salings und Wanten erforderlich. Da aber ein Multi auch bei einem plötzlichen Windstoß kaum krängt, kann beträchtlicher Druck auf das Rigg ent-

Abb. 5.12 Der 7,3,-m-«Strider Club», konstruiert von Richard und Lilian Woods und gebaut von Fantasy Yachts, Plymouth, England. Drei dieser einfachen, kostengünstigen Micros segelten im Sommer 1989 nach Rußland und zurück. Dabei legte das Trio ungefähr 3000 Meilen in 100 Tagen zurück.

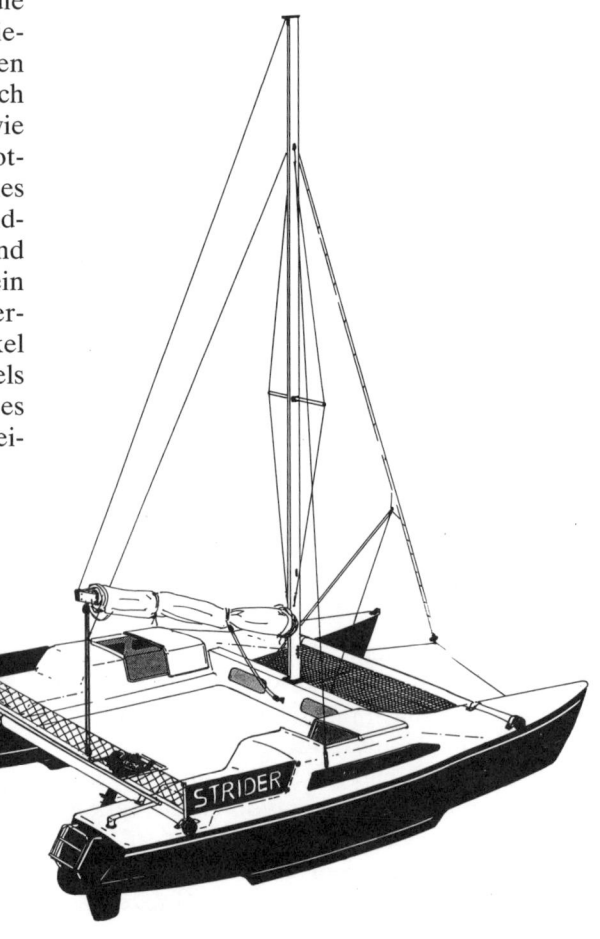

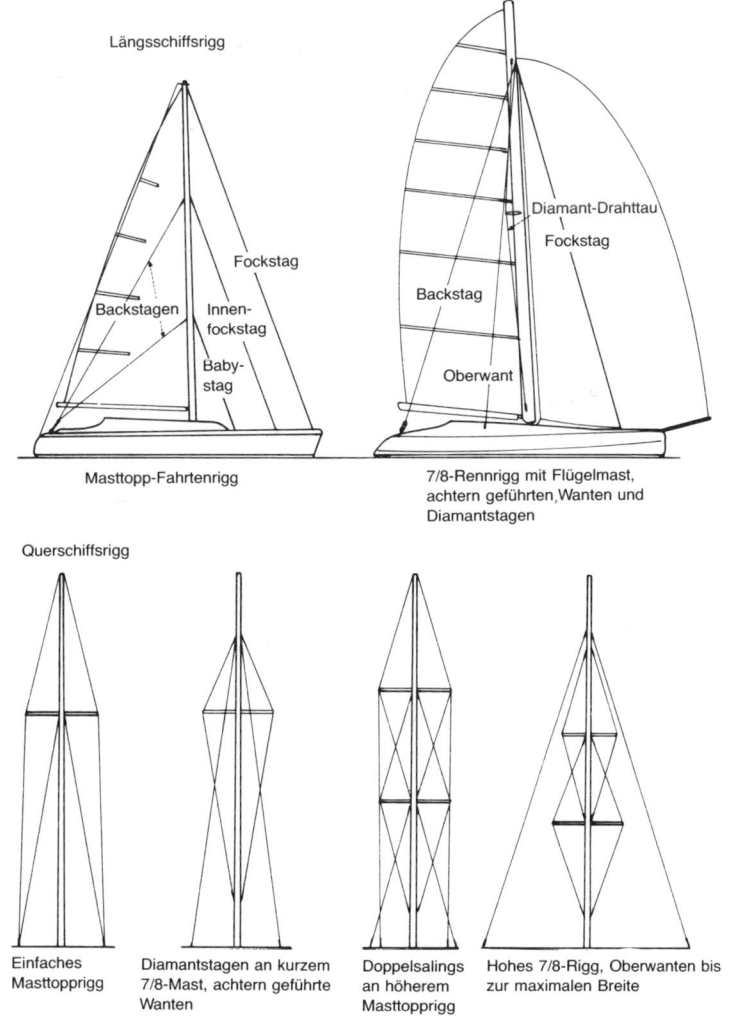

Längsschiffsrigg

Fockstag

Backstagen | Innen-
fockstag

Baby-
stag

Masttopp-Fahrtenrigg

Diamant-Drahttau

Fockstag

Backstag

Oberwant

7/8-Rennrigg mit Flügelmast,
achtern geführten Wanten und
Diamantstagen

Querschiffsrigg

Einfaches
Masttopprigg

Diamantstagen an kurzem
7/8-Mast, achtern geführte
Wanten

Doppelsalings
an höherem
Masttopprigg

Hohes 7/8-Rigg, Oberwanten bis
zur maximalen Breite

stehen – doppelt soviel wie auf einem Einrumpfboot, auf einem Kat noch mehr als auf
einem Tri. Bis zu einem gewissen Grad kann
der Druck ausgeglichen werden, indem man
die Oberwanten zur maximalen Breite
führt. Auf einem Tri vorzugsweise zu den
Schwimmern, um auf diese Weise den auf
die Maststützen ausgeübten Druck zu verringern. Der Mast selbst wird auf traditionelle Weise daran gehindert, sich seitwärts
wie eine Banane zu verbiegen, nämlich mit
Unterwanten. Diese hindern jedoch zuweilen daran, das Vorsegel auf Amwindkurs bei
hohen Geschwindigkeiten ausreichend
dichtzuholen. Deshalb ersetzt man sie auf
Hochleistungsbooten meist durch ein oder

*Abb. 5.13 (oben) Längsschiffsrigg,
(unten) Querschiffsrigg.*

eine ganze Reihe von am Mast befestigten
Diamantstagen, anstatt die Wanten bis hinunter auf das Deck zu führen.

Die Längsverspannung einer Masttopptakelung ist keine komplizierte Angelegenheit, begrenzt aber die Größe der Achterlieksrundung des Großsegels, wenn es nicht
bei jeder Wende teilweise niedergeholt werden soll, um nicht mit dem Achterstag in
Berührung zu kommen. Wegnehmbare Achterstagen erlauben eine maximale Segelfläche. Einige Langstrecken-Racer haben ver-

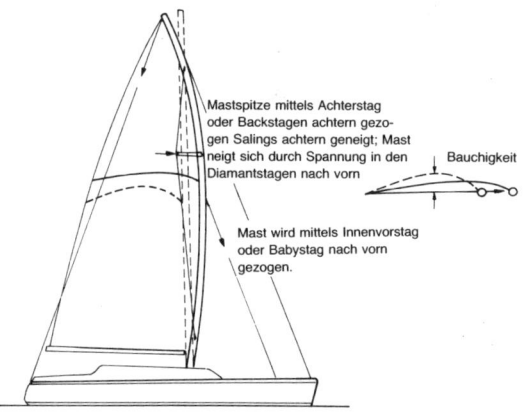

Abb. 5.14 Abflachen des Großsegels durch Neigen des Mastes.

Mastspitze mittels Achterstag
oder Backstagen achtern gezogen Salings achtern geneigt; Mast
neigt sich durch Spannung in den
Diamantstagen nach vorn

Bauchigkeit

Mast wird mittels Innenvorstag
oder Babystag nach vorn
gezogen.

stellbare, lose Achterstagen, aber diese Boote müssen vergleichsweise wenig kreuzen. Es wird jedem einleuchten, daß dies nicht gerade eine praktische Anordnung ist. In der Tat wird eine Masttopptakelung im allgemeinen nur in Verbindung mit einer mäßigen Achterlieksrundung verwendet.

Bei einem 7/8-Rigg gibt es keine derartigen Beschränkungen. Da kein Masttopp-Vorstag vorhanden ist, können die Oberwanten, die dicht am Vorstag des Mastes befestigt sind, achtern geführt werden, so daß die Vorstagsbelastung sich teilweise auf ein Dreieck verteilt. Dies hat den kleinen Nachteil, daß die Bewegungsfreiheit des Baumes nach vorne durch die Wanten eingeschränkt ist. Daraus resultiert eine Anfälligkeit des Großsegels zum Schamfilen auf Vorwindkurs. Außerdem ist beim Halsen große Vorsicht vonnöten, um keinen Lattenbruch zu riskieren. Die Oberwanten werden normalerweise bei Rennen und Fahrten in Schwerwetter durch Achterstagen ergänzt. Mittels vielteiliger Taljen wird nach jeder Wende die Luvstag gespannt (und die andere gelöst), um zusätzliche Versteifung gegen den vom Großsegel ausgeübten Druck zu liefern und um die Vorstagsspannung aufrechtzuerhalten.

Der Mastfall – das Ausmaß der Mastneigung in Längsschiffsrichtung – kann durch Einstellen der Wantenspanner an Vorstag und Backstag oder an den Achterwanten verändert werden. Die Vorwärtsneigung des Mastes verlagert den Segeldruckpunkt nach vorn und verringert den Luvdruck und umgekehrt.

Mastneigung

Welches Rigg ein Boot auch immer hat, die Mastmitte darf sich bei Starkwind nicht achtern neigen, weil dadurch nicht nur das Großsegel voller sowie Krängungskraft und Luvdruck gesteigert würden, sondern sich gleichzeitig auch das Vorstag lockern würde. Mehr Bauchigkeit im Vorsegel wäre die Folge und damit Geschwindigkeitsverlust hoch am Wind und bei höheren Windgeschwindigkeiten.

Auf einem Boot mit Teilrigg neigt sich der Mast in der Mitte nach vorn, wenn man die Mastspitze durch Spannen des Achterstags oder mittels eines zusätzlichen Backstagpaares, das bei einem Großsegel mit kräftiger Achterlieksrundung zu einem Punkt nahe der Mastspitze führt, nach achtern zieht. Das nimmt die Bauchigkeit aus dem Segel, weil sich das Vorliek dadurch weiter vom Achterliek entfernt. Es wird effektiv abgeflacht und ihm nur soviel Kraft entzogen wie zur Anpassung an auffrischendem Wind nötig (Abb. 5.14). Das Rigg bringt schnell wieder volle Kraft, indem man die Spannung von Achterstag oder Backstagen nimmt. Unter bögen Bedingungen, bis man den Punkt erreicht, an dem das Reffen sich nicht mehr vermeiden läßt, erweist sich dieses rasche Manöver als ausgesprochen nützlich. Einen ähnlichen Effekt erreicht man auch bei einer Masttopptakelung durch Einsatz eines Spanners an einem Babystag oder einem Innenvorstag, das ungefähr von der Mastmitte ab hinunter auf das Vordeck führt. Weitere Möglichkeiten zur Einstellung der Tiefe der Bauchigkeit werden später angesprochen.

Sturmfock

Hat ein Boot kein ständiges Innenvorstag (Kutterstag), kann ein temporäres angebracht werden (siehe Abb. 1.16). In diesem Fall wird beim Setzen einer Sturmfock auch aus dieser Slup ein Kutter. Ein temporäres Stag wird am besten ungefähr ein Drittel des Wegs unterhalb des ständigen Vorstags am Mast befestigt und führt über einen Streckhebel oder eine Talje zu einem festem Punkt auf Decksebene (etwa einem Querträger) und im gleichen Abstand zu einem Punkt achtern vom Bug. Diese Anordnung verleiht dem Sturmsegel eine geschützte Lage innenbords, aus der ein schweres, gerefftes Groß oder ein Trisegel ausbalanciert werden können. Man kann das ständige Vorstag, das vielleicht von einer eingerollten Genua belegt ist, außer acht lassen. Wenn außer Gebrauch, kann das untere Ende des Stags gelöst und an einer Wante verstaut werden.

Abb. 5.15 Von dem Spezialisten Nick Barlow aus Großbritannien konstruierte und produzierte Flügelmasten. Die Holz/Epoxidmasten eignen sich zum Selbstbau, die Pläne sind vom Konstrukteur erhältlich. Masten in Kompositbauweise verlangen eine weitaus komplexere Bauweise, sind aber steifer und und leichter. In dieser Hinsicht übertreffen sie Konstruktionen aus Aluminium, da sie um ungefähr 40% leichter sind, aber sie kosten rund 25% mehr, weil sie in Handarbeit gefertigt werden.

Drehmasten

Ein normaler Mast zieht trotz seiner Tragflächenform Turbulenzen nach sich, es sei denn, der Wind bläst genau von vorn, was beim Segeln praktisch nie der Fall ist. Die Effizienz eines Großsegels kann beträchtlich verbessert werden, wenn sich der Mast bis zum korrekten Anstellwinkel relativ zum scheinbaren Wind drehen läßt. In dieser Position läßt er die Luftströmung an der Anschnittskante des Segels und seinem stark gewölbten Vorderbereich, wo viel Antriebskraft entwickelt wird, glatt passieren. Außerdem wird so das Reffen unter bestimmten Bedingungen erleichtert. Auf Hochleistungsbooten haben sich die Komplikationen, die sich durch die Krängung des Mastes ergeben, und Befestigungspunkte am

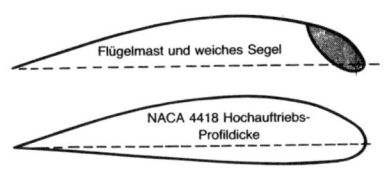

Flügelmast und weiches Segel

NACA 4418 Hochauftriebs-Profildicke

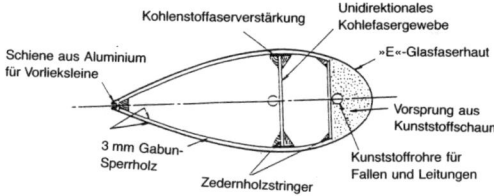

Kohlenstoffaserverstärkung
Unidirektionales Kohlefasergewebe
Schiene aus Aluminium für Vorliekssleine
»E«-Glasfaserhaut
Vorsprung aus Kunststoffschaum
3 mm Gabun-Sperrholz
Kunststoffrohre für Fallen und Leitungen
Zedernholzstringer

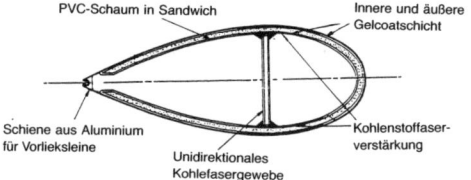

PVC-Schaum in Sandwich
Innere und äußere Gelcoatschicht
Schiene aus Aluminium für Vorliekssleine
Kohlenstoffaser-verstärkung
Unidirektionales Kohlefasergewebe

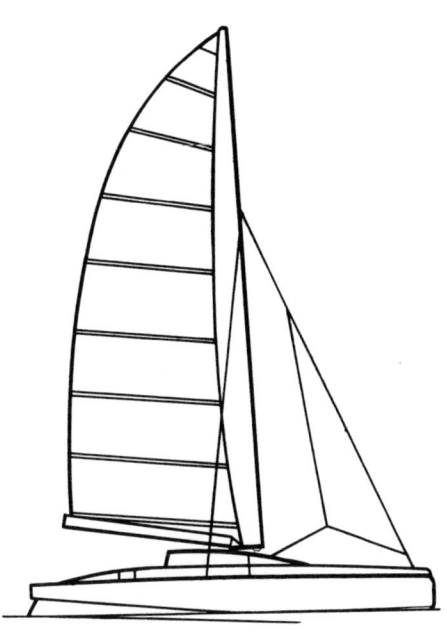

8-m-Trimaran-Flügelmast mit gerundeter Hinterkante (siehe Text). Beachten Sie, wie die Druckbelastung des Baumes auf den Mast mittels eines Lümmels an der Mastsockelplatte vermieden wird.

Mastdrehung mittels Sockelplatte, die als Querverstrebung dient.

Rigg, die keine engen Grenzen für die Drehung setzen, inzwischen im großen und ganzen als letztendlich doch lohnend herausgestellt; aber was die Eignung für Fahrtenboote angeht, sind die Meinungen geteilt, es sei denn, das Boot wird von einer sehr erfahrenen Crew gesegelt.

Windrichtungsanzeiger an der Mastspitze und dreifarbiges Topplicht brauchen zur Stromversorgung natürlich eine am Mast hinauflaufende Stromleitung mit einer drehbaren Grundplatte, damit sie sich nicht verdrehen. Außer bei den einfachsten Strandkats, wo der Mast frei im Luftstrom rotiert, wird der Mast über die Wanten gestützt und geführt. Bei drehbaren Masten erfolgt die gewünschte Drehung mit Taljen und Hydraulikspannern. Durch Spannen der Diamantstagen, die leicht achtern ausgerichtet sind, wird die Großsegelfläche unterhalb des Vorstag-Befestigungspunktes entweder flacher oder bauchiger, je nachdem, ob man den Mast unter- oder überdreht. Auf einigen High-Tech-Rennbooten wird die rasche und exakte Einstellung von Mastneigung und Segelprofil unterhalb des Vorstags auch mittels Schwenksalings vorgenommen, die auf Längsschiffsebene mit einer Hydraulikpumpe verschoben werden. Nach achtern, um das Segel flach zu machen, nach vorne, um die Kraft zu steigern. (Abb. 5.14).

Auf Dick Newicks innovativem Schoner Pat's sind die nicht abgestagten Masten linsenförmig. Der Grad der Neigung und die sich daraus ergebende Änderung der Segelwölbung werden durch Drehen eingestellt. Diese Masten sind außerordentlich starr, wenn das Segel direkt auf ihre Hauptachse einwirkt, neigen sich aber, wenn sie gedreht werden, um das Segel an ihre Nebenachse zu versetzen. Dabei werden die Segel flacher, je stärker der Wind bläst.

Flügelmasten

Das Drehprinzip ist bei einem Flügelmast eine Stufe weiterentwickelt. Er besitzt eine größere Tiefe, und das spielt eine bedeutende Rolle für den Segelvortrieb. Äußerlich ähnelt er dem Flügel eines Hochleistungsgleitboots. Gesteuert wird er entweder durch querlaufende Führungsleinen oder, auf den neuesten großen Booten, mittels eines innenliegenden Steuerrades an der Hauptsteuerposition. Diese Vorrichtung ist extrem leistungsfähig, wenn sie im richtigen Winkel eingestellt wird; ist dies nicht der Fall, kann sie sich auf die Geschwindigkeit verheerend auswirken. Ein großer Flügel- oder Wingmast kann in einem Sturm sehr gefährlich werden. Man kann ihn selbstverständlich nicht verkürzen, noch kann er bei Wind in Sturmstärke widerstandslos eingestellt werden, wenn er in schwerer See ständig seine Stellung verändert. Selbst wenn alle Segel geborgen sind, macht er weiter Fahrt – über 12 Knoten auf einem typischen Maxi-Racer. Das ist der Grund für etliche Kenterungen. Das Ziel sollte deshalb sein, die kleinstmögliche Flügelmastfläche auszuwählen, die noch eine effiziente Anströmkante bietet. Dieses Segel kann auch als Sturmsegel genutzt werden.

Ein weiteres mögliches Problem stellt sich ein, wenn das Boot festgemacht ist und unbeaufsichtigt bleibt. Zwar kann ein Flügelmast längsschiffs gesichert werden, so daß er keinerlei wirksamen Vortrieb entwickeln kann, so lange das Boot geschützt an einem Dock liegt, doch die Sperrung des Mastes wird außer Kraft gesetzt, sobald das Boot schwoit. Deshalb sollte der Mast am Liegeplatz entweder umgelegt werden oder frei beweglich sein – in diesem Falle ist eine Art hydraulischer Dämpfung oder ein an der Vorstagkeep hochgezogener Y-förmiger Spoiler zur Verhinderung von Schwingungen wichtig, die ansonsten schnell so stark werden können, daß sie ihn zerstören. Ein Flügelmast erfordert auch mehr Anstrengung beim Einsatz und ist anfälliger und nicht so leicht zu trimmen wie ein gewöhnlicher flexibler Mast, der deshalb nach wie vor von vielen Langstrecken-Rennseglern und von der überwiegenden Mehrzahl der Fahrtensegler vorgezogen wird.

Darüber hinaus fügt sich ein Flügelmast nicht unbedingt der Längsschiffsneigung beim Abflachen des Großsegels, obwohl sich erstaunlicherweise auf einigen Renn-Multis die mächtigen Spieren trotz ihrer enormen Profiltiefe regelmäßig aufgrund der gewaltigen hydraulischen Kräfte dergestalt ausrichten. Vorausgesetzt jedoch, der Schnitt ist ziemlich flach, wie bereits zuvor erwähnt, kann der Mast von den Diamantstagen geneigt werden, ohne übermäßige Spannungen zu verursachen. Alternativ kann er durch Spannung der Unterwanten seitlich gebeugt werden, und zwar jedesmal, wenn das Boot gewendet wird (was reichlich ermüdend sein muß).

Der aerodynamische Vorteil von Wingmasten ist bekannt: ein optimales Segelprofil unter allen Bedingungen. Hier ein Beispiel. Ein kleiner Twist im Segel ist notwendig, wie wir bereits wissen, um den wechselnden Windeinfallswinkel der Höhe anzupassen; aber die Verwindung nimmt mit dem Flächenverhältnis zu und wird somit ein großes Problem bei hohen Riggs. Größtenteils kann dieses Problem bewältigt werden. Dies ist der Fall, wenn man eine Mastneigung auslöst, indem man die Hinterkante des Flügelmastes krümmt, so daß sich seine Anstellkante zum Wind hin dreht, die Hinterkante absteht und das Großsegel in eine entsprechende Kurve mit minimaler Verwindung zieht.

Eine raffinierte Methode zur Einstellung der Segelwölbung hat sich Austin Farrar ausgedacht, der auch das Vorwort zu diesem Buch geschrieben hat. Er befestigt jede durchgehende Latte an einem Mastrutscher mit einem kleinen Klapplümmel in einem begrenzten Schwingungswinkel. Dies erlaubt der Latte zu einer Leine zu schwingen, die bei jeder Wende auf der Leeseite des Mastes einklinkt. Turbulenzen auf der anderen Seite sind relativ unwichtig. (Wie Farrar sagt, müssen Sie nur einmal die untere Seite eines Vogelflügels betrachten – die Luvseite des Flügels -, um festzustellen, daß sich der Vogel darüber auch keinerlei Gedanken macht.) Ist der Mast überdreht, wird eine zusätzliche Bauchigkeit im Segel erzeugt, da die Vorderkanten der Latten durch die Lümmel, die an ihrem Endanschlag angelangt sind, gebogen werden. Darüber hinaus rastet ein Dichtungsstreifen am Vorliek des Segels an der Mastspur ein, schließt die Lücke zwischen Mast und Segel und verhin-

dert so die Luftdurchlässigkeit. Der Streifen springt wieder heraus, wenn das Segel gerefft oder geborgen wird. Alternativ können an jeder Seite des Mastes Verkleidungsklappen angebracht werden, die die Luftströmung zum Segel führen.

Weitere wichtige Vorzüge des Flügelmastes sind, daß er im Selbstbau aus Holz und Epoxid zu einem Bruchteil des Kaufpreises eines Aluminium- oder Karbonmastes gefertigt werden kann. Er verfügt über genügend Auftrieb, um ein Boot nach einer Kenterung durchkentern zu lassen. Auf einigen der neuesten Konstruktionen, die einen Flügelmast zur Wahl anbieten, gibt es Vorrichtungen für zeitweiliges Lösen der Oberwant und Einholen in die Unterwant, so daß das Boot nach einem Umschlagen, wenn es auf der Seite liegt, aufgerichtet werden kann. Eine weitere interessante Möglichkeit, die in den Vereinigten Staaten von Dick Newick eingesetzt wird, ist eine Luvkrängung des Mastes, ähnlich wie bei einem Segelbrett, indem er den Sockel auf eine querschiffs verlaufende Gleitschiene setzt.

Reff- und Bergeeinrichtungen

Von den verschiedenen Methoden zum Reffen des Großsegels ist das bei weitem einfachste und am weitesten verbreitete System das, bei dem die Vorlieksreffkausch am Lümmel eingehakt und die Schothornkausch am Baum mit Reffleinen niedergeholt wird. Dieses Grundsystem ist auf Micro-Kats ohne Probleme durchzuführen, da die Crew auch bei Schwerwetter sicheren Zugang zum Mast hat. Auch auf den Prout-Booten, deren Masten so weit achtern aufgestellt sind, daß sie vom Cockpit aus leicht zu erreichen sind, macht das keine Schwierigkeiten. Auf den meisten anderen Kats und auf Trimaranen können jedoch zusätzliche Leinen zu den Vorlieksreffpunkten verlaufen und zusammen mit dem Großfall zurück in das sichere Cockpit führen. Auf diese Weise wird das Reffen zu einem schnellen, von einem Alleinsegler durchzuführenden Manöver, das noch weiter vereinfacht werden kann, indem man eine einzel-

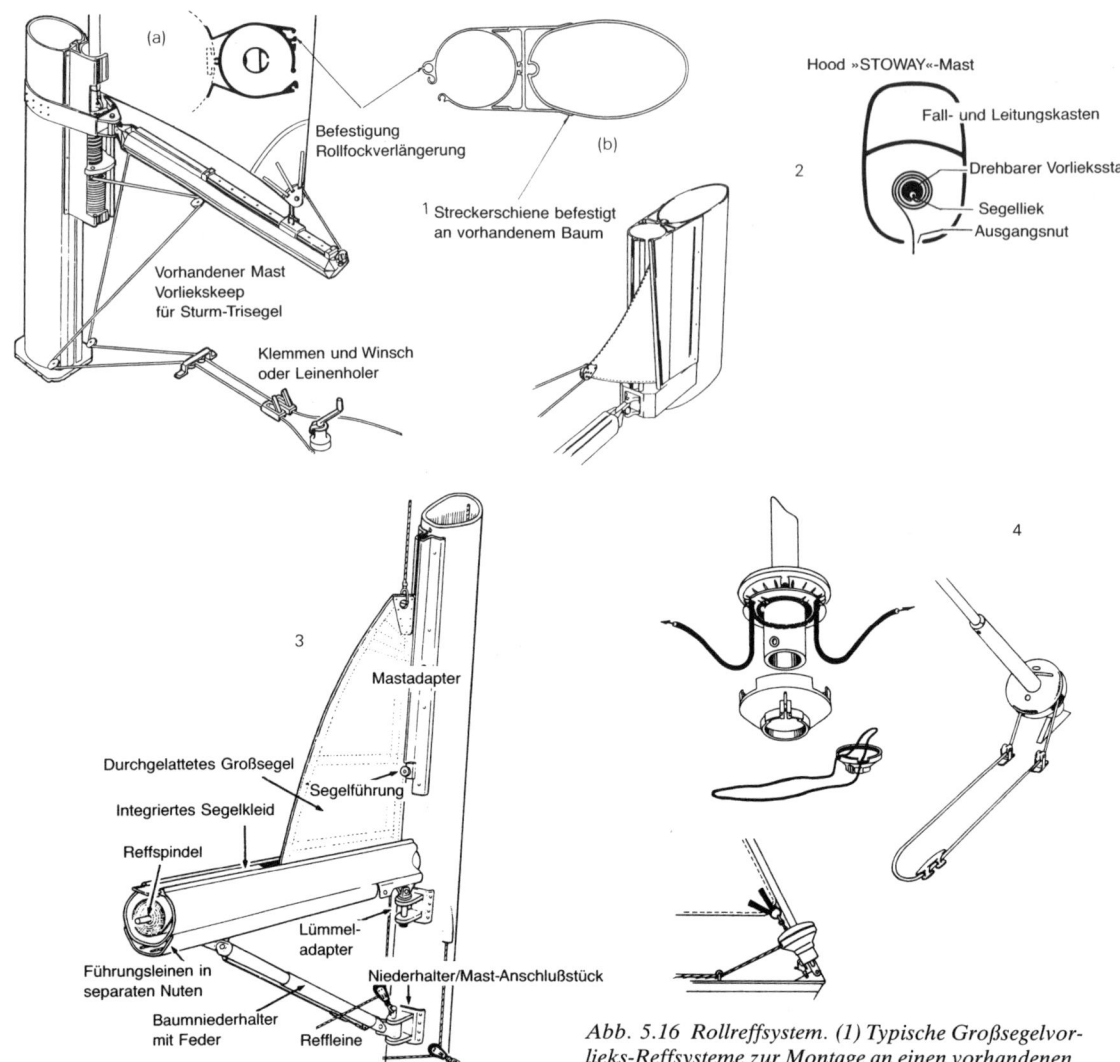

Abb. 5.16 Rollreffsystem. (1) Typische Großsegelvor-
lieks-Reffsysteme zur Montage an einen vorhandenen
Mast (a) Goiot (b) Easyreff. (2) Querschnitt des Hood
Stoway Masts. (3) Das Sailtrainer Innenbaum-System
gestattet den Einsatz eines durchgelatteten Großsegels
mit Achterlieksrundung. (4) Einer von Hoods Fockrol-
lern, eine Endlosreffleine führt zu einer Klampe, einer
selbstholenden Zweiwege-Winsch oder einem Leinen-
holer.

ne Leine durch eine Reihe von Blöcken
führt, um beide Ecken des Segels gleichzeitig zum Baum herunterzuziehen. Sofern
aber die Winkel und die notwendigen Richtungsänderungen der Leine nicht auf ein
erträgliches Maß beschränkt sind, entsteht
beim Durchlaufen der Blöcke eine enorm
starke Reibung, und aus diesem Grund wird
im allgemeinen einem Doppelleinensystem
der Vorzug gegeben. Lazy Jacks erleichtern
die Handhabung des Großsegels sehr, auch
wenn es keine durchgehenden Latten hat.

Eine arbeitssparende Alternative beim
Reffen oder Bergen ist das Rollen von Segel
und Latten um den Baum – wie die Lazy

Jacks eine weitere herkömmliche Methode,
die nach wie vor sehr beliebt und auf den
neuesten Stand gebracht worden ist. Der
diesem System zugrunde liegende Gedanke
ist einfach: Zur Verkleinerung der Segelfläche drehen Sie schlicht den Baum mit einer
Kurbel am Lümmel. Leider hat man dabei
keine so gute Kontrolle über das gereffte
Segel wie beim anderen System, weil die

Latten nur selten parallel zum Baum gerollt werden, und die Bauchigkeit des Segels in Verbindung mit dem Achterliekswinkel leicht dazu führt, daß das Segel zu einem faltigen Bündel mit mangelhafter Unterlieksspannung gerollt wird. Das Segel sollte keine Achterlieksrundung aufweisen, sondern möglichst nur ein leicht konkaves Achterliek haben. Sofern das Unterliek exakt im rechten Winkel zum Vorliek läuft, benötigt der Baum eine Art Polsterung am Achterende, damit sich eine ordentliche Rolle ergibt, und ein stabiles Gurtband anstatt eines verstärkten Tauvorlieks. Außerdem muß der Baumniederhalter vor dem Reffen gelöst oder durch eine andere Art von Niederholer ersetzt werden, um den Baum niederzuhalten und Verwindungen im Segel zu kontrollieren. Abgesehen von diesen Nachteilen handelt es sich um eine rasche und einfache Methode zum Reffen oder Verstauen des Großsegels, und aufgrund ihrer Einfachheit ist sie ein Segen für Einhandsegler.

Zu den neuesten Systeme gehört ein speziell angefertiger Baum mit einem offenen Kasten, um das das Segel gerollt wird. Beide, sowohl der Baum als auch das aufgerollte Segel, sind von einer Ummantelung umgeben. Doch auch mit dieser Ausrüstung bleibt die Regulierung der Unterlieksspannung schwierig, die dem gerefften Segel das richtige Profil verleiht – obgleich durchgehende Latten zur Aufrechterhaltung der Spannung beitragen –, und der Winkel zwischen Baum und Mast muß exakt 89–90° betragen, damit man das Segel glatt und ohne sackartiges Herunterhängen aufrollen kann. Das erfordert eine Feinabstimmung von Niederhalter und Dirk, oder den Einsatz eines doppelten Rohrniederholers.

Bei der dritten Methode wird das Segel, das in diesem Fall ein loses Unterliek haben muß, vertikal mit dem Vorliek an eine Hohlspiere eingerollt, was eine gute Steuerung des Profils ermöglicht und ein rascheres Reffen erlaubt als mit dem Baumsystem, da die lange Seite des Segels gerollt wird. Die Spiere ist entweder hinter dem Mast befestigt – aerodynamisch so gut wie vom ästhetischen Standpunkt aus häßlich, aber relativ leicht an einem bereits vorhandenen Mast

zu befestigen und im Falle eines Durcheinanders erreichbar – oder an einer windschlüpfrigen Verkleidung an der Achterseite des Mastes festgemacht, eine etwas elegantere Lösung, die verhindert, daß sich die Spiere unter Belastung verbiegt, ohne sie andererseits einer zu starken Spannung auszusetzen, was eventuell zu einer Verbiegung des Mastes führen könnte. Die beste Lösung (und die teuerste) ist das Unterbringen im Mast, doch dazu ist ein völlig neuer und speziell gefertigter Mast erforderlich. Ähnlich wie das Reffen mit Baum ist ein Mast-System schwer zu schlagen, was die schiere Bequemlichkeit angeht, und das betrifft natürlich insbesondere die Einhandsegler. Man behält dabei ständig die Kontrolle über die Segelkraft, und rasches Reffen *auf jedem Kurs* (S. 182) ist durch einfaches Ein- oder Auskurbeln des Segels mit einer Winsch gewährleistet – oder mittels Knopfdruck bei den elektrisch angetriebenen Versionen. Aber das System hat auch seine Nachteile: Es belastet den Mast zusätzlich und hebt den Gewichtsschwerpunkt bei geborgenem Segel; es kann natürlich zur Kontrolle der Bauchigkeit des Segels nicht angeschlagen werden; es schließt von vornherein lange Latten aus, was bedeutet, daß das Segel, wenn überhaupt, nur eine geringe Achterlieksrundung hat und folglich größer sein muß, wenn es dieselbe Segelfläche wie ein Segel mit großer Achterlieksrundung haben soll. Zudem benötigt man einen höheren und damit gleichzeitig schwereren Mast (oder einen längeren Baum, was allerdings auch nicht gerade praktisch ist); sollte der unwahrscheinliche Fall eines Blockierens eintreten, besteht keine Möglichkeit, das Segel zu reffen oder einzurollen, und das kann – gelinde gesagt – peinliche Situationen heraufbeschwören. Außerdem ist dieses System nicht gerade billig. Trotzdem eignet sich das Reffen mit dem Vorliek für große Fahrtenboote, denn auf diesen Booten kann die Einbuße an der Segelfläche des Großsegels durch das Setzen einer größeren Genua ausgeglichen werden.

Das Reffen in den Baum bietet den Vorteil des geringen Gewichts sowie die Möglichkeit, ein durchgelattetes Segel mit Achterlieksrundung einzusetzen, das im Notfall unabhängig vom Reffsystem niedergeholt werden kann. Mit jedem Rollsystem vermeidet man die körperlich anstrengendste Handarbeit – das Hochziehen und das Schleppen des schweren, schlüpfrigen Großsegels in einen sauberen Stauraum im Hafen.

Was die Vorsegel angeht, so hat man natürlich die Wahl zwischen verschiedenen Segeln unterschiedlicher Größe, je nach Windstärke – das Reffen erfolgt traditionell, und das bedeutet harte, feuchte Arbeit bei Schwerwetter. Oder man fährt ein einziges, am Vorstag befestigtes Vorsegel – doch auch das bedeutet beim Reffen wieder Arbeit auf dem Vordeck. Oder man benutzt ein Rollfocksystem, das heute fast allgemein auf Fahrtenbooten und vielen Hochsee-Racern üblich ist, denn die rasche Beschleunigung der Mehrrumpfboote in Verbindung mit einer relativ geringen Zunahme der wahren Windgeschwindigkeit kann einen derart rapiden Wechsel der scheinbaren Windgeschwindigkeit zur Folge haben, daß ständige Veränderungen an der Segelfläche vorzunehmen sind, um mit einem Boot Geschwindigkeit zu machen. Ferner bietet dieses System den Vorteil, daß man es aus der Sicherheit des Cockpits heraus bedienen kann und nicht bei jedem Segelwechsel nach vorn gehen und sich in eine exponierte Stellung begeben muß. Die Kosten für das System können die ansonsten für eine Mehrausstattung mit drei oder noch mehr Alternativvorsegeln erforderlichen Ausgaben aufwiegen.

Für die Annehmlichkeit, blitzschnell auf die wechselnden Bedingungen reagieren zu können, indem man einfach eine Führungsleine dichtholt oder fiert, muß man einen leichten Verlust an Geschwindigkeit in Kauf nehmen. Das liegt zum einen an der zusätzlichen Vorlieksspiere und der Dicke des darum gerollten Tuches, zum anderen an der zunehmenden Bauchigkeit des gerefften Segels. Letztere kann man verringern, indem man spitz zulaufende Schaumstoffpolster in das Vorliek näht, auf hochmodernen Booten, indem zuerst die Segelmitte eingerollt wird, so, als wolle man es flachziehen, und erst danach folgen Kopf und Hals an unabhängigen Wirbeln. Im Falle eines Micros ist Sorgfalt vonnöten, damit sich das Alurohr des Vorlieks nicht vertört, wenn sie zum Trailern niedergeholt wird. Während der Überführung muß sie zudem ausreichend abgestützt werden. Auf den kleinsten Booten umgeht man dieses Problem durch die Verwendung eines flexiblen Kunststoffstrangs anstelle der »drehfreudigeren« Aluminiumspiere, die für die meisten Vorsegel nötig ist.

Decksausrüstung

Eine wichtige Anforderung an ein Rollfocksystem ist, daß der Schotholepunkt sich leicht beim Aufrollen und Abschlagen des Segels auf einem Traveller vor- und zurückbewegen läßt, damit die Schot im korrekten Winkel zum Segel beständig angeholt wird. Der ideale Winkel befindet sich auf einer imaginären Linie von der Vorlieksmitte über das Schothorn hinunter zum Traveller. Ein sehr hoch geschnittenes Segel mit identischer Unterlieks- und Achterliekslänge benötigt keine Einstellvorrichtung zum Schotholepunkt, denn wenn es aufgerollt ist, bewegt sich das Schothorn entlang einer Linie im rechten Winkel zum Vorstag, so daß der Winkel der Schot konstant bleibt. Ein solches Segel verfügt allerdings nur über eine begrenzte Segelfläche und hat einen unnötig hohen Segeldruckpunkt. Um Höchstleistung und maximale Segelfläche zu bringen, sollte das Unterliek dicht über dem Deck liegen und der Schotholepunkt muß beim Einrollen nach vorn bewegt werden. Eine 100% Deckslage kann jedoch bei Schwerwetter eine Menge Meerwasser zusammenbringen und ist darüber hinaus auch ziemlich lästig beim Segeln in gut besuchten Revieren, denn sie beeinträchtigt die Sicht nach vorne ernsthaft. Deshalb sollte bezüglich des Profils ein Kompromiß gemacht werden, wenn man Nackenschmerzen vermeiden will (oder nicht unbedingt ein Crewmitglied in die Bugs verbannen möchte).

Betrachten wir den Schoteinstellungswinkel einmal aus einer anderen Perspektive, zum Beispiel von oben, so wissen wir, daß er für einen guten Focktrimm und hoch am

Abb. 5.17 Über die volle Breite laufende, halbkreisför-mige Großschotleitschiene auf einem selbstgebauten »Searunner«, einem 7,6-m-Trimaran, konstruiert von Jim Brown (USA). Die Fockschot-Leitschiene der Selbstwendefock verläuft vor dem Mast.

Wind bei hohen scheinbaren Windgeschwin-digkeiten sehr eng sein muß. Der präzise Winkel variiert selbstverständlich je nach der Konstruktion des Bootes und den ver-schiedenen Segeln, aber Ziel sollte es sein, die Schotleitschienen gut innenbords zu po-sitionieren, so daß sie auf den schnellsten Booten einen Winkel von nur sechs bis acht Grad zum untersten Punkt der Vorstag bil-den und auf einem Fahrtenboot von nicht mehr als ungefähr 15°. Manche dem neue-sten Stand der Technik entsprechenden Ra-cer sind zum Einstellen des Winkels auf Raumschotskurs mit zusätzlichen Schienen querschiffs ausgerüstet, aber es ist wesent-lich einfacher, Barberhauler als eine Art Talje von jedem Rumpf oder Schwimmer einzusetzen, um Schothorn oder Schoten falls nötig außenbords zu ziehen.

Was das Großsegel betrifft, so kann der vertikale Winkel des Baumes und das sich daraus ergebende Segelprofil auf zweierlei Arten eingestellt werden. Der Baum kann auf traditionelle Weise mit einem Niederho-ler (Baumniederhalter), der mit dem Mast-

sockel diagonal verbunden ist, am Steigen gehindert werden. Die notwendige Kraft in einem derart ungünstigen Winkel und in ei-nem so relativ kurzen Abstand am Baum aufzubringen, erfordert eine kräftige Talje, ein Hebelstreckersystem oder eine Hydrau-lik, deshalb müssen die Fittings und die Befestigungspunkte ausgesprochen robust sein. Ein Niederholersystem kann auch gut die Dirk ersetzen, weil es den Baum trägt, wenn das Segel gereeft oder verstaut ist. Aber bei einem Rigg mit hohem Flächen-verhältnis üben Niederhalter bei Starkwind am Lümmel einen nicht zu unterschätzen-den Druck auf den Mast aus, und der Baum, sofern er nicht massiv konstruiert und folg-lich schwer ist, biegt sich nach oben durch, das Achterliek öffnet sich und Verwindun-gen am Segel entstehen. Aus diesem Grund verwendet man auf Hochgeschwindigkeitsmultis nur selten Niederholer.

Statt dessen ist die Großschotleitschiene so lang wie möglich. Sie läuft über die volle Breite des Bootes und verläuft meist – wenn nicht immer – halbkreisförmig, wobei der Mast die Achse darstellt. (Auf einem Kat ist die Leitschiene gewöhnlich gerade, da sie auf dem Achterbeam montiert ist.) Mit Hilfe des Travellers, der auf dieser Schiene läuft, kann der Baum und damit das komplette Segel im Verhältnis zur Mittschiffslinie zur Anpassung an den scheinbaren Wind nach innen oder außen getrimmt werden, um konstante – oder im Falle einer geraden Schiene – fast konstante Schot- und Achterlieksspannung und eine entsprechende Verwindung aufrechtzuerhalten. (Ein Einrumpfboot ist natürlich aufgrund der relativ kurzen Leitschiene, die durch die begrenzte Breite vorgegeben ist, auf einen Niederholer angewiesen.) Ein weiterer Vorteil einer langen Gleitschiene ist die Steuerung der Segelkraft beim Kreuzen oder auf Raumschotskurs und das Ausbalancieren des Bootes durch Fahren des Travellers. Dreht zum Beispiel der scheinbare Wind in einer Bö nach achtern (was er normalerweise tut), ist es schneller und sicherer, das Segel auf diese Weise in die richtige Stellung zu bringen, anstatt die Großschot zu lösen oder das Boot anzuluven. Bei Rennen der Formel 40 wird das Großsegel zum Beispiel selten gerefft. Wie extrem der Rumpf fliegt, hängt ab vom Können (und Mut) der Crew, das Großsegelachterliek wird durch Feineinstellung der Großsegelschot kontrolliert, die ständige, weitreichendere, verantwortungsvolle Kontrolle liegt in den Händen des Travellertrimmers. Ist die Leitschiene nicht lang genug, um den Baum im Zaum zu halten, wenn er auf Vorwindkurs aus dem Winkel ausbricht, kann sie – ganz wichtig bei einem Großsegel mit kräftiger Achterlieksrundung – durch einen Niederholer oder Preventerstropp oder eine Talje ergänzt werden, die vor der Gleitschiene und soweit außenbords wie möglich zwischen Baum und Deck oder Schwimmer plaziert sind. Es muß allerdings gewährleistet sein, daß diese rasch gelöst werden können.

Das heißt nicht, daß auf einem konservativ geriggten Boot eine Großschotleitschiene, gleich welcher Art, unbedingt notwendig ist, sofern Höchstgeschwindigkeit nicht oberste Priorität hat. Aus Gründen der Einfachheit ist auf manchen kleinen Booten, wie zum Beispiel dem Strider Club, die Großschottalje ständig mitschiffs gesichert – zur Freude der zufriedenen Skipper.

Die Plazierung der meisten anderen Ausrüstungsgegenstände auf Deck wie Vorsegelschotleitschienen, Blöcke, Klemmen und Winschen, hängt sehr stark von den durch Wanten und andere Hindernisse vorgegebenen Bedingungen ab, sowie der Beschaffenheit weiterer charakteristischer Bootsteile wie Träger und Cockpit. Auf manchen Trimarans wirft die Mittelplicht in dieser Hinsicht zuweilen Probleme auf. Für absolute Rennboote nehmen die Wahl und Plazierung der Ausrüstung sowie die Ergonomie am »Arbeitsplatz« eine unbedingte Vorrangstellung auf Deck ein. Im weitesten Sinne beeinflussen diese Punkte auch die Überwasserform der Rümpfe. Was die Einrichtung an Deck angeht, so liegt es an den Ansprüchen der Fahrtensegler und dem Wunsch nach Komfort, inwieweit hierbei Kompromisse eingegangen werden.

Wie bei vielen ineinandergreifenden Aspekten, die im Hinblick auf das gesamte Boot in Betracht gezogen werden müssen, beweist sich ein fähiger Konstrukteur in klar definierten Verwendungszwecken eines jeden Ausrüstungsgegenstands und im Vorausahnen der Wünsche der potentiellen Eigner. Er muß das richtige Gleichgewicht zwischen Wunschdenken und den tatsächlichen Erfordernissen an Bord finden. Die erfolgreichsten Konstruktionen sind ausnahmslos die mit den elegantesten Kompromissen.

6 MOTOREN UND GENERATOREN

Hilfsmotoren

Gleich zu Anfang ist es wichtig, Sinn und Zweck eines eventuellen Motors exakt zu definieren. Kommen wir sofort zur Sache: Möchten wir überhaupt einen Motor? Die Antwort hängt natürlich vom Bootstyp ab. Ein Hochseekreuzer muß auf großer Fahrt gelegentlich lange Zeit mit Motor fahren. Muß ein Skipper eine bestimmte Fahrtzeit einhalten, neigt er naturgemäß dazu, bei Leichtwind oder gegenan immer wieder den Motor anzuwerfen. Auch beim Anlegen und bei Hafenmanövern wird er sich fast immer auf die Motorkraft verlassen. Auf einem Micro wird der Motor im Verlauf einer ganzen Saison kaum länger als ein paar Stunden laufen. Vieler Eigner kleiner Boote segeln monatelang, ohne je den Motor einzusetzen – vorausgesetzt, ihr Boot ist überhaupt damit ausgerüstet: Einige überzeugte Puristen unter den Seglern nehmen nicht einmal einen Motor mit an Bord. Sie ziehen es vor, sich auf ein Paar Riemen oder ein langes Ruder, einen handigen Anker und ihre ureigenste Sachkenntnis zu verlassen wie die Segler der ersten Stunde. Aber heutzutage kommt man mitunter in Situationen, bei denen Motorkraft eher eine Notwendigkeit denn eine Bequemlichkeit ist. Ein Motor verschafft einem Segler nicht nur die Freiheit, auf engem Raum zu segeln, sondern bietet darüber hinaus auch Sicherheit in kritischen Augenblicken auf einer stark befahrenen Schiffahrtsstraße, wenn urplötzlich der Wind abflaut. Bei sehr ausgeprägten Leichtwetterbedingungen kann Segeln mit Motor sowohl wirtschaftlich als auch zeitsparend sein. Selbst wenn der Motor nur mit der im Leerlauf erzielten Drehzahl läuft, steigt die Stärke des scheinbaren Windes ausreichend an, um die Segel zu füllen und

Fahrt zu machen, das Boot beschleunigt und läuft höher am Wind, weil es vom eigenen Wind profitiert. Natürlich muß man Schwerwetter ebenfalls in Betracht ziehen, egal, wie groß das Boot auch sein mag. Stellen Sie sich vor, Sie segeln – höchstwahrscheinlich mit gerefften Segeln – hart am Wind, das Rigg bringt keine maximale Fahrt zustande und kleine, steile Bugseen versuchen, das Boot zu stoppen oder die Bugs leewärts zu schieben. Ein laufender Motor trägt dazu bei, das Boot vorwärts in Fahrt zu halten. Es kann sehr hart am Wind laufen und muß weniger Abdrift hinnehmen. Unter solchen Wetterbedingungen sähen Sie sich ohne einen zuverlässigen Hilfsmotor ernsthaften Schwierigkeiten ausgesetzt.

Die Anforderungen, die ein Mehrrumpfboot an die Motorkraft stellt, sind, verglichen mit einem gleichwertigen Kielboot, erstaunlich mäßig. Ein Motor, der stark genug ist, um ein 8-m-Einrumpfboot mit Ballastkiel auf seine Höchstgeschwindigkeit von 6 oder 7 Knoten zu bringen, müßte ungefähr 15 PS aufweisen, aber sein nicht unbeträchtliches Gewicht spielte im Verhältnis zur Gesamtverdrängung keine große Rolle. Ein leicht in Fahrt zu bringendes Mehrrumpfboot braucht weniger Kraft, um solche Geschwindigkeiten zu erreichen, verzeiht aber kein zusätzliches Gewicht. Ein solches Boot auf Höchstgeschwindigkeit zu bringen – ein Spitzen-Multi ist zwei- bis dreimal so schnell wie ein Einrumpfboot –, würde einen so kräftigen und schweren Brocken von Motor erfordern, daß seine Segelleistung vollkommen ruiniert wäre. Dieses Boot wäre zum Motorboot degradiert. Was also die hohen Geschwindigkeiten angeht, müssen wir auf den Wind vertrauen.

Tatsächlich ist es nur zu leicht, die für ein Mehrrumpfboot benötigte passende Motorgröße zu überschätzen. Die Erfahrung hat gezeigt, daß ein einziger 10-PS-Motor mit einem gut dimensionierten Propeller die meisten 10–12-m-Boote bei einigermaßen ruhigen äußeren Bedingungen ganz hübsch voranbringt. Mit 20–30 PS – oder im Höchstfall zwei 20-PS-Motoren auf einem großen Kat – hat man eine beruhigende Reserve für Gegenwind und unruhige See und erreicht eine Marschfahrt von leicht 8 Knoten. Eine Zwei-Motoren-Anlage bringt zusätzliche Vorteile, so für den Fall, daß ein Motor zu spucken beginnt oder Startprobleme hat, man hat duale Batterieaufladestationen, falls ein Wechselstromgenerator Kummer machen sollte und außerdem eine ganz ausgezeichnete Manövrierfähigkeit mit den beiden weit auseinander liegenden Propellern. Bei kleinen, leichten Booten wie etwa Micros hat sich ein 4-PS-Außenbordmotor in den meisten Situationen als vollkommen ausreichend erwiesen. Er schafft es, die meisten dieser Boote mit angenehmen 6 Knoten voranzubringen. Mit 6–8 PS macht er noch einen oder zwei Knoten zusätzlich und hat eine Reserve für Gegenwind. Bei einem Micro rechtfertigt ein größerer Motor kaum das Extragewicht und die zusätzlichen Kosten.

Eine brauchbare Formel zur Berechnung der ungefähren Geschwindigkeit eines Mehrrumpfbootes unter Motor lautet

$$V = \sqrt{\frac{L \times P}{\Delta}}$$

wobei V = Geschwindigkeit in Knoten
L = Länge der Konstruktionswasserlinie in Metern
P = Pferdestärken
Δ = Verdrängung in Tonnen bedeutet.

Es liegt in erster Linie an der eingeschränkten Zuladekapazität eines Mehrrumpfbootes und weniger an der Rumpfform, daß die Wahl unter den auf den ersten Blick verblüffend vielfältigen Alternativen begrenzt ist: Diesel- oder Benzinmotor, Außenbord- oder Innenbordmotor und in letzterem Fall

konventioneller Schaftmotor, V-Motor, hydrostatischer Antrieb, Jet-Drive, fixierter Sail-Drive oder ein hochklappbarer Außenborder, von denen einige Ausführungen noch steuerbar sind, um zusätzliche Manövrierfähigkeit zu gewährleisten. Alle diese Motoren sind auf Mehrrumpfbooten schon im Einsatz gewesen, aber einige Typen sind unverhältnismäßig schwer, und das Gewicht spielt bei der Entscheidung für den richtigen Motor eine bedeutende Rolle.

DIESEL
Das ist die naheliegende Wahl für ein Fahrtenboot, ausgenommen die ganz leichten, denn ein Dieselmotor steht für lange Lebensdauer, sparsamen Treibstoffverbrauch und zuverlässiges Anspringen. Die kleinsten Innenborder leisten ungefähr 10 PS und wiegen 80–100 kg, einschließlich Sail-Drive-Getriebe oder einer fest eingebauten Wellenanlage. Bei größeren Booten nimmt man üblicherweise Motoren zwischen 20–30 PS. Diese Motorenklasse ist eine sehr gute Wahl für Fahrtenkats mit Brückendeckeinrichtung. Man muß sich zwischen drei möglichen Antriebsalternativen entscheiden:

(1) Ein Motor und gerader Schaft oder Sail-Drive-Getriebe in jedem Rumpf. *Dafür:* hervorragende Manövrierfähigkeit, Zuverlässigkeit von zwei Motoren. *Dagegen:* Widerstand des Sail-Drives im Wasser, sogar mit Faltprop oder Verstellprop, Schwierigkeit, einen unklaren Propeller freizubekommen, Lärm bei Betrieb, Gewicht und Kosten.

(2) Ein Motor in lärmdämpfendem Gehäuse im Cockpit, angetrieben über einen schwenkbaren und normalerweise steuerbaren Drive. *Dafür:* Kein Widerstand beim Segeln, gute Erreichbarkeit, Gewicht und Kosten lediglich von bzw. für einen einzigen Motor. *Dagegen:* Etwas Lärm im Cockpit, Steuerungskontrolle nicht so effektiv wie bei Zwei-Motoren-Anlage.

(3) Ein Motor im Cockpit, hydraulischer Antrieb verbunden mit Antriebsmotoren

Abb. 6.1 Yanmar 9-PS-Einzylinder-Diesel mit Sail-Drive und Faltpropeller, Gewicht 99 kg. (rechts) Drive-Leg von Sonic für Diesel bis zu 37 PS, hochhebbar bis zu einem Winkel von 68° und schwenkbar bis zu 30° auf jeder Seite; Gewicht ungefähr 50 kg, je nach Länge.

und Sail-Drive-Getriebe in jedem Rumpf. *Dafür:* Doppel-Propeller-Manövrierbarkeit, Gewicht und Kosten eines einzigen Motors. *Dagegen:* ungefähr 15% Verlust an Gesamtleistung, Lärm aus der hydraulischen Anlage (Wimmern) bei den meisten Installationen und Motorlärm im Cockpit, Widerstand der Legs und Schwierigkeiten, sie freizumachen.

(4) Wasser-Jet-Drive am Heckspiegel, ein einziger oder einer in jedem Rumpf. *Dafür:* Kein Anbau unter dem Rumpf, Sicherheit für schwimmende Menschen, sehr kleiner Widerstand beim Segeln, hervorragende Manövrierbarkeit (steuerbare Düse). *Dagegen:* Sehr viel weniger effektiv als herkömmliche Propeller bei Marschfahrt (am besten für Wetbikes, Ski-Boote etc.).

(5) Noch niemand scheint eine Zwei-Motoren-Anlage mit außenliegenden Drives oder Jets ausprobiert zu haben, plaziert auf jeder Seite des Cockpits eines Kats. *Dafür:* Manövrierbarkeit, Zugänglichkeit. *Dagegen:* Gewicht, Kosten und Lärm im Cockpit.

AUSSENBORDMOTOREN

Zugunsten von Außenbordmotoren sprechen das geringe Gewicht, die Einfachheit, die relativ niedrigen Kosten, die Geräuscharmut verglichen mit dem Diesel und die Problemlosigkeit, mit der sie beim Segeln aus dem Wasser geholt werden können. Bei jedem schnellen Boot ist das ein wesentlicher Punkt, um den Propellerwiderstand zu vermeiden, der sich ab ungefähr 6 Knoten auswirkt, selbst wenn der Prop vorbeugend gegen Drehen gesichert ist. Einem Micro kann das bei Leichtwind bei niedrigen Bootsgeschwindigkeiten von 3 Knoten den letzten Schwung nehmen. Des weiteren hat ein Außenbordmotor den Vorteil, tragbar zu sein. Man kann ihn sowohl zur Wartung als auch zum Verstauen an Land bringen. Der größte Nachteil eines kleinen Zweitakters innerhalb der kleinen Motorentypen, die wir einer näheren Betrachtung unterziehen, liegt, abgesehen von einem gelegentlich zögerlichen Startverhalten, in seinem kleinen, hochtourigen Prop, der bei niedrigen Bootsgeschwindigkeiten viel von seiner Kraft verschwendet und nur ein Loch in das Wasser gräbt, anstatt den Antrieb sinnvoll umzusetzen. Ein großer und langsamer Drehprop ist weitaus effizienter, aber die Kombination eines solchen Props mit der notwendigen kleineren Übersetzung und einem langsamer laufenden Viertaktmotor ist nur bei sehr wenigen Modellen erhältlich, etwa dem 10-PS von Yamaha. Allerdings ist er trotz seiner 45 kg zu schwer für einen Micro, obwohl er nur die Hälfte des Gewichts eines 10-PS-Diesels auf die Waage bringt. Ist ein solcher Motor ordentlich isoliert, bekommt man eine wunderbar ruhige und glatt laufende Maschine für größere Boote mit elektrischem Anlasser und Fernbedienung.

KAVITATION

Die ins Leere gehenden Bemühungen eines kleinen Props an einem Außenbordmotor, der eifrig, aber vergeblich versucht, das Boot vorwärtszubringen, wird bei den leistungsschwachen Anlagen, mit denen wir uns hier beschäftigen, oft noch verschärft durch Kavitation, durch Anziehung von Luft, wenn die Flügel zu nahe an der Oberfläche arbeiten. Eine Langschaft- oder Ultralangschaft-Version des Motors verhindert dieses Ungemach, allerdings zum Preis von zusätzlichem Gewicht. Andererseits muß dieser Motor nicht so tief unten montiert werden, daß ihn jede vorbeikommende Welle eintaucht. Obgleich Außenborder relativ wasserdicht sind und weder durch Regen noch durch Gischt in Mitleidenschaft gezogen werden, empfiehlt es sich doch, Wasser so gut es geht von ihnen fernzuhalten. Wo immer der Motor auch montiert ist, er weist stets die Tendenz auf, mit einem Wellenkamm in Berührung zu kommen. An einem kleinen Boot bewahrt ihn eine einfache Schutzhülle oder Verkleidung vor den meisten Wellen; auf größeren Booten kann man

den Motor in einem belüfteten Gehäuse mit einem schallisolierenden Deckel unterbringen.

Dennoch ist intermittierende Kavitation bei jedem am Heck montierten Motor kaum zu vermeiden, wenn das Boot bei Seegang schwer stampft. Zur Vorsorge kann in Ergänzung zum normalen Langschafter der Motor auf vertikale Schienen oder eine schwenkbare Motorhalterung montiert werden, so daß er entweder in seine normale Position abgelassen oder klar vom Wasser hochgezogen werden kann. Eine Alternativlösung bei einem Katamaran besteht darin, den Motor etwas weiter vorne im Cockpitbereich anzubringen, so daß sich der vertikale Bewegungsspielraum wesentlich reduziert, und ihn auf einem Querträger zu montieren – falls nötig, auf einem zusätzlich angebrachten – oder in einer Deckskonsole mit ausreichend Platz zum Schwenken oder Gleiten. Eine interessante Alternative für Kats mit offenem Brückendeck von angemessener Größe ist das Mitführen eines aufblasbaren Beiboots zwischen Haupt- und Achterbeam, das außer Betrieb auf Decksniveau hochgezogen ist. Soll der Kat mit Motorkraft angetrieben werden, senkt man das Heck des Beiboots mit dem entsprechend schräg gelagerten Außenborder in das Wasser, während die Bugs gegen den Hauptquerträger drücken. Bei einer Installation in diesem Bereich ist jedoch Vorsicht geboten. Man muß sich vergewissern, daß der Prop im offenen Fahrwasser und nicht in den querlaufenden Wellenmustern zwischen den Rümpfen arbeitet. Außerdem darf er in den Wellentälern nicht voll Wasser schlagen, damit er nicht eventuell »verhungert«. Wo auch immer der Motor montiert ist, eine Ein-Motoren-Anlage, unabhängig vom Ruder steuerbar, und auf größeren Booten eine Zwei-Motoren-Anlage mit Fernbedienung stellt bei niedrigen Geschwindigkeiten eine willkommene Hilfe beim Manövrieren des Bootes vorn oder achtern dar, wenn die Ruder ineffektiv sind.

Auf einem Trimaran ist das schwieriger zu arrangieren, da der größte Teil des schmalen Spiegels vom Ruder eingenommen wird. Darum ist eine Motorhalterung auf einer

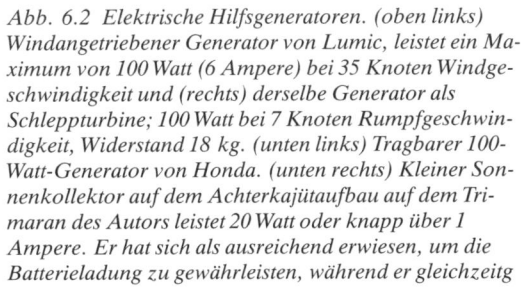

Abb. 6.2 Elektrische Hilfsgeneratoren. (oben links) Windangetriebener Generator von Lumic, leistet ein Maximum von 100 Watt (6 Ampere) bei 35 Knoten Windgeschwindigkeit und (rechts) derselbe Generator als Schleppturbine; 100 Watt bei 7 Knoten Rumpfgeschwindigkeit, Widerstand 18 kg. (unten links) Tragbarer 100-Watt-Generator von Honda. (unten rechts) Kleiner Sonnenkollektor auf dem Achterkajütaufbau auf dem Trimaran des Autors leistet 20 Watt oder knapp über 1 Ampere. Er hat sich als ausreichend erwiesen, um die Batterieladung zu gewährleisten, während er gleichzeitg die Instrumente und Decca versorgt, sowie zusätzlich noch den zeitweiligen Einsatz von Funk, Selbststeueranlage und Beleuchtung.

Rumpfseite oder auf einem Achterbeam erforderlich. Eine Montage auf einer Außenposition wirft kein Problem auf, sofern das Steuer vom Steuermann gut erreichbar ist. Auf einem Boot mit Mittelplicht wird jedoch eine zusätzliche Einhebelschaltung, gekoppelt mit dem Gashebel und dem Getriebe, benötigt. In diesem Fall läuft leider allzu häufig ein unangenehm verwickeltes Kabel zur Motorsteuerung. Manövrieren bei niedrigen Geschwindigkeiten mit einem auf einer Außenposition fest montierten Motor ist durchaus möglich, obgleich dazu ein gutes Urteilsvermögen und eine gewisse Praxis unerläßlich sind.

Jeder Außenbordmotor profitiert davon, wenn man ihn in regelmäßigen Abständen laufenläßt, und sei es nur für ein paar Minuten. Vorzugsweise geschieht dies unter Belastung (Getriebe). Damit wird gleichzeitig auch vorbeugend die Startzuverlässigkeit überprüft. Die Motoren sind sehr robust und verlangen wenig Wartungsarbeiten; Startschwierigkeiten sind im Grunde die einzigen Probleme, die immer wieder auftauchen – und dann ausnahmslos im unpassendsten Moment.

Generatoren

Die elektrische Anlage eines Mehrrumpfbootes unterscheidet sich nicht grundlegend von der eines jeden anderen Bootes, ausgenommen natürlich die notwendigerweise längeren Kabel zwischen den Rümpfen eines Katamarans. Dieses Thema wird regelmäßig in Yachtzeitschriften angesprochen und ist in speziellen Büchern gut dokumentiert, so daß es hier nicht eingehender behandelt werden soll. Mit Ausnahme auf Micros lädt jedoch das großzügige Raumangebot unter Deck zum Einbau von weit mehr wohnungsbezogener Ausrüstung und Navigationsausrüstung ein, als es ansonsten wohl der Fall ist. Die kleinen Generatoren an Außenbordmotoren leisten nur 4–6 Ampere in der kurzen Zeit, die sie normalerweise laufen. Obwohl die meisten Innenbordmotoren starke Wechselstromgeneratoren (Drehstrom-Lichtmaschinen) haben (typisch sind 55 Ampere), laufen sie nicht immer – eher selten, wenn der Skipper mehr am Segeln denn an Motoren interessiert ist – ausreichend lang, um die Batterien in aufgeladenem Zustand zu halten. Eine Art Hilfsgenerator ist folglich meist vonnöten, wenn man die Batterien nicht in regelmäßigen Abständen zum Laden mit an Land nimmt – was nur mit den leichten Batterien der kleinen Boote möglich ist. Die folgenden Anmerkungen sind als Anregung und Entscheidungshilfe gedacht.

Zur Installation stehen die folgenden Alternativen zur Wahl:

1. Ein tragbares Benzinmotor-Antriebsset. Diese Anlagen sind kompakt, sauber, ruhig (jedenfalls die meisten – sicher jedoch viel leiser als jeder Diesel) und in der Lage, die Spannung einer leeren Batterie in ein paar Stunden wieder herzustellen. Der kleinste Honda wiegt gerade 8,5 kg und liefert ungefähr 100 Watt beim Batterieladen (6 Ampere), und hat eine Gesamtleistung von 300 Watt bei 230 Volt Wechselstrom für kleine Elektrowerkzeuge und Anwendung im Wohnbereich (beim Arbeiten über und nahe am Wasser ist besondere Vorsicht geboten). Der Wechselstromgenerator an Ihrem Diesel wird vermutlich 50 Ampere oder mehr als Batterieladegerät bringen, aber der damit verbundene Lärm hält wahrscheinlich die Crew, die gerade nicht arbeiten muß, während der Fahrt wach. Darüber hinaus machen Sie sich auch sehr unbeliebt, wenn Sie ihn im Hafen längere Zeit laufenlassen.

2. Ein Windgenerator, den man ohne Beaufsichtigung laufenlassen kann; hat er aber einen Blatt durchmesser von ungefähr 750 mm, sollte er sowohl aus Sicherheitsgründen als auch wegen des Luftwiderstands beim Segeln am besten entfernt werden. Bei 20 Knoten Windgeschwindigkeit (Stärke 6) leistet er normalerweise 70 Watt (4 Ampere). Er wiegt ungefähr 6 kg und beginnt bei 5–7 Knoten aufzuladen. Da man sich im allgemeinen für einen Liegeplatz auch aus Gründen der dort herrschenden Sicherheit entscheidet, sind die Bedingungen für Windkraftgeneratoren nicht immer ideal.

3. Ein wasserangetriebener Generator, entweder an einer Strebe montiert oder mit einem am Deckkorb befestigten Schlepprotor. Ein solcher Generator wiegt ungefähr 12 kg und leistet bei 7 Knoten Bootsgeschwindigkeit soviel wie eine Benzinmotorenanlage. Normalerweise verursacht er beträchtlichen Widerstand beim Segeln – das heißt, 18 kg zum Aufladen von 6 Ampere. Wenn das Boot festgemacht liegt, muß die Strömung 3 Knoten erreichen, ehe dieser Generator zu laden beginnt.

4. Einer oder mehrere Sonnenkollektoren, eine passive, geräuschlose und unterhaltsfreie Energiequelle. Ein typischer Kollektor mißt ungefähr einen Meter auf einen halben Meter und bringt 50 Watt bei Sonnenschein, allerdings weniger als die Hälfte an einem wolkenverhangenen Tag. Das hört sich vielleicht nicht sonderlich eindrucksvoll an, aber man darf nicht vergessen, daß das Aufladen unabhängig von Wind und Tide während der Stunden mit Tageslicht beständig vor sich geht. Bei einer Leistung in einem durchschnittlichen europäischen Sommer von zum Beispiel 100 Amperestunden pro Woche kann ein einziger derartiger Kollektor – oder sogar ein noch kleinerer – normalerweise die Batteriebelastung durch die Instrumente und den periodischen Einsatz von Licht, Funk, Selbststeueranlage und Navigationshilfen decken. Zusätzliche Kollektoren sind notwendig im Winter oder bei stärkerer Inanspruchnahme etwa durch elektrische Starter, Kühlschrank, Stereoanlage und elektrische Wasserdrucksysteme.

7 KONSTRUKTION

Bootsbaumaterialien und -methoden

Wir haben die Parameter bezüglich Konstruktion und Leistung einer näheren Betrachtung unterzogen, die das Aussehen eines Mehrrumpfbootes und seines Riggs bestimmen. In diesem Kapitel werfen wir einen Blick auf die bei der Konstruktion verwendeten Materialien und ihre unterschiedliche Anwendung, sowohl von Profi-Schiffsbauern als auch im Selbstbau im eigenen Hof oder Garten. Dieses Buch ist nicht der geeignete Rahmen, um Ihnen zu erklären, wie man ein Boot baut (obwohl Sie dadurch vielleicht Lust bekämen, sich gleich an die Arbeit zu machen). Zu diesem Thema gibt es eine Reihe hervorragender Bücher, falls Sie sich richtig hineinvertiefen möchten. Aber Verständnis für die grundlegende Beschaffenheit eines Bootes ist mehr oder weniger unentbehrlich, sofern man ein Boot gefühlvoll segeln möchte, und hilft außerdem bei der Suche der Fehlerquelle möglicher Störungen und bei der Durchführung notwendiger Reparaturarbeiten.

Die Hauptgründe für die Entscheidung, sich selbst ein Boot zu bauen anstatt eines zu kaufen, sind meist, daß die gewünschte Konstruktion nicht als Serienboot erhältlich ist, oder der Wunsch, Geld zu sparen. Manchmal treffen beide Gründe zusammen. Vielleicht gefällt Ihnen auch einfach der Gedanke des Do-ityourself bei einem derart anspruchsvollen Vorhaben. Und es kann tatsächlich eine Menge Spaß machen, sich ein Boot zu bauen. Folglich ist es nicht weiter erstaunlich, daß manche Leute lieber ein Boot bauen, als es hinterher dann auch tatsächlich zu segeln; beim Stapellauf eines neuen Bootes kann niemand stolzer sein als der Schöpfer, der es mit eigener Hände Arbeit gefertigt hat. Die Segel auf einem selbstgebauten Boot zu setzen, ist ein Traum, der seit Jahren von unzähligen Segelanwärtern geträumt wird, und viele haben ihn auch mit Erfolg in die Tat umgesetzt.

Andererseits sollte man an ein solches Projekt nur herangehen, wenn man sich über die Größe der Aufgabe vollkommen im klaren ist und weiß, daß es sich um eine größere Unternehmung handelt, an die man sich nur mit einer gewissen Vorsicht heranwagen sollte. Sie erfordert Geduld, Ausdauer und nicht wenig Mut – denn selbst ein Micro kann im Bauschuppen wie ein Ungeheuer erscheinen. Der schlimmste Fehler besteht darin, sich für eine Konstruktion zu entscheiden, die eine Nummer zu groß ist und zwar sowohl für das Budget als auch für die Arbeit. Bei zuviel Ehrgeiz in beiden Bereichen kann es passieren, daß das Boot hastig und schludrig aus billigem Abfallholz zusammengebaut wird. Noch schlimmer, man läßt es entnervt liegen, unfertig und höchstwahrscheinlich unverkäuflich.

Machen Sie sich keine Illusionen über die Wirtschaftlichkeit einer Do-it-yourself-Yacht und über den Aufwand an Zeit, bis Sie endlich zu Wasser gelassen werden kann. Seltsamerweise ist die Geldersparnis nie so groß wie man sich erhofft hat, selbst unter Berücksichtigung der »freien« Arbeitsstunden, die normalerweise über die Hälfte der Gesamtkosten eines fertiggestellten Rumpfes ausmachen. Zieht man die Fehler eines Bootsbauneulings in bezug auf Material- und Hardwarekosten in Betracht, von denen letztere mindestens soviel und oft sogar beträchtlich mehr kosten als die Rümpfe selbst, oder nimmt man gar noch die Unterschätzung der Größe des Bauschuppens und der entstehenden Heizkosten dazu, kann das Projekt manchmal sogar fast so teuer werden wie ein fabrikfertig gekauftes Boot. Dennoch, mit dem ungeheuren Seufzer der

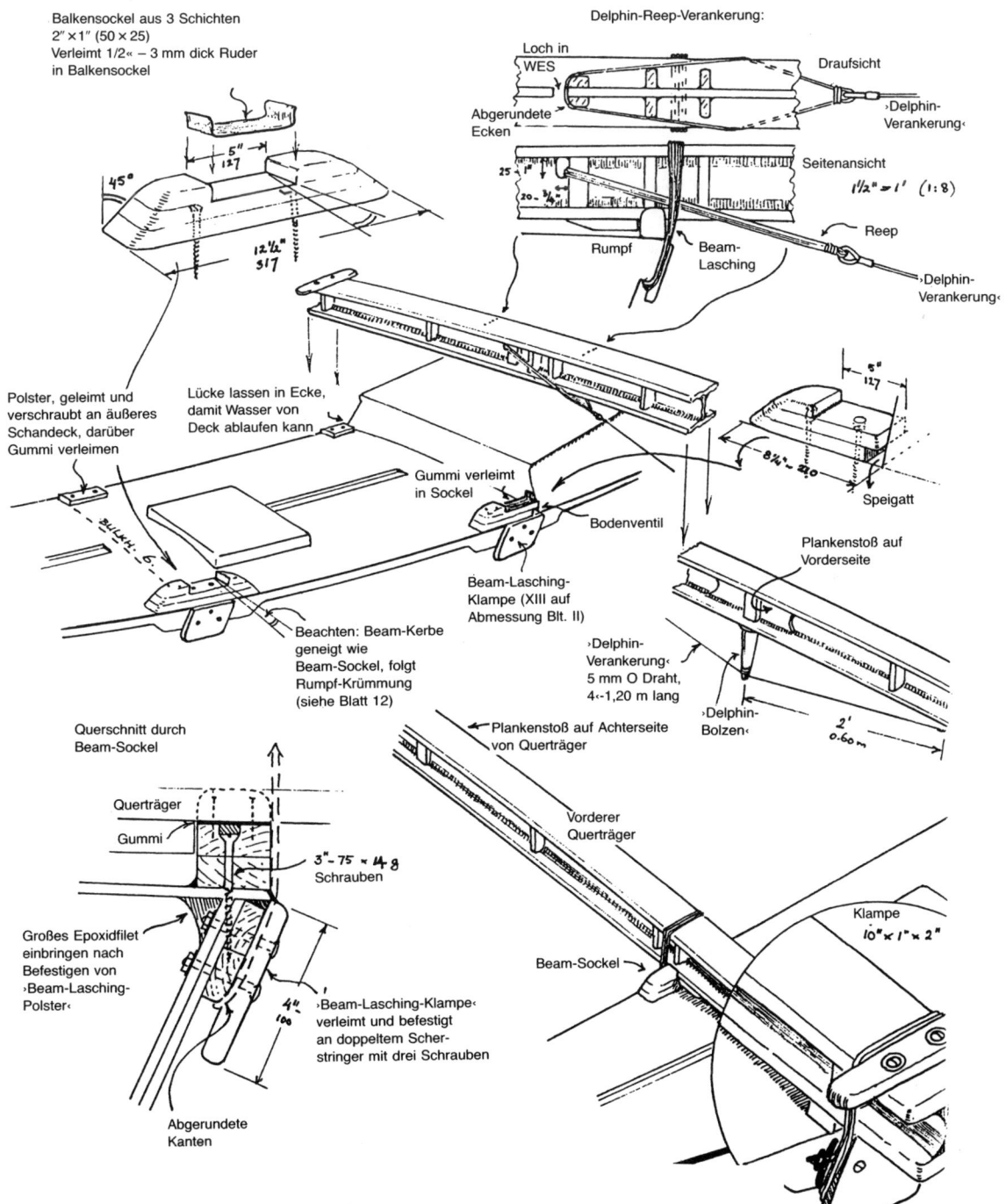

Balkensockel aus 3 Schichten
2″ × 1″ (50 × 25)
Verleimt 1/2″ – 3 mm dick Ruder
in Balkensockel

45°

5″
127

12½″
317

Delphin-Reep-Verankerung:

Loch in
WES

Draufsicht

Abgerundete
Ecken

›Delphin-
Verankerung‹

25   1″
20 – ¾″

Seitenansicht

1½″ = 1′ (1:8)

Rumpf

Beam-
Lasching

Reep

›Delphin-
Verankerung‹

Polster, geleimt und
verschraubt an äußeres
Schandeck, darüber
Gummi verleimen

Lücke lassen in Ecke,
damit Wasser von
Deck ablaufen kann

Gummi verleimt
in Sockel

Bodenventil

Beam-Lasching-
Klampe (XIII auf
Abmessung Blt. II)

Beachten: Beam-Kerbe
geneigt wie
Beam-Sockel, folgt
Rumpf-Krümmung
(siehe Blatt 12)

5″
127

8¾″ – 220

Speigatt

Plankenstoß auf
Vorderseite

›Delphin-
Verankerung‹
5 mm Ø Draht,
4‹–1,20 m lang

›Delphin-
Bolzen‹

2′
0.60 m

Querschnitt durch
Beam-Sockel

Querträger

Gummi

3″– 75 × 4 g
Schrauben

Großes Epoxidfilet
einbringen nach
Befestigen von
›Beam-Lasching-
Polster‹

4″
100

›Beam-Lasching-Klampe‹
verleimt und befestigt
an doppeltem Scher-
stringer mit drei Schrauben

Abgerundete
Kanten

Plankenstoß auf Achterseite
von Querträger

Vorderer
Querträger

Beam-Sockel

Klampe
10″ × 1″ × 2″

*Abb. 7.1 Eine Menge vergeblicher Mühe beim Eigen-
bau eines Bootes kann man sich sparen, wenn die Pläne
von umfangreichen Instruktionen begleitet werden. Die
abgebildeten Instruktionen sind typisch für James
Wharram-Boote.*

Erleichterung nach Beendigung dieser sicherlich wie eine Mammutaufgabe vor Ihnen liegenden Arbeit und angesichts der ungeheuren Befriedigung über das erreichte Ziel, wenn das Boot zum erstenmal zu Wasser gelassen wird, sind die bösen Vorahnungen, die Enttäuschungen, der Frust und sogar der schmerzende Rücken vergessen. Wie dem auch sei, eine Menge Unsicherheit und vergebliche Liebesmühe kann man sich sparen, wenn begleitend zu den Bauplänen umfangreiche Instruktionen seitens des Konstrukteurs hinzukommen, die erklärende Illustrationen schwieriger oder wichtiger Details und eine Einkaufsliste für das Material enthalten.

Falls Sie also im Handel kein fertiges Boot finden, das voll und ganz Ihren Wünschen und Ihrem Geldbeutel entspricht, dann sollten Sie den Eigenbau guten Mutes in Betracht ziehen, ganz besonders im Falle eines Mehrrumpfbootes, da die Auswahl an Serienbooten bei diesem Typ noch immer sehr begrenzt ist. Schätzungen gehen davon aus, daß sich viermal so viele Eigner ihren Multi selbst bauen, anstatt sich einen professionell gefertigten zu kaufen.

Wer noch nie versucht hat, mit eigenen Händen ein Boot zu bauen, oder wen ernsthafte Zweifel an seiner Eignung für diese Tätigkeit plagen – oder wer, wie die meisten von uns, ganz einfach nicht genügend Zeit oder nicht genügend Ausdauer hat, was beides in Hülle und Fülle gebraucht wird –, hat verschiedene andere Möglichkeiten, ein Boot flottzubekommen, die allerdings alle mit etwas höheren Kosten verbunden sind. Sie können eine bezahlte Hand anheuern, die Ihnen bei den größten Schwierigkeiten hilft und den notwendigen Zeitaufwand reduziert – oder, wenn Sie sich das leisten können, einen festen Mitarbeiter bezahlen, der mit Ihnen während des gesamten Bauprozesses zusammenarbeitet; die nächste Alternative ist noch etwas kostspieliger. Sie können industriell vorgefertigte Rümpfe oder die entsprechenden Rumpfformen kaufen, und nur den Rest des Bootes selbst bauen. Das sollte noch um einiges günstiger kommen als das komplett fertig erstandene Produkt, vorausgesetzt, Sie kaufen zu einem vernünftigen Preis ein.

Der Kontakt mit anderen Selbstbauern kann sehr ermutigend sein. Vielleicht wohnen ein paar dieser Bootsenthusiasten sogar in Ihrer Nähe. Das Gespräch über Schwierigkeiten und Lösungsvorschläge trägt zur Aufrechterhaltung der Motivation bei und ist ganz besonders wichtig, wenn Sie manchmal kurz vor dem Verzweifeln sind und fürchten, angesichts der Probleme den Mut vollends zu verlieren. Schließen sich mehrere Selbstbauer zusammen, haben sie außerdem eine einflußreichere Position. Ferner gibt es etliche nationale Vereinigungen, die sich demselben Ziel verschrieben haben.

Welchen Weg auch immer Sie gehen wollen, Sie haben die Qual der Wahl der zur Verfügung stehenden Werkstoffe und Techniken. Die Materialien müssen so kräftig und so leicht wie möglich sein und innerhalb des vorgegebenen Kostenrahmens liegen; die Konstruktion muß steif sein, um Deformationen unter Belastung durch das schwere Rigg und der Welleneinwirkung zu widerstehen; sie muß viele Jahre harten Einsatzes überdauern, ohne sich zu verändern oder Materialermüdung aufzuweisen. Stahl und Ferrozement sind für Mehrrumpfboote zu schwer; Aluminiumkonstruktionen sind nicht nur teuer, sondern die für ein kleines Boot zur Gewichtsreduzierung benötigten dünnen Platten haben die Tendenz, zwischen den Spanten durchzubiegen, und das Boot sieht bald aus wie ein »halbverhungertes Pferd«. Nebenbei bemerkt sind diese Boote anfällig für Beschädigungen durch Felsen und sogar durch Steine am Strand. Mit Ausnahme von wirklich großen Yachten, für die Aluminium der ideale Baustoff ist, fällt die Entscheidung also zwischen Holz in verschiedener Ausführung, glasfaserverstärktem Kunststoff oder einer Kompositkonstruktion.

Holz

Bootsbauholz ist das ursprüngliche Bootsbaumaterial, und viele halten es nach wie vor für das beste. Es ist vergleichsweise kostengünstig, sofern Sie sich nicht für eines der schweren Harthölzer wie etwa Teak entscheiden. Es ist sofort verfügbar, leicht zu formen und leicht zu verarbeiten. Außerdem ist die Arbeit mit Holz ausgesprochen befriedigend. Fraglos zählt dieses Material mit zu den steifsten Konstruktionswerkstoffen bezogen auf ein bestimmtes Gewicht, denn das Verhältnis Beanspruchungsfestigkeit/Gewicht und Widerstand gegen Ermüdung werden nur von den exotischsten und teuersten Materialien des Raumfahrtzeitalters übertroffen. Was sicherlich im Zusammenhang mit Holz allgemein besser bekannt ist, ist seine Anfälligkeit zur Fäulnis und Feuchtigkeitsaufnahme sowie die mangelhafte Maßhaltung; aber diese traditionellen Schwächen können heutzutage durch eine Behandlung mit Epoxidharz wirksam bekämpft werden. Zu den bekanntesten Methoden gehört das WEST-System, eine bahnbrechende Entwicklung der Gebrüder Gougeon aus den USA und inzwischen weltweit eingesetzt. Ein ähnliches System wurde in Großbritannien von S.P. Systems entwickelt.

MECHANISCHE EIGENSCHAFTEN

Holz ist ein organisches Material mit komplexen Eigenschaften. Zum größten Teil setzt es sich aus Zellulose in Form winziger langgestreckter Faserzellen oder hohler Gefäßzellen zusammen, die als bandartige Bündel durch einen harzartigen Stoff namens Lignin sozusagen aneinander zementiert sind. Die Zellen, die sich wiederum aus noch kleineren Fasern zusammensetzen (bis hinunter zu den Zellulosemolekülen), verlaufen im gewachsenen Baum senkrecht und verleihen jedem Bauholz seine Hauptstärke entlang der Längsfaser. Eine weitere Zellgruppe, bekannt als Holz- oder Markstrahlen, dehnt sich strahlenförmig vom Mittelpunkt des Baumes nach außen zur Rinde hin aus und bestimmt die weniger ausgeprägte Festigkeit quer zur Längsfaser. Ein typisches Verhältnis beträgt bei Harthölzern 15:1 und bei Weichhölzern 30:1. Aus diesem Grund splittert Holz leichter entlang der Längsfaser. Bestimmt denken Sie nicht einmal im Traum daran, ein Regal quer zur Faser zu bauen. Wird Festigkeit in beiden Richtungen benötigt, nimmt man mindestens zwei oder mehr Holzlagen Sperrholz, deren Längsfasern diagonal übereinanderlaufen, wie das bei den Spanten und Planken eines traditionellen Holzrumpfes der Fall ist.

FEUCHTIGKEITSGEHALT

Zellulose selbst ist mit einem spezifischen Gewicht von 1,5 schwerer als Wasser, obgleich trockenes Holz schwimmt, denn das meiste Volumen des Holzes wird von den Zellenhohlräumen und den Poren in den Zellwänden aufgenommen. Diese sind teilweise mit Wasser gefüllt, wenn ein Baum gefällt wird; während der frisch gefällte Stamm abgelagert wird, bleiben die Fasern selbst gesättigt, bis das ungebundene Wasser aus den Hohlräumen verdunstet ist. Dann ist das Holz bis zum Sättigungspunkt seiner Fasern getrocknet, der bei ungefähr 25% Feuchtigkeitsgehalt liegt. Doch obwohl es nun trocken aussieht und sich auch so anfühlt und viel leichter geworden ist, ist es als Baumaterial höchstens von mittelmäßiger Qualität. Aber von diesem Stadium an verursacht weiteres Trocknen einen dramatischen Wandel. Das Holz beginnt zu schrumpfen, Festigkeit und Steifheit der Fasern nehmen analog zum Verlust an Feuchtigkeit rasch zu, bis sie sich im Gleichgewicht mit dem Feuchtigkeitsgehalt und der sie umgebenden Lufttemperatur befinden. Ein Trocknen bis auf 10% Feuchtigkeitsgehalt hält das angestrebte Gleichgewicht aufrecht und produziert eine Tragfähigkeit und Festigkeit, die diese Eigenschaften im gesättigten Stadium um 60–70% übersteigen. Extreme Trockenheit, das heißt ein Feuchtigkeitsgehalt von 5%, kann tatsächlich beide Werte verdoppeln, sowohl die Enddruckfestigkeit oder Druckspannung als auch die Biegesteifigkeit der meisten Bauhölzer. Manchmal verdreifachen sich diese Werte sogar. Aus diesem Grund ist leicht verständlich: Je trockener das Holz, um so fester und leichter das Boot. Das Problem mit Holz ist, daß es seine Eigenschaften ohne eine Spezialbehandlung ändert, wenn es Wind und Wetter ausgesetzt ist. Auffallend ist, daß es

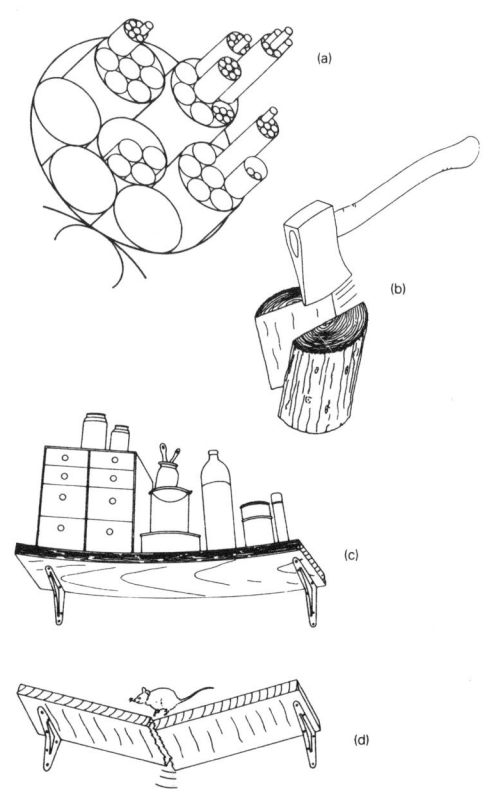

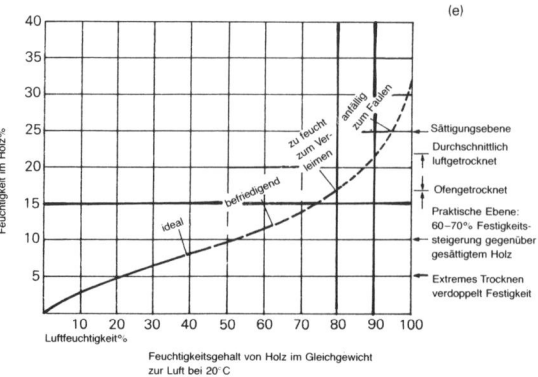

Abb. 7.2 Die Grundeigenschaften von Holz. (a) Graphische Darstellung der Holzzusammensetzung und Anordnung der Zellfasern, die zeigt, warum (b) Holz schneller entlang der Längsfaser splittert und warum (c) Regale fester sind, wenn die Längsfaser der Länge nach verläuft anstatt (d) quer zur natürlichen Laufrichtung. (e) Wie der Feuchtigkeitsgehalt des Holzes und seine Eignung als Bootsbauholz je nach Luftfeuchtigkeit variiert.

bereits bei kleinsten Veränderungen im Feuchtigkeitsgehalt der Umgebung über den Längsfasern anfängt aufzuquellen oder zu schrumpfen, je nachdem, ob die Fasern durch ihre Poren Feuchtigkeit aufnehmen oder ausstoßen. Diese mangelnde Maßhaltung, die selten gleichmäßige Veränderungen erzeugt und häufig sogar zwischen aneinandergrenzenden Holzstücken variiert, führt wiederum zu Aufwerfungen und Reißen durch inneren Druck und damit zu Lecks.

VERROTTUNG

Holz ist auch anfällig für Pilzbefall, der die Fasern zerstört und das einstmals feste Holz in einen weichen, bröckeligen Schwamm verwandelt. Früher sagte man, durch verrottetes Holz seien mehr Schiffe verlorengegangen als in allen Stürmen und Seeschlachten der Geschichte. Die Pilzsporen brauchen zum Leben und zur Verrichtung ihres Zerstörungswerks Sauerstoff und Wärme

(ideal sind 25–30°), und das Holz muß am oder nahe am Sättigungspunkt sein. Weder sehr trockenes noch völlig unter Wasser befindliches Holz neigt zu Verrottung, das erklärt den guten Zustand zahlreicher uralter Wracks; Meerwasser tötet sämtliche Sporen ab, die es erreicht. Aus diesem Grund werden Fischerboote und ähnliche Arbeitsschiffe in periodischen Abständen »zum Einsalzen« untergetaucht. Das Problem, während das Boot auf dem Wasser ist, besteht nicht nur darin, das Wasser vom Holz fernzuhalten, was heutzutage mit den modernen Farben und Glasfasern, die für die Außenhaut verwendet werden, nicht mehr allzu schwierig ist, sondern daß jeder Winkel und jede Ritze vor Luftfeuchtigkeit geschützt werden muß, damit das Holz seine Stabilität unverändert bewahrt und gegen Verrottung gefeit ist.

Epoxidharz

Ohne eine hochwirksame Be- und Entlüftung kann der Feuchtigkeitsgehalt der Luft in einer warmen Kabine, zu der noch die

Ausdünstungen der feuchten Crew und der Segel, die sich bei schlechtem Wetter unter Deck befinden, das Kondenswasser aus dem Pantry-Bereich und möglicherweise noch etwas Wasser in der Bilge dazukommen, sehr schnell zerstörerische 100% Luftfeuchtigkeit erreichen. Der einzig sichere Weg, die dampfende Feuchtigkeit vom Holz fernzuhalten, besteht darin, jedes einzelne Stück mit einem Schutzfilm, einem entsprechend präparierten Harz, zu überziehen. Dies mag sich vielleicht nach nervtötender Arbeit anhören, aber in Wahrheit handelt es sich um ein schnelles und perfektes Bauprinzip, vorausgesetzt, die Instruktionen des Herstellers in bezug auf Mischung und Anwendung werden peinlich genau befolgt.

Praktischerweise wird dasselbe Harz in leicht unterschiedlicher Form für alle Verbindungs- und Abdichtungsmaßnahmen verwendet. Das Harz wird mit einem Füllstoff vermischt und bildet damit eine breiige Masse, die zur Verstärkung an Punkten, die hoher Belastung ausgesetzt sind, aufgetragen wird. Ferner erhält man damit eine widerstandsfähige, haltbare Oberfläche, die man, falls nötig, streichen oder lackieren kann – etwa zum Schutz vor Sonneneinstrahlung, die das Holz nachteilig verändert. Die Behandlung von Holz mit Harz hat besonders bei Weichhölzern den weiteren Vorzug, die Druckfestigkeit zu erhöhen. Durch die Verteilung der Belastung an jeder einzelnen Verbindungsstelle auf einen sehr viel größeren Bereich als dies mit mechanischen Verbindungsstücken wie zum Beispiel Schrauben oder Bolzen möglich wäre, ist bei einer Konstruktion mit Harzverbindung eine nahtlose Einheit garantiert. Außerdem ist jede Verbindungsstelle stärker als die Teile, die hier aufeinandertreffen.

Epoxid ist sicher ein wunderbares Material, aber über seinen unleugbaren Vorzügen sollte man auch seine Nachteile nicht vergessen. Zuerst stellt es ein gesundheitliches Risiko dar. Die Arbeit mit Epoxid verlangt die Einhaltung strikter Sicherheitsvorschriften wie etwa das Tragen von Plastikhandschuhen und eine gute Lüftung, weil die in den Epoxidmischungen benutzten Härter und Lösungsmittel, Sensibilisatoren und Reizstoffe und die Dämpfe giftig sind. Das gilt auch für die Staubpartikel beim anschließenden Schmirgeln, Gesichtsmasken sind unerläßlich bei dieser Tätigkeit. Man sagt, daß bis zu 30% der Bootsbauer nach dem Verwenden von Epoxid allergisch auf dieses Material reagieren, und das trotz aller Vorsichtsmaßnahmen. Manche sind ohnehin allergisch gegen diesen Stoff.

Wie Holz benötigt auch Epoxidharz einen warme, trockene Umgebung bei der Verarbeitung, damit die Bindung glückt. Außerdem ist es sehr teuer. Allgemein hört man, daß die Hälfte der Materialkosten für einen Holzrumpf auf das Harz entfallen. Es gibt weitaus billigere Klebstoffe, etwa Resorzinharz und kunstharzhaltige Leime, die einfacher zu verarbeiten und ungiftig sind und nicht so große Ansprüche an die Arbeitsumgebung stellen. Aber nur wenige dieser Leime besitzen die Fähigkeit von Epoxid, auch noch die kleinste Ritze auszufüllen, und erfordern vom Bearbeiter gleichzeitig größere Sorgfalt; und wie die meisten Farben, die zwar ähnlich wasserfest, aber doch nicht völlig unempfindlich gegen Feuchtigkeit sind, schaffen sie nicht dieselbe unüberwindliche Barriere gegen Feuchtigkeit auf dem Holz.

Setzen der Spanten

Die meisten zeitgenössischen Bootsbaumethoden haben sich aus dem traditionellen Spanten-und-Planken-System entwickelt, das im Schiffsbau seit Hunderten von Jahren eingesetzt wird. Der Bau beginnt mit der Erstellung einer steifen Baugrundlage, einem einfachen Balkenhelgen, der sich aus exakt angeglichenen und auf dem Fußboden zugeschnittenen Holzbalken zusammensetzt. Zwei Spanten bilden die Länge des zukünftigen Bootes und ungefähr zehn werden in Abständen querschiffs angebracht, je nach den Angaben im Bauplan des Rumpfes. Bei einem vollkommen ebenen Fußboden ist der Balkenhelgen überflüssig, statt dessen wird jedes Spant von einem Paar Stützen getragen, die vorher in gerader Linie akkurat ausgerichtet werden müssen und vom Kiel zum Deckstrak und quer über die Spanten verlegt werden, um eine abgerundete V-Form herzustellen. Anschließend wird der Rumpf beidseitig mit Epoxid überzogen und erhält eine Außenhaut aus epoxidgetränktem Glasfasergewebe zum Schutz vor Abrieb und zur Verstärkung der Verbindungsstellen. Gewebe aus Polypropylen ist eine billigere und leichtere Alternative, aber zwar weicher und nicht so haltbar wie Glasfaser.

Bei der Vorbereitung des Arbeitsablaufs ist es wichtig, stets daran zu denken, daß es sehr viel leichter und schneller geht, zuerst alle größeren Dinge wie Schotten, Schwertkästen, Einbauschränke und Kojenstützen an der Werkbank herzustellen, mit Epoxid vorzubehandeln und einzubauen, bevor man sich an die Beplankung macht, sonst muß man unzählige Expeditionen in das Rumpfinnere mit Hilfe einer Leiter bewältigen. Sperrholz mit Glasfasergewebe wird auch (als Alternative zu Oregontanne oder Fichtenholz) für kleine Bootsruder und Schwerter benutzt, und zwar aus dem Vollholz in die gewünschte Flügelform gebogen, oder im Falle größerer Boote als dünne Verkleidungshaut über einem Kasten oder Hohlraum, ebenfalls aus Sperrholz gefertigt, um der Querbelastung, die ansonsten Verbiegungen nach sich ziehen könnte, entgegenzuwirken. Häufig werden auch Flügelmasten auf diese Weise gebaut. Dasselbe gilt für Querträger, deren Rahmenspanten sich bis zu den Rumpf- oder Schwimmerschotten ausdehnen, um die Belastung auf große Bereiche der Beplankung und Bespantung zu verteilen.

SPERRHOLZAUSARBEITUNG
Von allen Methoden zur Herstellung eines Rumpfes oder eines Trimaranschwimmers ist dies bei weitem die schnellste, da sie kein Gerüst aus Mallspanten oder eine Form welcher Art auch immer benötigt. Häufig bezeichnet man diese Technik als »Stitch-and-glue-Methode«, »Nähen-und-Leimen«. Ein Paar symmetrisch geformter flacher Platten wird angefertigt, das entlang des Kiels mit Kupferdraht zusammengefügt wird und sich

möglichst auf dem Boden verkeilt sein sollten, damit sie nicht wegrutschen.

Kieloben – wegen des leichteren Arbeitens werden Boote meist kieloben gebaut – werden daran die im Umriß vorgeformten Querspanten befestigt, die im Querschnitt jeden einzelnen Anbringungspunkt repräsentieren. An beide Enden kommen die Steven. Im Gegensatz zu den dicht an dicht verlegten Eichenspanten der alten Schiffe mit schwerer Beplankung benötigen die heutigen Holzschiffe nur Sperrholzgrundspanten mit Einkerbungen zum Einbau von Längsrippen – der Stringer – und einem Innenkiel, der wie ein Rückgrat quer über die Spantenoberseite verläuft.

Der nächste Arbeitsgang hängt von der jeweils gewählten Konstruktionstechnik ab.

Sperrholz

Der einfachste Weg zur Beplankung eines Rumpfes ist der Einsatz von Sperrholz. Man bekommt es in großen, handlichen Platten, normalerweise 244×122 cm. Es neigt nicht zum Verziehen, und da es in beiden Richtungen dieselbe Festigkeit aufweist, spielt es keine Rolle, wie es zugeschnitten wird. Bootsbausperrholz bester Qualität ist teuer, aber bei einem qualitativ guten Boot sollte man in dieser Hinsicht nicht sparen; Sperrholz minderer Qualität ist natürlich billiger und für kostengünstige Projekte durchaus brauchbar. Die Platten werden in Form geschnitten und mit den Spanten und Stringern entweder fest oder losnehmbar verbunden. Je nachdem, ob die Spanten nur als Mallspanten dienen und später entfernt werden sollen, wenn der Rumpf umgedreht wird – in diesem Fall sollte man billige Spanplatten für die Mallspanten verwenden anstatt teures Sperrholz –, oder ob sie bereits Bestandteil der endgültigen Konstruktion sind. Da bei dieser Art der Konstruktion Sperrholz der notwendigen Dicke nur in einer Ebene geformt werden kann, beschränkt Längsbeplankung, obgleich arbeitssparend, die Form auf eine gerade V-Form oder einen Multiknickspantrumpf. Alternativ können mehrere Platten senkrecht dann im gewünschten Winkel weitet. Anschließend fügt man einfach ein paar Spanten ein und ruckzuck – schon hat man ein Boot. Tatsächlich ist es nur fast so einfach.

Betrachten wir den Vorgang einmal in Zeitlupe. Nach wie vor erscheint diese Fertigungsmethode unkompliziert, doch bei ihrer Anwendung unterliegt man einigen Zwängen. Die erste Beschränkung liegt in der Bootsform, denn eine Sperrholzplatte so zu verbauen bedeutet, sie in zwei Dimensionen biegen zu müssen – man bezeichnet dieses Holz auch als »gemartertes« oder »überredetes« Sperrholz -, so daß bei Verwendung dieser Platten nur begrenzte Rumpftypen möglich sind. Ihre Form wird durch das Bogenprofil und die Aufkimmungs- oder Kielwinkel bestimmt; sofern sie nicht grundsätzlich eine V-Form haben, beschränkt sich ihre Länge durch die Dicke des Sperrholzes auf ungefähr 8 m, weil 5 mm in etwa die Maximalstärke ist, in der man eine wesentliche Krümmung des Holzes verbauen kann. Eines der bekanntesten Beispiele für einen derartigen Sperrholzrumpf ist der olympische Tornado-Kat.

Der Arbeitsablauf beginnt mit dem Verbinden etlicher Sperrholzplatten mittels Laschen- oder Stoßverbindungen, Resultat sind zwei rechteckige Platten in der erforderlichen Länge (etwas mehr als die Bootslänge). Man legt sie übereinander und schneidet ein Paar identischer Rumpfplatten in die gewünschte Profilform. Diese werden mit Epoxid vorbehandelt, mit Nylongewebe entlang der Kiellinie versteift oder befestigt, im korrekten Winkel ausgebogen und mit Epoxidwickeln und Glasfasergewebe verbunden. Anschließend werden die Seiten der Rumpfform gebogen und festgeklemmt oder zusammengelascht – oder im Falle eines Serienbootes in ein Formmodell (Schablone) gepreßt – und die Schotten, Stringer, Beams und Decksflanschverbindungen, Vorder- und Achtersteven oder Spiegel eingebaut.

Ein Vorzug dieser Methode ist der geringe Aufwand an Verkleidung, denn das Sperrholz biegt sich völlig natürlich in eine sehr elegante Kurvenlinie und bekommt kaum, wenn überhaupt, Beulen oder Verwerfungen, die wieder gefüllt und abgeschmirgelt werden müssen, wie dies bei den meisten anderen Methoden der Fall ist.

Laminierte Rümpfe

Das Laminieren von Holz wird heute noch manchmal als »Kaltformen« bezeichnet, um es von dem Formprozeß unter Hitzezuführung, wie er bei den früheren Leimen erforderlich war, zu unterscheiden. Verglichen mit einer Sperrholzkonstruktion erfordert Laminieren bedeutend mehr Arbeit, doch diese Methode zählt zu den alternativen Konstruktionstechniken, bei der die Linienführung der Rümpfe nicht den Einschränkungen wie bei der zuvor beschriebenen Methode mit den Sperrholzplatten unterliegt. Außerdem bringt ein solcher Rumpf beträchtlich weniger Gewicht auf die Waage. Die Stringer selbst müssen deutlich enger aneinander montiert werden als bei einer Sperrholzbeplankung, damit die Form exakter gefestigt werden kann, und weitaus dünneres Sperrholz wird benutzt. Die erste Schicht wird in schmalen, flexiblen, kantenverleimten Streifen diagonal über den Spanten mit Ösen befestigt. Je ausgeprägter die Kurve, desto schmaler müssen die Streifen sein. Die mögliche Breite reicht von etwa 5 bis 15 cm. Da die Wölbung ebenfalls auf diese Weise gebildet wird, muß jeder Streifen zuerst zum Ende hin verjüngt werden, damit sie in der Mitte lückenlos aneinanderstoßen, ein sehr arbeitsintensiver Prozeß. Das kann man nur bei einem langen, schlanken Rumpf vermeiden, der eine entsprechend leichte Krümmung aufweist, sowie durch den Einsatz extrem schmaler Streifen. Als nächstes folgt eine zweite Schicht, die in der anderen Richtung diagonal verlegt und mit Epoxid quer über die erste laminiert oder mit Ösen befestigt wird. Alternativ können sich die Streifen aus einzelnen Furnieren zusammensetzen, die im allgemeinen nicht breiter als 3 mm sind und sich leicht über die ausgeprägtesten Krümmungen biegen lassen; große Sorgfalt ist bei der ersten Lage geboten, um zwischen den stützenden Spanten ein Durchsacken oder Wellen zu

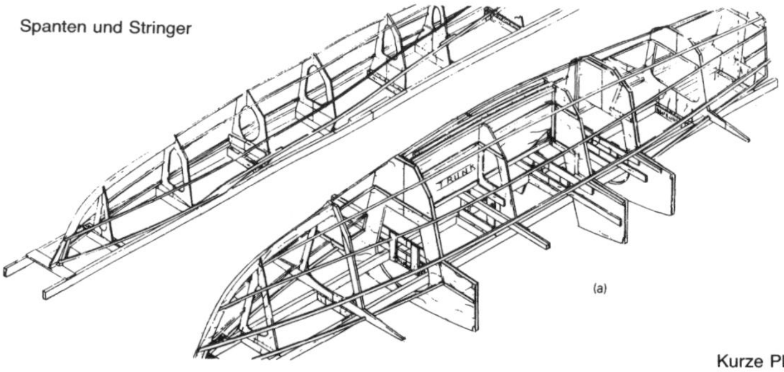

Spanten und Stringer

(a)

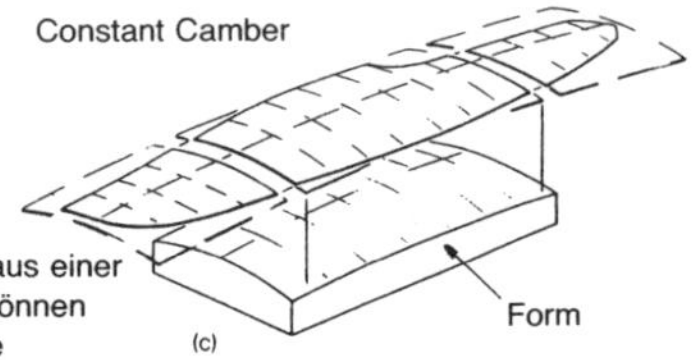

Constant Camber

Kurze Platten aus einer
kleinen Form können
zu voller Länge
gebogen werden

Form

(c)

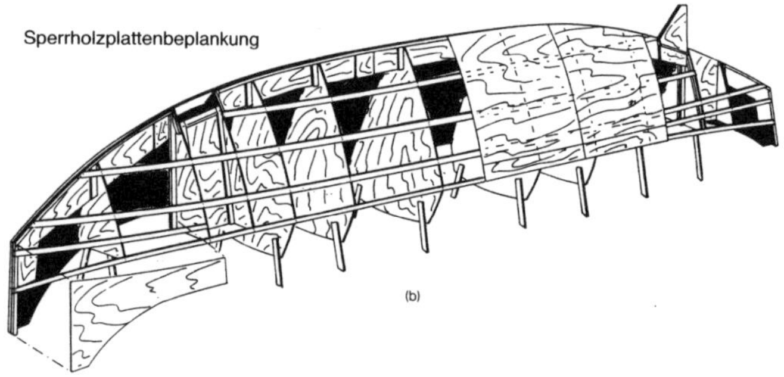

Sperrholzplattenbeplankung

(b)

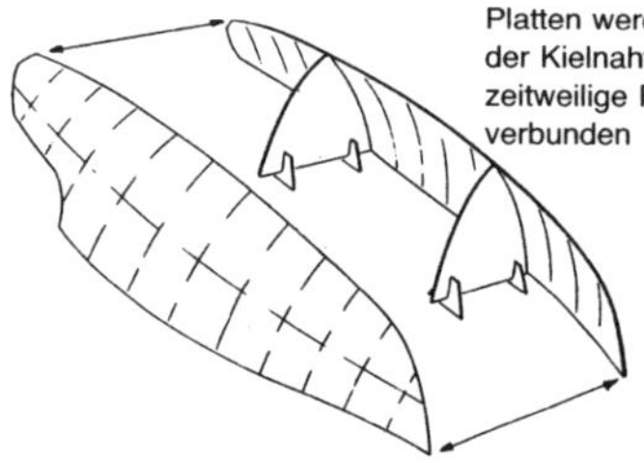

Platten werden entlang
der Kielnaht über
zeitweilige Formgeber
verbunden

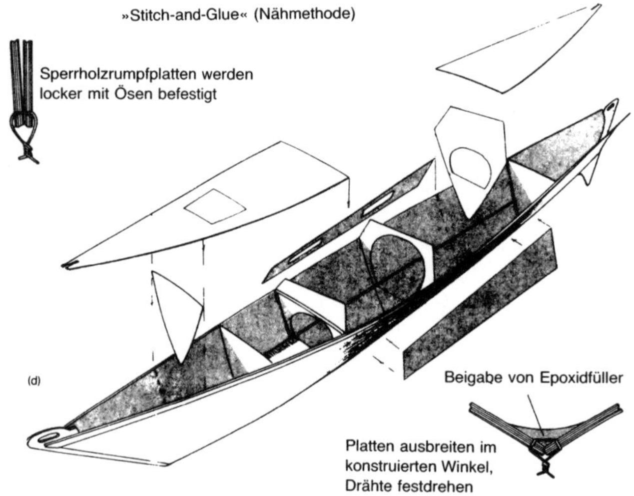

»Stitch-and-Glue« (Nähmethode)

Sperrholzrumpfplatten werden
locker mit Ösen befestigt

(d)

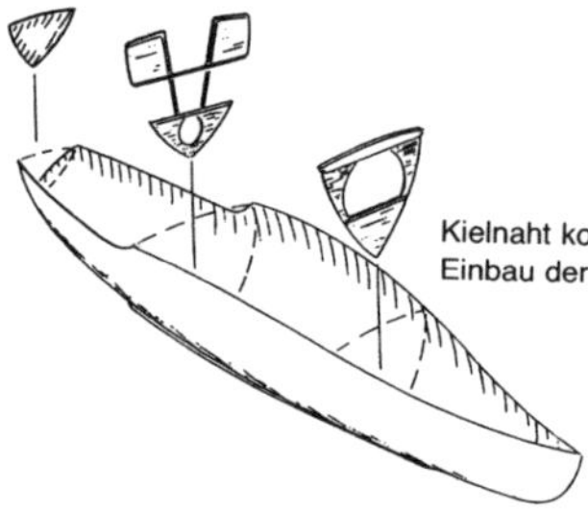

Kielnaht komplett,
Einbau der Schotten

Beigabe von Epoxidfüller

Platten ausbreiten im
konstruierten Winkel,
Drähte festdrehen

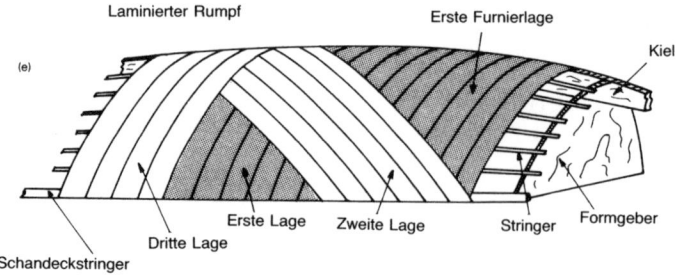

Laminierter Rumpf

(e)

Erste Furnierlage

Kiel

Schandeckstringer

Dritte Lage

Erste Lage

Zweite Lage

Stringer

Formgeber

140

verhindern. Die Faserrichtung variiert nun mit jeder weiteren Lage, was zu einer festen und gleichzeitig elastischen Halb-Schale führt, die widerstandsfähig ist gegen Druck und Belastung aus jeder Richtung. Diese wird noch zusätzlich verstärkt durch die Spanten, von denen die meisten ihren Platz behalten, bis die Schicht zu einer Stärke aufgebaut worden ist, daß sie aus eigener Kraft die Form behält. In diesem Stadium werden alle bis auf einige wichtige Spanten und Stringer entfernt, und man erhält einen herrlich sauberen und ungehindert zugänglichen Innenrumpf, wenngleich deutlich schwerer als das voll in Spanten stehende Boot mit dünner Haut.

Natürlich kann derselbe Rumpf auch als Form dienen, aus der eine ganze Reihe identischer Holzrümpfe gezogen werden kann – die Innenspanten und Verbindungen müssen eingebaut werden, nachdem die Form entfernt wurde – oder als »Vorform« nach der eine Negativform zur Konstruktion von Kunststoffrümpfen gebaut wird.

Wie beim Rumpf aus Sperrholzplatten sollten die Außenseite und insbesondere der Boden eine schützende Haut aus Glasfasergewebe erhalten, obwohl dies aus Gründen der Festigkeit nicht unbedingt erforderlich ist. Manche Eigner ziehen es vor, auf dieses zusätzliche Gewicht und die Mehrkosten zu verzichten oder entscheiden sich für leichtgewichtiges Gewebe, bei dem man die oberen Seitenteile lackieren kann und nicht streichen muß, um die natürliche Schönheit des Holzes besser zur Geltung zu bringen. Allerdings haben selbst die besten Lacke eine kürzere Lebensdauer als ein Farban-

strich. Zwar enthalten sie vor UV-Strahlen schützende Materialien, trotzdem verändern sie sich stufenweise durch den Einfluß von Sonnenlichteinstrahlung und benötigen deshalb eine häufigere Überarbeitung.

ZYLINDERFORMEN

Eine relativ neue Kombination aus Sperrholzplatten und dem laminiertem Verfahren ist das Zylinderformen. Ein solcher Rumpf entsteht in einem Zehntel der Zeit, die für einen laminierten Rumpf erforderlich ist. Wie bei einem gebogenen Sperrholzrumpf wird ein Paar im Umriß zugeschnittener Platten entlang des Kiels verbunden und zu einer Bootsform gefalzt. Aber in diesem Fall sind die Platten bereits in einer Richtung gebogen. Eine nach der anderen wurden sie in einer einfachen Form vorgefertigt, die aus einer Reihe identischer, nach dem Profil der Hauptspanten besteht.

Der Arbeitsprozeß beginnt mit dem Abdecken der Form mit einer dünnen Folie aus Polyäthylen, die die eine Seite einer Vakuum-Abdichtung bildet. Als nächstes werden dünne Sperrholzlagen (im allgemeinen 3 mm) stoßweise »getackert«, mit einem Winkelschleifer anschließend geglättet und Seite an Seite in die Form gelegt. Die Faser der Außenseite orientiert sich an der Richtung der größten Biegebeanspruchung. Die Sperrholzlagen werden oben und unten angeheftet, und die Oberflächen mit Epoxid behandelt. (Eine Biegung ist nicht notwendig, weil die Wölbung nur in einer Richtung verläuft.) Dieser Schicht folgen rasch zwei oder drei weitere Lagen, je nach Größe des Bootes; eine Hautstärke von 9 mm, bestehend aus drei Schichten, wäre normal für ein Micro-Mehrrumpfboot, 12–15 mm für größere Boote. Anschließend werden in strategisch wichtigen Abständen Schläuche aus Polyäthylen auf der Oberseite des Werkstücks in strategischen Abständen angebracht (oder alternativ ein besonders perforiertes atmungsaktives Gewebe), die als Luftkanäle dienen. Die Polyäthylenfolie wird über das Werkstück gebreitet und die Kanten werden zusammengenommen, so daß die Folie eine Art Sack bildet. Dann

Abb. 7.3 (a) Spanten, Stringer, Schotten und Schwertkasten für einen Multiknickspant-Mittelrumpf und Backbordschwimmer eines »Searunner« 25-Trimarans. (b) Sperrholzplattenbeplankung eines Wharram-Kats mit V-förmigem Rumpf. (c) Constant-Camber-System zur Konstruktion eines kompletten Rumpfes aus einer kleinen Form. (d) Die »Näh- und Leim«-Methode. Die beiden Rumpfseiten werden entlang des Kiels zusammengelascht und anschließend zur Aufnahme der Schotten nach außen gebogen. (e) Laminieren eines Rumpfes. Furnierstreifen werden an den Stringern befestigt und kantengenau miteinander verleimt. Nachfolgende, ebenfalls diagonal verlegte Furnierlagen werden dann mittels Epoxid verbunden.

wird die Luft mit einer Absaugpumpe herausgezogen, ein Verfahren, mit dem die Laminierung fest und gleichmäßig zusammengepreßt wird, während das Epoxid aushärtet. (Ein gewöhnlicher Staubsauger oder Kühlschrankkompressor kann diese Arbeit auch erledigen.) Hitze von oben angebrachten Heizstrahlern beschleunigt diesen Vorgang und gewährleistet eine gute Aushärtung. Dieses Verfahren mit dem Vakuumsack kann selbstverständlich auch bei der herkömmlichen Laminierungsmethode angewandt werden. Die sich ergebenden Halbrumpfbahnen werden in das gewünschte Profil gebracht, am Kiel verbunden, an Bugs und Heck zusammengebracht. Der korrekte Abstand auf Decksebene wird mit einem zeitweilig angebrachten Flansch eingehalten. Dann werden vorsichtig Schotten und Stringer eingesetzt, so daß sich die Haut nicht verformt, die nun ihre »glatte« Biegung hält, und sämtliche Oberflächen erhalten einen Schutzanstrich und werden, wo nötig, geglättet.

Abb. 7.4 Ein 31-ft-Rumpf in Streifenbeplankung nimmt in der 32 ft großen Garage des Amateurbootsbauers Pat Webb Gestalt an. Der fertiggestellte Skua-Katamaran, eine Konstruktion von Richard Woods, schaffte am Tag seines Stapellaufs 18 Knoten. (Foto: Bailey)

CONSTANT CAMBER

Beim Zylinderformen unterliegt man Beschränkungen hinsichtlich der Form und des Typs, der auf diese Weise hergestellt werden kann. Constant Camber ist ein System, das Jim Brown, sein Partner John Marples und der Konstrukteur Dick Newick perfektioniert haben, und das größere Freiheit bei der Rumpfkonstruktion erlaubt. Der wesentliche Unterschied zum Zylinderformen besteht darin, daß die CC-Form und die daraus entnommenen Teile bereits die gewünschte Wölbung haben und folglich kein gewaltsames Verformen zum Erhalt der endgültigen Form erforderlich ist. Trotzdem geht der gesamte Arbeitsvorgang etwas langsamer vonstatten. Bei diesen Rümpfen konzentriert sich ein Großteil des Materials in der Haut. Die Form selbst kann vergleichsweise klein sein – zwischen der halben und einem Drittel der Rumpflänge genügt –, so daß die Furniere wenn nötig auch im Winter unter gleichbleibenden Bedingungen unter Dach ausgeführt und im Sommer draußen montiert werden können.

Die Form hat einen konstanten Querschnitt, folglich sind alle Spanten identisch. Nur ihre Höhe variiert, damit die erforderliche Längswölbung hergestellt werden kann, und sie hat eine Sperrholzverschalung wie

ein laminierter Rumpf, um eine glatte, saubere Arbeitsoberfläche zu bieten. Die Furniere werden auf dieselbe Weise geformt, nämlich aus verschiedenen diagonal verlegten schmalen Furnierstreifen, die miteinander mit Epoxid verklebt und mit einem Vakuumsack in die Form gepreßt werden. Wiederum ist wegen des konstanten Querschnitts kein individuelles Anpassen der einzelnen Furnierstreifen erforderlich. Alle Streifen sind identisch und haben die gleiche, im Block vorgefertigte Wölbung. Zwei oder drei Furniere werden miteinander verbunden, damit die volle Bootslänge zustande kommt, dann wird das Umrißprofil zugeschnitten; schließlich erhält man zwei fertig geformte Halbschalen, die verbunden und auf die übliche Weise fertiggestellt werden.

Die Auswahl an Rumpfformen ist noch größer bei einer ähnlichen, aber komplexeren Technik, Variable Camber genannt. Wie der Name sagt, bietet eine einzige Masterform eine Vielzahl variabler Wölbungsmöglichkeiten, so daß Boote und Einzelteile von unterschiedlichem Charakter sämtlich in einer Form gebaut werden können. Man braucht nur den jeweils passenden Bereich auszuwählen, mit dem man arbeiten möchte. Eine solch große Formenvielfalt aus einer einzigen Form führt bei der Erstellung der Koordinaten – Abweichungsmaße – fast zwangsläufig zur Arbeit mit dem Computer, damit jedes einzelne Laminat exakt plaziert werden kann. Das bedeutet natürlich eine viel größere Investition als bei den einfacheren Formtypen, und ist deshalb im Grunde nur bei einem großen Mehrrumpfboot gerechtfertigt oder aber bei der Produktion verschiedener Boote auf professioneller Ebene.

STREIFENBEPLANKUNG

Setzt man das normale Querspantensystem ein, benutzt aber nur wenige, wenn überhaupt irgendwelche Längsspanten, wird der Rumpf vom Bug zum Heck mit schmalen Streifen aus leichtem, stabilem Holz beplankt (am besten eignet sich Red Cedar), kantenverleimt, innen und außen mit Glasfasergewebe und Epoxid versehen, um aus-reichende Steifheit zu erhalten und sowohl Widerstand gegen Beschädigung durch Stöße oder Schläge als auch gegen Abrieb zu leisten. Ohne diesen Schutz wäre dieses Holz ansonsten zu weich und trotz des Epoxidanstrichs zu leicht verletzbar. Bei größeren Booten kann man Furniere diagonal über den mit Streifen beplankten Rumpf legen, der diese dann wie eine Form stützt. Damit erhält man eine hervorragend kräftige und feste Schale mit einem Minimum an Hindernissen im Rumpfinnern. Das Cedar-Sandwich hat, wie auch andere, später beschriebene Sandwich-Konstruktionen, einen entscheidenden Vorteil: Diese Konstruktion schafft eine bemerkenswerte Schall- und Wärmeisolierung, während Sperrholz- und laminierte Rümpfe die Eigenschaft haben, als eine Art Resonanzboden zu fungieren, und deshalb isoliert werden müssen. Der mit Streifen beplankte Rumpf liefert auch mehr positiven Auftrieb im Falle eines Wassereinbruchs und schwimmt wie ein Korken, selbst wenn er voll Wasser schlägt. (Das »solide« Holzboot würde unter solchen Bedingungen teilweise unter Wasser treiben, sofern es nicht mit wasserdichten Abteilen ausgestattet ist, die normalerweise in den Bug- und Heckbereichen unter den Kojen eingebaut sind – obwohl natürlich ein Mehrrumpfboot nicht in Gefahr wäre, von einem schweren Kiel hinuntergezogen zu werden.)

Geformte Kunststoffe

Glasfaserverstärkte Kunststoffe, kurz GFK genannt, sind kombinierte Materialien, die im kommerziellen Bootsbau bei kleinen Booten am häufigsten Verwendung finden. Diese Materialien sind am preiswertesten – vorausgesetzt, eine genügende Anzahl Rümpfe wird von den jeweiligen Formen abgenommen, denn diese wiederum sind teuer in der Herstellung. Im Unterschied zu den für laminierte Holzrümpfe benutzten Formen sind diese jedoch negativ. Sie wurden aus einer Grundform aus Holz (im allgemeinen wird diese, wie bereits erwähnt, aus einem anderen Rumpf modelliert) abgenommen. Folglich werden sie mit den Mate-

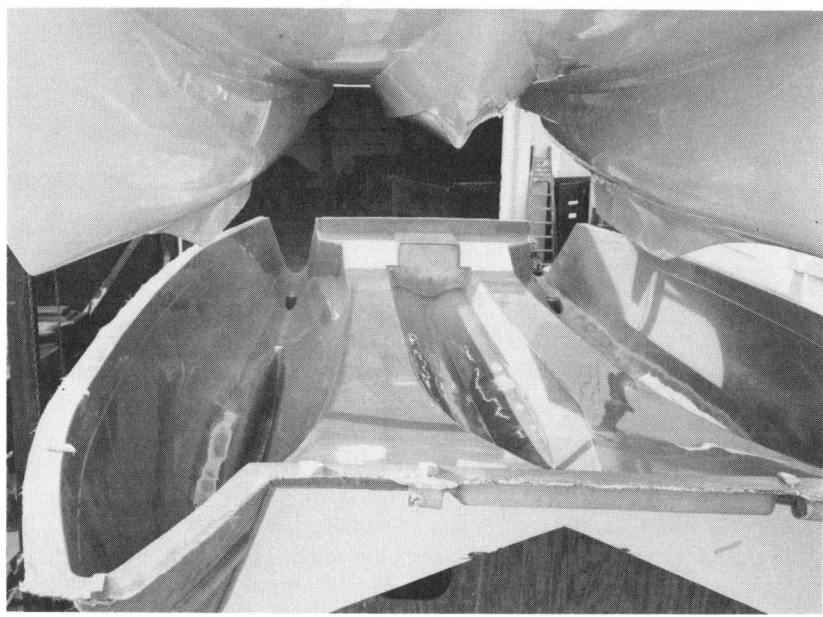

Abb. 7.5 Rumpf aus einem Stück und Bauteil des Brükkendecks einer Prout »Snowgoose 37 Elite« beim Herausnehmen aus der Form. Beachten Sie die sorgfältig polierte Oberfläche der Form und den entsprechend hohen Standard des Laminats.

Doch auch ohne die Kosten für eine passende Form, hat massiver GFK – im Unterschied zu den später beschriebenen Sandwich-Konstruktionen aus Kunststoff – sicher

rialien, die im Innern der Form angewendet werden, auf der Außenseite verstärkt, damit sie ihre Steifheit bewahren. Sie erfordern große Sorgfalt bei der Endbearbeitung der Außenfläche, denn diese darf keinerlei Verwerfungen oder Makel aufweisen, denn sie muß direkt zur späteren Außenseite des eigentlichen Bootes geteilt werden können, ohne daß Füllmasse oder ein Poliermittel erforderlich ist.

bei denen die Glasfasern in zwei Kategorien geteilt werden können: die normalen E-Glasfasern, die ursprünglich für elektrische Schaltanlagen entwickelt wurden, und die teureren S-Glasfasern, die über 25% mehr Festigkeit und 35% höheren Stoßwiderstand aufweisen.

Bei Rennbooten, für die Gewichtseinsparung von enormer Bedeutung ist, werden Glasfasern häufig durch Aramid, vertrieben unter der Handelsbezeichnung Kevlar, ersetzt. Dieses Material wiegt nur halb soviel und ist dreimal so stark wie Glasfasern – und kostet fünfmal soviel. In den Bereichen, die größter Belastung ausgesetzt sind, wie Beams und Rigg, nimmt man Kohlenstofffasern, die so widerstandsfähig sind wie eine Metallegierung, zweimal so steif wie Kevlar und leider nicht weniger als zehnmal so teurer sind wie Glasfasern. Dieselben Materialien können natürlich in Verbindung mit einem Hi-Tech-Holzboot ebenfalls verwendet werden; Kohlenstoff wird zum Beispiel als Stützmaterial bei der Konstruktion eines Holzflügelmastes eingesetzt. Heute verwendet man Materialien, die unter der allumfassenden Bezeichnung faserverstärkte Kunststoffe (FK) bekannt sind, als Überzug für alle drei Laminattypen.

Die exotischen Materialien haben, abgesehen von ihrem enormen Preis, noch weitere Nachteile. Kohlenstofffasern sind extrem spröde und stoßempfindlich, und Kevlar ist schwächer als Glasfaser, was die Druckfestigkeit angeht. Aus diesem Grund verbindet man die Materialien in Hybridmatten, zum Beispiel Kevlar/Kohlenstofffasern und Glasfasern/Kevlar, um ihre mechanischen Eigenschaften zu optimieren. Eine andere, auf dem neuesten Stand der Technik befindliche Methode ist der Einsatz »vorimprägnierter« Tücher. Diese haben ein Bad in Harz und Härter, aufgelöst in einem rasch verdunstenden Lösungsmittel, sowie einen Aufenthalt in einer Heißlufttrockenanlage hinter sich und werden gebrauchsfertig in einem Kühlraum gelagert. Schließlich werden sie über die Form gelegt und im Vakuumsackverfahren verklebt. Anschließend wird der gesamte Rumpf in einen riesigen Brennofen geschoben und erhitzt, bis das Harz ausgehärtet ist. Die Kosten für derartige Einrichtungen sind beträchtlich, erlauben es aber, das Verhältnis Fasern/Harz exakt zu bestimmen und zu kontrollieren – und das ist das Wesentliche zur Erzielung eines minimalen Gewichts mit gleichzeitig maximaler Festigkeit – und verringern andererseits die Arbeitskosten beim Auftragen in hohem Maße.

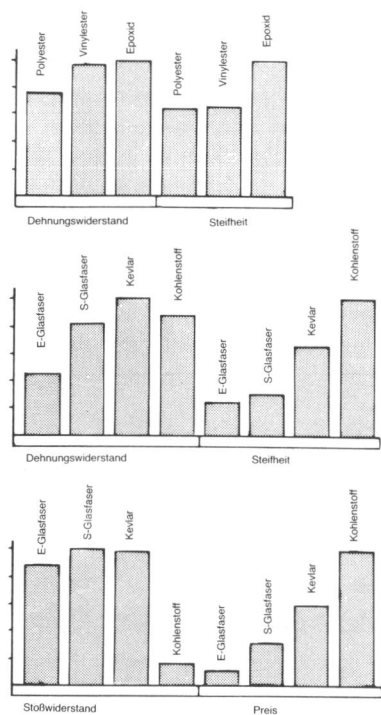

Abb. 7.7 *Mechanische Eigenschaften von im Kompositbau verwendeten Fasern und Harzen.*

HARZTYPEN

Auch unter den Harzen gibt es ein reichliches Angebot. Auf der nach oben ansteigenden Skala der Kosten und Leistung ist orthophthalisches Polyester das billigste und einfachste in der Anwendung. Im Anschluß folgt das isophthalische Polyester, 50% teurer, aber elastischer und mit besserer Widerstandfähigkeit gegen Wasser (siehe »Blasenbildung«). Dann gibt es Vinylester, noch fester und noch bessere Widerstandsfähigkeit gegen Wasser, aber mehr als doppelt so teuer wie Ortho-Polyester. Das chemische Verhalten aller drei Harze ist dasselbe. Ihr Härtungsprozeß beginnt mit der Zugabe einer winzigen Menge (1–2%) eines Katalysators (Härter), der den Polymerisationsprozeß in Gang bringt. Und schließlich gibt es noch Epoxid, fünfmal teurer als Ortho-Polyester, aber in jeder anderen Hinsicht diesem weit überlegen; bemerkenswert ist insbesondere der Widerstand gegen Verschleißerscheinungen durch Wasser und ebenso beeindruckend ist seine Adhäsionskraft. Anstatt eines Katalysators benötigt Epoxid eine große Portion Härter, um die Reaktion in Gang zu bringen (20% bis zu 50%, abhängig vom jeweils verwendeten Produkt), und dieser Härter ist Bestandteil des späteren Polymers. Die Verwendung von Epoxid erlaubt eine Kompositbauweise mit einem sehr hohen Faser/Harz-Verhältnis, und das macht die Konstruktion weitaus widerstandsfähiger und leichter, als es mit anderen Harzen möglich wäre. Aber diese Methode ist noch immer zu teuer, um andere vollständig ersetzen zu können. Irgendwo in der Mitte der Skala von Stärke, Wasserunempfindlichkeit und Kosten rangiert das abgewandelte Epoxid Epacryn von SP Systems, inzwischen von der Royal National Lifeboat Institution für robuste, formstabile Rettungsboote benutzt und auch von einer ganzen Reihe professioneller Bootsbauer angewendet.

BLASENBILDUNG

Der Hauptgrund für die Akzeptanz der Mehrkosten für ein in Serienproduktion gefertigtes Boot ist der gute Widerstand von Epoxid gegen die zerstörerische Wassereinwirkung und die daraus resultierende Blasenbildung. Dies ist nach wie vor das hartnäckigste und unangenehmste Problem einer Polyesterharz-Konstruktion. Schätzungsweise ist eines von drei noch nicht fünf Jahre alten Booten davon betroffen. Unter den älteren Booten sind es sicherlich noch mehr. Was passiert ist folgendes: Sofern der Rumpf nicht unter Verwendung von Epoxidharz gebaut oder sorgfältig dicht an und

unter der Wasserlinie damit gestrichen wurde, absorbiert der Gelcoat Feuchtigkeit, und in den kleinen Hohlräumen bauen sich wäßrige Lösungen auf, die sich im Laminat zeigen können, sofern nicht die striktesten Vorsichtsmaßnahmen während der Herstellung eingehalten worden sind – und manchmal sogar dann. In der Folge entwickeln sich osmotische Zellen unter dem Gelcoat, Druck baut sich auf, Blasen bilden sich und brechen auf. Die Haut erscheint pockennarbig und sichtlich geschwächt. Zur Zeit geben die Hersteller für Laminate mit Epacryn eine Garantie gegen Osmose von zehn Jahren. Damit steigt der Wiederverkaufswert eines solchen Bootes, doch das reicht noch längst nicht aus, die anfänglichen Mehrkosten von rund 2% auffangen zu können.

Sandwich-Konstruktion

Das Grundprinzip einer Sandwich-Konstruktion besteht darin, zwischen zwei belastungstragenden Häuten ein leichtes Kernmaterial einzubringen. Bei einer sich unter Belastung biegenden Sandwich-Platte wird die eine Haut Druck ausgesetzt und die andere einer Dehnung. Daraus folgt, je weiter auseinander sich die Häute befinden, um so steifer ist die Platte. Tatsächlich ist die Steifheit eines Laminats proportional zum Rauminhalt seiner Dicke, und der Zweck des Kerns ist es, die Stärke der Platte ohne eine auffallende Gewichtserhöhung zu steigern. Typisch ist etwa eine 3 mm faserverstärkte Haut auf beiden Seiten eines 15 mm Kerns. Das ergibt eine beträchtlich steifere Haut als eine 6 mm Massivplatte aus faserverstärktem Kunststoff, ohne dabei bedeutend schwerer zu sein. Leider schwindet der Gewichtsvorteil einer Sandwich-Konstruktion mit abnehmender Bootsgröße, denn aus Gründen der Festigkeit kann die Dicke einer Haut nicht proportional verringert werden, sofern nicht Kevlar benutzt wird. Insofern kann es passieren, daß ein Sandwich-Micro schließlich schwerer wird als einer in Sperrholzbauweise gefertigter. Trotzdem bietet diese Konstruktionsmethode eine ganze Reihe von Vorteilen gegenüber

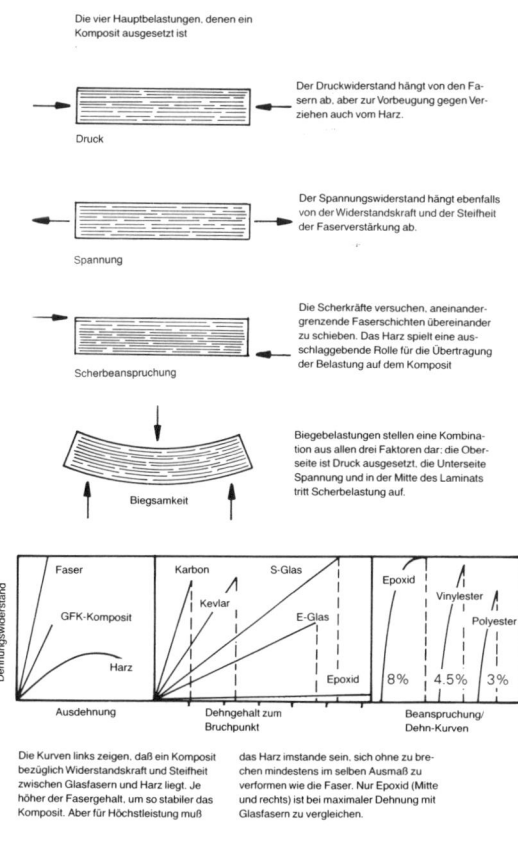

Die vier Hauptbelastungen, denen ein Komposit ausgesetzt ist

Druck

Der Druckwiderstand hängt von den Fasern ab, aber zur Vorbeugung gegen Verziehen auch vom Harz.

Spannung

Der Spannungswiderstand hängt ebenfalls von der Widerstandskraft und der Steifheit der Faserverstärkung ab.

Scherbeanspruchung

Die Scherkräfte versuchen, aneinandergrenzende Faserschichten übereinander zu schieben. Das Harz spielt eine ausschlaggebende Rolle für die Übertragung der Belastung auf dem Komposit

Biegsamkeit

Biegebelastungen stellen eine Kombination aus allen drei Faktoren dar: die Oberseite ist Druck ausgesetzt, die Unterseite Spannung und in der Mitte des Laminats tritt Scherbelastung auf.

Die Kurven links zeigen, daß ein Komposit bezüglich Widerstandskraft und Steifheit zwischen Glasfasern und Harz liegt. Je höher der Fasergehalt, um so stabiler das Komposit. Aber für Höchstleistung muß

das Harz imstande sein, sich ohne zu brechen mindestens im selben Ausmaß zu verformen wie die Faser. Nur Epoxid (Mitte und rechts) ist bei maximaler Dehnung mit Glasfasern zu vergleichen.

Abb. 7.6 Belastungsdiagramm: Verhalten einer Kompositbahn und ihrer Komponenten unter Belastung. (Abb. 7.6, 7.7 und 7.8 basieren auf von SP Systems Ltd. zur Verfügung gestellten Informationen)

seine Nachteile. Im Gegensatz zu Holz ist es nicht »benutzerfreundlich« und außerdem relativ schwer, so daß es dem Material an Auftrieb fehlt. Ferner hat es eine schlechte Wärme- und Schallisolierung und die unterschiedliche Steifheit muß in Schlüsselbereichen durch zusätzliche Spanten und Stringer verstärkt werden, die der ohnehin schweren Konstruktion noch weiteres Gewicht hinzufügen. Aber die Produktion dieser Boote ist höchst einfach und eignet sich deshalb besonders für die industrielle Serienproduktion.

Der Arbeitsvorgang beginnt mit einem ersten Anstreichen der Form mit einem Lösungsmittel, um zu verhindern, daß das neue GFK-Teil klebenbleibt, gefolgt von einem Überzug aus einem pigmentierten, thixotropen Harz, Gelcoat genannt, das die Außenhaut bilden wird. Sobald der Gelcoat teilweise ausgehärtet ist – das heißt, sobald die chemische Reaktion zwischen dem flüssigen Harz und dem beigemischten Härter so gut wie abgeschlossen ist -, werden eine oder mehrere Lagen polyestergetränkte Glasfaserschichten aufgetragen. Die Anzahl ist abhängig von der gewünschten Dicke der Wand. Diese werden sorgfältig von Hand mit einer Rolle auf die Form aufgetragen, dann läßt man sie aushärten.

Oft wird von der Kompositbauweise gesprochen, als handele es sich um eine High-Tech-Methode im Bootsbau. Tatsächlich ist es eine der ältesten Methoden. Schon in der Bronzezeit spannten die Menschen Tierhäute über die aus Korbgeflecht bestehenden Spanten ihrer Coracles und Kajaks. Auch die *Cutty Sark* wurde aus Holzplanken auf Eisenspanten gebaut. Heutzutage sind Kunstharze in Verbindung mit Holz eine der häufigsten Materialkombinationen, die bei der Produktion kleiner Boote Anwendung finden. Zusätzlich werden zur Verstärkung noch andere industriell hergestellte Substanzen beigefügt.

VERSTÄRKUNGSMATERIALIEN

An erster Stelle müssen hier die Glasfasermatten in den vielfältigsten Ausführungen genannt werden. Das Angebot reicht von preiswerten Glasseidenmatten, die Masse und damit Steifheit verleihen, ohne allzuviel Festigkeit hinzuzufügen, bis zu einer Vielzahl gewobener und gewirkter Matten, deren Glasfasern in bestimmten Mustern etwa triaxal angeordnet sind, mit entsprechend vorhersagbaren Festigkeitseigenschaften, sowie unidirektionalen Matten, bei denen die meisten Fasern parallel verlaufen, um eine maximale Längsfestigkeit zu gewährleisten. Die meisten GFK-Boote werden aus einer Kombination von Glasseidenmatten und gewebten Glasfasermatten hergestellt,

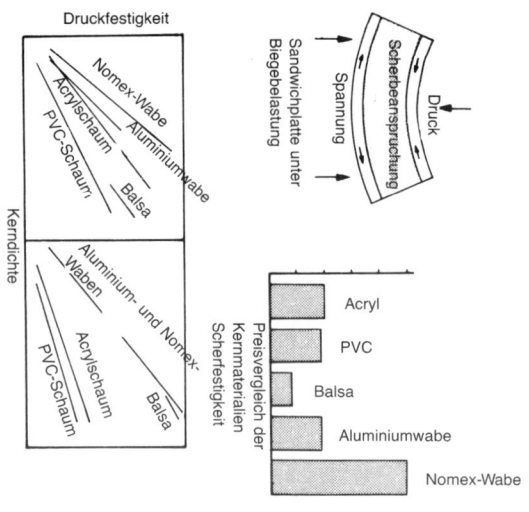

Abb. 7.8 Verhaltens- und Preisvergleich von Sandwich-Kernmaterialien.

massivem faserverstärktem Kunststoff. Es ist schon ein Vorteil, daß anstatt einer sorgfältig gefertigten Form nur ein einfaches Mallengerüst mit dicht anschließenden Längslatten als Positivformgeber benötigt wird. Die Schichten des Kernmaterials werden eingebracht oder darübergelegt und die Außenhaut aufgetragen, verfüllt und geglättet – das ist schnell gesagt, aber in Wirklichkeit erfordert dies langwieriges, ermüdendes Laminieren und mit reichlich Staub verbundenes Abschleifen, bis endlich das von einem guten Rumpf erwartete Erscheinungsbild erreicht ist. Der Rumpf (oder das Decksbestandteil) wird anschließend umgedreht, die Mallspanten entfernt und die Innenhaut aufgetragen. Schotten und Einrichtung folgen. Umgekehrt kann das Kernmaterial auch auf die Innenseite einer geformten, aber dünnhäutigen Schale aus faserverstärktem Kunststoff, auf Sperrholz oder einen laminierten Holzrumpf aufgebracht werden, gefolgt von der Innenhaut und der Innenausstattung.

Ebenso wie Steifheit, Leichtgewichtigkeit und damit einen positiven Auftrieb bieten Sandwich-Laminate hervorragende Schall- und Wärmeisolierung, tragen mit zur Verhinderung von Kondensation in kalten Gegenden bei und verhüten im Sommer das Eindringen der ärgsten Sonnenhitze durch das Deck in die Innenräume. Aus diesem Grund hat die Mehrzahl der industriell gefertigten Serienboote massive Rümpfe aus faserverstärktem Kunststoff mit Sandwich-Decks.

Betrachten wir nun die Kehrseite der Medaille. Sofern die Außenhaut nicht derart schwer ist, daß sie den Vorteil der Sandwich-Konstruktion hinsichtlich Festigkeit/Gewicht fast wieder zunichte macht, so besitzt ein Sandwich-Rumpf weniger Durchschlagfestigkeit als ein massiver Rumpf und sollte deshalb für eventuelle Fahrten in Reviere mit drohenden Kollisionen mit Kevlar geschützt werden.

Wie nicht anders zu erwarten, kosten die Materialien ungefähr 50% mehr als für einen massiven faserverstärkten Kunststoffrumpf, sind aber andererseits erstaunlicherweise kaum teurer als epoxidbehandeltes Sperrholz und Glasfasergewebe. Kern und Laminat müssen in vernünftigem Verhältnis zueinander stehen, um eine starke und feste Verbindung zu gewährleisten. Es hat Fälle gegeben, bei denen sich der Kern aufgrund der Durchbiegung der Platten vom Laminat abgelöst hat, was vermutlich vom Stampfen in schweren Bugseen herrührte. Ferner sollte die Positionierung aller Beschläge schon im voraus überaus sorgfältig überlegt werden, denn die Hardware kann sehr hohe Belastungskonzentrationen an bestimmten Punkten auslösen, die über die anschließenden Flächen verteilt werden müssen. Während man die Beschläge auf einem Sperrholzdeck zur Verteilung der Belastung einfach mit Holzunterlagen verschraubt, würde ein Sandwich-Deck beim Anziehen der Schrauben brechen. Der Kern im Bereich eines jeden Beschlags muß also entweder durch eine Sperrholzeinlage ersetzt werden (macht man dies erst nach Fertigstellung des Bootes, muß man Außenhaut und Kern aufschneiden, eine massive Verbindung anbringen und das Laminat erneuern) oder mit einer Platte aus faserverstärktem Kunststoff mit dem Laminat verbunden werden, damit eine gleichmäßige Belastungsverteilung gegeben ist.

KERNMATERIALIEN

Da der Schaumkern zwischen dem GFK-Laminat Spannungen ausgesetzt ist, leidet er unter Scherbeanspruchung. Seine wichtigsten Eigenschaften sind folglich Scherfestigkeit und Steifheit. Da er nur von einer relativ dünnen Schicht geschützt ist, muß er auch einem gewissen Maß an Druckbelastung standhalten können.

Das am weitesten verbreitete Kernmaterial ist PVC-Schaum. Er ist in Platten unterschiedlicher Dichte und Stärke erhältlich und unter verschiedenen Handelsbezeichnungen wie etwa Airex, Divinycell und Termanto. Das Material ist ausgesprochen stoßfest und deshalb ein guter Kompositpartner von Kohlenstoff, der diese Eigenschaft nicht besitzt. Ein gutes Beispiel ist ein Flügelmast mit Schaumstoff-Sandwich, bei dem Kohlenstofffasern die Hauptbelastung tragen und unidirektionale Glasfasermatten die Scher- und Diagonalbelastungen. Ergebnis ist eine große strukturelle Integrität und ein enorm hohes Verhältnis von Festigkeit und Steifheit zum Gewicht. PVC-Schaum kann sofort kalt über leicht gewölbte Oberflächen aufgetragen werden oder falls erforderlich auch über stärkere Wölbungen, dann allerdings weichgemacht mittels einer Heißluftpistole oder einer Infrarotlampe. Aus diesem Grund sind manche Typen ungeeignet für Decks, da diese der Sonne ausgesetzt sind. Für diesen Zweck ist Balsahirnholz das beste Material.

Balsaholz ist PVC-Schaum auch in bezug auf Druck- und Scherbelastung überlegen und kostet außerdem nur halb soviel. Es ist erhältlich in Form dicht nebeneinander angebrachter Holzklötzchen, die auf einem leichten faden- und faserverstärkten offenen Kunststoffgewebe befestigt sind, das über recht scharfe Wölbungen aufgebracht werden kann; oder auf Platten oder schmalen, zwischen Hartholzfurnieren liegenden Streifen, falls nur eine einzige Wölbung erforderlich ist. Nachteil des Balsaholzes ist sein Gewicht. Es ist mindestens doppelt so schwer wie Schaumstoff und kann durch das Absorbieren großer Harzmengen entlang der Faser während des Laminierens sogar noch schwerer werden – und durch das Auf-

nehmen von Wasser, wenn das Laminat später einmal durchbohrt werden oder abplatzen sollte -, während PVC-Schaum mit seinen dicht geschlossenen Zellen praktisch nicht absorbiert. Trotz seiner großen Druckfestigkeit ist Balsa stoßempfindlich. Es sollte deshalb nicht unter einer dünnen GFK-Schicht in Bereichen verwendet werden, wo es eventuellen Beschädigungen ausgesetzt ist. Delamination könnte die Folge sein.

Zu den weiteren Kernmaterialien zählt unter anderem Zedernholz, schwerer als Balsa und nicht als Hirnholzmatte erhältlich, aber steifer, wenn es zur Streifenbeplankung eingesetzt wird. Ferner gibt es noch Acrylschaum, fest, steif und stabil, aber auf gewölbten Oberflächen schwer formbar; sowie Polyurethan-Schaum, der spröder ist als PVC und dazu neigt, an den Hautnahtstellen zu verschleißen. Die Folge ist wiederum Delamination. PUR-Schaum ist auch in flüssiger Form in Sprühdosen erhältlich. Der austretende Schaum ist äußerst nützlich beim Ausschäumen großer Hohlräume wie Doppelrümpfe und kleiner wasserdichter Abteile sowie in den Bugs, wo er eine Art Knautschzone für den Fall einer Kollision bildet. Obwohl er theoretisch einzellig ist, kann er Feuchtigkeit absorbieren und sich bei einem länger anhaltenden Wassereinbruch vollsaugen. Ist das passiert, ist es praktisch unmöglich, ihn zu entfernen, ohne die betroffenen Bereiche aufzuschneiden.

Schließlich gibt es noch die ursprünglich von der Luftfahrtindustrie entwickelten Waben. Es handelt sich um sehr leichte, steife Laminate mit enormer Druckfestigkeit. Aber die extrem kleine Verbindungsfläche, die sich auf die eigentlichen Kanten der Wabenwände beschränkt, erfordert große Sorgfalt beim Auftragen des Epoxidharzes, damit eine entsprechende Adhäsion auf den Häuten gewährleistet ist. Sie sind entweder aus Aluminium oder Nomex, einem Aramidpapier, gefertigt. Aluminiumwaben kosten nicht mehr als PVC-Schaum und verfügen über eine größere Scherfestigkeit. Werden sie allerdings Stößen ausgesetzt, verändern sie ihre Form nachhaltig. Da Häute aus faserverstärkten Kunststoffen elastisch sind,

(a)

(b)

Abb. 7.9 Ein 15,8-m-Fahrtenkat, gebaut mit Derek Kelsalls Baukasten-System. (a) Sandwichplatten werden an einem Mallspanntengerüst montiert, eine kleine Form aus faserverstärktem Kunststoff bildet die Unterseite. (b) Die fertigen Rümpfe, bereit zum Stapellauf.

ist wie bei Balsakernen, die einen Schlag abbekommen haben, Delamination die Folge. Außerdem besteht ständig Korrosionsgefahr, da sich Boote nun einmal ständig im oder am Wasser befinden. Nomex ist für sein Gewicht das widerstandsfähigste Kernmaterial, vollkommen stabil und einigermaßen elastisch. Doch wie könnte es auch anders sein, es ist dreimal so teuer wie die anderen Materialien. Sein Einsatz beschränkt sich deshalb hauptsächlich auf die teuren Spitzenboote.

Baukasten-Systeme

Da bereits die Herstellung der für eine Sandwich-Konstruktion benötigten Positivform ebensoviel Arbeit machen kann wie der Bau eines kompletten Holzbootes bis zum Beplankungsstadium und auch das Verfüllen und Schleifen sehr viel Zeit beansprucht, hat der Konstrukteur Derek Kelsall ein in hohem Maße vereinfachtes System entwickelt. Es erfordert nur ansatzweise Spantenarbeit, gewährleistet einen hohen Standard beim Oberflächenfinish, ist vergleichsweise unkompliziert und schnell zu bauen.

Die Rumpfformen, die mit diesem System gebaut werden können, müssen jedoch so konstruiert sein, daß sie keine großen Wölbungen aufweisen, denn das Boot setzt sich im Baukastenprinzip aus flachen, einzelnen Wölbungsplatten zusammen. Alle sind auf einem Formtisch vorgefertigt. Dabei handelt es sich schlicht um einen Tisch in Bootslänge (oder halb so lang, falls der Platz knapp ist) aus melaminüberzogenen Spannplatten, wie man sie auch aus der Küche kennt.

Auf diesen Tisch werden die Platten gelegt – falls man sich für die Sandwichbauweise entschieden hat, wird das Vakuumsackverfahren angewendet. Nimmt man sie nach dem Aushärten vom Tisch, hat das Finish das glatte, spiegelnde Aussehen einer Melaminoberfläche angenommen und braucht keine weitere Bearbeitung mehr. Die Platten sind auch ausreichend flexibel, um leicht gebogen zu werden, aber an den Stellen, an denen Sandwichplatten eine stärkere Wölbung haben müssen wie etwa auf dem Deck oder beim Kajütaufbau, wird die Außenhaut nicht verbunden, bis die Platten ihre endgültige Form erhalten haben. Anschließend werden die Spanten an einem Mallspantengerüst montiert. Dadurch erhalten sie den erforderlichen Querschnitt, die aneinander angrenzenden Kanten werden mit den halbkreisförmigen Mall-Längen verbunden, die nach einer separaten Schablone hergestellt worden sind. Danach folgt auf dem üblichen Weg der Einbau der Innenkonstruktion und der Einrichtung, die größtenteils ebenfalls auf dem Formtisch angefertigt wurden.

Eine empfehlenswerte Vorgehensweise bei diesem System besteht wie beim Constant-Camber-System darin, die Wintermonate mit der Anfertigung der Innenkonstruktion aus dem kompletten Baukasten in einer größeren Garage oder Werkstatt zu verbringen und das Boot im Sommer draußen unter einer Plastikfolie zu montieren. Die nach diesem System hergestellten Rümpfe sind außerordentlich geräumig, einigermaßen leicht zu befördern und sehen, obwohl sie aus einer Kollektion flacher Platten gebaut sind, erstaunlicherweise gar nicht aus wie aus Brettern gezimmert.

Von Rümpfen mit solch hohem Volumen kann man natürlich nicht die Leistung einer Ultra-Hi-Tech-Rennschale erwarten, die unter Verwendung der bereits erwähnten exotischen Materialien gebaut worden ist und bei der die Kosten keine Rolle spielen, da sie meist ohnehin von Sponsoren übernommen werden. Um einen größeren Spielraum bei der Konstruktion zu haben, ohne unverhältnismäßige Mehrinvestitionen an Geld und Zeit aufwenden zu müssen, empfiehlt sich meist eine Kombination der verschiedenen Methoden. Dabei sollte man stets im Auge behalten, daß ein spiegelglattes Finish wirklich nur für die oberen Seitenteile notwendig ist. Das Unterwasserschiff wird normalerweise mit Antifoulingfarbe gestrichen und die Decks mit einer rutschfesten Farbe oder einem anderen Material. Ein wirtschaftlicher Weg zum Bau eines guten, schnellen Bootes ist zum Beispiel die Verwendung flacher Platten aus Schaum-Sandwich für die oberen Seitenteile, dann einer vergleichsweise kleine Form aus massivem faserverstärktem Kunststoff vom Bereich knapp über der Wasserlinie an nach unten, die durchschlagsfest und für optimale Leistung geformt ist; dazu kommt jede beliebige Kombination aus Balsasandwich und Flachplatten für Decks- und Kajütaufbauten.

Auch der Eigenbauer, der einen Traumetat zur Verfügung hat, wird beim Streben nach absoluter Leichtigkeit und Steifheit an Grenzen stoßen. Es ist noch gar nicht so lange her, da litt eine berühmte Hochsee-Rennyacht, die aus den exotischsten Materialien konstruiert war, an einem grundlegenden Fehler auf den Seitendecks. Kurz vor dem Start eines Rennens hatte die Crew noch schnell ein Paar taktische Kompasse eingebaut. Die Antwort des Konstrukteurs überrascht nicht weiter. Er ließ verlauten, man könne nicht einfach ein Loch in den Mast schneiden, ohne vorher mit der Firma gesprochen zu haben, die ihn konstruiert hat. Im Unterschied zu den Fahrtenbooten oder Cruiser-Racern sind Spitzenrennboote ausnahmslos bis an die Grenzen der Konstruktionssicherheit gebaut. Sie verhalten sich nur untadelig, solange sie entsprechend bedient und gesegelt werden. Es handelt sich um hochsensible, für das tägliche Segeln vollkommen ungeeignete Rennmaschinen. Aber schließlich, wie einmal der Eigner eines solchen Bootes bemerkte, würden Sie ja auch nicht mit einem Formel 1-Rennwagen zum Einkaufen fahren.

8 TRAILERTRANSPORT

Gesetzliche Bestimmungen, charakteristische Eigenschaften, Klar machen und Aussetzen des Bootes

Haben Sie ein trailerbares Boot, können Sie frei entscheiden, in welchem Revier Sie segeln möchten. Sie können an Veranstaltungen fern von ihrem Heimathafen teilnehmen und das Boot unterwegs als Wohnwagen benutzen, gar nicht erst zu reden von der Sicherheit eines Standplatzes im eigenen Garten außerhalb der Segelsaison. Der Trailertransport trägt enorm zur Freiheit des Segelns bei, obwohl leider die Vorstellungen über die Mobilität meist ziemlich überzogen sind. Werden Sie mißtrauisch, wenn ein Hersteller behauptet, sein Micro sei innerhalb einer halben Stunde nach Ankunft segelbereit. Bei ein oder zwei Spitzenkonstruktionen ist das tatsächlich möglich; aber ein halber Tag ist weitaus realistischer, und dieselbe Zeit braucht man noch einmal zum An-Land-Bringen und Verladen. Sofern Sie nicht zu den Glücklichen gehören, denen ein erfahrenes Helferteam zur Seite steht, ist der Gedanke, einen Wochenendausflug mit dem Boot zu machen, in der Theorie weitaus bestechender als in der Praxis. Die Montage und das Klar machen ist zeitmäßig so etwas wie ein Lotteriespiel, das von der Befestigung der Rümpfe und den Vorrichtungen zum Aufstellen und Niederholen des Mastes diktiert wird. Auch der Typ des Bootsanhängers spielt eine große Rolle, obwohl sich diese Wahl hauptsächlich auf die Sicherheit und das Vergnügen – oder den Ärger – unterwegs auf der Straße auswirkt.

Bevor in Europa im Oktober 1983 die EG-Bestimmungen in Kraft traten, waren die Vorschriften für die Benutzung leichter Bootsanhänger sehr vage und enthielten eine ganze Reihe Gesetzeslücken, die den Eigner und zuweilen auch die Polizei in Verwirrung stürzten. Damals waren zahlreiche verkehrsunsichere Auto-Anhänger-Kombinationen auf den Straßen unterwegs.

Das Gesetz unterwegs

Die Bestimmungen können in gewissen Details von einem Land zum anderen voneinander abweichen – in den USA sogar von einem Nachbarstaat zum anderen -, aber im Grundsatz sind sie sich sehr ähnlich. Zulässiges Höchstgewicht, maximale Breite und Schleppgeschwindigkeit sind streng reglementiert, dazu kommen Bestimmungen in bezug auf Bremsen, Anhängerkupplung und Beleuchtung.

Die hier angeführten Vorschriften galten zur Zeit der Entstehung dieses Buches in Großbritannien und der EG und sind auch typisch für die Straßenverkehrsordnung in anderen Ländern. Aber Sie sollten in jedem Fall die bestehenden gesetzlichen Bestimmungen der Länder, durch die Sie zu Ihrem ausgewählten Segelrevier fahren müssen, vor der Fahrt genau auskundschaften, falls doch Unterschiede bestehen. Vergessen Sie nie, daß nicht die Herstellerfirma des Bootsanhängers, sondern stets Sie persönlich der Verantwortliche sind, der im Falle eines Verstoßes gegen bestehende Gesetze zur Verantwortung gezogen wird. Die Polizei hat das Recht, einen Trailer anzuhalten und zu inspizieren, wenn sie auch nur im entferntesten den Verdacht hat, er könnte verkehrsunsicher, überladen oder ungeeignet für das Zugfahrzeug sein. Es ist deshalb sinnvoll, sich von einer Automobilclub oder einer nationalen Yachtorganisation die Bestimmungen zuschicken zu lassen. Sofern Sie sich über das Gewicht Ihres Bootes (samt Inhalt) und des Trailers nicht sicher sind, fahren Sie zu einer örtlichen Brückenwaage, bevor Sie den beladenen Anhänger über eine weite Strecke schleppen. Das maximale Trailergewicht steht im KFZ-Brief Ihres Wagens.

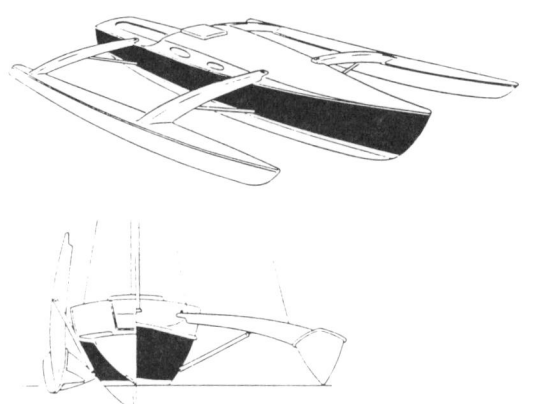

Abb. 8.2 Der CC 26, konstruiert von John Marples (USA) zum Selbstbau aus Holz mit der Constant-Camber-Methode. Er wird auf dieselbe Weise zusammengeklappt wie der F 27.

Abb. 8.1 Ein »Firebird« in den Alpen. Beim Landtransport dient die Kajüte als Wohnwagen.

Geschwindigkeits- und Größenbeschränkungen

Um mit der einfachsten Bestimmung anzufangen, den fast überall gleichen Geschwindigkeitsbeschränkungen beim Ziehen eines Bootsanhängers, so sind in Großbritannien 96 km/h (60 mph) auf Autobahnen und und 80 km/h (50 mph) auf allen anderen Straßen erlaubt, natürlich nur, wenn nicht weitere Geschwindigkeitsbeschränkungen Gültigkeit haben wie etwa in Wohngebieten. Anläßlich einer langen Fahrt können Sie im allgemeinen von einer Durchschnittsgeschwindigkeit von mindestens 55 km/h ausgehen, die Übernachtung nicht eingerechnet. In Deutschland sind 80 km/h, in Frankreich bis zu 130 km/h erlaubt.

Die zulässige Größe ist reichlich unkompliziert, seit Micros schon unter Berücksichtigung des Trailerns und der damit verbundenen Bestimmungen konstruiert werden. Die maximale »normale« Breite eines von einem Pkw oder Kleinlastwagen gezogenen Bootsanhängers beträgt 2,3 bis 2,5 m, aber seit in vielen Ländern (einschließlich Großbritannien) die Ladung erlaubterweise ein Fuß (305 mm) auf jeder Seite des Trailers überstehen darf, kann das Boot einschließlich aller Überstände bis zu 2,9 m Breite haben. Trotzdem sind aus Sicherheitsgründen und um möglichst überall fahren zu dürfen, die meisten Serienboote in Europa 2,5 m breit. Breitere Ladungen erfordern die Einholung einer polizeilichen Sondergenehmigung, was meist nicht praktikabel ist. Was die überstehenden Bootsteile angeht, so müssen sämtliche scharfkantigen Teile (wie etwa ein Außenbordmotor), die eine Gefahr für Fußgänger oder im Falle eines Unfalls für andere Fahrzeuge darstellen können, mit einer kräftigen Schutzhülle abgedeckt werden.

Die Länge ist selten ein Problem, obwohl nach den allgemeinen Vorschriften ein Trailer samt Ladung 7 m nicht überschreiten darf, nicht mitgerechnet Deichsel und Anhängerkupplung. Ausnahmen gelten für eine »unteilbare Ladung«, und als die wird ein Boot betrachtet; so werden in der Praxis in der Regel 9 m ohne hochgezogene Augenbrauen erlaubt. Was die Höhe angeht, so gibt es diesbezüglich keine einschränkenden Rechtsvorschriften, aber wenn der höchste Punkt Ihrer Ladung – im allgemeinen der Mast – vom Boden aus gemessen 3 m weit übersteigt, werden Sie gelegentlich Probleme mit niedrigen Brücken oder Tankstellenüberdachungen haben, deshalb sollten Sie Ihr Augenmerk auch auf die Höhe richten. Überzeugen Sie sich stets, daß Ihr(e) Ruder und Schwerter ordnungsgemäß gesichert sind und die Pinne an der Seite befestigt ist. Außerdem ist es keine schlechte Idee, die aufgeholte Leitrolle festzuzurren, damit sie nicht mit der Straße in Kontakt kommt.

Gewicht und Bremsen

Obgleich einachsige Anhänger durchaus zugelassen und für das Gewicht eines Micros akzeptabel sind, sind die Mehrkosten für einen zweiachsigen Trailer aufgrund der sehr viel besseren Stabilität und leichteren Manövrierbarkeit mehr als gerechtfertigt. Sofern das Bruttoladegewicht des Trailers nicht unter 750 kg liegt, wie es bei einer Jolle oder einem Sportkatamaran der Fall ist, muß der Anhänger an allen Rädern mit Auflaufbremsen und einer Handbremse zum Parken ausgestattet sein. Bei allen Trailern, die seit April 1989 gebaut wurden, müssen die Bremsen über ein Umkehrsystem verfügen, das beim Rückwärtsdrehen des Rades einen der Bremsklötze von der Trommel nimmt, wenn der Anhänger rückwärts gefahren wird. (Ohne dieses automatische System muß der Fahrer aus dem Auto aussteigen und eine Sperrvorrichtung auslösen, damit bei der Rückwärtsfahrt nicht gebremst wird.) Wird der Trailer bergab geparkt, zieht eine mit der Handbremse verbundene Automatik den Bremshebel fester an und überläuft das automatische Umkehrsystem, das ansonsten die Bremsen öffnen würde.

Die Bremsen müssen laut Vorschrift zu mindestens 50% effizient sein. Das ist sehr schwer zu messen. In der Praxis können Sie nur prüfen, daß sie tatsächlich das Bremsen des Riggs fördern und der Anhänger nicht auf das Auto aufläuft.

Ein weiterer beim Schleppen zu beachtender Faktor ist natürlich das Gewicht der Ladung, und in diesem Punkt hat ein Mehrrumpfboot ohne Ballast einen großen Vorteil gegenüber einem Einrumpfboot, dessen Hubkiel ausnahmslos 30–40% Mehrgewicht bedeutet. Die Betriebsanleitung oder der KFZ-Brief werden die maximal erlaubte Zuglast und das Anhängergewicht nennen. Manche Wagen können etwas mehr als ihr eigenes Leergewicht ziehen – ein Allradauto mehr als das doppelte –, andere Modelle

weniger. Das ist jeweils abhängig von der Konstruktion und der Gewichtsverteilung. So liegt zum Beispiel ein relativ schwerer 900-kg-Micro auf einem 400-kg-Trailer im Leistungsbereich der meisten Wagen mit Hinterradantrieb und 2 Liter Hubraum und darüber. Je leichter die Ladung im Verhältnis zum zulässigen Gesamtgewicht, um so einfacher ist das Fahren. Autos mit Vorderradantrieb bringen insbesondere auf steilen Gefällstrecken weniger Zugleistung, da sich die Gewichtsverteilung von den Vorder- auf die Hinterräder verlagert.

Es gibt keine Gesetzesvorschrift bezüglich des Gewichts der Anhängerdeichsel, aber es sollte stets ermittelt werden. Das können Sie auf einer Deichselwaage messen. Zum konstanten Ziehen sollten ungefähr 5–10% des Gesamtgewichts auf dem Druckpunkt der Kupplung liegen. Der Deichseldruck kann durch Verlagern einiger schwerer Gegenstände wie zum Beispiel Anker oder Außenbordmotor vorn oder hinten im Boot verändert werden. Zu wenig Druck führt zu Stößen und Schwänzeln, zuviel kann zu einem Verlust der Steuerwirkung bei hartem Bremsen führen; sowohl Bug- als auch Hecklastigkeit können das Schleppen eines Anhängers unangenehm, eventuell sogar unsicher machen. Es ist ebenfalls wichtig, daß ein zweiachsiger Trailer in waagerechter Haltung gezogen wird. Ist die Kupplung zu hoch oder zu niedrig, verlagert sich ein Großteil des Gewichts auf eine einzige Radachse, sehr zum Nachteil der Steuerung und der Bremsen, gleichzeitig werden zwei Auf-

Abb. 8.3 Die »Somerset 26« von Dick Newick (USA). Die vier kurzen Querträger passen in konisch zulaufende Sockel auf Hauptrumpf und Schwimmer. Zum Fahrtensegeln für zwei Personen, zum Daysailing für vier Personen geeignet, 20 Knoten Leistung, Serienproduktion aus faserverstärktem Kunststoff von Outrigger Boat Co., Chicago.

hängungen überladen, und ungleiches Abfahren der Reifen ist die Folge. Das Problem kann man durch Verschieben der Kupplungsklaue beseitigen. Aber vor allem gilt, überladen Sie den Trailer nicht. Abgesehen davon, daß dies ohnehin verboten ist, ist eine Überladung die häufigste Unfallursache. Im Extremfall kann das dazu führen, daß die Versicherung eine Schadensregulierung verweigert.

Anhängerkupplungen

Wenn das Schleppfahrzeug die Geschwindigkeit verlangsamt und der Trailer versuchen möchte, das Auto zu überholen, müssen durch die Kupplung die Trailerbremsen ausgelöst werden. Die üblichen Kupplungen in Verbindung mit Auflaufbremsen, die jahrelang benutzt worden sind, entsprechen nach wie vor den gesetzlichen Vorschriften und sind zweifellos robust und zuverlässig, jedoch gewährleisten moderne Hydraulikkupplungen mehr Sicherheit und sind inzwischen auch für alle neuen Trailer vorgeschrieben. Für die zusätzliche Sicherheit muß an der Handbremse des Trailers eine

Abb. 8.4 Detail der Querträgerbefestigung der Rümpfe des Vollkunststoffboots Podcat. Die Kanten wehren die Gischt ab, und die Löcher bieten Befestigungspunkte für Blöcke und Leinen.

Abreißsicherung angebracht sein, deren eines Ende um den Schleppknauf geschlungen oder am Zugfahrzeug befestigt ist, damit die Bremsen betätigt werden, falls sich der Trailer während der Fahrt vom Schleppfahrzeug lösen sollte.

Reifen

Die Belastbarkeit eines jeden Reifens hängt ab von Druck, Gewicht und Geschwindigkeit. Nehmen Sie niemals Reifen, die nur für Langsamfahrten ausgelegt sind. Jeder Reifen, der in einem Zustand ist, daß man ihn für ein Auto nicht benutzen würde, sei es aufgrund einer Beschädigung, weil er abgefahren ist oder schlichtweg die falsche Größe hat, ist auch nicht geeignet für einen Trailer. Und wie bei einem Auto sollten Sie an derselben Radachse oder an einer Zwillingsachse nicht mit bunt gemischter Radial- und Diagonalbereifung fahren. Im allgemeinen empfiehlt es sich, denselben Reifentyp sowohl am Trailer als auch am Zugwagen aufzuziehen und sich an die Empfehlungen des Trailerherstellers bezüglich der Reifengröße zu halten, obwohl beides nicht zwingend vorgeschrieben ist. Der richtige Luftdruck in den Reifen ist allerdings tatsächlich vorgeschrieben. Es ist zulässig, daß die Polizei den Druck überprüft, wenn Sie angehalten und kontrolliert werden sollten.

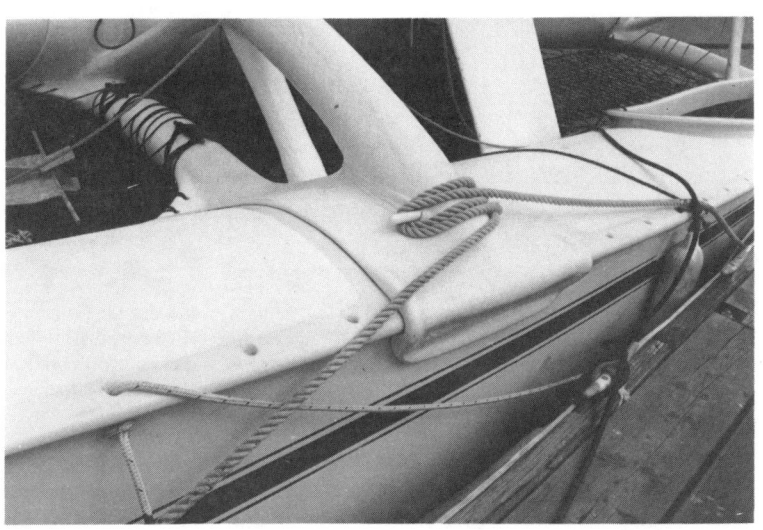

Beleuchtung

Die Bestimmungen bezüglich der Positionierung der verschiedenen Rücklichter und Reflektoren entsprechen in etwa denen eines Autos und sind relativ komplex. Je nach Land unterscheiden sich die Beleuchtungsvorschriften. Die nachfolgenden Anmerkungen gelten für englische Bootstrailer. Ist Ihr Trailer nicht ohnehin mit einer Beleuchtung ausgestattet, ist es am einfachsten, Sie kaufen eine fix und fertige Beleuchtungsanlage, in der die Schluß-, Brems-, Nebel-, Nummernschild- und Blinklichter sowie ein Paar reflektierende Dreiecke integriert sind. Versuchen Sie nicht, selbst eine Beleuchtungsschiene zusammenzubasteln. Die Anlage wird am besten an einem überstehenden Rahmenteil des Trailers befestigt oder alternativ am Bootsheck. Sie sollte abnehmbar sein, wasserdicht und so hoch wie möglich über dem Boden. Darüber hinaus brauchen Sie noch weiße Frontlichter an den äußeren Kanten des Boots als Warnung für den entgegenkommenden Verkehr vor der Breite des Anhängers, orangefarbene Reflektoren an jeder Seite des Trailerrahmens, ein reflektierendes Warndreieck an der Mastspitze, wo sie über das Bootsheck hinausragt, sowie ein Warnblicklicht an der Beleuchtungsschiene.

Zubehör

Besonders zwei technische Kriterien machen das Ziehen eines Trailers sicherer und angenehmer (oder weniger zermürbend, das kommt ganz auf Ihre Einstellung an).

Stoßdämpfung

Das Heck eines Autos, besonders wenn es sich um ein Modell mit weicher Federung handelt, wird beträchtlich nach unten gedrückt, wenn die Deichsel des Hängers auf die Kupplung des Zugfahrzeugs drückt. Auf einer unebenen Straße und bei Bodenwellen kann es sogar zu Bodenberührungen kommen. Hydraulische Niveauregulierer schaffen da Abhilfe und bringen fast eine gleich-

mäßige Bodenfreiheit des Fahrzeugs auf nahezu normalem Niveau zuwege, auch wenn der Anhänger versucht, das Auto herunterzudrücken. (Citroen besitzt ohnehin ein derartiges hydraulisches System, ist aber das einzige Fabrikat, das mit einem solchen ausgestattet ist.) Als Alternative kann man auch Gummidämpfer auf beiden Seiten zwischen Federung und Stoßdämpfer anbringen oder harte PVC-Ringe an Spiralfedern befestigen, um den Druck zu verringern. Die meisten KFZ-Hersteller bieten Stoßdämpfer-Nachrüstteile an.

Stabilisatoren

Ein schwänzelnder Anhänger ist eine leider nur zu alltägliche Erscheinung. Verursacht wird dieser Effekt durch zu hohe Geschwindigkeit, Seitenwindeinwirkung oder überholende Lastwagen (Boote stellen eine recht massige Angriffsfläche dar, da sie hoch über die Trailer ragen), falsche Gewichtsverteilung oder falschen Reifendruck. Bremsen macht es nur noch schlimmer und kann zu einem Querstellen des Anhängers führen. Die richtige Reaktion ist sanftes Langsamerwerden, bis die Pendelbewegung von selbst aufhört. Die Tendenz zum Schwänzeln kann jedoch größtenteils mit Hilfe eines Stabilisators ausgemerzt oder zumindest eingedämmt werden, sollte die Bewegung doch einmal einsetzen. Entweder handelt es sich um eine Reibungs- oder Hydraulikdämpferanlage, die an der Anhängerkupplung des Autos befestigt ist und zu einem Befestigungspunkt am Trailer führt. Dieser einstellbare Stabilisator unterbindet das Schlingern zwischen Zugwagen und Trailer.

Weiteres nützliches Zubehör

- Schlösser an Kupplungen und Ersatzreifen.
- Radkrallen, wenn der Trailer geparkt ist.
- Wagenheber, der Trailer + Boot heben kann.
- Reserverad und die entsprechende Werkzeuge.
- Spezielle dreieckige Bremskeile (besser als Steine).
- Kugelkopf- oder Frontschlepphaken am Auto (erleichtert das Manövrieren).
- Kräftige Schutzbleche am Trailer, auf die man steigen kann.

*Abb. 8.5 Teleskoptrailer für einen 7,4-m-«Strider».
Montage und Aussetzen sind allein möglich, völlig problemlos zu zweit.*

*Abb. 8.6 Spannungsgeladene Ausführung eines 8-m-
Micro-Racers. Der Clyde-Cat ›Lynx‹, konstruiert von
Tom Shuttleworth, wiegt nur 850 kg, ist gekennzeichnet
durch ein Doppel-Cockpit, Festkiele mit niedrigem Flä-
chenverhältnis und einer Selbstwende fock. (Foto: M.
White, Yachting World)*

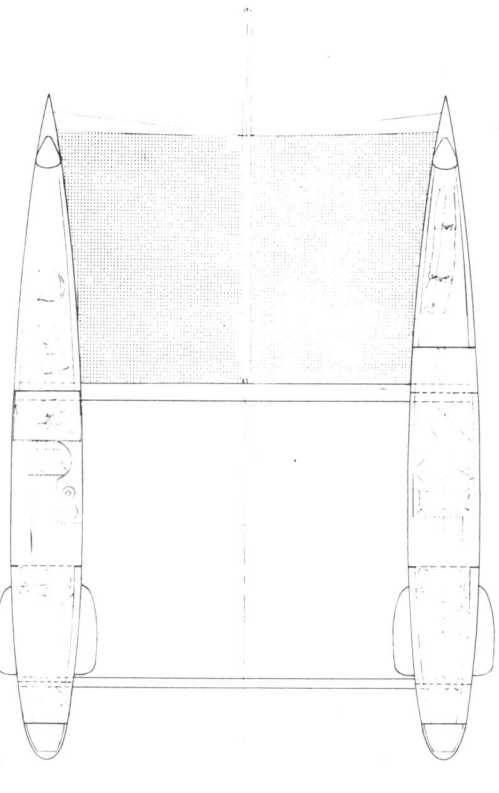

- – Leiter zum Betreten des Cockpits.
- – Wenn nicht schon im Boot, eine chemische Toilette für Pausen unterwegs.
- – Stützrolle oder Zwillingsrollen für weichen Untergrund oder Strand.
- – Elektrische Trailerwinde mit Handbedienungseinheit.
- – Slip-Arm als Führungshilfe für das Boot, wenn es vom Trailer gelassen wird.

Abb. 8.7 Man sieht doppelt: Diesem nicht abgestagten Zweiflächen-Rigg auf den 7-m-«Aztec»-Rümpfen schaut jeder Segler hinterher. Das Boot ist schnell, unproblematisch zu trailern, aber irgendwie knifflig zu wenden.

Trailertypen

Ein konventioneller Bootsanhänger eignet sich für die meisten Trimarane, deren Beams und Schwimmer entweder abgenommen (zwei Leute können einen leicht anheben) und neben dem Hauptrumpf auf Laufschienen verstaut oder entlang des Rumpfes nach innen geklappt werden können – in diesem Fall ist das Boot stabil genug, um, einmal im Wasser, mit dem Motor gefahren zu werden. Ein solches Boot kann auch mit eingeklappten Schwimmern festmachen oder ein Anlegemanöver durchführen.

Der Trailer sollte mit Kielrollen ausgestattet sein, die das Beladen erleichtern. Typisch sind bei diesem System zwei Sets aus 16 Gummirollen, die den Mittelrumpf aufnehmen. Jeder Satz ist auf ein drehbares, diagonal bewegliches Querteil montiert. Jedes Einzelpaar kann sich vorwärts und rück-

wärts drehen. Auf diese Weise können die Rollen nicht nur der exakten Form des Rumpfes folgen und die Last gleichmäßig verteilen, sondern ermöglichen es, das Boot vom Trailer zu rollen und es in einem steilen relativen Winkel wieder aufzuwinschen. Eine praktische Vorrichtung also, mit der man die Radachsen des Trailers vom Salzwasser fernhält.

Eine weitere Möglichkeit ist ein separater Slipwagen, mit dem man das Boot vom Trailer ins Wasser rollt. Dieser Wagen kann mit Auftriebsschläuchen versehen sein, so daß er schwimmt. Das macht es besonders einfach, ihn vorher in die richtige Stellung zu bringen, um das Boot gut plazieren zu können. Dann wird der Slipwagen einfach an Land gezogen, die Rampe hinauf und auf den Trailer.

Ein Kat-Trailer muß für zwei volle Rümpfe ausgelegt sein. Die etwas komfortableren Typen stützen diese auf einem Teleskoprahmen, der zur Montage noch auf dem Trailer auseinandergezogen werden kann (manche Kats haben darüber hinaus auch ausziehbare Beams). Der Mast wird im allgemeinen

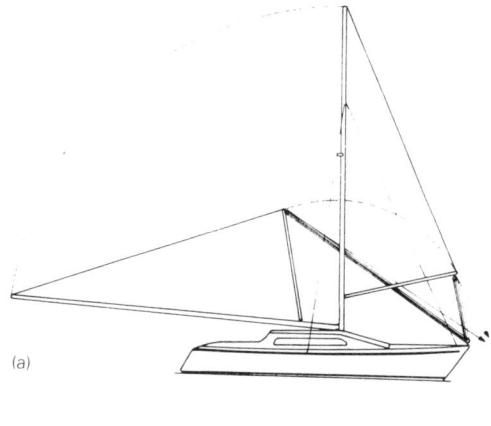

(a)

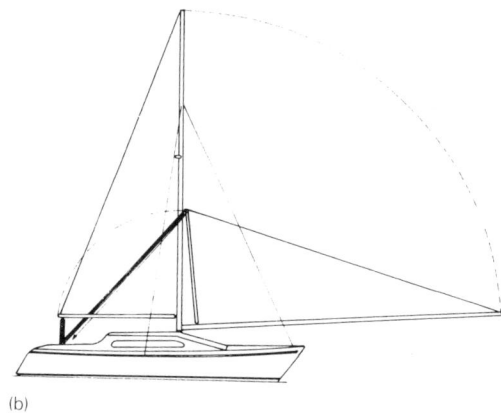

(b)

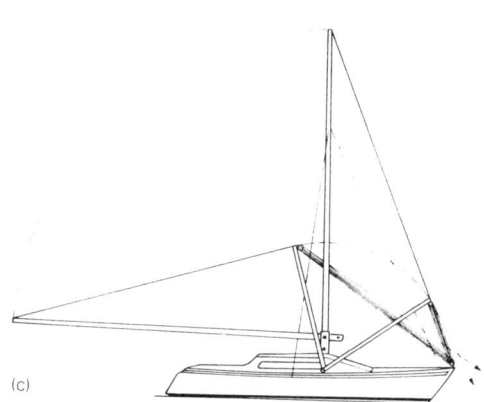

(c)

Abb. 8.8 Aufrichten und Umlegen des Mastes, indem man (a) den nach rückwärts gelagerten Baum oder den Spinnakerbaum als Stütze nimmt, (b) mit Hilfe von Baum und Großschottalje, (c) mit einem A-Rahmen, dessen Klappfüße auf beiden Seitendecks befestigt sind. In diesem Beispiel wird der Mast mit einem Mastbock aufgestellt.

zwischen den Kajütoberseiten auf an beiden Trailerenden angebracht, vorzugsweise mit Gummirollen versehenen Halterungen gelagert – oder, falls es sich um einen Trimaran handelt, auf einer Heckstütze und einer Bugkanzel. Der größte Überhang ist über dem Dach des Zugwagens, der hintere Überhang wird so gering wie möglich gehalten. Wo der Mast Berührung hat, muß der Auflageholm gut gepolstert sein. Befestigen Sie das Drahttauwerk in Abständen gut am Mast, ansonsten kann die Eloxierung auf einer einzigen Fahrt durchscheuern.

Am wirtschaftlichsten und am problemlosesten ist jedoch ein einfacher, flacher Anhänger, wie er auch zum Autotransport genommen wird. Die Rümpfe werden nebeneinander auf einzelnen, mit Rollen ausge-

statteten Laufschienen gelagert, das Cockpitdeck auf der Seite dazwischengelegt, bereit zum Zusammenbau und Klar machen am Ufer. Es macht nichts, wenn diese Laufschienen unter Wasser geraten, der Trailer selbst steht hoch und trocken.

Aufrichten des Mastes

Vorausgesetzt, die Ausrüstung zum Aufstellen und Umlegen ist ordentlich konstruiert – und Sie haben sorgfältig geprüft, daß sich dem Mast auf dem Weg nach oben keine elektrischen Leitungen in die Quere stellen -, brauchen Sie sich deshalb keine grauen Haare wachsen zu lassen. Es ist nicht halb so schlimm, wie es die meisten beim erstenmal erwarten. Von ausschlaggebender Bedeutung bei diesem Unternehmen ist es, nicht überhastet, sondern wohlüberlegt vorzugehen und ständig die Kontrolle über den Mast zu behalten.

Seine Neigung wird im allgemeinen durch Einhaken unter eine Montageplatte, der Maststütze, ausgeglichen, die ihn vor dem Weggleiten bewahrt. Bei einem Trimaran (oder Einrumpfboot) muß diese ausreichend über Decksniveau gehoben werden, damit der umgelegte Mast keine Berührung mit dem Kajütaufbau oder anderen vorspringenden Teile bekommt. Dem kann man mit entsprechenden Mitteln begegnen, so unter anderem mit einem dreiseitigen Blechkasten oder einem sogenannten Mastbock, in dem sich der Mast an einem Klappbolzen dreht. Auch das seitliche Ausschwingen muß in Grenzen gehalten werden, entweder durch einen auf jeder Seite in den Wanten hängenden Helfer oder indem man dafür sorgt, daß die Mastfußbolzen in gerader Linie zum Mastdrehpunkt verankert werden, so daß sie automatisch eine konstante Spannung während des mit 90° beschriebenen Bogens aufrechterhalten können.

Zum Aufstellen und Umlegen wird das Stahlseil der Trailerwinsch an der Mastspitze befestigt und die entsprechende Bewegung mit der Kurbel ausgeführt. Eine dreiteilige Talje zwischen Trailer und Vorstagende mit einer Fallverlängerung ist dagegen etwas umständlich, erfüllt seine Aufgabe aber bei den meisten Seglern. Sowohl das Aufrichten als auch das Halten kann gleichzeitig – und allein – durchgeführt werden. Man braucht nur die Hilfe eines A-Rahmens aus Holz oder Aluminium, dessen Klappfüße auf den Seitendecks plaziert werden und dessen Spitze am Vorstag oder einem Fall befestigt wird. Holländische Kanalsegler, die häufig ihren Mast umlegen und wiederaufstellen müssen, weil sie zahlreiche Brücken passieren müssen, haben einen festen A-Rahmen auf den Vordecks montiert, aber Sie werden diesen normalerweise nach Gebrauch auf dem Trailer verstauen. Eine verblüffend einfache und sichere Alternative ist die Kombination einer Hebestütze mit einem A-Rah-

Abb. 8.9 Zeitweiliger Liegeplatz. Ein Sinker, ein Block und einelange Leine bringen das Boot nach dem Wassern rasch hinaus. Dieses System ist auch sehr nützlich für Strandpicknicks und bei fallender Flut.

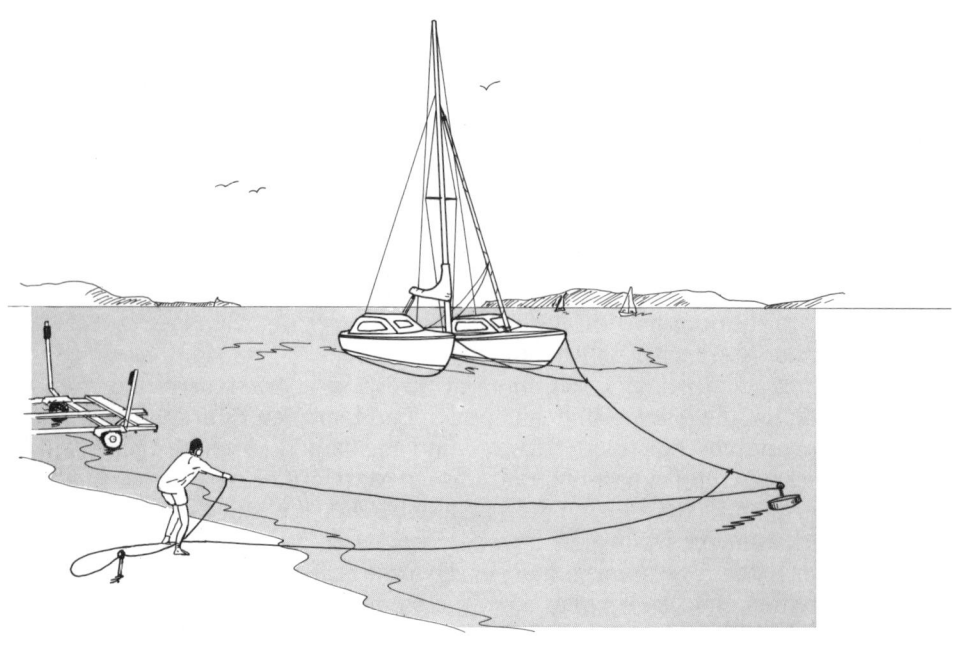

men, dessen Füße achtern vom Mastpunkt montiert werden und dessen Spitze an einem Mastrutscher in der Vorliekskeep am Mast gefahren wird.

Tips für das Aussetzen

– Prüfen Sie, ob das Schwert vollständig hochgezogen und in dieser Position gesichert ist.
– Entfernen Sie die Beleuchtungsschiene am Trailer, wenn sie eventuell ins Wasser getaucht werden könnte, und versichern Sie sich, daß die Steckdose abgedeckt ist.
– Warme Radachsen ziehen Wasser an. Wenn sie eingetaucht werden, und Sie können nicht warten, bis sie abgekühlt sind, schütten Sie ein paar Eimer Frischwasser darüber.
– Wenn Sie die Ausgaben für ein Rollen- oder Schlittensystem oder einen Slipwagen bisher noch gescheut haben, ziehen Sie einmal die Kosten für Ein- und Auskranen in Betracht, wenn Sie den Trailer nicht ins Wasser fahren wollen.
– Wenn Sie sich in beträchtlicher Entfernung von der Anlegestelle oder dem Liegeplatz befinden, starten Sie den Motor, sobald er sich im Wasser befindet, so daß Sie ausweichen können, wenn das Boot schwimmt.
– Wenn Sie das Boot an irgend etwas in der Nähe Liegendem vertäuen können, nehmen Sie dafür eine Heckleine, besonders bei auflandigem oder von der Seite einfallendem Wind, der ansonsten das Boot seitlich zurück auf die Rampe blasen könnte.
– Alternativ nehmen Sie das Beiboot und schaffen sich Ihren eigenen zeitweiligen Liegeplatz. Nehmen Sie dazu ein schweres (etwa 30 kg) Gewicht mit flachem Boden – keinen Anker, wenn auch nur die entfernteste Möglichkeit besteht, sich mit anderen Leinen zu vertörnen.
  Durch den Halteblock läuft eine lange Leine, deren Enden ans Ufer gebracht werden, um einen Pfosten oder durch einen weiteren Block laufen, an einem Pfahl über der Wasserlinie befestigt und zusammengebändelt werden (siehe Abb. 8.9). Dann wird eine Beleglleine an der mit dem Gewicht verbundenen Leine befestigt, und sobald das Boot im Wasser ist, kann es in tiefes Wasser gezogen werden. Es liegt fest vertäut, während man Wagen und Trailer parken kann. Verlassen Sie sich allerdings nicht darauf, daß das Senkgewicht jeder Bö standhält und versichern Sie sich, daß das Boottau ausreichende Länge für die Wasserhöhe hat. Wird die Leine nicht benötigt, bewahrt man sie am besten aufgerollt in etwas Ähnlichem wie einem Wäschekorb auf, von dem aus man sie frei aufrollen kann.
– Dasselbe System bewährt sich auch bei Picknicks am Ufer. Das Gewicht wird in die für diesen Zweck passende Tiefe geworfen und die Leine ausgegeben, während Sie mit dem Motor fahren oder über Steuer zum Strand treiben. Das Boot wird, nachdem die Crew an Land gegangen ist, wieder nach draußen gezogen. Damit spart man sich das Aussetzen des Beibootes. Sie bekommen nicht einmal nasse Füße, wenn das Ufer steil genug ist.

Manöver beim Fahrten- und Rennsegeln und Schwerwettertaktiken

Aufgrund der Schnelligkeit eines Mehrrumpfbootes müssen beim Segeln sämtliche Manöver schneller vollzogen werden und erfordern außerdem höhere Ansprüche an die seglerischen Fähigkeiten und die Seemannschaft der Crew als bei einem Einrumpfboot. Die Grundregeln unterscheiden sich natürlich nicht voneinander. Teilweise muß man aber anders rangehen und meist sehr schnell sein, will man das Beste aus dem Boot herausholen. Trotzdem sind Mehrrumpfboote für einen Freizeitsegler nicht schwieriger zu handhaben als Monos – viele Leute finden das Segeln mit einem Multi sogar leichter –, aber sie sind nun einmal anders und müssen folglich auch anders gesegelt werden. Diese Boote verlangen besonders bei Schwerwetter anhaltende Konzentration, schnellere Reaktionen und bessere Voraussicht, wenn man wirklich schnell und dennoch in vernünftigen Sicherheitsgrenzen segeln möchte.

Für einen an Einrumpfboote gewöhnten Segler bestehen die auffallendsten Unterschiede bei der ersten Bekanntschaft mit einem Multi darin, daß er so wenig überliegt, wenn man an Bord geht, an seiner steifen und aufrechten Haltung beim Segeln, ferner an seiner lebhaften Beschleunigung in der Brise und dem prompten Verlust an Fahrt bei abflauendem Wind oder wenn das Boot in den Wind dreht. Auch scheint der Wind meist vorlich zu blasen, welchen Kurs das Boot nach dem Ablegen auch immer nimmt.

Scheinbarer Wind

Sie verlangt ein wenig Gewöhnung, diese Sache mit der scheinbaren Windgeschwindigkeit und der Richtung. Auch die Schnelligkeit, mit der sich die Bedingungen aufgrund der lebhaften Beschleunigung und der latent stets lauernden Bootsgeschwindigkeit ändern, ist gewöhnungsbedürftig – auffallender ist dies selbstverständlich auf einem leichten Racer als auf einem schweren Fahrtenkat. Wie bereits erwähnt, erzeugt ein Boot um so mehr scheinbaren Wind je schneller es läuft und um so weiter vorlich scheint dieser Wind zu sein. Bei einer frischen Brise werden Sie feststellen, daß Sie häufig raumschots oder sogar hoch am Wind segeln, selbst wenn der wahre Wind achterlicher als dwars bläst. Jede weitere Zunahme an Geschwindigkeit läßt dann das Boot in den Wind drehen. Sie reagieren darauf mit Abfallen, das Boot beschleunigt weiter und der ganze Vorgang wiederholt sich, weil das Boot vom eigenen Wind »gespeist« wird. Man benötigt eine gewisse Portion Erfahrung und Können, um aus diesem Phänomen Vorteile zu ziehen, ohne zu weit vom Kurs zu vertreiben.

Anstatt nun ständig die Schoten zu fahren oder am Ruder herumzuhantieren, um auf jede Änderung des Windes einzugehen, sollten Sie sich damit zufrieden geben, gemütlich dahinzusegeln und die Dinge nehmen, wie sie kommen. Trotzdem sollten Sie ständig bewußt – oder zumindest unbewußt – darauf achten, aus welcher Richtung und in welcher Stärke der Wind bläst; und ständig auf der Hut bleiben. Bei böigem Wetter werden häufiger Segeltrimm und Kursverbesserungen zunehmend wichtig. Es kann zum Beispiel passieren, daß nach momentanem Schralen in einer kurzen Windstille der scheinbare Wind achtern dreht, wenn das Boot an Fahrt verliert. Wenn Sie nun die Schoten fieren oder nicht anluven, finden Sie sich eventuell mit backgestellten Segeln wieder und das genau in dem Augenblick, wenn die nächste Bö das Boot trifft querab. Nimmt umgekehrt die Brise plötzlich zu, dreht der scheinbare Wind wiederum achtern und das Großsegel wäre zu dicht geholt, bis es endlich beschleunigt.

Auswirkung von Böen

Unter böigen Bedingungen sind nicht nur die Veränderungen des scheinbaren Windes vergleichsweise geringer, sondern das Boot legt sich in einem plötzlichen Windstoß weiter über. Die Windkraft wird durch die Krängung des Bootes absorbiert und die Segelfläche effektiv verringert, während das Boot Fahrt aufnimmt und wieder auf die Beine kommt. Für ein Hochgeschwindigkeits-Mehrrumpfboot mit abgelassenen Schwertern und der aufgrund der großen Breite nur sehr geringen Krängung, das seine volle Segelfläche noch immer dem Wind darbietet, gibt es nur eine Richtung und zwar nach vorn, so schnell, wie es das Trägheitsmoment erlaubt. Sollten die Segel ernstlich zu hart geschotet sein, bewirkt dies unnötig große Krängungskräfte anstatt maximaler Geschwindigkeit. Dies hat nicht nur eine träge Beschleunigung zur Folge, sondern ein zu spätes Reffen eines übertakelten Bootes kann das Boot an die Stabilitätsgrenze bringen. Dies ist zwar notwendig, wenn man ein Rennbot mit fliegendem Rumpf segeln will; dessen Crew hält die messerscharfe Balance durch geschicktes Fahren der Schoten und Traveller (mehr darüber später), aber unter allen anderen Segelbedingungen sollte dies unter allen Umständen vermieden werden.

Die gute Nachricht lautet, daß ein hart gedrücktes Boot, sofern es sich um ein leichtes Mehrrumpfboot handelt, meist auch ein wenig zu dicht geholtes Segel verzeiht und schnell genug wieder Geschwindigkeit aufnimmt, um das Gleichgewicht wiederherzustellen. Das Fahrtenboot mit flachem Kiel wird einfach seitwärts gleiten. Früher war dies eine der Hauptursachen für Kenterungen der schmalen Schwertboottypen. Die zweite ist das Fahren von zuviel Segeln. Auf einem Kielboot spielt das nicht so eine gro-

ße Rolle; es wird langsamer, und Sie machen eine etwas feuchte, ungemütliche Zeit durch. Nicht so auf einem Mehrrumpfboot. Schon um Ihres Seelenfriedens willen, sollten Sie, sofern Sie nicht gerade ein Rennen fahren – und selbst dann, falls Sie nicht absolut darauf versessen sind, bis an die Grenzen heranzusegeln – bei böigem Wetter stets früh reffen, bei einem Kat das Leeschwert, wenn vorhanden, aufholen, die Segel ständig trimmen und falls nötig flachhalten, oder das Boot mit Gefühl anluven, um der Sturmbö die Kraft zu nehmen. Mit anderen Worten, »lehnen Sie sich zurück und genießen Sie die Fahrt«.

Im Unterschied zu der allgemein verbreiteten Ansicht ereigneten sich die meisten Kenterungen von Mehrrumpfbooten durch nicht rechtzeitige Verkleinerung der Segelfläche und nicht, weil sie von Sturmböen umgeworfen oder von hohen Seen überrollt wurden; eine ganze Reihe solcher Unfälle geschah bei verhältnismäßig mäßigem Wind und glattem Wasser, wenn die Crew nicht auf dem Posten war und von einem plötzlichen tückischen Windstoß überrascht wurde.

Schoten lose geben

Unter böigen Wetterbedingungen ist es sinnvoll, Schoten und Travellerführungsleinen immer »aus der Hand zu fahren«, so daß sie augenblicklich reguliert werden können. Ein großes Vorsegel sollte bereits aufgerollt oder gegen ein kleineres ausgetauscht worden sein. Ist es noch gesetzt, sollte diese Schot bei einer Bö zuerst lose gegeben werden, um etwas Druck vom Leebug zu nehmen und gleichzeitig den Luftstrom am Groß zu verändern, so daß Fahrt herausgenommen wird. Darauf folgt die Großschot oder noch besser der Traveller (mehr darüber später).

Versichern Sie sich, daß die Schoten frei laufen können und nicht vertörnt oder als schlampiger Haufen herumliegen, damit sie sich nicht verwickeln oder irgendwo verfangen können. Bei Benutzung einer Winsch nehmen Sie nur die minimalste Übersetzung. Legen Sie nur zwei bis drei Schläge um die Trommel, sonst kann es passieren, daß das Tauende in der Klampe klemmt und nur mit einem heftigen Ruck zu lösen ist. Bei einer Großschot mit vier- oder sechsteiliger Talje passiert dies weniger leicht. Hochleistungsriggs benötigen zur Verringerung der Belastungen am Tauende eine achtteilige Talje, normalerweise mit einem Knarrblock. In diesem Fall müssen die Blöcke so groß und reibungslos wie möglich sein, damit die Schot bei Leichtwetter relativ frei ausrollen kann, trotz der zahlreichen Richtungsänderungen, denen sie folgen muß. Diese kraftvollen Taljen sind entsprechend langsamer in der Handhabung und bedingen eine Menge Extraschot, die im Cockpit liegt. Insofern zahlt sich das einfachste System aus, das Sie ohne enormen Aufwand bedienen können. Die Alternative ist eine Doppelender-Großschottalje mit einem Tauende zum schnellen Anholen und einem anderen Ende, das durch zusätzliche Scheiben läuft und zur langsamen Feineinstellung dient – ein sehr effektives System, wenngleich ebenfalls mit einer Menge Tau verbunden. Was die Großsegelfläche angeht, so muß die Schot wie auf den großen Racern eingewinscht werden.

Selbstholende Schotwinschen, diese wundervollen praktischen Arbeitshilfen, sollten bei Schwerwetter niemals in Automatikstellung benutzt werden. Dies gilt ganz besonders für kleine Boote. Es dauert entscheidend länger, die Sperrvorrichtung klar von den in Laufrichtung loszumachen, als die Schot aus einer Klemme zu ziehen. Keine unnötige Verzögerung, denn ein Rumpf kann steigen, bevor der exzessive Druck aus dem Segel genommen werden kann. Auf einem größeren, schwereren Boot bleibt mehr Zeit zum Handeln. Die Klemmen selbst müssen sich schnell lösen lassen. Es sollten also entweder Curry- oder Schotklemmen sein und niemals herkömmliche Klampen, die in der Handhabung zu langsam sind, und nur für Fallen oder Festmacheleinen benutzt werden sollten. In der Vergangenheit wurden mit wechselndem Erfolg automatische Schotlöser eingesetzt, aber leider erwiesen sie sich als nicht immer zuverlässig. Ein Typ arbeitet nach dem Pendelprinzip und wird so eingestellt, daß er die Schot bei einem vorher festgelegten Krängungswinkel schießen läßt – aber dieses Prinzip kann überlistet werden, wenn das Boot im Seegang springt. Der andere Typ reagiert auf die Windstärke und gibt die Schot bei einem vorher eingestellten Zug lose, aber dieser muß mittels Herumprobieren exakt eingestellt werden, damit das Gerät nicht bereits vorzeitig aufgrund plötzlicher, stellenweise auftretender ruckartiger Belastungen reagiert, was sehr ärgerlich sein kann, oder aber zu spät, was katastrophale Folgen haben kann. Wie die unansehnlichen Auftriebskörper am Masttopp, die manchem Kat nur unerwünschtes Gewicht und Luftwiderstand gebracht haben anstatt wirksamen Schutz vor Kenterungen – man fand heraus, daß sie beim Aufschlagen des Mastes auf das Wasser eher brechen, als das Boot am Umdrehen zu hindern -, werden heute kaum noch selbstauslösende Schoten benutzt. Letzter Ausweg und schnellstes und sicherstes Mittel zum Lösen einer Schot bleibt ein scharfes Messer, das man stets im Cockpit mitführen sollte. Dieses Messer sollte an einer Stelle verstaut sein, wo es Steuermann oder Vorschoter jederzeit zugänglich ist.

Es liegt nicht in meiner Absicht, hier ein Horrorszenario haarsträubender Situationen und Kenterungsrisiken darzustellen. Derartige Vorkommnisse sind in der Praxis äußerst unwahrscheinlich. Die Mehrzahl der Segler segelt mit ihren Kats und Tris Jahr für Jahr, ohne jemals an die Grenzen der Stabilität zu stoßen. Aber man muß sich darüber im klaren sein, daß die Möglichkeit einer Gefahrensituation immer gegeben ist, und man sollte mit der gebotenen Sorgfalt und gesundem Menschenverstand versuchen, diesen aus dem Weg zu gehen.

Hart am Wind segeln

Die Fähigkeit, so hoch wie möglich am Wind zu laufen, ohne an Schnelligkeit zu verlieren, ist wohl der wichtigste, entscheidende Punkt zur Beurteilung der Schnelligkeit ei-

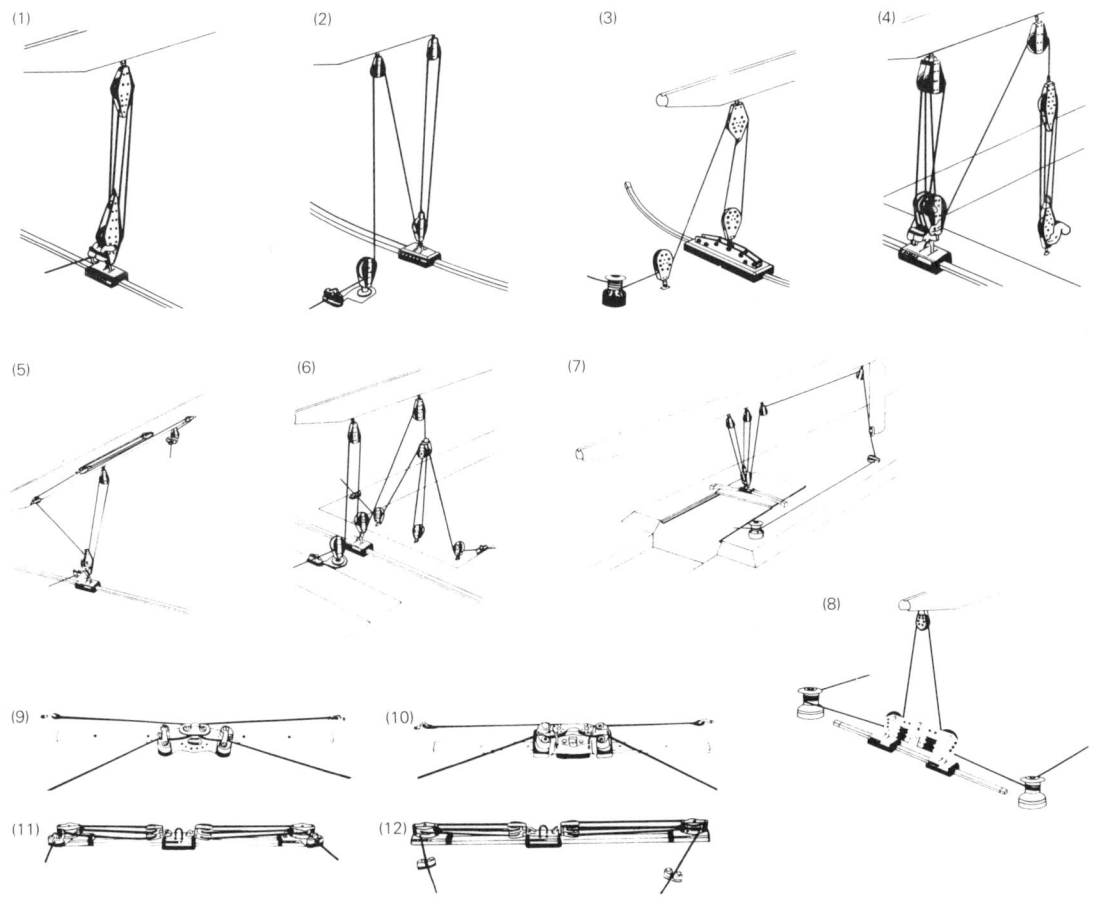

Abb. 9.1 Großschot- und Travellerführungssysteme. (1) Einfache vierteilige Talje für kleine Boote. (2) Herausnehmen der Großschot aus dem Traveller erlaubt Einstellung ohne Fahren des Schlittens nach Luv. (3) Grundsystem für großes Boot mit Einzelwinsch. (4) Doppel-Großschottalje, 6:1 für Schnelltrimm bei Leichtwetter, 24:1 für Feinabstimmung und mehr Geschwindigkeit bei Starkwind. (5) Baumtalje zur Feineinstellung verhindert Spannung des Achterlieks bei Fahren des Schlittens von der Mittschiffslinie und hält das Cockpit frei. (6) Doppelender-Feinabstimmungstalje bringt die Schot auf die Außenseiten des Cockpits. (7) Gängiges System auf Fahrtenbooten führt die Schot rund um den Niedergang. (8) Einfaches Doppelender-System erlaubt dem Trimmer das Sitzen in Luv. (9) Grundausführung eines Travellers (montiert auf einem Schlitten). (10) Luvschottraveller mit 3:1 Talje und Gleitmechanismus zum Bewegen des Schlittens nach Luv, ohne Lose geben der Leeführungsleine. (11) 3:1 Führungsleinentalje mit Klemmen an den Gleitschienenenden. (12) 4:1 Talje mit Klemmen, montiert an jeder beliebigen Stelle. (Diagramme: Harken)

nes jeden Bootes, und bei einem Mehrrumpfboot am schwierigsten nachzuweisen. Die Bandbreite seiner Leistungskurve macht Geschwindigkeitsunterschiede der einzelnen Boote sehr abhängig vom richtigen Trimm. Auf einem Multi macht sich ein optimaler Trimm weitaus stärker bemerkbar als auf einem Einrumpfboot.

Betrachten wir zuerst einmal die gesetzten Segel in Beziehung zum Vorschiff. Zu dichtgeholte Schoten von Fock oder Genua sind ein weitverbreiteter Fehler beim Aufkreuzen, obgleich man so eventuell härter am Wind segeln kann. Dabei entsteht die Tendenz, die zwischen den Segeln entstehende Düsenwirkung zu drosseln und das Groß backzuhalten. Ein Vorteil eines voll durchgelatteten Großsegels ist das unter diesen Bedingungen bessere Beibehalten des Profils, verglichen mit einem weichen Segel. In einer frischen Brise stört ein gewisses Backhalten nicht weiter, vorausgesetzt, die anderen Segel bringen volle Leistung und – noch wichtiger – die dichtgeholte Schot des Vorsegels trägt zur Verringerung des übermäßigen Luvdrucks bei, was sich vorteilhaft auf Ruderdruck und Bootsgeschwindigkeit auswirkt. Umgekehrt verstärkt ein zu dichtgeholtes Groß den Luvdruck. Übertreibt man aber dabei, ist das gesamte Rigg zu fest gesetzt und verliert Kraft. Ist die Öffnung zwischen den Segeln zu groß, läßt der positive Einfluß der Düsenwirkung auf das Groß nach (siehe S. 101–102). Mit zunehmendem Wind verliert die Einstellung der Öffnung an Bedeutung, aber bei leichtem bis mäßigem Wind ist die dadurch entstehende Düsenwirkung entscheidend für die Bootsgeschwindigkeit. Ein weiterer Fehler besteht darin, zu hoch am Wind zu segeln, weil man möglichst direkten Kurs steuern möchte. Besonders bei Leichtwind oder starkem Seegang erweist sich dies als Nachteil für Geschwindigkeit und Ausmaß der Abdrift. Dies betrifft insbesondere Fahrtenkats mit flachem Kiel, die voller gesegelt werden müssen als Schwertboote, sollen sie ihre Geschwindigkeit beibehalten und übermäßige Abdrift verhindert werden. Laufen Sie zuerst etwas voller, dann füllen sich die Segel optimal. Fallen Sie dann ein paar Grad ab, und das Boot wird wieder lebhaft.

Haben Sie Tempo aufgenommen, können Sie versuchen, die Schoten wieder dichtzuholen, nur wenig und nach und nach, und versuchen, ein wenig mehr Höhe zu laufen, ohne an Bootsgeschwindigkeit zu verlieren. In dem Moment, in dem sich erste Anzeichen eines Abfallens zeigen, fieren Sie die Großschot. Sie werden feststellen, daß Sie sich mit ordentlichem Schwung auf dem Wasser bewegen und außerdem bereit sind für die nächste Änderung der Windrichtung. Ändert sich die Richtung nur leicht, besteht kein Grund, die Schoten auch nur anzurühren; eine kleine Ruderkorrektur genügt vollkommen. Eine andere Methode wird oft eingesetzt, wenn man mit einem leicht zu handhabbaren Rennboot am Wind segelt. Indem man leicht von hartem Amwindkurs abfällt, verbessert sich das Verhältnis Auftrieb/Widerstand, und die Rumpfgeschwindigkeit erhöht sich. Das Ausmaß, in dem diese Beschleunigung den scheinbaren Wind nach vorn dreht, wird ausgeglichen durch den Kurswechsel, so daß der scheinbare Windwinkel konstant bleibt oder sogar achtern wandert. Der Steuermann reagiert mit weiterem Abfallen, und mit steigender Bootsgeschwindigkeit folgt er weiterhin dem Windrichtungsanzeiger, bis er im Verhältnis zur Richtung des wahren Windes tatsächlich Raumschotskurs segelt, obwohl er in Wahrheit noch immer mit angezogenen Schoten kreuzt.

Dann kommt ein Punkt, an dem er nach seinem Ermessen zu tief unter der Kompaßlinie herumirrt oder der VMG-Anzeiger zu fallen beginnt (S. 180). Er korrigiert dies durch erneutes Beschleunigen auf die maximale Zielgeschwindigkeit, oder bis er mit dem Kurs im Verhältnis zur Marke zufrieden ist – eine subjektive Einschätzung, die Können und Erfahrung verlangt –, verbunden mit einem gelegentlichen Drehen auf die ursprüngliche Richtung, um die Richtung des wahren Windes zu überprüfen (sofern diese, wie die Zielgeschwindigkeit, nicht direkt vom Instrumentenbrett abgelesen werden kann). Trotz einer etwas schlangenlinienähnlichen Route und trotz der Abhängigkeit von Faktoren wie Windrichtungswechsel, Tidenstrom und Seegang kann die daraus resultierende Zeit zur Marke bedeutend geringer sein als bei Beibehaltung des anfänglichen Kurses. Doch dieses Manöver erfordert ein sehr schnelles Boot, um wirkliche Vorteile zu bringen. (Nebenbei bemerkt, ist es interessant, daß die schnellsten Segelfahrzeuge, die Eisyachten, ihre Geschwindigkeit stets hart am Wind erzielen, ungeachtet ihres Steuerkurses oder der Richtung des wahren Windes – selbst wenn dieser von achtern kommt.)

Befinden Sie sich in einer Flaute und schleichen förmlich über das Wasser, muß das gesamte Rigg mit äußerstem Fingerspitzengefühl getrimmt und die Feineinstellung mit größter Sorgfalt durchgeführt werden.

Geben Sie den Segeln volle Bauchigkeit und lassen Sie das Boot wenn möglich auf der Leeseite überliegen. Vermeiden Sie ruckartige Bootsbewegungen, die zu Erschütterungen führen und die Segel killen lassen können, richten Sie Ihre ganze Aufmerksamkeit auf die Windbändsel (Erklärung folgt) und beschränken Sie Ruderkorrekturen auf ein Minimum. Die Crew sollte sich ausreichend weit vorne befinden, damit die Heck-Spiegel mit Sicherheit entlastet werden. Das vermindert den Reibungswiderstand. Auf einigen Trimaranen zahlt es sich aus, wenn ein oder zwei Crewmitglieder mit ihrem Gewicht auf den Leeschwimmer drücken, denn die Erzeugung von ein wenig Luvdruck ohne zusätzlichen Ruderdruck kann das Boot ein paar Grad höher bringen. Bei sehr leichtem Wind können Sie den scheinbaren Wind steigern, indem Sie den Motor mit niedriger Drehzahl laufenlassen, was nicht nur die Segel füllt, sondern Sie gleichzeitig in die Lage versetzt, zugunsten der Zielgeschwindigkeit höher am Wind zu fahren.

Bei Totenflaute können Sie auf manchen Kursen auch die Tide ausnutzen, wenn die Stromrichtung gegen und quer zum Wind verläuft, und zwar nicht nur zur Beschleunigung des Bootes, sondern auch zur Steigerung der Geschwindigkeit des scheinbaren Windes und folglich des Segelvortriebs. Das kostet Sie eventuell ein leichtes Absegeln. Vielleicht ist die dadurch entstehende Beschleunigung kaum merkbar, aber wenn Sie in einer Stunde in einer frustierenden Flaute eine Meile zusätzlich gewinnen, ist es das wert.

Wenden

Jedes gut konstruierte Boot kann ohne Vorsegel am Wind segeln. Die meisten Kielboote bewältigen einen Kreuzkurs ganz gut ohne ein derartiges Segel. Aber manche Mehrrumpfboote sind ohne Vorsegel schwer zu wenden, besonders in unruhiger See; sie sind so leicht, und man kann sich nicht darauf verlassen, daß ihre Masse das Boot durch den Wind schiebt. Der sicherste Weg zu einer Wende nur mit einem Groß besteht im Fieren der Schot und anschließendem Abfallen zur Beschleunigung, dann abstoppen und anholen; halten Sie das Ruder in Lee und fieren Sie die Schot, wenn die Bugs durch den Wind gehen, damit das Boot nicht auf den alten Bug zurückfällt, bis das Vorschiff auf den anderen Bug geht und den Kurs ändert. Warten Sie ab, bis das Boot wieder Fahrt aufnimmt, bevor Sie weiter in Richtung auf den neuen Kurs segeln.

Eine Fock oder Genua bewirken eine Steigerung der Bootsgeschwindigkeit und damit des Moments vor der Wende. Mit etwas backgehaltenem Vorsegel ist die Drehung darüber hinaus wirksam zu unterstützen. Anschließend sollte das Segel herübergenommen und auf der anderen Seite angeholt werden, damit die Bugs weiter drehen, bevor das Groß erneut beschleunigen kann. Angenommen, es herrscht einigermaßen ruhiges Wasser, dann sollte eine Wende mit zwei Segeln stets hart am Wind ansetzen; aber mit einem leichten Micro erscheint es bei einer heranrollenden See ratsam, diese vorbeizulassen und weiterzusegeln, bevor man sich am Wendemanöver versucht. Merken Sie, daß eine Bö herankommt, luven Sie entweder in dem Moment zur Wende an, in dem diese auf das Boot trifft, und beenden die Wende, bevor der plötzliche Windstoß vorüber ist; oder aber Sie warten ab, weil sich der Wind während der Bö drehen könnte. Das hängt davon ab, auf welchem Bug Sie liegen.

Sollte das Schlimmste passieren, und Sie merken, daß das Boot nicht wendefähig ist und mit dem Vorschiff im Wind liegt, bleibt Ihnen nichts anderes übrig, als die Schoten aufzufieren, das Ruder herumzudrehen und abzuwarten, bis Sie genügend Fahrt nach achtern aufgenommen haben, um zu wenden und neuen Kurs zu nehmen. In einem überfüllten Anlegeplatz oder auf einem Fluß sollten Sie bei diesem Manöver keine allzu große Eile an den Tag legen. Ein Multi kann mit großer Präzision achtern gesteuert werden, so lange das Boot exakt ausgerichtet ist – mit den richtigen backgehaltenen Segeln ist Rückwärtsfahren in der Tat sogar sehr hilfreich beim Manövrieren auf engstem Raum. Mit dem Baum auf derselben

Seite wie die Pinne fahren Sie weiter rückwärts auf den neuen Amwindkurs, bevor Sie wieder »Gas geben«. Aber verschaffen Sie sich dabei genügend Raum für eine mögliche Kursänderung, bis die Kiele greifen.

Beidrehen

Eine Variation des Wendemanövers besteht darin, das Ruder hart Lee zu legen, ohne die Schoten auch nur anzurühren. Das Boot wird einfach gewendet und bleibt mit backgehaltener Fock beigedreht liegen, fast bewegungslos in einem Winkel von 40–40° zum Wind, also mit einem Knoten oder zwei in weitem Bogen Überstaggehen, Pinne leewärts festgezurrt und Schwert(er) noch gesenkt. Dies ist eine unbezahlbare Taktik, wenn Sie das Ruder sich selbst überlassen wollen, während Sie den Wasserkessel aufsetzen oder auf ein Rendezvous warten, ohne befürchten zu müssen, zu weit leewärts abgetrieben zu werden. Die meisten Mehrrumpfboote sträuben sich im Gegensatz zu einem Schwerverdränger-Kielboot dagegen, bewegungslos im Wasser zu liegen, lassen sich aber im allgemeinen zu einem ähnlichen Verhalten überreden, wenn man das Groß lose gibt und damit seiner Tendenz, das Boot in den Wind zu treiben, entgegenwirkt, und die Fock freimacht, bis sie als effektive Bremse wirkt, ohne die Bugs zu weit abzusetzen. Manche Boote liegen problemlos mit aufgeholten Schwertern und gelösten Schoten bei, obwohl die Segel bei windigem Wetter schlagen. Wahrscheinlich müssen Sie eine geraume Weile mit der Pinne etwas »spielen«, bis Sie die beste Position gefunden haben.

Ankern

Da es sich bei Mehrrumpfbooten hauptsächlich um leichtgewichtige Wasserfahrzeuge handelt, ist es wichtig, sie nicht mit überlangen Ankertrossen zu beschweren. Das betrifft insbesondere die Micros. Vier oder fünf Meter Kettenvorlauf werden am Anker benötigt, um sicherzugehen, daß der Zug

horizontal zum Meeresgrund verläuft und zum Widerstand gegen Abrieb, aber der Rest der Ankerleine sollte aus Nylon beste-

Abb. 9.2 Das Liegen an zwei Ankern mit Hahnepot. (1) Auswerfen des ersten Ankers, zurückfallen und sichern der zweiten Ankertrosse. (2) Setzen des ersten und auswerfen des zweiten Ankers. (3) Vorgehen und vorsichtiges Setzen des zweiten Ankers, um nicht an den Prop zu geraten. (4) Steifmachen der Hahnepot. (5) Ausschau halten nach anderen Booten, die wahrscheinlich nur vor einem Anker liegen. Eventuell können bei Kenterung des Tidenstroms Kielboote gegen Sie drehen, und ein quer zur Tide blasender Wind kann die Sache noch schlimmer machen, indem er Ihr Boot in Richtung der benachbarten Boote bläst, während diese stromgerecht liegen bleiben.

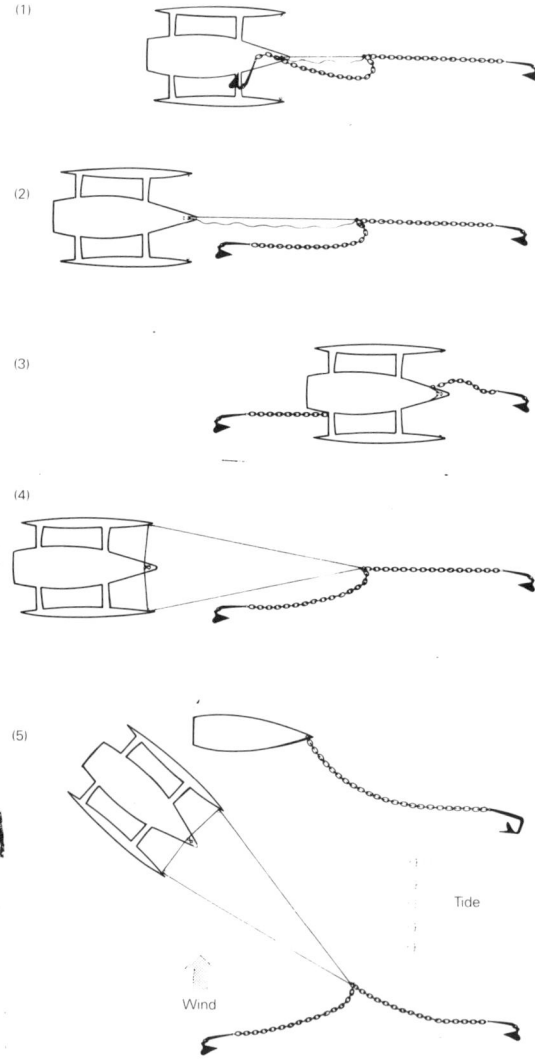

hen. Die Länge der gesteckten Leine sollte mindestens fünfmal der entsprechenden Wassertiefe während Ihres Aufenthalts entsprechen – diese Länge gilt es bei steifer Brise mindestens zu verdoppeln. Leider ist die Kombination einer langen, leichten Trosse mit einem flachgehenden, leichten Boot nicht ganz glücklich. Es benimmt sich an beliebten Ankerplätzen ausgesprochen schlecht. Es bricht bei jeder kleinsten zufälligen Änderung der Windrichtung aus oder segelt über den Anker, bis dieser weit querab liegt, während die schwereren Einrumpfboote mit größerem Tiefgang in der Nachbarschaft fast unbeweglich an ihren Ankerketten liegen und brav gegen die Strömung kämpfen, bis sie träge im Wasser schwoien. Wenn Sie Ihr Schwert abgelassen haben, trägt dies zur Beruhigung des Bootes bei, aber trotzdem ist es nicht unbedingt empfehlenswert, weil die berechtigte Furcht besteht, das Schwert könnte mit Ihrer Trosse oder der eines anderen Bootes in Konflikt geraten.

Es gibt jedoch verschiedene Möglichkeiten zur Verbesserung der Situation. Die naheliegende Lösung besteht natürlich darin, sich einfach einen anderen Ankerplatz zu suchen, weit weg vom Rest der Flotte (was Ihnen aufgrund des geringen Tiefgangs häufig ohne Probleme möglich ist), oder das Boot auf den Strand zu bringen, damit Sie eine ruhige, friedliche Nacht verbringen können. Falls es jedoch keine Alternative zu einem bestimmten Ankerplatz gibt, versuchen Sie es mit einem schweren Gleitgewicht und lassen Sie es, befestigt an einer Einholeleine, an einem Schäkel an der Trosse hinunter. Das hat den Effekt, die Bewegung der Trosse zu dämpfen und das Dümpeln zu verringern. Außerdem werden Sie feststellen, daß eine schwere, robuste, über das Heck gehängte Pütz bei auflaufender Flut dazu beiträgt, daß das Boot nicht zu weit aus der Reihe tanzt.

Beim Ankern – und dasselbe gilt für das Festmachen – profitieren Mehrrumpfboote immer vom Einsatz einer Hahnepot (siehe Abb. 8.9) an Rumpf- oder Schwimmerbugs. Dieses Verfahren ist besser, als auf eine einzige, mittige Trosse zu vertrauen. Die Leinen der Hahnepot sollten von Festmacherklampen an jedem Bug eines Kats oder von Blöcken auf den Schwimmerrümpfen eines Tris ausgehen. Das ist besser als das Belegen durch Führungsklampen, die Schamfilen verursachen können. In einiger Entfernung vor den Bugs sollte die Hahnepot an die Ankertrosse gesteckt werden, am besten exakt am Anfang der Ankertrosse oder am Dalben eines Liegeplatzes. Der ausgleichende Effekt der Hahnepot hindert das Boot bis zu einem gewissen Grad daran, nach links und rechts auszubrechen. Außerdem ist dieses System pannensicher, da die Trosse sozusagen verdoppelt wird. Auf kleinen Booten kann das Herunterdrücken der Bugs mit etwas zusätzlichem Gewicht ebenfalls eine stabilisierende Wirkung haben.

Noch besser ist es, wenn die Hahnepot in Verbindung mit zwei Ankern benutzt wird, um bei veränderlichem Wind oder Tide Sicherheit in alle Richtungen zu verleihen (siehe Abb 9.5). Die Positionierung hängt von den bestehenden Bedingungen ab; normalerweise werden sie am besten oben und unten im Tidenstrom eines Flusses belegt oder im Falle eines offenen Ankerplatzes entlang der vorherrschenden oder vorhergesagten Windbahn. Es ist die übliche Prozedur. Der erste Anker wird ausgeworfen und an die zweite Ankertrosse geschäkelt; anschließend bleibt der erste Anker im Grund, der zweite Anker wird ausgeworfen, nach vorne gesetzt. Schließlich wird die Hahnepot an den Doppeltrossen der Hahnepot bis zum Steifkommen gefiert.

Gebrauch von Windfäden

Nachdem Sie sich wieder auf den Weg gemacht und erneut Fahrt aufgenommen haben, bietet ein an der Mastspitze oder knapp über Decksniveau vor dem Fockstag montierter Windrichtungsanzeiger rasche Übersicht über den Windeinfallswinkel, durch den Sie höchstwahrscheinlich gewendet haben, und auf Ihren optimalen Amwindkurs. Aber da dieser je nach Windgeschwindigkeit variiert, kann ein Verklicker nur als grobe Leitlinie dienen. Die bei weitem wertvollste und sensibelste Hilfe beim Segeltrimm ist ein Satz Windbändsel. Diese können aus einem Kunststoff sein (nicht aus Wolle, denn dieses Material wird zu schwer, wenn es feucht ist) oder aus schmalen Spinnakernylonstreifen – noch besser, aus kleinen Stücken Magnetband von einer ausrangierten Kassette. Die Bändsel sollten mit selbstklebendem Spinnaker-Reparaturband oder wasserfestem Pflaster befestigt werden, und zwar je drei oder vier auf jeder Seite einer Fock oder Genua, ungefähr 30 cm hinter dem Vorliek – beziehungsweise 50 cm bei einer Rollfock -, so daß sie nicht von der Strömung am Vorliek beeinflußt werden. Die Streifen sollten der Länge nach ausgerichtet sein.

Hilfreich ist ein kleines Fenster im Vorsegel, von dem aus man die beiden unteren Fadenpaare gleichzeitig beobachten kann. Das ist ansonsten schwierig, sofern nicht die Sonne direkt hinter dem Segel steht und das Leepaar sich als Silhouette abhebt. Großsegelvorliekswindfäden sind weniger von Bedeutung, da Sie am Segel selbst sehen, was es mit dem Luftstrom an seinem Vorderbereich auf sich hat, aber das Verhalten weiter achtern kann durch einzelne Bändsel zwischen den Latten am Achterliek klar angezeigt werden.

Das Grundprinzip, sobald das Boot auf Amwindkurs gebracht wird, beginnt mit der Fock. Man versucht, sie anzuholen, so daß alle Windbändsel horizontal wehen, und alle zu steigen und zu tanzen beginnen, sobald das Boot über die optimale Höhe hinaus anluvt. Heben sich die Luv-Windbändsel zuerst, laufen Sie entweder zuviel Höhe oder das Segel steht nicht dicht genug und Sie haben unterschotet. Prüfen Sie, ob Sie nicht zu hart am Wind sind und holen Sie die Schot dicht, bis die Windfäden wehen. Reißen zuerst die Lee-Windbändsel ab, segeln Sie nicht hart genug am Wind oder die Segel stehen zu dicht. Prüfen Sie, ob Sie nicht zu »hoch« oder zu »tief am Wind segeln. Fieren Sie die Schot, bis sich die Windfäden optimal verhalten. Dann luven Sie langsam wieder an. Alle Windfäden sollten anliegen, aber es besteht immer die Möglichkeit, daß dem nicht so ist.

Kontrolle des Segelprofils

Verhält sich der obere Luvwindfaden bei gesetzter Fock nicht optimal, ist zuviel Verwindung im Segel (siehe S. 103–104). Das Ziel besteht darin, das Vorliek immer in gerader Linie mit dem scheinbaren Wind zu stellen, und zwar das gesamte Vorliek, vom Hals bis zum Kopf. Zur Reduzierung der Verwindung fahren Sie den Schotholepunkt nach vorn. Zeigt der obere Leewindfaden Turbulenzen an, während die unteren schön sauber wehen – oder der untere Luv-Windfaden flattert und die oberen verhalten sich richtig -, dann braucht das Segel eine stärkere Verwindung; verlagern Sie den Schotholepunkt achtern. Und umgekehrt.

Sie können den Grad der Verwindung auch durch Spannen des Falls einstellen. Der Segelmacher verleiht einem Segel Bauchigkeit durch sich zum Ende hin verjüngende Einzelbahnen, anstatt parallel verlaufende Tuchstreifen zu nehmen. Auf diese Weise baut er beim Zusammennähen der Bahnen sozusagen schon eine leicht sackartige Wölbung ein. Das Vorliek schneidet er in einer konvexen Kurve zu. Eine Erhöhung der Vorliekspannung durch Dichtholen des Falls verringert die Verwindung und macht gleichzeitig das Segel flach und die Bauchigkeit steht vorlich. Das ist eine clevere Taktik zur Reduzierung der Segelkraft bei Anpassung an die unterschiedlichen Windstärken. Ist das Vorliek zu hart gespannt, verlieren Sie allerdings an Leistung hart am Wind und ein Teil der Segelkraft liegt brach. Umgekehrt steigert ein Lose geben des Falls die Verwindung, die Wölbung verlagert sich achtern und vertieft sich, die Segelkraft nimmt zu. Bei Leichtwetter benötigen Sie maximale Bauchigkeit, aber wieder gilt, daß Sie nicht zu hart am Wind fahren können; behalten Sie den oberen Luv-Windfaden im Auge, und achten Sie auf erste Anzeichen eines Steigens. Sie brauchen ebenfalls ein bauchiges Segel, wenn Sie durch grobe See brettern müssen. Meist entsteht dabei eine Konfliktsituation mit dem Muß, bei Starkwind die Segelkraft zu reduzieren. Bei böigem, starkwindigem Wetter ist deshalb stets eine Kompromißlösung angezeigt.

Ein einfacher Weg, um festzustellen, welche Auswirkung jede Führung auf das Segel hat, besteht darin, nacheinander alle zu sehr dichtzuholen und die anderen fixiert zu lassen. Das Fall sollte dabei im allgemeinen nur so fest gespannt werden, daß keine Falten entstehen, eben in der Einstellung für maximale Bauchigkeit und Leichtwinde. Dann spannen Sie das Fall übertrieben fest, bis ein scharfer Knick entsteht, der obere Teil des Segels erscheint jetzt fast flach und das Achterliek wellt sich innenbords. Anschließend beobachten Sie bei fortlaufendem Lose geben des Falls, wie die Bauchigkeit am Kopf des Segels wieder zunimmt. Das Achterliek öffnet sich und beginnt möglicherweise zu flattern, sobald sich die Position der maximale Tiefe achtern vom Mittelpunkt verschiebt und versucht, das Boot auf die Seite zu ziehen, anstatt es voranzubringen. Vierzig bis fünfzig Prozent des Abstands vom Vorliek zum Achterliek ist im allgemeinen in etwa richtig.

Als nächstes versuchen Sie, den Schotholepunkt vor und zurück zu verlagern. Haben Sie ihn zu weit nach vorn geschoben, wird das Unterliek schlaff und das Achterliek zu hart angezogen. Es wölbt sich und zerstört die Strömung am Großsegel; zu weit achtern wiederum verursacht es zuviel Twist und ein weit geöffnetes Achterliek. Das bedeutet Verlust an Segelkraft, und die Öffnung zwischen Fock und Groß leistet keine Düsenwirkung mehr. Im allgemeinen erzielt man die besten Ergebnisse mit in etwa gleich starker Unterliek- und Achterliekspannung. Dies ist der Fall, wenn die über das Segel hinaus verlängerte Linie der Schot auf das Vorliek trifft, und zwar auf oder minimal unterhalb dessen Mittelpunkt.

Die Kontrolle des Großsegelprofils unterliegt ganz ähnlichen Prinzipien, aber die Methoden sind vielfältiger und unterscheiden sich im Detail. Wie bei der Fock kann das Fall zur Spannung des Vorlieks benutzt werden und um der tendenziellen Zunahme der Bauchigkeit und einem nach achtern Drücken bei zunehmender Windstärke zu begegnen. Ein Spannen des Falls stellt die Bauchigkeit wieder in der richtigen Tiefe und Position her, also ungefähr 45° achtern

bei einem Groß. Dieselbe Wirkung erreicht man einfacher durch Spannen des Cunningham-Hole. Diese Vorrichtung besteht aus einer Leine, die von einem Punkt in der Nähe des Mastfußes nach oben läuft, durch eine Kausch in kurzem Abstand über der Kausch des Segelhalses und hinunter zu einer Klampe; eine Talje bringt für dieses Manöver mehr Kraft auf.

Schnelle Rennkatamarane sind mit Fallentlastern an den Masten ausgestattet. Diese Fallentlaster in Form von Haken oder Schnäppern sind mit entsprechenden Beschlägen am Kopfbrett der Segel befestigt und klicken bei voll hochgezogenem Groß und Fock am Masttop ein. Um die Auswirkung der Spannung des Falls außer Kraft zu setzen. Die Spannung im Vorliek muß mit den jeweiligen Niederholern kontrolliert werden.

Großsegel haben häufig noch einen zusätzlichen Achterlieks-Strecker. Beide Spanner zusammen schaffen ein »Flachreff«. Die Bauchigkeit kann auch mittels Spannen des Segelfußlieks verändert werden. Dazu benutzt man die Schothornausholertalje am Baum unbedingt erforderlich bei Großsegeln mit losem Unterliek – und die Takelagenführungsleinen zur Einstellung der Mastbiegung (siehe S. 106). Letzteres ist zusammen mit der Fallspannung das effektivste Mittel zum Profilieren eines voll durchgelatteten Großsegels, das im Vergleich zu einem weichen Segel sehr viel weniger auf kleinere Änderungen in der Anpassung reagiert. So wirkt sich zum Beispiel die Spannung des Fußlieks nur auf die untere Bahn aus (ausgenommen Segel mit losem Unterliek), weil die Bauchigkeit in hohem Maße von der Steifheit der Latten selbst und dem Grad ihrer Spannung vor dem Heißen des Segels vorherbestimmt ist – je mehr Spannung, um so größer die Wölbung und umgekehrt.

Ein Drehmast besitzt zusätzlich zum Einstellen des glatten Einfalls des Luftstroms auf den Vorderbereich des Segels weitere Hilfsmittel zur Veränderung der Tiefe der Bauchigkeit. Seine Anpassung hängt ab vom Mastprofil, dem Segelschnitt und der Lattenspannung sowie von der Spannung der Diamantstagen und der Neigung der Salings. Beides dient zur Veränderung des Grades der Mastneigung und damit zur Einstellung des Segelprofils. Ein typischer Winkel beim Kreuzen bei Leichtwetter liegt bei ungefähr 30° zur Mitte Schiff. Der Mast besitzt dann eine ausgeprägte Neigung leewärts und gleichzeitig, hervorgerufen von der Spannung der Diamantstagen, eine leichte Neigung nach vorn, was eine tiefe Wölbung im Segel erzeugt. Bei Starkwind könnte man den Mast auf mindestens 60° drehen. Daraus resultiert eine ausgeprägte Vorwärtsneigung und die Bauchigkeit würde aus dem Segel genommen. Alternativ kann ab über Windstärke 6 der Mastwinkel entweder (im Unterschied zur alltäglichen Praxis) so verkleinert werden, daß die Strömung abreißt und das Segel Kraft verliert; oder der Winkel wird dermaßen vergrößert, bis die Bauchigkeit im oberen Drittel des Segels sich tatsächlich umkehrt, die Mitte flach ist und nur das untere Drittel antreibt. Unter normalen Bedingungen muß jedoch eine Balance zwischen der Tiefe des Großsegels mit dem Erzielen des optimalen Strömungswinkels am Segel, wie ihn die Windfäden anzeigen, erzielt werden. In der Praxis werden Sie selten feststellen, daß Sie bei Wind unter etwa 18 Knoten oder Stärke 5 zuviel Segeldruck haben. Wenn Sie trotzdem an Reffen denken, brauchen Sie bei stärkerem Wind eigentlich nur die Windfäden zu ignorieren.

Das Profilieren des Großsegelachterlieks beruht auf eindeutigeren Faktoren als beim Fockachterliek. Zur Einstellung der Verwindung reicht das einfache Anholen des Baumes mit der Großschot – oder dem Niederholer, sofern vorhanden. Der Winkel von Baum und ganzem Segel, bezogen auf die Mittschiffslinie, kann dann mittels Justieren der Großschottalje auf dem Traveller eingestellt werden. Ziel sollte sein, daß alle Windfäden gleichmäßig achtern wehen. Damit wird angezeigt, daß die gleichmäßige Laminarströmung auf beiden Seiten des Segels erhalten bleibt. Flattern die Windbändsel im oberen Bereich des Segels unregelmäßig oder verstecken sie sich dahinter, sind Turbulenzen auf der Leeseite vorhanden.

CHECKLISTE DER SEGELKRAFTKONTROLLE

Die folgende Zusammenfassung zeigt den Einsatz der verschiedenen Bedienungseinrichtungen, von denen einige (gekennzeichnet mit *) mit größter Wahrscheinlichkeit nie auf einem durchschnittlichen Fahrtenboot Verwendung finden – weil diese gar nicht damit ausgestattet werden -, die aber im Rennsport eine wichtige Rolle spielen.

Bei Leichtwetter oder grobem Wasser wird das Boot für maximale Kraft (auf Kosten von etwas Schnelligkeit und Leistung hart am Wind) aufgetakelt – entsprechend dem Einlegen des niedrigen Gangs bei einem Auto für zügige Beschleunigung oder an Steigungen:

- Schoten fieren, Traveller(s) rauf
- Verringern der Vorlieksspannung von Fock und Groß (Fall oder Cunningham)
- Lösen der Masttopprunner*
- Unter-Drehen des Mastes*
- Festziehen der Diamantstagen*
- Salingsneigung nach vorn*
- Verringern der Fußliekspannung (Lose geben von Groß-Ausholer, Fockholepunkt vorn)
- Latten ziemlich gespannt
  Bei Starkwind oder glattem Wasser, um Kraft aus dem Rigg zu nehmen
- vergleichbar mit dem höchsten Gang zur Erzielung maximaler Geschwindigkeit:
- Dichtholen der Schoten, Traveller(s) dichtsetzen
- Verstärkung von Vorliek- und Fußliekspannung
- Spannen von Masttopprunnern
- Über-Drehen des Mastes (siehe Text)
- Lockern der Diamantstagen
- Salingsneigung achtern
- Latten ziemlich lose

Schuld daran ist der der höheren Windgeschwindigkeit oben im Rigg nicht korrekt angepaßte Winkel. Das kann daran liegen, daß die Fock auf den unteren Bereich des Groß einen eher backhaltenden Effekt ausübt, besonders bei einem 7/8-Rigg, zusätzlich zur natürlichen Wirkung von scheinbarem Wind in bezug zur Höhe. Mit anderen Worten, das Segel hat nicht genügend Verwindung und das Achterliek muß durch Fieren der Schot geöffnet und der Traveller nach Luv gebracht werden, um den Trimm zu erhalten. Im allgemeinen ist dies nur bei Leichtwetter erforderlich.

Ist zuviel Verwindung vorhanden und das Achterliek hängt offen durch und das Boot versucht bei auffrischendem Wind zu krängen, korrigieren Sie dies einfach durch Fahren des Travellers leewärts und gleichzeitigem Dichtholen der Großschot. Bei auffrischendem Wind sollten Sie die Schot so hart dichtholen, wie es nur geht. Das trägt nicht nur zur Verringerung der Verwindung und des Luvdrucks bei, sondern verhilft zudem zu einem straffen, gestreckten Vorstag, was der Geschwindigkeit hart am Wind zugute kommt. Müssen Sie während der Böen Veränderungen vornehmen, fieren Sie die Schoten (zuerst die Genuaschot, wenn Sie eine große gesetzt haben) oder lassen Sie den Traveller noch weiter gleiten. In der nördlichen Hemisphäre verursachen Böen normalerweise eine rechtsdrehende Änderung der Windrichtung bei auffrischendem Wind und anschließend ein vorübergehendes Abflauen. Die Richtungsänderung des scheinbaren Windes ist höchstwahrscheinlich weitaus stärker auf Steuerbordbug als auf Backbordbug. (Antipoden lesen bitte Backbord für Steuerbord; dort findet in einer Bö ein *Rückdrehen* des Windes statt.) Da der scheinbare Wind während einer Bö tendenziell achtern dreht, ist auf den meisten Booten ein Fahren des Travellers der schnellere und effektivere Weg zur Reduzierung übermäßiger Segelkraft als ein Fieren der jeweiligen Schoten, was wahrscheinlich ein sakkartig durchhängendes Segel zur Folge hätte und dadurch nur die Krängungskraft verstärken würde. Dreht der Wind mit zunehmender Bootsgeschwindigkeit wieder vorlicher oder ist der Windstoß vorüber, ist es einfacher, den Traveller in seine Ausgangsposition zurückzufahren als überlange Schoten einzuhieven und den gesamten Trimm noch einmal zu überprüfen. Doch dazu braucht man unbedingt eine lange Travellerschiene. Ist Ihr Boot nicht mit einer solchen ausgerüstet, versuchen Sie, beides gleichzeitig zu tun – den Traveller zurückzufahren und die Großschot zu fieren, und zwar gerade so weit, um die Verwindung aus dem Achterliek zu nehmen und etwas killen zu lassen, ohne daß das Segel zu bauchig wird. Manche Skipper ziehen diesen Weg ohnehin vor, selbst wenn sie eine lange Travellerschiene zur Verfügung haben. Trotz der zusätzlichen Handvoll Leinen halten sie es für

das schnellstmögliche Manöver. Nebenbei bemerkt, wird keine dieser Methoden auf offenen Sportkatamaranen angewandt. Diese haben vergleichsweise kurze Schoten und reagieren labiler. Bevorzugt wird auf diesen Booten, den Traveller in einer Position so nahe mittschiffs zu belassen, wie es die durchschnittliche Windstärke erlaubt, und zur Regulierung von Kraft und Krängungswinkel ständig mit der Großschot auszugleichen.

Raumer Kurs

Aufgrund des Cockpitgrundrisses muß man sich auf einigen Fahrtenbooten auf eine kurze Großschotleitschiene beschränken. Hat sich der Windeinfallswinkel einmal so weit geöffnet, daß der Baum über das Ende der Schiene hinausragt, muß er mit einem Niederholer am Steigen gehindert werden, von der Übersetzung her nicht unbedingt der effizienteste Weg, obgleich zum Glück mit zunehmendem Wegdrehen vom Wind das Segelprofil weniger kritisch wird und die Mätzchen der Windfäden an Bedeutung verlieren. (Ist die Schiene lang genug, brauchen Sie keinen Niederholer; aber auf Booten mit nur einer fixierten Großschotverankerung muß dieser natürlich ständig eingesetzt werden.)

Wie für Einrumpfboote ist der raume Kurs auch für die Multis der schnellste. Der scheinbare Wind bläst leicht vorlich bis leicht achterlicher als dwars. Für den schnellen Multi bedeutet das, ausgenommen bei Leichtwetter, der wahre Wind kommt von irgendwo backstags und schralt aufgrund der Geschwindigkeit des Bootes, die wiederum spürbar schon durch kleinste Kursänderungen variiert. Erfordert der Kompaßkurs zu einem Ziel einen raum-achterlichen oder raumen Kurs, kann oft Zeit gespart werden, indem man den scheinbaren Wind zur Erhöhung der Bootsgeschwindigkeit von der Seite einfallen läßt und ein Schwert teilweise aufholt, bis Sie Ihrer Einschätzung nach genug Abdrift gemacht haben, um die Richtungsänderung zu kompensieren. Ähnlich ist es, wenn Sie im rechten Winkel einen

Tidenstrom queren und der Wind von der entgegengesetzten Seite kommt. Dann können Sie Ihre Geschwindigkeit halten, indem Sie ein Schwert aufholen und die Versetzung zur Kurshaltung ausnutzen, anstatt stur weiterzusegeln und das Boot zu verlangsamen.

Mit einem neuen Boot lohnt sich ein interessantes Experiment, und zwar das Segeln einer Beschleunigungskurve (Abb. 9.5). Am besten nimmt man dazu einen Tag mit leichter Brise, beginnt mit raum-achterlichem Wind und entsprechend getrimmten Segeln, und sofern es sich um einem Kat handelt, mit voll eingeholtem Leeschwert. Sicher stellen Sie fest, daß das Groß mit dem Baum nach außen, der fast die Wanten berührt, noch kräftig schiebt. Sofern Sie also nicht sehen, daß das Vorliek zusammenfällt, widerstehen Sie in diesem Stadium der Versuchung anzuholen. Auf raum-seitlichem Kurs ist ein zu starkes Anholen ein häufiger Fehler, das Segel hält back, verliert Kraft, und sowohl Luvdruck als auch Krängung verstärken sich. Ein Drehmast sollte aus dem rechten Winkel zur Optimierung der Luftströmung auf 80–90° gebracht werden. Haben Sie vor, den Kurs beizubehalten, dann werden Sie auch den Schothornausholer lockern.

Auch die Fock sollte lose gegeben werden, und sofern Ihr Boot nicht eine zweite Schotleitschiene für das Vorsegel weiter außenbords haben sollte, können Sie das Segelprofil mittels eines Barberhaulers beträchtlich verbessern. Dazu gehört eine zu einem Genua-Block an der Schot laufende oder am Schothorn eingehakte Leine, die durch einen Block über Rumpf oder Schwimmer zum Cockpit läuft. Mit einem Barberhauler kann man auch anstelle eines Niederholers den Baum bei raumem Wind und Vorwind am Steigen hindern, aber versichern Sie sich, ihn jederzeit auszuklinken zu können.

Wenn das Boot beschleunigt und der scheinbare Wind zunimmt und seitlich dreht, holen Sie an, um den Trimm beizubehalten; die Geschwindigkeit baut sich kontinuierlich auf und Sie holen an, bis Sie auf hartem Raumschotskurs mit vorlichem Wind flott dahinmarschieren mit oder doch

beinahe mit Höchstgeschwindigkeit. Die Zunahme des scheinbaren Windes während dieses Manövers ist derart gewaltig, daß Sie, wenn Sie zum Beispiel in einer mäßigen Brise mit 12 Knoten wahrem Wind (Stärke 4) beginnen, vermutlich auf hartem Raumschotskurs das Gefühl haben, reffen zu müssen. Mit etwas Erfahrung haben Sie das natürlich schon gemacht. Auf einem Mehrrumpfboot macht sich frühes Reffen immer bezahlt; es ist schließlich einfach genug, auszureffen, wenn man der Meinung ist, die vollen Segel nicht zu benötigen.

Bei Starkwind, wenn die Segel ihre maximale Kraft entwickeln und das Boot Höchstgeschwindigkeit läuft, ist auf Raumschotskurs die Kentergefahr am größten. Sie werden jedoch kaum an die Stabilitätsgrenze heranfahren, vorausgesetzt, Sie haben vernünftig gerefft und bei einem Kat das Leeschwert aufgeholt – teilweise auch das Luvschwert -, wenn die äußeren Bedingungen Anlaß zur Beunruhigung geben. Sollte das Boot in einer Bö kurzfristig zuviel Kraft entwickeln und Sie möchten es durch eine Kursänderung langsamer durch die Gefahrenzone bringen, ist es *absolut lebenswichtig*, dem natürlichen Impuls eines Kielbootseglers zu widerstehen, das Boot anzuluven (Abb. 9.3). Das kann nicht nachdrücklich genug betont werden. Damit würden Sie dem von den Segeln ausgeübten seitlichen Druck zusätzlich beträchtliche Zentrifugalkraft hinzufügen. Aus dieser Kombination entstünde ein Kentermoment, das das Boot unweigerlich zum Kentern bringen würde, erst recht, wenn Sie beim Anluven das Boot mit der Breitseite über einen schweren Brecher bringen müssen. Statt dessen sollten Sie sofort abfallen und auf Vorwindkurs gehen, bis die Gefahr vorüber ist. Ähnlich ist es, wenn Sie hart oder fast hart am Wind segeln und zuviel Druck haben. Fallen Sie ab. Der Segeldruck sollte sich automatisch vermindern, wenn die Strömung am Rigg abreißt, aber um hundertprozentig sicherzugehen, geben Sie reichlich Schot oder Travellerleine aus, und zwar so schnell Sie können, und nehmen erneut Fahrt auf – oder reffen erneut -, sobald Sie die Situation wieder vollkommen im Griff haben. Nur wenn

Sie mit fast leerlaufenden Segeln bereits zu hoch am Wind segeln, empfiehlt es sich, weiter anzuluven – auch dann allerdings nur sanft. Da abfallen auf raumen Kurs länger dauert, nimmt die Segelkraft dramatisch zu, und das Boot beschleunigt genau in dem Momemt, indem Sie die Fahrt eigentlich verlangsamen wollen.

Vorwindkurs

Das nicht rollende Mehrrumpfboot verspricht eine gleichmäßige, entspannende Fahrt auf Vorwindkurs ohne ständige große Ruderkorrekturen, wie dies bei einem Kielboot der Fall ist. Baum und Großsegelachterliek schwingen nicht hin und her und stellen deshalb eine geringere Bedrohung dar, den Wind auf der falschen Seite einzufangen, was zu einer Patenthalse führen würde. Handelt es sich um ein leichtes Boot, kann es wegen seines geringen Widerstands dreiviertel der wahren Windgeschwindigkeit segeln, da über dem Deck nur eine relativ geringe Luftströmung entsteht. Halsen in einer sanften Brise bedeutet außerdem nichts weiter als einen Griff nach der Großschottalje und ein Schiften des Baumes.

Bei Starkwind bedeutet diese friedliche, geruhsame Szene auch etliche Gefahren. Unter den Bedingungen auf offener See, wo

Abb. 9.3 Wenn Sie bei Schwerwetter auf raum-seitlichem Kurs segeln, sollten Sie jeglicher Versuchung, während einer Bö anzuluven, widerstehen. Die Fliehkraft könnte das Boot über den schwer belasteten Leerumpf zum Kentern bringen.

die Wellen selbst schon zuweilen eine Geschwindigkeit von 10–15 Knoten erreichen können, addiert sich ihre Geschwindigkeit zu der des Bootes, wenn dieses sich auf eine große Welle setzt und darauf surft. Der scheinbare Wind kann *schralen* und eine Patenthalse könnte die Folge sein. Dem sollten Sie mittels eines Preventers (Bullenstander) aus dem Weg gehen. Machen Sie übermäßig harte Fahrt unter Groß und Spinnaker und geraten in den Rückstrom einer großen Welle, besteht immer die Möglichkeit eines Über-Kopf-gehens (S. 82). Eine weitere potentielle Gefahr taucht auf, wenn Sie auf raumem Kurs eine Kursänderung vorhaben. Beim Runden einer Boje kann der scheinbare Wind aufgrund der durch die Richtungsänderung bedingten zunehmenden Beschleunigung des Bootes innerhalb von ein paar Sekunden von 5 Knoten auf 35 Knoten springen. Urplötzlich stellen Sie fest, daß Sie zuviel Segelfläche gesetzt haben, was Ihrer Gesundheit nicht unbedingt zuträglich ist. Dieser Punkt trägt maßgeblich zum Kenterrisiko während des Anluvens bei Starkwind bei. Versuchen Sie stets, einem solchen Wechsel in der Stärke des scheinbaren Windes zuvorzukommen – das Windrichtungs- und Windstärke-Anzeigegerät ist dabei eine große Erleichterung.

Holen Sie Segel ein, bevor Sie die kritische Marke erreichen; oder noch sicherer bei Starkwind, bergen Sie das Groß, bevor Sie auf Vorwindkurs gehen, und setzen Sie einen kleinen Cruising-Spinnaker, den Sie einholen oder fliegen lassen können, wann immer es Ihnen beliebt.

Spinnakerführung

Das breite Deck eines Multis macht die Führung eines Spinnakers sehr viel leichter, als dies auf einem Einrumpfboot der Fall ist, denn ein Spinnakerbaum ist überflüssig. Statt dessen wird ein Horn des Segels von jedem Rumpf oder Schwimmer aus geflogen. Die Schoten führen auf dem üblichen Weg zum Cockpit zurück durch einen Block an jedem Bord, und Achterholer laufen durch Blöcke auf jedem Bug. Diese vier

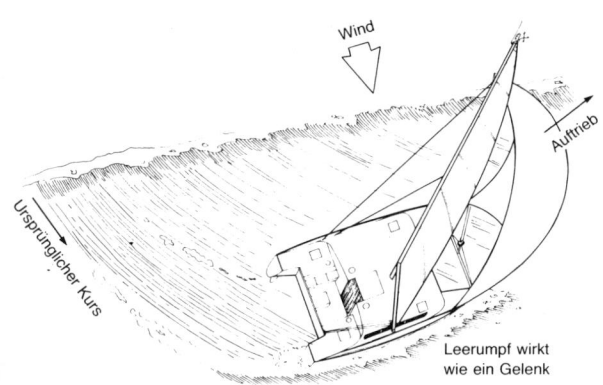

Wind

Auftrieb

Ursprünglicher Kurs

Leerumpf wirkt wie ein Gelenk

Leinen erlauben die Positionierung des Segels in Anpassung an die Richtung des scheinbaren Windes. Die meisten Rennboote sind darüber hinaus mit einem klappbaren Bugspriet ausgerüstet, um den Hals vor das Fockstag zu bringen und damit bessere Kontrolle auf raum-vorlichem Kurs zu haben. Sofern Sie die eventuellen zusätzlichen Komplikationen nicht scheuen, können Sie zwei weitere Leinen als Vorholer dazunehmen, die von den Schothörnern durch zentrale Blocks auf Deck oder Beam vor das Fockstag laufen, und so das jeweilige Schothorn innenbords anholen. Eine hervorragende Alternative besteht in der Kombination eines Spi-Achterholers mit einem Beiholerblock, der auf der jeweiligen Schot läuft, so daß beim Anholen des Achterholers auf der Luvseite die Schot zum Luvbug hinunter geführt wird, und somit dieselbe Wirkung hat wie der Achterholer. Diese Anordnung erlaubt eine präzise Einstellung der Schoten unter allen Bedingungen.

Erklärtes Ziel ist es, beide Schothörner auf gleicher Ebene zueinander zu halten. Dabei hilft die Vorstellung einer Linie von einem imaginären Spi-Baum zu Luv-Horn und Mast im rechten Winkel zum Wind. Das Trimmen erfolgt durch konstantes Fahren der Lee-Schot, die gefiert wird, bis die Anschnittskante des Segels sich zu kräuseln beginnt und zusammenfällt, dann rasch dichtholen, damit sich das Segel wieder füllt, wieder fieren, bis das Segel erneut am Rande des Zusammenfallens ist und noch einmal dichtholen, bis es wieder stabil ist. Dies ist der Trimm für maximale Fahrt; holen Sie zu hart an, verlieren Sie Kraft wie bei jedem anderen Segel auch. Halsen ist lediglich eine Sache des Schießen lassens eines Spi-Achterholers, vom Anholen des anderen und einem erneuten Schottrimm. Ein Spinnaker-Bergeschlauch aus Nylon oder ein Kunststoffstrumpf zum Verstauen, Heißen und Bergen des Segels macht das Setzen und Niederholen relativ schnell und leicht und schließt die Möglichkeit eines Verwikkelns beim Heißen des Spis aus.

Für einen schnellen Multi ist der Spinnaker weit flacher geschnitten als für ein Einrumpfboot, damit er ohne zusammenzufal-

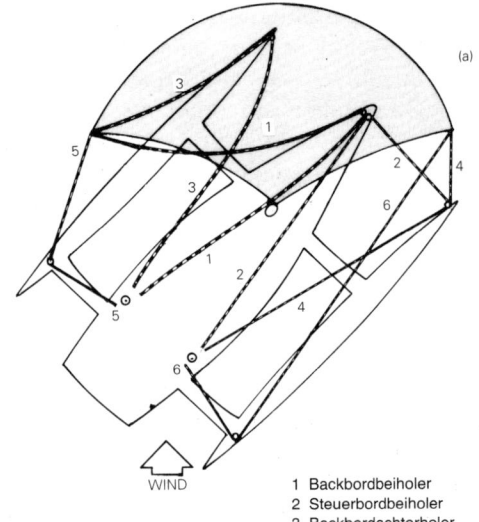

WIND

1 Backbordbeiholer
2 Steuerbordbeiholer
3 Backbordachterholer
4 Steuerbordachterholer
5 Backbordschot
6 Steuerbordschot

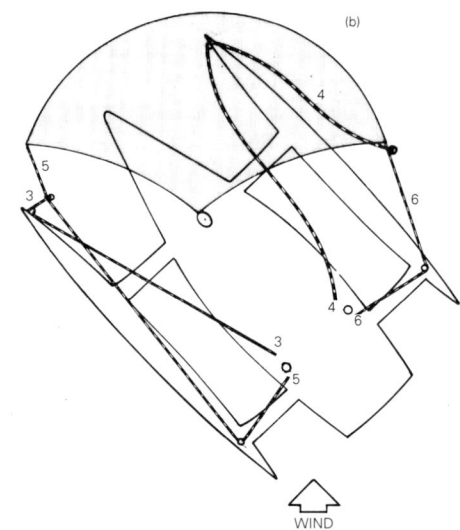

WIND

Abb. 9.4 Spinnakerführung. (a) Anordnung der Schoten und Achterholer eines baumlosen Spinnakers auf einem Trimaran; die Anordnung auf einem Kat ist ähnlich. Die Beiholer können durch einen klappbaren Bugspriet ersetzt werden, um dem Schothorn mehr Stabilität zu verleihen. (b) Vereinfachte Anordnung zur Führung eines baumlosen Spis.

len bei sehr unterschiedlichen Windgeschwindigkeiten seine Funktion aufrechterhält. Abhängig vom Seegang kann er auf einem leichten, schnellen Boot aufgrund der geringen scheinbaren Windgeschwindigkeit auf Vorwindkurs sicher gefahren werden – nicht aber auf einem langsamen Fahrtenboot oder in grober See – bei Winden bis ungefähr 25 Knoten (Stärke 6); aber seinen Einsatz auf anderen Kursen sollten Sie auf relative Leichtwindbedingungen beschränken oder Sie riskieren, daß er teilweise aufgeblasen und herausgerissen wird. Ein flacher Spinnaker kann normalerweise geflogen werden, bis der Wind 10–15° vorlicher als dwars kommt. Was darüber hinausgeht, verlangt einen asymetrischen Fahrtenspi. Diese Spis sind einfach in der Handhabung. Manche, das ist abhängig vom Schnitt, bleiben bis zu Kursen von 40° scheinbar stabil. Obgleich in diesem Fall weniger effizient als ein Spi auf Vorwindkurs, ist der Spinnaker dennoch ein äußerst nützliches Vielzwecksegel. Da er nur ein Schothorn, wie eine Genua, hat, muß dies beim Halsen lediglich vor dem Vorstag herumgezogen und auf die andere Seite gebracht werden. Erstaunlicherweise behält der Spi seine Funktion auch »mit dem Rücken zur Wand«, eben bis sich eine Gelegenheit ergibt, ihn umzusetzen. Fahrten-Spis sind im Grunde für den Einsatz mit einer oder zwei Schoten sowie einem zentralen Halsstropp konstruiert, der ausgegeben werden kann, um den Spinnaker so hoch, wie für seine Stabilität notwendig, fliegen zu lassen. Eine Talje mit vier- oder sechsfacher Umlenkung erlaubt eine bessere Kontrolle – allerdings muß man dafür eine Menge zusätzlicher Leinen in Kauf nehmen.

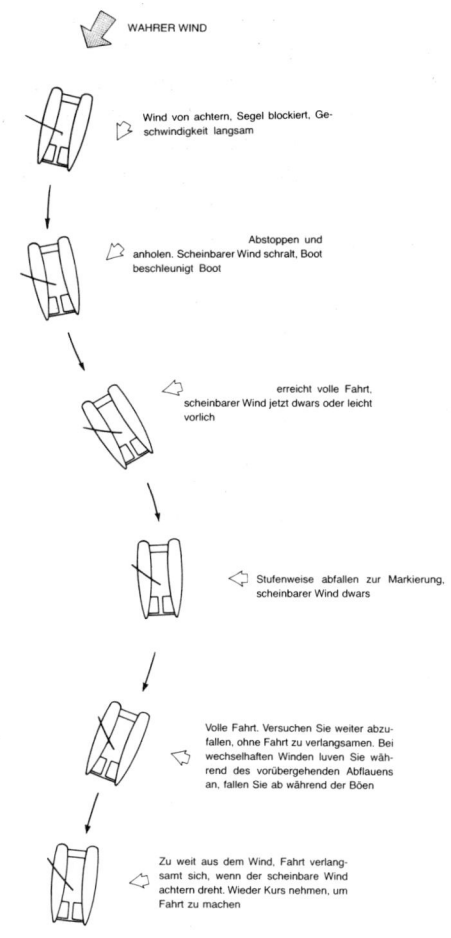

WAHRER WIND

Wind von achtern, Segel blockiert, Geschwindigkeit langsam

Abstoppen und anholen. Scheinbarer Wind schralt, Boot beschleunigt Boot

erreicht volle Fahrt, scheinbarer Wind jetzt dwars oder leicht vorlich

Stufenweise abfallen zur Markierung, scheinbarer Wind dwars

Volle Fahrt. Versuchen Sie weiter abzufallen, ohne Fahrt zu verlangsamen. Bei wechselhaften Winden luven Sie während des vorübergehenden Abflauens an, fallen Sie ab während der Böen

Zu weit aus dem Wind, Fahrt verlangsamt sich, wenn der scheinbare Wind achtern dreht. Wieder Kurs nehmen, um Fahrt zu machen

Abb. 9.5 Vorwindkurs mit einem schnellen Mehrrumpfboot. Um in einer ordentlichen Brise schnelle Fahrt zu machen, zahlt es sich aus, zuerst eine Beschleunigungskurve zu segeln, gefolgt von einer Raumschotskurve. Die Schlangenlinien sind um so weniger ausgeprägt, je langsamer das Boot ist oder je leichter der Wind.

Kreuzkurs

Der kürzeste und meist auch schnellste Weg zum vorausliegenden Ziel bei extremem Leichtwind besteht darin, direkt auf das Ziel zuzusegeln. Jeder Gewinn an Schnelligkeit durch eine Richtungsänderung wird normalerweise durch die längere zurückgelegte Strecke wieder wettgemacht – eine Ausnahme von dieser Regel besteht, wenn man einen Fahrten-Spi fliegen hat, dessen Luvliek allerdings vom Schatten des Großsegels freigehalten werden muß, damit der Spi

nicht zusammenfällt. Kreuzen beginnt sich jedoch auszuzahlen – je nach Konstruktion des Bootes und der Segel und vorausgesetzt natürlich, Sie haben genügend Raum auf See – bei Winden der Stärke 3 bis 4, also ungefähr 10 Knoten. Dieser Wert gilt für ein durchschnittliches Fahrtenboot, ungefähr die Hälfte für einen federleichten Racer. Grund dafür ist, daß beim Segeln recht vor dem Wind das Großsegel – und in geringerem Maß auch die Fock – keinen Vortrieb leistet, sondern vollständig blockiert und nur den Profilwiderstand in Fahrtrichtung entwickelt. Das Boot wird schlicht im rechten Winkel zum Wind wie eine flache Silhouette angeblasen und ist nicht imstande, durch die eigene Vorwärtsbewegung die scheinbare Windgeschwindigkeit zu erreichen. Damit dies gelingt, muß jedes Segel in die Lage versetzt werden, Auftrieb zu erzeugen, das heißt, der Wind muß an beiden Seiten passieren können – mit anderen Worten, man bringt das Boot auf raumen Kurs, zuerst durch Übergehen auf den anderen Bug und dann wieder auf den alten, möglichst, ohne zu weit vom direkten Kurs abzukommen. Je schneller das Boot, um so weiter kann der scheinbare Wind vorteilhafterweise vorlich gebracht werden. Bezogen auf sportlich ausgelegte Multis bedeutet dies im allgemeinen raumer Kurs, aber auf einem langsameren Fahrtenboot würde Sie ein solches Manöver mit fast hundertprozentiger Sicherheit zu weit vom Kurs abbringen, denn die mäßigere Geschwindigkeit würde die zusätzlich gesegelte Distanz nicht aufwiegen. Wenn Sie ein paar geeignete Marken entdecken oder mittels Markierungsbojen Ihre Fahrt verfolgen können, versuchen Sie, eine Serie kurzer Kreuzschläge gegen die Stoppuhr zu segeln, zuerst auf der Kompaßlinie, dann kreuzen Sie durch Kompaßwinkel von 20° bis ungefähr 80° und stellen den jeweiligen Effekt fest. Auf diese Weise können Sie die beste Kreuztaktik für Ihr eigenes Boot festlegen. Noch besser, Sie berechnen für jeden Kurs die durch die Abweichung bedingte Wegverlängerung oder benutzen ein Diagramm oder einen Bordcomputer (Erklärung folgt).

Kreuzen kann auch helfen, in eine günstigere Position zu gelangen – zum Beispiel, wenn Sie einen Tidenstrom bewältigen wollen. Das Ausmaß der Wegverlängerung und der entsprechende Aufkreuzwinkel variieren mit der Windstärke und Bootsgeschwindigkeit. Um die Angelegenheit noch weiter zu komplizieren, sollten Sie einmal Schlangenlinien fahren. Beginnen Sie mit einer Beschleunigungskurve von der Kompaßlinie ausgehend, um Fahrt zu machen, anschließend folgt eine raume Kurve. Fallen Sie so weit von der Marke ab wie Sie können, ohne

extrem an Fahrt zu verlieren. Eine Perfektion dieser Technik verlangt eine Menge Praxis, und Fahrtensegler machen sich oft nicht die Mühe, sie zu erlernen; es bedeutet Schwerarbeit und der daraus resultierende Gewinn ist relativ begrenzt. Wenn Sie aber Rennen fahren oder es mit einem einigermaßen schnellen Boot einmal außerordentlich eilig haben, lohnt sich der Einsatz, denn selbst wenn Sie diese Technik nicht mit letzter Konsequenz beherrschen, können Sie doch selbst auf einem kurzen Kreuzschlag letztendlich wertvolle Sekunden herausholen. Als Taktik auf der Kreuz spielt der Faktor Geschwindigkeit-Wegverlängerung eine noch bedeutendere Rolle.

Zielgeschwindigkeit

Wie die Bezeichnung bereits andeutet, bezeichnet man als Zielgeschwindigkeit oder Velocity Made Good (VMG) die Geschwindigkeit des Bootes auf ein bestimmtes Ziel zu – die Fahrt durch das Wasser, ohne Berücksichtigung von Gezeitenstrom oder Abdrift. Liegt das Ziel in Luv, zeigt VMG an, wie schnell Sie gegen den Wind segeln; liegt umgekehrt das Ziel vor dem Wind, bedeutet VMG die Schnelligkeit auf Vorwindkurs. In letzterem Fall, wenn Sie recht vor dem Wind segeln, haben VMG und Bootsgeschwindigkeit natürlich denselben Wert. Auf allen anderen Kursen entspricht VMG dem Kosinus des zum wahren Wind gesegelten Winkels (oder weg davon, wenn der wahre Wind achterlicher als dwars bläst) multipliziert mit der Bootsgeschwindigkeit. Dieser Wert kann auch am Kartentisch berechnet oder noch einfacher direkt von einem elektronischen Instrument abgelesen werden, das ihn automatisch nach Dateneingaben von Log und Windanlagen berechnet. Ziel ist es, die maximale VMG zu segeln, sofern das unter dem Gesichtspunkt der Navigation möglich ist. Das Ablesen der VMG auf einem Gerät, das direkt die Geschwindigkeit und den Kurs über Grund anzeigt, ist noch weit hilfreicher, erfordert aber den Einsatz elektronischer Navigationshilfen (Decca, Loran C oder GPS).

Als Beispiel, wie die VMG variieren kann, stellen Sie sich vor, Sie segeln einen typischen Fahrten-Micro (die folgenden Zahlen wurden mit dem eigenen Boot des Autors aufgezeichnet). Die See ist ruhig, der wahre Wind bläst beständig mit 15 Knoten und Sie segeln so hoch am Wind, wie Sie vernünftigerweise können, so daß die Segel eben Vortrieb haben. Der Windeinfallswinkel des scheinbaren Windes beträgt 30°, der des wahren Windes 40°, die Bootsgeschwindigkeit nur 5 Knoten und Ihr Kielwasser deutet an, daß Sie eine gewisse Abdrift zu verzeichnen haben; die VMG errechnet sich auf 3,8 Knoten. Sie versuchen, 3° abzufal-

len, der wahre Wind raumt auf 45°, Ihr Kielwasser verläuft geradlinig, die Fahrt geht unverzüglich auf 6 Knoten und VMG beträgt 4,2 Knoten. So weit, so gut. Sie fahren mit einem Windeinfallswinkel des scheinbaren Windes von 40° und die Geschwindigkeit springt auf 8 Knoten; aber der wahre Wind fällt jetzt von 60° ein und die VMG hat sich auf 4 Knoten verringert. Als nächstes versuchen Sie 50° scheinbaren Wind und schon bald sind Sie auf 9,5 Knoten. Das Boot scheint plötzlich lebhaft geworden zu sein, aber der wahre Wind liegt bei rund 79° und die VMG-Nadel rutscht zurück auf 1,8 Knoten. Schließlich gehen Sie auf 70° und Sie flitzen mit 11 Knoten dahin – und genau so soll das Segeln mit einem Multi sein. Aber das Boot läuft nun 113° zum wahren Wind mit dem Ergebnis, daß die VMG *minus* 4,3 Knoten beträgt; tatsächlich fahren Sie also *weg* von der Marke.

Abb. 9.6 Zielgeschwindigkeit (VMG). Die benötigte Zeit zur Annäherung an ein Ziel berechnet sich aus mehr als nur der reinen Fahrt durch das Wasser. Diese Graphiken zeigen die Zielgeschwindigkeit nach Luv aufgezeichnet auf dem Trimaran des Autors bei 15 Knoten wahrem Wind.

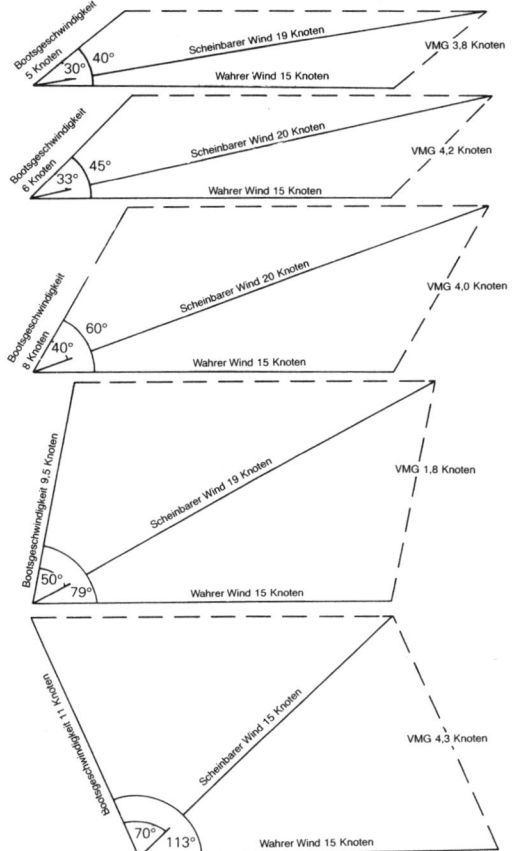

Auf Vorwindkurs sieht wie bereits erwähnt die Sache anders aus. Die Bootsgeschwindigkeit steigt, sobald der Kurs geändert wird und der Wind raumt, aber aufgrund der größeren, sofortigen Effizienz der Segel in einem weit größeren Maß als im Anfangsbereich auf einer Kreuz. Die VMG steigert sich ebenfalls, bis der optimale Windwinkel raumschots erreicht ist – typisch sind etwa 30–40°, das hängt von der Windstärke und Ihrer Bootsgeschwindigkeit ab, mit dem scheinbaren Wind mehr oder weniger dwars. Wenn in der Praxis der Kurs für die beste VMG einmal bestimmt ist, sollte das Boot, vorausgesetzt, es ist genügend Raum auf See vorhanden, mit einer Reihe von Halsen durch den doppelten optimalen VMG-Winkel vor dem Wind kreuzen.

Unter allen Umständen läßt die Steigerung der VMG das Ausmaß erkennen, in dem die zusätzlich zurückgelegte Wegstrekke durch die schnellere Fahrt durch das Wasser gerechtfertigt ist. Beim Segeln am Wind ist die Balance zwischen raumschots und schnell oder höher am Wind und langsamer segeln eine delikate Angelegenheit. Die letztere Taktik zahlt sich normalerweise bei glattem Wasser aus, während die erstere bei Seegang notwendig ist. Auf Vorwindkurs zahlt sich der Preis einer Wegverlängerung zugunsten einer schnelleren Fahrt oder einer kürzeren Zeit bis zur nächsten Marke deutlich aus. Vom Standpunkt der Konstruktion aus betrachtet, ist dies außerdem ein interessanter Maßstab für die Gesamtleistungsfähigkeit von Rumpf und Rigg, die man als Verhältnis von VMG zur wahren Bootsgeschwindigkeit bezeichnen könnte. Sofern es Ihnen nichts ausmacht, den Motor zu benutzen, vergessen Sie nicht, daß Sie mit Hilfe eines Motors die VMG auf Vorwind- oder Kreuzkurs verbessern können.

Reffen

Mit einem Rollreff ist das Bergen von Fock oder Genua ein Kinderspiel. Sie brauchen nur die Schot zu fieren, bis das Segel zu flattern beginnt, dann belegen Sie den Beschlag von der Trommel, während Sie die Schot langsam weiter laufenlassen, gerade so schnell, daß sie etwas Spannung behält. Das ist wichtig, um ein ordentlich gerolltes Segel zu bekommen. Haben Sie die Segelfläche ausreichend verkleinert, öffnen Sie den Schotblock-Schäkel und fahren Sie den Schotholepunkt nach vorn, um eine korrekte Führung zum Schothorn zu gewährleisten (siehe S. 122) und holen wieder an. Nebenbei bemerkt, ist es bei einem vollständig zusammengerollten Segel immer eine gute Idee, eine Lasching darum zu binden, bevor Sie das Boot verlassen, ansonsten könnte es passieren, daß sich das Segel aufrollt, knallt und in Fetzen geht, wenn der Zeising aus irgendeinem Grund das aufgetuchte Segel nicht mehr hält.

Auch das Reffen des Großsegels ist auf einem Mehrrumpfboot kein Problem, denn ein Multi hat eine einigermaßen ebene und feste Arbeitsplattform, ein Katamaran sogar eine außerordentlich breite und sichere. Angenommen, Ihr Boot ist mit einem herkömmlichen Reffsystem ausgestattet, so geht das Reffen folgendermaßen vor sich:

1. Lösen Sie den Niederholer (sofern vorhanden) oder fieren Sie die Schot, so daß das Segel nicht mehr zieht.

2. Setzen Sie Toppnant, Niederholer oder Lazy Jacks zur Abstützung des Baumes, im Falle eines Micros legen Sie ihn einfach auf das Deck.
3. Fieren Sie das Fall, ziehen Sie das Vorliek weit genug herunter, um die Reffkausch einzuhaken und spannen Sie das Fall wieder.
4. Holen Sie die Schothornkausch mit dem Schmeerreep dicht zum Baum.
5. Fieren Sie den Toppnant, spannen Sie den Niederholer und holen Sie an.

Um so wenig Bootsgeschwindigkeit wie möglich zu verlieren, können die ersten beiden Punkte übersprungen werden. Das kann allerdings Schwerarbeit bedeuten. Die Abfolge beginnt dann mit dem Fieren des Falls (versuchen Sie, sich darauf zu stellen, das bremst wirksam) und ziehen Sie das Vorliek bei angeholtem Segel mit der Hand herunter – eventuell müssen Sie etwas Spannung von den Rutschern oder dem Liek zu nehmen. Dann fahren Sie fort wie zuvor angegeben, aber fieren Sie gleichzeitig die Schot, wenn Sie mit der Reffleine das Segel nach unten ziehen. Hängen Sie das Schothorn am Lümmelbeschlag ein. Jetzt bleibt nur noch das Großfall wieder dichtzuholen, und Ihr gerefftes Groß steht perfekt.

Zum Ausreffen gehen Sie in umgekehrter Reihenfolge vor. Versichern Sie sich, daß Sie die Reffleine vor dem Auslösen des Vorlieks freigegeben haben und spannen Sie das Fall nach, andernfalls riskieren Sie eine Beschädigung des Segels.

Das Reffen ist natürlich einfacher, wenn das Großsegelvorliek über eine Rolle läuft – Sie geben einfach das Fall lose, während Sie das Segel einkurbeln. Das alternative Rollreffsystem am Baum ist ähnlich simpel in der Handhabung und ergibt einen ordentlichen Tuchstapel, aber das resultierende Profil des gerefften Segels wird selten so perfekt wie bei der zuerst genannten Methode. Die Vorteile beider Systeme kann man verbinden, indem man das Segel bis zur Reffkausch einrollt, die Reffkurbel sichert und dann die zuvor beschriebene Methode weiterverfolgt. Natürlich muß der Niederholer auf Raumschotkurs durch einen Barberhauler ersetzt werden, wenn die Großschotleitschiene nicht lang genug ist. Ein Vorlieksrollreffsystem ist vermutlich das arbeitssparendste unter allen Systemen. Es hat den Vorteil, daß keine Rutscher klemmen und kann auf jedem Kurs eingesetzt werden.

Ansonsten kann das Reffen auf Vorwindkurs schwierig sein, aber es lohnt sich, es als Alternative zum in den Wind drehen wenigstens zu versuchen, besonders, wenn Sie zu lange gewartet und zuviel Segelfläche gesetzt haben. Selbst bei niedriger scheinbarer Windgeschwindigkeit wird mit Sicherheit fast immer zuviel Winddruck auf dem Segel liegen, um es mit ausgestelltem Baum niederzuholen, sofern Sie keine Vorlieksschlitten mit Kugellager oder einen Drehmast haben, der mittels Kurbel gedreht werden kann, bis die Rutscher in einer Linie mit den Latten liegen. Segeln Sie weiter, so schnell Sie können, damit sich der scheinbare Wind verlangsamt, holen Sie an, bis das Segel klar ist von den Wanten, dann ziehen es herunter, benutzen Sie wenn nötig dazu eine Winsch oder eine Talje. Ist der Mast fixiert, schoten Sie den Baum fest und bringen ihn mit dem Traveller mittschiffs. Die Windgeschwindigkeit über Deck wird dramatisch zunehmen, sobald das Boot langsamer wird, und der Steuermann muß rasch auf jedes Anzeichen eines in den Wind schießens reagieren. Das Vorliek hat jetzt viel Reibung verloren, und es sollte möglich sein, das Segel niederzuholen – vollständig, falls Sie eine Atempause brauchen; Sie können es immer reffen oder heißen, nachdem Sie das Boot in den Wind gebracht haben.

Läßt sich das Segel nicht ausreichend bewegen, bleibt Ihnen nur noch die Möglichkeit, den Baum mittschiffs zu halten und das Boot mittels Bergen oder Einholen der Fock weiter zu verlangsamen. Anschließend drehen Sie langsam in den Wind und fahren dabei die Travellerleine – und die Großschot, falls nötig -, damit die Fahrt nicht schneller wird.

Es muß jedoch betont werden, daß dies ein riskantes Manöver bei Starkwind ist – ganz besonders bei Brechern – und keine dieser Taktiken empfohlen werden kann. Es ist nur zu leicht, sich durch die Ausgeglichenheit, mit der diese Boote gesegelt werden können, in einem falschen Sicherheits-gefühl zu wiegen. Man läßt sich leicht täuschen durch das scheinbare Nichtvorhandensein von zu viel Wind. Fallen Sie auf dieses Phänomen herein, mißachten Sie Punkt eins der Sicherheitsmaximen eines Multi-Seglers: Frühzeitig reffen.

Starkwindsegeln

In einem halben Sturm dahinzubrettern, kann eine Menge Spaß machen. Die meisten Segler genießen hin und wieder einen Törn bei Schwerwetter, so lange es nicht zu lange anhält. Aber die See ist kein Spielplatz. Sie verlangt bei sich stetig verschlechternden äußeren Bedingungen zunehmende Wachsamkeit und Konzentration. Besonders in Küstengewässern wirken sich Fehler analog zur Verschlechterung der Wetterverhältnisse schwerwiegender aus. Hier scheinen die Seen bei Starkwind stets brutaler zu sein als draußen auf dem offenen Ozean, sie kommen kürzer und steiler. Die Wellen rollen heran und spüren Grund auf 30–40 m, beginnen zu stürzen, wenn das Wasser noch flacher wird und brechen schließlich, wenn die Tiefe auf ungefähr doppelte Wellenhöhe abnimmt. In seichten Gewässern kann ein unebener oder steil abfallender Meeresgrund üble Sturzseen oder Strudel verursachen, und bei jeder Strömung Stellen mit schäumendem Wasser. Dreht in gezeitenabhängigen Gewässern der Strom gegen den Wind, kann ein mit drei Knoten fließender Strom die Wellenhöhe verdoppeln, und ein ruhiger Meeresabschnitt kann in Minutenschnelle Reihen weißer Schaumkronen aufpeitschen. Kreuzseen können sich infolge einer Winddrehung oder aufgrund von den von einer Landspitze zurücklaufenden Strömungen übereinanderlagern, und ansteigender Grund löst oft Turbulenzen an der Luvseite und Böen in Lee aus. Kombinieren Sie nun diese zuweilen äußerst tückischen Bedingungen noch mit der ständig erforderlichen Wachsamkeit gegenüber der Berufsschiffahrt, dann werden Sie verstehen, warum Blauwassersegler oft das Ein- und Auslaufen als risikoträchtigste Momente ihrer Reisen bezeichnen.

Abb. 9.7 *Segelt man zu langsam am Wind in grober See besteht das Risiko, oben auf einer großen Welle weiter an Geschwindigkeit zu verlieren, rückwärts oder seitwärts herabzugleiten und möglicherweise sogar zu kentern.*

Dennoch kann Segeln mit kleinen Booten bis ungefähr Windstärke 5 sicherlich großen Spaß bereiten, obgleich mit an Sicherheit grenzender Wahrscheinlichkeit irgendwann der Zeitpunkt kommt, wo man sich fühlt wie der Mann, der einmal auf der Kaimauer gesagt hat: »Kaum bin ich an Land, sehne ich mich danach, draußen zu sein, und bin ich endlich draußen, sehne ich mich an Land zurück.« Falls Sie Zweifel an Ihren seglerischen Fähigkeiten oder denen Ihrer Crew haben und schlechtes Wetter ist im Anmarsch, dann bleiben Sie an Land. Sind Sie aber bereits in einer steifen Brise draußen und eine schnelle Wetterverschlechterung ist vorhersehbar, nutzen Sie Ihre Schnelligkeit und suchen Sie Schutz. Ein schnelles Mehrrumpfboot hat eine gute Chance, schneller zu laufen als ein Sturm. Sollte es tatsächlich jemals in einen Sturm geraten, ist es mehr als wahrscheinlich, daß es »mit heiler Haut« davonkommt. Vorausgesetzt, es hat eine sachkundige Crew, denn die meisten modernen Konstruktionen sind absolut seetüchtig und bilden eine strukturelle Einheit. Aber selbst bei alltäglich vorkommenden Starkwinden und etwas heftigerem Seegang müssen verschiedene Techniken gekannt und angewandt werden, um das beste aus dem Boot herauszuholen und keinen Bruch am stehenden und laufenden Gut zu verursachen, damit die Crew (und man selbst) nicht in Angst und Schrecken versetzt wird. Jegliches Kenterrisiko gilt es zu vermeiden. Wie bereits erwähnt, setzt eher der Zustand der See als die Windgeschwindigkeit den Segeleigenschaften, den Kontrollreserven und der Stabilität eines Multis Grenzen. Denken Sie stets daran, daß ein Ansteigen der Windgeschwindigkeit von zum Beispiel 15 Knoten auf 30 (Stärke 4 auf Stärke 7) sowohl den auf die Segel ausgeübten Druck – von 4 auf 16 kg/m² – vervierfacht als auch die charakteristische Wellenhöhe von etwa 0,3 auf 1,2 m erhöht. Ein paar Knoten Zunahme der Windgeschwindigkeit lassen ein Einrumpfboot nur ein wenig stärker krängen und die Segel stärker killen, hat aber wenig Auswirkung auf die Bootsgeschwindigkeit. Dagegen kann in grober See dieselbe Zunahme der Windgeschwindigkeit auf einem

Multi rasche Entscheidungen erzwingen, denn das Boot beschleunigt und steigert die scheinbare Windgeschwindigkeit noch weiter. Bewegung und Welleneinwirkung werden heftiger und eine rasche und erfrischende Fahrt kann blitzschnell zu einem nassen und riskanten Unternehmen auf des Messers Schneide werden, das kaum noch zu kontrollieren ist.

AM WIND LAUFEN

Um noch einmal die goldene Regel zu wiederholen: Wenn Sie kreuzen und sich beginnen, Sorgen über die Führung des Bootes zu machen – und natürlich in jedem Fall, bevor Sie auch nur daran denken, auf raumen Kurs zu gehen –, reffen Sie und verlangsamen Sie die Fahrt. Das Hineinstoßen in eine Bugsee mit vier Knoten ist einem Boot und seiner Crew bei weitem zuträglicher als ein Hineinkrachen mit zehn Knoten. Aber gehen Sie sicher, daß Sie genügend Segel stehen haben, um die volle Kontrolle zu behalten.

In Winden, die sich Sturmstärke nähern, besteht eine sozusagen »kugelsichere« Segelkombination aus einer schweren Sturmfock, falls nötig gesetzt an einem Handvorstag (Kutterstag) und entweder Ihrem stark gerefften Groß oder statt dessen einem Sturmtrisegel, was noch besser wäre. Dieses Segel ist kleiner als das gereffte Groß ungefähr ein Viertel der Größe des vollen Segels –, aus sehr schwerem Tuch gemacht und hat ein loses Unterliek. Es wird in der üblichen Art und Weise in der Vorliekskeep gesichert (oder in einer zweiten Schiene, läßt man das Groß am Baum angeschlagen). Es hat eigene Schoten, die über Klampen zu den Genuawischen an jeder Seite des Baumes verlaufen. Ferner ist es eine gute Idee, Sturmsegel aus fluoreszierendem orangefarbenen Tuch mit sich zu führen, die zwischen den weißen Wellenkämmen auffallen.

Ein weiterer Bestandteil der goldenen Regel ist, das Boot entschlossen vorwärtszusegeln und nicht zu kneifen, solange Sie unter Segel fahren. Der vernünftige, wohlüberlegte Umgang mit der Geschwindigkeit ist ein überragender Grundsatz guter See-mannschaft. Segeln Sie zu langsam oder zu hart am Wind, kann die nächste große Welle Sie abrupt abbremsen (sofern es sich nicht um ein Schwerverdrängerboot handelt, das mit größerer Wahrscheinlichkeit das Moment aufbringt, um durchzukommen) oder auf Raumschotskurs drehen, und das ist das letzte, was Sie sich mit abgelassenen Schwertern und fixierten Segeln wünschen. Sollte das passieren, beginnt das Boot zu krängen und zu beschleunigen. Das Problem besteht dann darin, es wieder auf Amwindkurs zu bringen, ohne sich einem weiteren Brecher auszusetzen. Versuchen Sie, die Fahrt möglichst langsam zu halten, indem Sie die Segel leerlaufen lassen, während Sie nach einer Lücke in den heranrollenden Seen Ausschau halten. In dem Augenblick, in dem Sie eine Lücke erkennen, geben Sie Gas und laufen Sie darauf zu, luven Sie so sanft wie möglich an, bis Sie durch und auf Ihrem alten Kurs sind.

Eine weitere Gefahr bei zu langsamem Segeln am Wind in groben oder durcheinanderlaufenden Seen besteht im weiteren Geschwindigkeitsverlust oben auf einem Wellenkamm und dem darauffolgenden rückwärts oder seitwärts Heruntergleiten, was nicht nur sehr starken Ruderdruck mit sich bringt, unter dem das Ruder sogar brechen kann. Die Kursänderung der Bugs bedeutet auch erhöhtes Kenterrisiko. Sind Sie fest entschlossen oder aus navigatorischen Zwängen heraus gezwungen, weiter luvwärts zu knüppeln, versichern Sie sich, daß Sie weiter Kurs halten und steuern Sie einen »Schlangenlinienkurs«. Manövrieren Sie das Boot so sauber Sie können durch jede Welle, indem Sie leicht auf deren Außenseite aufluven und scharf absegeln, sobald Sie den Kamm erreicht haben, um beim Herunterfahren wieder Fahrt aufzunehmen.

Kreuzen unter solch rauhen Bedingungen muß selbstverständlich mit großer Vorsicht erfolgen, um einen Stillstand mitten im Manöver zu vermeiden. Laufen Sie vor einer Welle ab, luven Sie auf die Welle an und fallen Sie fast sofort wieder ab. Kommen Sie zum Stillstand, drehen Sie das Steuer entgegengesetzt und halten Sie es sehr fest, denn die auf die Ruder einwirkende Kraft ist beträchtlich, während das Boot über den Achtersteven geht; wird Ihnen die Pinne aus der Hand gerissen, ist es vielleicht unmöglich, sie zurückzuholen, und Sie verlieren die Kontrolle über das Boot.

RAUMSCHOTS BEI SCHWERWETTER

Ein Raumschotskurs ist ein schwieriges Unterfangen in brechenden Seen und ein besonders gewagtes Unternehmen, weil Sie durch Wellenkämme, die von schräg in das Boot krachen und versuchen, es auf ihre abschüssige Seite zu werfen, mit dem verstärkten Risiko einer Beschädigung der Konstruktion konfrontiert werden. Das (die) Schwert(er) muß (müssen) natürlich vollständig aufgeholt sein, damit das Boot ohne abzuheben seitwärts gleiten kann. Das Crewgewicht muß so weit wie möglich auf die Luvseite verlagert und ein geschickter Kurs gesteuert werden, um die größten Wellen mittels Anluven (sanft, wie Sie sich erinnern) zu umgehen. Lassen Sie eine vor sich passieren und laufen Sie vor der nächsten davon. Das kann in eine Zerreißprobe für die Nerven ausarten, die außerdem kaum Spielraum für Irrtümer läßt. Je früher Sie imstande sind, Wind und Wellen achterlicher als dwars zu bringen, um so besser; und um so früher beginnt der Spaß am Segeln.

Vor den Wind gehen ist auch der sicherste und beste Weg, das Boot unter diesen Bedingungen zu verlangsamen, wobei »langsam« genau genommen eine mehr als relative Bezeichnung ist, denn Sie sind nach wie vor sehr schnell unterwegs. Tatsächlich haben Sie mit Sicherheit genügend Power, um ohne Großsegel auszukommen, das tendenziell die Gefahr birgt, das Boot querschlagen zu lassen. Es wird wohl das Beste sein, das Groß einzurollen, bevor Sie auf Vorwindkurs gehen und nur unter Fock zu fahren. Es beruhigt die Nerven, wenn Sie die Fock unverzüglich anpassen können, das heißt, wenn Sie ein Rollfocksystem haben. Gleichzeitig haben Sie das Gefühl, bedeutend schneller zu segeln. Sie kommen wieder zu Atem und fühlen sich wie ein Abenteurer, wenn Sie auf der Vorderseite einer Welle entlang surfen.

Damit das gelingt, müssen Sie zuerst die Welle nehmen, indem Sie anluven und beschleunigen, um sich ihrer Geschwindigkeit anzupassen, bevor Sie sich darauf niederlassen. Da der Wind mit zunehmender Bootsgeschwindigkeit schralt, fallen Sie nach und nach in einer raumen Kurve ab, kontrollieren Sie die Fahrt mit der Pinne, damit Sie, solange Sie können oder wollen, auf der Welle reiten. Lassen Sie sich im übrigen niemals dazu verführen, bei scheinbar mäßigen Windgeschwindigkeiten einen Spinnaker bei wirklich stürmischem Wetter fliegen zu lassen. Wenn Sie unabsichtlich in den Rücken der nächsten steilen Welle fahren, kann die unvermittelte Fahrtverlangsamung in Verbindung mit der hochkarätigen Hebelkraft und dem Moment des vollen Spinnakers das Boot mit Leichtigkeit über die Bugs gehenlassen, bevor Sie Fall oder Schoten lösen können (Abb. 4.1. Das Boot »stolpert« über den Bug und schlägt um). Skipper von Hochseerennbooten riskieren dies des öfteren und kommen nicht immer mit heiler Haut davon.

Rettungstaktiken

Es ist unwahrscheinlich, daß Sie jemals mit lebensbedrohlichen Situationen konfrontiert werden. Vorausgesetzt, man hat die Wahl, entfernen sich nur wenige Segler aus geschützten Gewässern, wenn schlechtes Wetter vorhergesagt ist. Meist liegt Schwerwettersegeln in unserem eigenen Ermessen und an unserer Tapferkeit, die unser Können tunlichst nicht übersteigen sollte. Trotzdem ist es sinnvoll, ein paar praktische Taktiken in Ihr Repertoire aufzunehmen für den Fall, daß Sie eines Tages von stürmischem Wetter überrascht werden und sich von ganzem Herzen danach sehnen, an jedem anderen Ort der Welt zu sein.

Das erste, was Sie versuchen, wenn Sie ein Sturmtrisegel haben oder die Fläche des Großsegels stark verkleinern können, ist beizudrehen, indem Sie es hart anholen, den Traveller leewärts fahren, das Schwert *sehr* wenig ablassen (Luvseite bei einem Kat) und die Pinne festzurren, so daß sich das

Boot langsam in einem Winkel von ungefähr 60° zu Wind und Wellen luvwärts bewegt. Manche Boote kommen auf diese Weise sicher und beständig voran, andere sind unberechenbar und benötigen ständige Ruderkorrekturen.

Gelangen Sie in das Stadium, in dem der Wind für dieses Manöver zu stürmisch ist, oder Sie stellen fest, es hat nicht so funktioniert, wie Sie sich das vorgestellt haben, bleibt Ihnen die Möglichkeit, sämtliche noch gesetzten Segel zu bergen und mit voll aufgeholten Schwertern beigedreht zu liegen. Die meisten Boote treiben dann mehr oder weniger mit der Breitseite und surfen seitlich mit den brechenden Wellenkämmen; aber ein paar verhalten sich auch anders. Wendet man diese Taktik bei einem kleinen, schmalen Kat an, ist das geradezu eine Einladung zum Kentern. Wird dessen Luvrumpf von einer großen Wellen hoch genug gehoben, zieht er über den Leerumpf, bevor das Boot zu gleiten beginnt; ein Tri mit auftriebsarmen Schwimmern ist noch ungeeigneter zum Beigedrehtliegen, weil der Schwimmer im abschüssigen Wellenhang sofort eintauchen und das Boot kentern würde. Die modernen breiten Kats jedoch oder Tris mit auftriebsstarken Schwimmern liegen beigedreht unter den meisten Bedingungen im allgemeinen vergleichsweise sicher.

Eine weitere zuverlässige Strategie, vorausgesetzt, es ist genügend Platz auf See, besteht darin, weiter recht mit dem Wind zu laufen, dem langsamsten Kurs, oder – noch besser aus Gründen der maximalen Stabilität – in einem leichten Winkel zum Wind. In diesem Fall ist nur das Sturmsegel gesetzt oder der kleinste Anteil Vorsegel. Unter diesen Umständen hält man das Segel mittschiffs am besten flach und benutzt beide Schoten, um gleichzeitig den Vortrieb zu verringern und das Vorschiff vor dem Wind zu halten. Werden Sie auf diese Weise zu schnell und kommen in Surfgefahr, was dazu führen könnte, daß Sie mit wenig oder null Ruderkontrolle in das vorn unter dem Boot fließende sprudelnde Wasser geraten – oder Sie müssen die Versetzung verringern, weil Sie sich Land nähern –, dann können Sie Fahrt aus dem Boot nehmen, indem Sie

alle Segel bergen und eine mindestens 50 Meter lange schwere Leine an jedem Heck oder Schwimmer ordentlich belegt hinterher schleppen.

Reicht diese Bremswirkung noch nicht aus, nehmen Sie einen Treibanker (Seeanker). Schleppen Sie diesen aus einem oder mehreren Reifen (ohne die, wie behauptet wird, kein Langstreckensegler auf See geht) gefertigten Anker und beschweren Sie ihn mit einigen Metern Kette. Oder nehmen Sie einen der im Handel erhältlichen Schirm- oder Metallanker, einschließlich einem Kettenwirbel an der Leine, damit sich nicht die ganze Leine zu einem ineffizienten Wuling aufwindet. Führen Sie keine derartigen Gegenstände an Bord mit sich, leistet der Buganker einen gewissen Widerstand im Wasser. Wieder haben Sie Vorteile aufgrund der Breite eines Multis. Setzen Sie den Anker an einer kräftigen, wenn möglich, mindestens 50 m langen Hahnepot, gesichert an den Festmacherklampen am Heck und zur Verstärkung zu anderen robusten Befestigungspunkten wie etwa den Bugklampen oder sogar zum Mastsockel geführt – oder führen Sie sie durch schwere Schotblöcke auf den Hecks zu den Hauptwinschen. Die Hahnepot übt eine starke geraderichtende Kraft aus und hält das Boot mit dem Heck voraus zu den Seen – oder in einem Winkel, wenn es so leichter liegt – und hindert es daran, sich um seine eigene Achse zu drehen, wie das bei einem Einrumpfboot passieren kann. Die Länge der Hahnepotwarptrossen kann entsprechend angepaßt werden, so daß sich das Boot auf eine Winddrehung reagierend, steuern läßt. Versuchen Sie, den Anker etwa eine halbe Wellenlänge vom Boot entfernt zu halten, denn liegen beide gleichzeitig auf den Kämmen, surfen beide. Verringern Sie die Geschwindigkeit um 2–3 Knoten, aber versuchen Sie nicht, ganz Fahrt herauszunehmen, falls eine Sturzsee von achtern über Sie hinwegspült. Eine Alternative, die sich für manche Boote anbietet, besteht darin, die Hahnepot an den Enden des Luvrumpfes oder -schwimmers zu befestigen, wiederum mit entsprechenden Sicherungsverstärkungen, und sie so auszurichten, daß das Boot in einem gro-

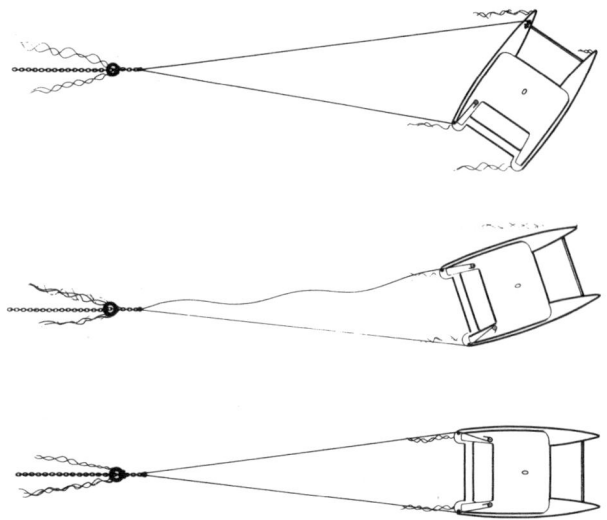

ßen Winkel zu den Wellen liegt, ohne daß zu viele Wellen an Bord spülen und die Konstruktion stauchen.

Als weitere Alternative kann man einen Anker an den Bugs setzen, so daß das Boot die Wellen von vorn oder in einem engen Winkel nimmt. Dies wird aber im allgemeinen von den Seglern, die diese Taktik bereits ausprobiert haben, nicht unbedingt weiterempfohlen, denn es besteht die große Wahrscheinlichkeit einer Ruderbeschädigung, wenn sich die Bugs heben und das Boot nach hinten auf die Hecks geschleudert wird. Außerdem ist die Gefahr einer diagonalen Bug-über-Achterschiff-Kenterung trotz des drosselnden Effekts der Hahnpot nicht völlig auszuschließen. Beides ist durchaus schon vorgekommen. Aber ein großer Schirmanker, der das Boot von einer Rückwärtsfahrt über den Achtersteven abhält – »groß« bedeutet einen Mindestdurchmesser für ein kleines Boot von 3–4 m und etliches mehr für ein größeres Boot -, hat schon vielen Langstreckenseglern das Leben gerettet.

Die Meinungen darüber, welches der beste Bootstyp unter solchen Bedingungen ist, gehen auseinander: der Kat mit seinen enormen Auftriebsreserven im Leerumpf oder der breitere Tri mit seiner größeren statischen Stabilität, aber mit weniger Auftrieb leewärts. Vermutlich ist es reine Glückssa-

Abb. 9.8 An einem Seeanker liegen. (oben) Befestigt am Luvrumpf. (Mitte und unten) Gesichert an den Hecks, eine Hahnepot gewährleistet eine starke, gerade richtende Kraft, die tendenziell das Boot mit dem Heck voraus zu den Wellen hält.

che, welche Kombination der besonderen Konstruktionscharakteristika sich unter den jeweiligen Wind- und Wellenbedingungen am besten bewährt.

Der sicherste Kurs mit jedem Mehrrumpfboot ist nach Ansicht der meisten erfahrenen Segler, die praktisch alle Möglichkeiten bereits einmal durchgespielt haben, vor Topp und Takel drehen vor den Wind, Schleppen von Warpleinen oder Ankern und die Daumen drücken, daß auf See genügend Platz ist.

Was immer Sie auch unternehmen, stets besteht die, wenngleich sehr entfernte Möglichkeit, »die allerletzte Welle« zu erwischen. Der einzig sichere Weg, dieses Risiko zu umgehen, besteht schlicht darin, zu Hause zu bleiben. Zum Glück kommt diese ominöse Welle für die meisten Amateursegler nie. Aber wenn tatsächlich das Schlimmste passieren sollte und Ihr Boot kentert, bleiben Sie beim Boot, solange es schwimmt. Zur Sicherheit sollten Sie auf Hochseefahrten stets ein Rettungsfloß mit sich führen, ebenso wasserdichte Kleidung, Notproviant, Trinkwasser etc. Machen Sie *niemals* den Fehler, in das Rettungsfloß hineinzuklettern, bevor Sie nicht vollkommen davon überzeugt sind, daß Ihr Boot tatsächlich sinkt – was bei modernen Konstruktionen unwahrscheinlich, wenn nicht sogar so gut wie unmöglich ist. Das Leben auf oder innerhalb eines gekenterten Rumpfes ist eine scheußlich klamme und ungemütliche Angelegenheit, um es einmal gelinde auszudrükken, selbst in einer Rettungsabteilung (siehe Abb. 3.4). Aber dort ist man wenigstens geschützt, und es ist, mit Ausnahme auf den kleineren Booten, die kopfüberliegend kaum Luftraum bieten, weitaus weniger gefährlich, als sich für eine unbestimmte Zeitspanne an den schlüpfrigen, von Wellen umspülten Rumpfböden festzuklammern oder sich auf Gnade und Ungnade dem Wetter in einem winzigen Floß auszuliefern, das hilflos auf den Wellen auf- und abtanzt.

Besonnenheit oder Tapferkeit? Die Besonnenheit auf die Spitze getrieben, würde wohl bedeuten, daß Sie Ihr Boot verkaufen und künftig Golf spielen. Noch immer muß man bis zu einem gewissen Grad Tapferkeit beweisen und sich selbst und eine oft ahnungslose Crew zuweilen Angst und Schrecken aussetzen. Mit Sicherheit mangelt es einem Menschen, der in See sticht und sich nicht in einem vernünftigen Maß vor ihr fürchtet, völlig an Phantasie. In Wahrheit suchen viele Segler gerade die Auseinandersetzung und den Kampf mit einem fremden Element. Wir empfinden dabei einen gewissen Stolz auf das Selbstvertrauen, das uns die See abverlangt. Trotzdem dient Segeln in erster Linie nur der Freude und dem Spaß und soll nicht in eine Feuerprobe ausarten. Die meisten Mehrrumpfboote verfügen über enorme Stabilitätsreserven. Achten Sie darauf, diese nicht leichtsinnigerweise in Anspruch nehmen zu müssen. Umsichtiges und überlegtes Handeln zählen zu den wichtigsten Bestandteilen guter Seemannschaft. Entspannen Sie sich und genießen Sie das Segeln – und bleiben Sie wachsam.

ANHANG 1

Empfehlenswerte Literatur

ZEITSCHRIFTEN

Multihull International, 2 Please's Passage,
Totnes, Devon TQ9 5QN, UK.

Multihulls, 421 Hancock Street, Quincy
(Boston) MA 02171, USA.

Multicoques Magazine, 16 Centre
commercial du Nautisme,
F-83400 Hyères

BÜCHER

Sailing Theory and Practice, C.A. Marchaj
(Adlard Coles, London).

Seaworthiness. The Forgotten Factor, C.A.
Marchaj (Adlard Coles, London).

Small Boat Sails, Jeremy Howard-Williams,
(Adlard Coles, London).

The Best of Sail Trim, herausgegeben von
Charles Mason (Adlard Coles, London).

The Gougeon Brothers on Boat Construction
(Gougeon Bros. Inc., P.O.Box X908,
Bay City, Michigan 48707, USA).

Moxie, Phil Weld
(erhältlich von *Multihull International*).

Multihulls Offshore, Rob James
(Macmillan, London).

Canoes of Oceania, A.C. Haddon &
J. Hornell (Bishop Museum Press,
Honolulu).

Two Girls, Two Catamarans, James
Wharram (erhältlich bei James
Wharram, Greenbank Road, Devoran,
Truro, Cornwall TR3 6PJ, UK).

ANHANG 2

Multi-Clubs und -Vereinigungen

DEUTSCHLAND·
Multihull Deutschland, Heinrich Wolper,
Parkallee 227, 2800 Bremen

AUSTRALIEN
Cairns Yacht Club, John Croucher,
P.O.Box 279,
4 Esplanade, Cairns, Queensland 4870
**Multihull Yacht Association of
New South Wales**,
David Bishop, Bos 4820, GPO Sydney 2001
Multihull Yacht Club of Victoria (MYCV),
A.J. Considine, P/L, 437 St. Kilda Road,
Melbourne, Victoria 3004
Queensland Multihull Yacht Club,
Ian Kelshaw, P.O.Box 4, East Brisbane,
Queensland 4169
Trailertri Association of Queensland,
Margaret Finegan, 189 Collingwood Road,
Wellington Point, Queensland 4160
Trailertri Club of South Australia,
Jacob Baden, 28 Kandahar Crescent,
Colonel Light Gardens, SA 5042
**Trailertri-Tramp Association of New South
Wales**, Chris Nelson, 62 Coonong Road,
Gymea Bay, NSW 2227

BRASILIEN
**Associacoa Brasileira de Multicascos
de Oceano**,
Sergio Chermont, Rua Barata Ribeiro 807/
604, Copacabana, Rio de Janeiro CEP 2205
Multiforme-Brasil, C.P.111580, R. Fernan-
do de Norhonha 285, 28900 Cabo Frio RJ

DÄNEMARK
Danske Flerskrogssejler (DF),
Jannik Cortssen, Snekkeled 30, Munkebo,
DK-5330

FRANKREICH
**Association of International Competitors on
Oceanic Multihulls (ACIMO)**,
220 rue de Rivoli, 75001 Paris
Fédération Francaise de Voile,
Michel Barbier, 55 Avenue Kleber,
75785 Paris Cedex 16
Formule 28 Association, Gilles Abeloos,
BP40, 60 Avenue de Paris,
95290 L'Isle-Adam
Les Glenans Sailing Association,
Quai Louis Bleriot, 75781 Paris Cedex 16
International Formula 40 Council,
55 Avenue Kleber, 75784 Paris Cedex 16
**Rhone-Alpes Multicoques Sailing Associa-
tion**, B.P. 9, route du Port, 74410 St. Lorioz
Union Nationales des Multicoques (UNM),
John Jeuffrain, 2 rue de la Gare,
27400 Louviers

GROSSBRITANNIEN
Amateur Yacht Research Society,
R. Michael Ellison, Pengelly House,
Wilcove, Torpoint, Cornwall P11 2PG
Catalac Owners Association, Mary Lack,
Flagstaff House, Mudeford, Christchurch,
Dorset
Cruising Association, Ivory House,
St. Katharine Dock, London E1 9AT
Heavenly Twins Association, Mary Challis,
Tideway, Prinsted, Emsworth, Hants
Hirondelle Association, John Edwards,
P.O.Box 256, Camberley, Surrey
International Yacht Racing Union (IYRU),
Simon Forbes, 60 Knightsbridge,
London SW1X 7JX
Iroquois Owners Association, Stuart Fisher,
Huntswood, St. Helena's Lane, Streat,
Nr Hassocks, Sussex BN6 8SD
**Multihull Offshore Cruising & Racing Asso-
ciation (MOCRA)**, Janice Uttley, 1 Ward

Crescent, Emsworth, Hants PO10 7RR
Polynesian Catamarans Association,
Ms Sandy Turner, Foss Quay, Millbrook,
Torpoint, Cornwall PL10 1EN
Prout Catamaran Owners Association,
Tony Williams, 9 Chestwood Close,
Billericay, Essex CM 12 0 PB
Royal Yachting Association (RYA),
RYA House, Romsey Road, Eastleigh,
Hants SO5 4YA
Telstar Owners Association, Alan Burrows,
St. Jude's Lodge, Old Laxey Hill, Laxey,
Isle of Man

IRLAND
Irish Multihull Association, Ken Burke,
17 Harbour Road, Skerries

ITALIEN
Association Italiana Proprietari Multiscafi,
Alberto Rapi, S. so Porta Romana 17,
20122 Milano

KANADA
Atlantic Multihull Association (AMA),
John Culjak, P.O.Bos 322, Armdale,
NS B3L IJ7
**British Columbia Multihull Society
(BCMS)**, Len Chambers, P.O.Box 2751,
Vancouver BC V6B 3X2
Kingston Catamaran Club, Brian Dash, 163
Chelsea Road, Kingston, Ontario K7M 3Y9
**Lake Ontario Multihull Racing Association
(LOMRA)**, Jacqui Webb, 45 Loggers Run,
Unit 8, Barrie, Ontario L4N 6W3
Polynesian Catamaran Association,
Roly Heubsch, 214 Glebemount Avenue,
Toronto, Ontario M4K 3P1
Toronto Multihull Cruising Club (TMCC),
Flo Rutland, 188 Gough Avenue, Toronto,
Ontario M4K 3P1
Western Multihull Association (WMA),
P. Vaissade, 9043 Collingwood, Vancouver,
BC U6R 3K7

NEUSEELAND
**Auckland Multihull Sailing Association
(AMSA)**,
Duncan Stuart, P.O.Box 3337, Auckland

NIEDERLANDE
Catamaran en Trimaran Club Nederland,
W. Basle, Reigerstraat 6, 1452 XR Ilpendam
International Micro Multihull Class Association (IMCA), Alexander Verheus,
Overtoom 166–1, 1054 HP Amsterdam

NORWEGEN
Norsk Flerskrog Seilklubb (NFS), Anders
Amble, P.O.Box 102, Sentrum, 0104 Oslo
Viken Flerskrogseilere, Anders Amble,
Haraasveien 1b, 0283 Oslo

SCHWEDEN
**Sveriges Catamaran och Trimaran Seglare
(SCTS)**, Dag Sjogenbo, Eckbachavagen 5,
Saltsjo-Boo 13200
Vaestustens Flerskorvs Seglare (VFS),
Bengt Hellqvist, Grinnekullegatan 10,
41747 Göteborg

USA
Amateuer Yacht Research Society (AYRS),
Michael Baldham, Rt 2, Box 180, Bath,
ME 04530
**Chesapeake Cruising Multihull Association
(CCMA)**, Herb Butler, 3906 Calawassee
Road, Edgewater, MD 21037
Columbia Multihull Society (CMS),
Bernard Kobliha, P.O.Box 915, Beaverton,
OR 97075
Florida Multihull Association,
Joan Gregory, 1414 Von Pfister Street,
Key West, FL 33040
**Florida Offshore Multihull Association
(FOMA)**, Doug Fricke, P.O.Box 13293,
St. Petersburg, FL 33733
Formula 500 Association, Alan O'Driscoll,
Star Route 3, La Honda, CA 94020
**Galveston Bay Multihull Association
(GBMA)**, Frank Tuma, 18619 Upper Bay
Road, Houston, TX 77058

Gemini Owners Association (GOA),
Pat oder Jim Godrey, 3122 Bryant Lane,
Webster,TX 77598
**Great Lakes Multihull Association
(GLMA)**, R. Vanden-Bosche,
1328 West Barry 3rd, Chicago, IL 60657
**New England Multihull Association
(NEMA)**, Debbie Druan, 89 Cochituate
Road, Framingham, MA 01701
Northwest Multihull Association (NWMA),
Lin Santer, P.O.Box 70413, Ballard Station,
Seattle, WA 98107
**Ocean Racing Catamaran Association
(ORCA)**,
A. Victor Stern, 279 Ravenna Drive,
Long Beach, CA 90803
Pacific Multihull Association (PMA),
Peter Jongblood, 1312 West 37th Street,
San Pedro, CA 90731
**Performance Cruising Multihull
Association**,
P.O.Box 381, Mayo, MD 21160
**San Francisco Bay Area Multihull Associa-
tion (BAMA)**, Lynn K. Therriault, 6127
Plymouth Avenue, Richmond, CA 94805
Sea Wind Association, Ed Diehl, 11999 49th
Street North, Unit 103, Clearwater,
FL 34622
Telstar Trimaran Owners Association, 27150
Moody Court, Los Altos Hills, CA 94022
Trailerable Multihull Association, Wayne
Evans, 87 Maplewood Drive, Athens,
OH 45701
Trailertri Association, Ian Farrier, P.O.Box
7362, Los Altos Hills, CA 92012
U.S. Formula 40 Class Association,
Cameron C. Lewis, P.O.Box 1370,
Newport RI, 02840
U.S. Yacht Racing Union (USYRU),
Lee Parks, P.O.Box 209, Newport, RI 02830
Viking Multihull Sail Club, Doug Kayner,
2023 Norfolk, Ann Arbor, MI 48103
Zusammengestellt mit Unterstützung der
Zeitschrift *Multihulls*.

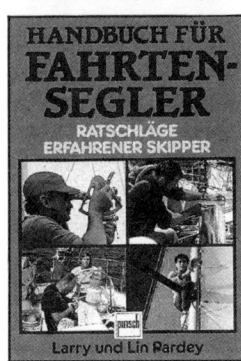